# Einer unter 7 Milliarden

Ein Projekt von

## Yann Arthus-Bertrand

und der

## Fondation GoodPlanet

Aus dem Französischen von
Werner Damson

KNESEBECK

# VORWORT VON YANN ARTHUS-BERTRAND

Die letzten 20 Jahre, die ich mit Reisen und Fotografieren verbrachte, um die Reihe *Die Erde von oben* vollenden zu können, haben mich verändert. Ich möchte jetzt so viele Menschen wie möglich für Umweltfragen und für eine nachhaltigere Form der Entwicklung sensibilisieren. Aus diesem Grund habe ich die Fondation GoodPlanet ins Leben gerufen.

Ich widmete mich anschließend dem Projekt »Einer unter 6 Milliarden«, das eng mit der Reihe *Die Erde von oben* zusammenhängt, weil es die Menschen zu Wort kommen lässt und so die bisherigen Überlegungen zum Zustand unserer Erde ergänzt. Mir war es wichtig, dass Männer und Frauen unseres Planeten ihre Meinung äußern und ihre Lebenserfahrung, ihre Einstellung zum Leben und ihr Weltbild mitteilen konnten.

Mein Leitgedanke war, die Begegnung mit anderen Menschen zu suchen und jedem dieselben grundlegenden Fragen zu stellen, die sich auf seine Lebensgeschichte und den Sinn des Lebens beziehen – also Fragen, die uns alle betreffen. Ich wollte ihre Mitteilungen aufnehmen und sehen, wie die Lebenserfahrung die Identität jedes einzelnen Mensch prägt, und herausfinden, was uns trennt und was uns verbindet.

Nach siebenjähriger Drehzeit mit mehr als 6000 Interviews in 84 Ländern der Welt stellen wir uns nicht mehr die Frage, ob dieses Projekt eine gute Idee war oder nicht. Je mehr Berichte wir zusammenstellten, desto überzeugter waren wir, dass diese Arbeit von grundlegender Bedeutung und daher unbedingt notwendig ist. Das ist meine Einschätzung, die auch von meinen Mitarbeitern geteilt wird.

Wir haben soeben eine neue Schwelle überschritten: Am Ende von 2011 waren wir 7 Milliarden Menschen auf der Erde und aus *Einer unter 6 Milliarden* ist *Einer unter 7 Milliarden* geworden. Bei meiner Geburt gab es kaum mehr als 2 Milliarden Erdbewohner. Im Verlauf eines Menschenlebens hat sich die Weltbevölkerung verdreifacht. Ich bin überzeugt, die große Herausforderung der Menschheit liegt darin, ein Zusammenleben aller Menschen zu ermöglichen, ohne dass die Entwicklungsunterschiede weiter zunehmen.

Das Projekt »Einer unter 7 Milliarden« setzt sich mit seinen bescheidenen Mitteln dafür ein, solche Erfahrungen der Allgemeinheit nahe zu bringen und dadurch die Einsicht zu wecken, dass im anderen viel von uns selbst steckt. Diese Erfahrung machten die Besucher einer Ausstellung, die 2009 zum ersten Mal der Öffentlichkeit im Grand Palais in Paris gezeigt wurde und immer noch in der ganzen Welt präsentiert wird (in São Paulo, Brüssel, Moskau, Rom ...). Fast vier Millionen Menschen haben sie schon besucht!

Dennoch muss dieses Projekt weitergehen, auch mithilfe neuer Dreharbeiten. Eine Serie neuer Porträts aus »Einer unter 7 Milliarden« über die Auswirkungen des Klimawandels auf die Menschen führte zu dem Film *Témoins du climat*, der im Dezember 2009 den Teilnehmern der UN-Klimakonferenz in Kopenhagen gezeigt wurde.
Im Jahr 2011 konnten wir im Rahmen der Millennium-Entwicklungsziele (MDG) der Vereinten Nationen neue Filme über Armut, Gesundheit, Bildung und Frauen drehen. Es geht den Millennium-Entwicklungszielen unter anderem auch um eine Verbesserung im Gesundheitsbereich, um eine Grundschulausbildung für alle und um Armutsbekämpfung. Dazu bedarf es großer Anstrengungen. Ein Schlüssel für den Erfolg wird das solidarische Verhalten aller Menschen sein.

Die Solidarität kommt zustande, indem wir unser Bewusstsein schärfen und die Probleme allen Menschen verständlich darlegen. Allein schaffen wir es nicht, nur gemeinsam erreichen wir unser Ziel.

**Yann Arthus-Bertrand**

# Einer unter 7 Milliarden

—

**6000** Interviews

**7** Jahre Dreharbeiten

**5 000** Stunden Rohmaterial: Eine einzigartige Datenbank

**45** Fragen

**84** Länder bereist

Mehr als **4 Millionen** Menschen haben die Ausstellung gesehen

Nachdem Yann Arthur-Bertrand zehn Jahre lang vom Flugzeug aus unseren Planeten fotografiert und die Ergebnisse in seinem Bildband *Die Erde von oben* veröffentlicht hatte, wandte er sich 2003 mit Sibylle d'Orgeval und Baptiste Rouget-Luchaire dem neuen Projekt *Einer unter 6 Milliarden* zu, das von der Fondation GoodPlanet unterstützt wurde. Der 31. Oktober 2011 war das offizielle Datum, an dem die Weltbevölkerung auf 7 Milliarden Menschen angestiegen war. Das Projekt änderte deshalb seinen Namen in *Einer unter 7 Milliarden* um. Mehr als 20 Reporter haben sieben Jahre lang in 84 Ländern 6000 Interviews mit ihrer Videokamera festgehalten. Die beteiligten Personen, vom malischen Lehrer bis zur australischen Rechtsanwältin, vom schwedischen Pastor bis zum afghanischen Krankenpfleger, haben alle auf dieselben 45 Fragen geantwortet, die uns alle angehen:

**Was haben Sie von Ihren Eltern gelernt? Was möchten Sie ihren Kindern mit auf den Weg geben? Welcher Schicksalsschlag hat Sie getroffen? Was ist für Sie der Sinn des Lebens?**

Das Projekt »Einer unter 7 Milliarden« setzte sich zum Ziel, zu entdecken, wie Lebenserfahrung die Identität eines Menschen prägt, zu sehen, was uns trennt und was uns verbindet, und schließlich einfach von den Erfahrungen anderer Menschen zu lernen.

**Von Anfang an unterstützte BNP Paribas das Projekt. Es kam zu einer echten, von gemeinsamen Werten wie Vielfalt, Solidarität und Innovation getragenen Zusammenarbeit, von immer neuem Enthusiasmus beflügelt.**

Das Projekt wird seit 2009 auf einer Ausstellung präsentiert, die in der ganzen Welt zu sehen ist. Ausstellungsorte waren innerhalb von drei Jahren elf Städte und einige bedeutende Museen: Paris (Grand Palais), Rom (Museum in den Trajansmärkten), São Paulo

**300** Einzelporträts auf der Internetseite des Projekts zu sehen

Mehr als **160 Millionen** Zuschauer haben das Projekt in eigens für das Fernsehen produzierten Sendungen gesehen.

Quelle: Upside Television

## Höchste Besucherzahlen für eine Ausstellungen zur zeitgenössischen Kunst in Frankreich

Quelle: *Art Magazine* (April 2010)

(Kunstmuseum), und Moskau (Multimedia Art Museum). Fast 4 Millionen Besucher haben diese Ausstellung gesehen.

Parallel dazu nimmt das Projekt »Einer unter 7 Milliarden« immer neue Gespräche auf und behandelt neue Themen. Weitere Interviews vervollständigen das Bild der heutigen Menschheit.
**Im Jahr 2009 unterstützte die Agentur für Umwelt- und Energiewirtschaft Dreharbeiten zum Klimawechsel: In 17 Ländern fanden 600 Interviews statt.**

Mithilfe der Europäischen Union konnten im Jahr 2011 in Zusammenarbeit mit RADIO FRANCE INTERNATIONALE und FRANCE 24 in 16 Ländern 500 neue Interviews zu den Millennium-Entwicklungszielen durchgeführt werden.

Die vier neuen Filme zu den Themen Gesundheit, Bildung, Armut, Frauen etc. sind im Internet unter www.ledeveloppementenquestion.org zu sehen.

Die Ausstellungen nehmen stets neue Filme in ihr Programm auf.

In der gleichen Zeit wurden 17 Fernsehdokumentarfilme und 150 Kurzfilme produziert und in Frankreich und in über 100 Ländern gezeigt.

Auch Sie können sich an diesem Projekt beteiligen und ihre persönlichen Gedanken auf der interaktiven Internetseite www.7billionothers.org mitteilen.

**Der vollständige Fragebogen befindet sich auf den Seiten 314/315.**

# GoodPlanet

—

**GoodPlanet** wurde 2005 von Yann Arthus-Bertrand gegründet und 2009 als gemeinnützige Stiftung anerkannt. Ihre Aufgabe ist es, eine breite Öffentlichkeit für Fragen des Umweltschutzes zu sensibilisieren und sie damit vertraut zu machen.
Die Fondation GoodPlanet stellt lebensnahe und lebensbejahende Lösungen bereit und ermahnt jeden Einzelnen zu einem respektvollen Umgang mit dem Planeten Erde. Sie stützt sich dabei auf eine Anzahl von Programmen, welche die Ökologie in den Mittelpunkt des Denkens stellt.
**Die vier Ziele der Stiftung sind:**
**Information der Öffentlichkeit** zu Problemen der Umwelt und des Umweltschutzes mithilfe der Internetseite **GoodPlanet.Info**, die in französischer und englischer Sprache über nachhaltige Entwicklung Auskunft gibt. Daneben hat GoodPlanet in Frankreich und im Ausland 300 000 Bücher verkauft, die ein besseres Verständnis aller Aspekte des Umweltschutzes bieten.
**Förderung der nachhaltigen Entwicklung** durch zwei spezielle Programme:
- **Die GoodPlanets Poster** erhalten die 57 000 französischen Schule jedes Jahr. So kommen seit sechs Jahren mehr als zehn Millionen Schüler sowie ihre Lehrer in den Nutzen von insgesamt 20 Postern.
- **La Maison du Changement** (Haus des Wandels), ein Umweltprojekt, das sich an Kinder im Alter von acht bis fünfzehn Jahren wendet und sie mit nachhaltiger Entwicklung bekannt macht.

**Sensibilisierung** durch Bilder mit Hilfe von Ausstellungen und Filmen der Stiftung:
- **Einer unter 7 Milliarden** ist das Ergebnis von sieben Jahren Drehzeit in 84 Ländern und umfasst Videoaufnahmen von mehr als 6000 Interviews mit Männern und Frauen auf der ganzen Welt in ungefähr 30 nach Themen ausgerichteten Filmen. Die interaktive Webseite ist in acht Sprachen übersetzt.
- **Von Wäldern und Menschen**, eine Ausstellung zum Jahr des Waldes; sie zeigt 70 Aufnahmen von Wäldern auf der ganzen Welt von 40 der besten Fotografen. Sie war schon in zehn Städten in Frankreich und im Ausland zu sehen.

**Aktionen** für den Planet Erde und die Menschen:
- Die **Action Carbon**e hilft seit sechs Jahren Unternehmen, Institutionen und Einzelpersonen, ihren CO2- Ausstoß zu errechnen, zu reduzieren und auszugleichen. Sie unterstützt auch Projekte gegen den Klimawandel. Die Stiftung fördert 20 Projekte, die dem Schutz von 500 000 Hektar Wald in südlichen Ländern dienen und 92 000 Personen zugute kommen.
- **GoodPlanetSolidaire** unterstützt Unternehmen bei der Durchführung ihrer Projekte, internationale Solidarität und Umweltschutz in Einklang zu bringen. Von sechs Bildungsprojekten unter der Rubrik *En route pour l'école* (Unterwegs zur Schule) profitieren 6400 Personen.

Alle Programme sind aufrufbar unter **www.goodplanet.org**

# *Einer unter 7 Milliarden* und BNP Paribas: eine sinnvolle Zusammenarbeit

—

Die Partnerschaft der BNP Paribas mit *Einer unter 7 Milliarden* entstand aus dem gemeinsamen rein menschlichen Interesse am Anderen, jenseits von Herkunft und Grenzverläufen. *Einer unter 7 Milliarden* zeigt in 6000 Filmporträts die Welt aus einer zutiefst menschlichen und zugleich universellen Perspektive. BNP Paribas teilt diese Perspektive, weil sie unseren Werten entspricht: Vielfalt, Solidarität und Innovation.

Mit ihren mehr als 200 000 Mitarbeitern in 160 Ländern weiß BNP Paribas, dass Vielfalt eine Quelle der Kreativität und Effizienz ist, aus denen das Unternehmen Kraft und Reichtum schöpft.

Neben der finanziellen Unterstützung und dem Vertrauen, das BNP Paribas diesem einzigartigen Projekt entgegenbrachte, beteiligte sich unser Unternehmen auch an der Entwicklung der interaktiven Internetseite **www.7billionothers.org**, an den Vorbereitungen zur Ausstellung im Grand Palais in Paris im Januar 2009 und an der Ausstellungstournee im Ausland, in Rom, Brüssel, São Paulo, Moskau und anderen Städten.

BNP Paribas ist in vielen Ländern als Förderer der Kultur und des sozialen Lebens bekannt. Dieses Projekt steht im Einklang mit unserer Aufgabe, an der Entstehung zukunftsweisender Unternehmungen mitzuwirken. Unser Wunsch war es deshalb, von Beginn an dieses so gewaltige wie großherzige kreative Werk zu unterstützen.

**Baudouin Prot**

Generaldirektor BNP Paribas

Glück

Happiness

Pokrok

愛の物語

Mujeres

Lacrime

Childhood dreams

آرزوها و چشم پوشی

Pruebas

Efter döden

Pardonner

Farkliliklar

女人

ترك بلده

Luonto

War

ПРОСТИТЬ

死亡之后

Famille

Být Doma

הבדלים

Perdoar

メッセージ

БЫТЬ У СЕБЯ

Sentido da vida

Mesaj

Jumala

Oorlog

Deixar o seu país

Boodschap

Fortschritt

घर पे रहना

قصص الحب

संदेश

Colères

Transmisión

Prüfungen

Elämän Tarkoitus

Differenze

Zkoušky

آزمایش

שהאהבה תימשך

自国を離れる

Война

Thuis Zijn

Felicità

Älska

Krieg

Angsten

Différences

מחילה

梦想和放弃

प्रेम कथाएं

Smysl Života

گریه

Forgiving

Válka

自然

Vrouwen

СМЫСЛ ЖИЗНИ

Primi ricordi

Aşki Sürdürmek

Ängste

# Gianmaria

*Lebt in Italien*

## Mein wichtigster Ratschlag: sich nicht wichtig nehmen.

**Porträt** / Gianmaria wurde 1947 geboren. Die weiße Haut ist voller Sommersprossen. Er hat einen roten Vollbart, seine Vorfahren stammen aus Crema in Norditalien und aus Schottland. Der Vater war eine Kämpfernatur, die Mutter eine liebenswürdige Person und die Schwester eine Nervensäge ... Das Vermögen ist weg, aber nicht die äußerst elegante Erscheinung. *Basta!*

**Kindheitsträume** / Als Kind träumte ich davon, Papst zu sein. Fast jeden Tag las ich die Messe auf einem alten Möbelstück im Haus und legte Leinentücher um meine Schultern. Meine Einstellung zur Religion war ziemlich skeptisch, was sich später jedoch änderte.

**Träume in der Gegenwart** / Ah ... Das Träumen. Heute ist es mein sehnlichster Traum, einfach zu träumen, ohne eine Vorliebe in irgendeine Richtung zu haben. Ich mag das Träumen.

**Familie** / Für mich bedeutet Familie zweierlei: die Familie, aus der ich stamme, und die Familie, die ich nicht habe. Zu meiner Ursprungsfamilie gehören mein Vater und meine Mutter, meine Schwester, die Vettern und Verwandten, die alle zusammen großartige Menschen waren. Ich selbst bin ohne Familie, weil ich nie geheiratet habe. Die Frauen hätten mich völlig überfahren, da ich von Natur aus zuvorkommend und uneigennützig bin. Ich hätte schließlich als Verlierer dagestanden. Ich habe es vorgezogen, meine Großherzigkeit angemessen zu verteilen, anstatt sie nur einer Person zu geben, die mich meine Unterlegenheit hätte spüren lassen. Das wäre völlige Ausbeutung gewesen. Nun bilden die Verwandten, viele Freunde und ich selbst die gegenwärtige Familie.

**Liebe** / Ah! Die Liebe, die Liebe, »l'amore« ... Die Liebe hat zwei Seiten: die besitzergreifende Liebe und die schenkende Liebe. Das war mein Weg in der Liebe, vom Besitz zum Geschenk, und beides stellt zufrieden. Doch der Besitz kann viel Kummer bereiten, denn sollte er einmal fehlen, stellt sich das Gefühl ein, etwas verloren zu haben. Das ist bei der schenkenden Liebe nicht der Fall, sie ist sicherer.

**GLÜCK** / Morgens gut gelaunt aufzuwachen, das macht mich im Leben am glücklichsten, und wenn das geschieht, dann ist der Tag gelaufen! Ich bin dann allem, was mir tagsüber begegnet, leicht gewachsen.

**GELD** / Das Geld? Bei meiner Geburt hatte meine Familie praktisch ihr ganzes Vermögen durchgebracht. Zuerst habe ich das für ein bitteres Schicksal gehalten, aber dann sah ich darin eine unglaublich große Chance. Für das Geldverdienen war ich nämlich nicht geeignet und so hatte ich glücklicherweise für das Geld nur noch beschränktes Interesse. Ich habe gelernt, gerade so viel Geld zu bekommen, wie ich zum Überleben brauchte. Das ermöglichte mir ein absolut freies und unbeschwertes Leben. Ich musste mich nie besonders anstrengen, um Geld zu verdienen oder – was noch anstrengender ist – Gewinne nicht zu verlieren. Ich konnte mir den großen Luxus leisten, ein sehr reicher Mann zu sein und ein außergewöhnliches Leben zu führen ohne einen einzigen Cent in der Tasche. Übrigens macht Geld sehr viel mehr Freude, wenn es sich um das Geld der anderen handelt, weil ich es nicht verwalten muss, sondern nur genießen kann. Von anderen bekam ich Einladungen, war bei anderen auf dem Schiff oder fuhr bei ihnen im Auto. Sie kümmern sich um die Instandhaltung, um den Mechaniker, um die Generalüberholung des Schiffs oder die Dachreparaturen – ich dagegen erscheine gut gekleidet zum Mittagessen, gehe mit in die Ferien und komme anschließend nach Hause, ohne eine Rechnung bezahlen zu müssen. Das ist herrlich, ganz herrlich! Der Reichtum der anderen ist ein großes Glück.

## Der Sinn des Lebens liegt meiner Ansicht nach in der Neugier.

**FEIND DES MENSCHEN** / Der schlimmste Feind des Mannes ist die Frau ... Das stimmt nicht. Reden wir doch um Gottes willen nicht solches Zeug! Das ist historisch gesehen falsch, und in der gegenwärtigen politischen Situation wird man dafür heftige

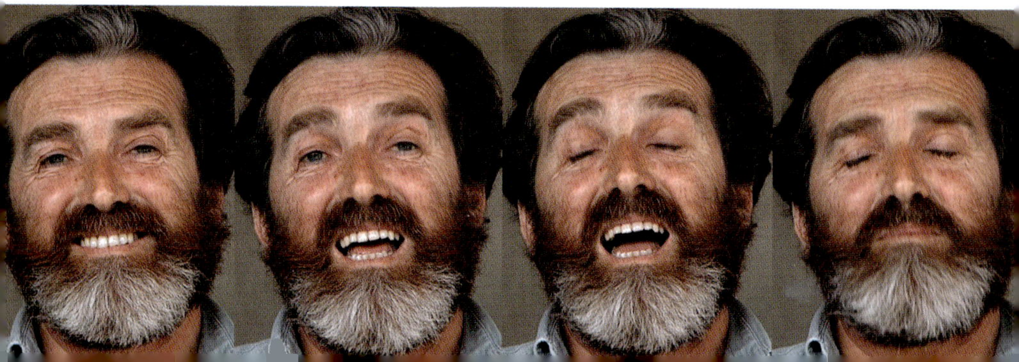

Kritik ernten. Nein, nein, der schlimmste Feind des Menschen, das ist er selbst. Hätte der Mensch den Menschen nicht, würde er praktisch ewig leben. Glücklicherweise hat er sich selbst, sonst hätten wir eine Katastrophe. *Mamma mia!*

**Sinn des Lebens** / Für mich liegt zurzeit der Sinn des Lebens in der Neugier. Ich liebe das Werden, den Wechsel, die Entdeckung, das Neue, das gerade geschieht. Im Grunde möchte ich wissen, was danach geschieht, also dann, wenn man den Löffel abgibt.

**Nach dem Tod** / Nach dem Tod? Na ja, es gibt unendlich viele Möglichkeiten zwischen allem und nichts. Vielleicht nichts und doch alles, alles oder nichts. Also was soll's! Ich bin neugierig darauf und werde ihnen später genauere Informationen schicken.

**Botschaft** / Welche Botschaft könnte ich den Menschen wohl geben? Es ist schwierig für mich, ernsthafte Ratschläge zu erteilen. Der wichtigste Ratschlag von mir wäre vielleicht, sich zu lieben, nicht zu viel Unheil anzurichten, die Dinge zu relativieren und vor allem sich nicht ernst zu nehmen und – offen gesagt – nichts allzu ernst zu nehmen.

Die Liebe hat zwei Seiten:
die besitzergreifende Liebe und die
schenkende Liebe.

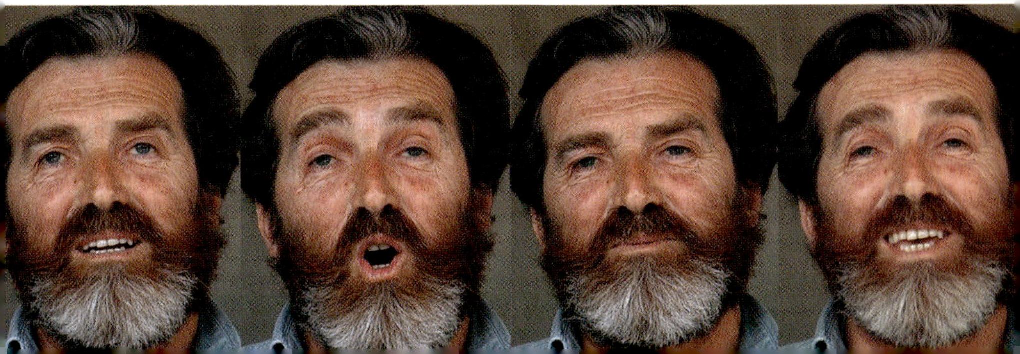

# Claire

*Lebt in Moskau, Russland*

## Ich bin eine durch und durch typische Weltbürgerin.

**Porträt** / Ich heiße Claire und bin Französin, die in Moskau lebt. Im Jahr 1960, im vorigen Jahrhundert, heiratete ich einen Russen. Ich bin 70 Jahre alt.

**Identität** / Ich denke, ich habe nicht nur zwei Nationalitäten, sondern mehrere. Ich bin eine durch und durch typische Weltbürgerin. Meine Großmutter sagte zu mir: »Du besitzt genauso viele Sprachen und Nationalitäten wie du Herzen hast.« Von Geburt an hatte ich mit Französisch und Russisch zwei Sprachen, weil wir zur ersten Welle russischer Einwanderer nach Frankreich gehörten.

**Glück** / Im Leben zählt nur das Reisen ... Ich liebe die Begegnungen mit Menschen. Ich bin an vielem interessiert und das füllt mich aus, das füllt ein ganzes Leben aus. Manchmal bin ich sehr traurig, weil ich mich wegen meiner vielen Krankheiten kaum bewegen kann – vom Reisen ganz zu schweigen – und in meinen vier Wänden eingeschlossen bin. Ich glaube aber, dass ich die Kraft habe, gegen diese Traurigkeit und die aufkommende Depression anzukämpfen, gerade weil in mir noch so viele Erinnerungen und so viele interessante Begegnungen lebendig sind.

**Erinnerung** / Vor ungefähr fünf oder sechs Jahren hatte ich folgendes Erlebnis: In Paris suchte ich in Begleitung, da ich behindert bin, den Jardin des Plantes auf, den ich wiedersehen wollte. Plötzlich erinnerte ich mich, dass ich dort schon als kleines Mädchen mit meiner Großmutter gewesen war ... Ich war wieder da ... Eine Erinnerung tauchte in mir auf, so wie es bei Proust durch den Geschmack der Madeleine der Fall war. Ich hatte ein schönes Kleid aus Batist an und trug Halbfingerhandschuhe. Wir gingen spazieren, und ich habe meine Großmutter gefragt: »Darf ich bitte meine Handschuhe ausziehen und im Sand spielen?« Meine Großmutter antwortete: »Nein, mein Schatz, du darfst sie nicht ausziehen.« So sah also die damalige Erziehung aus! Solche Ereignisse hemmten meine Spontaneität und waren meinem Naturell völlig fremd.

**Stolz** / Ich glaube, Russland hat viel gelitten, und das Leiden und die Schikanen haben sich dem Land eingeprägt. Die Russen wollen diese schmerzhaften Erfahrungen überkompensieren, und das erklärt ihren etwas übertriebenen Stolz und ihren Wunsch, ständig mit irgendetwas zu prahlen. Die tiefen Demütigungen im Laufe der Geschichte haben zu diesem großen Leid der Russen beigetragen. Daher verstehe und liebe ich sie, weil ich die tiefen Beweggründe verstehe.

**Lachen** / Ich lache sehr schnell, jedoch ... Bei unserer Ankunft in Moskau kurz nach dem Tod von Stalin war das »Museum der Geschenke für Stalin« in der Hauptstadt noch geöffnet. Da wir aus Frankreich kamen, konnten wir eine geraume Zeit nicht in die Sowjetunion einreisen, wir brauchten dafür ganz spezielle Genehmigungen ... Damals überwachte uns der KGB, der sowjetische Geheimdienst. Meine Mutter nannte sie die »Schutzengel«. Mit ihren Schlapphüten und langen Mänteln folgten sie uns überall hin. Als wir das Museum betraten, bekam mein Vater einen solchen ansteckenden Lachanfall, dass wir alle zusammen nicht mehr aufhören konnten. Meine Mutter hatte Angst vor den Schutzengeln. Wir lachten alle weiter, es war schlimm, wir mussten es unbedingt abstellen, aber es war unmöglich. Diese Erinnerung ist echt, wir haben wirklich aus vollem Hals gelacht.

## Wir hätten nichts unternommen, wenn ich nicht manchmal unbesonnen gehandelt hätte.

**Eine Lektion des Lebens** / Ich sage es immer wieder, dass die Dichtung mein Rettungsanker ist. Auf dem Operationstisch – und ich bin weiß Gott oft darauf gelegen – kamen mir stets gewisse Sätze in den Sinn, und es waren immer Verse von Gedichten. Sie tauchten auf, wie Träume auftauchen. Und das Schönste war: Ich habe sie verstanden.

**Unterschiede zwischen Mann und Frau** / Die Männer gelten trotz allem immer noch als mutig. Eigentlich sind sie es aber nicht. Es gibt vieles, was ihnen innerlich Schrecken einjagt, aber davon sprechen sie nicht. Die Frau ist manchmal viel aktiver und mutiger. Sie ist unternehmungslustiger, während der Mann zu sehr die

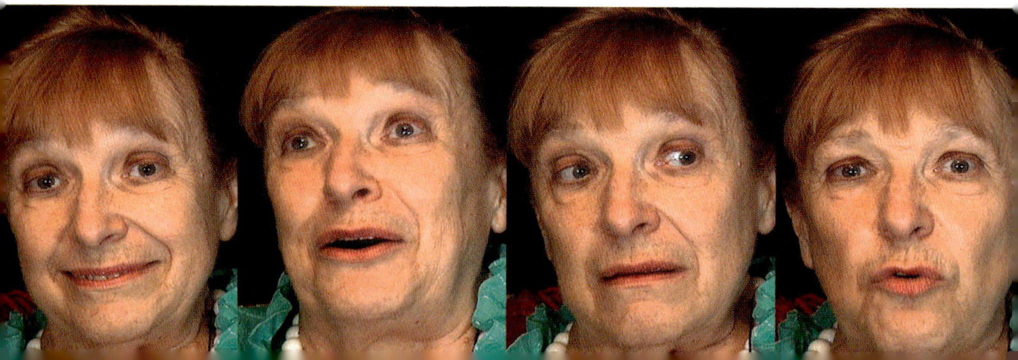

Gefahr sieht und zu sehr vorausplant. Mein Ehemann war zu meinem Glück ein außergewöhnlicher Mensch, der aber Angst hatte. Wir hätten nichts unternommen, wenn ich nicht manchmal unbesonnen gehandelt hätte. Mein Mann hatte beispielsweise große Angst vor den sowjetischen Behörden. Er sagte zu mir: »Mach dies nicht, mach das nicht! Das ist sehr gefährlich, du wirst verhaftet, das hat schwerwiegende Folgen ...« In meinem Inneren sagte ich mir: »Das ist doch alles dummes Zeug. Er reißt nur Witze!« Ich habe verstanden, wie nötig es ist, alle Kräfte zusammenzunehmen und sich zur Wehr zu setzen. Und das habe ich immer getan, auch wenn es nicht so leicht war.

**Liebe** / Eines Tages habe ich meinen Mann angebrüllt und geschrien: »Du siehst doch, wie verschieden wir sind! Unsere Ausbildung ist verschieden, unsere Kindheit ebenfalls ... Wir werden uns nie verstehen können!« Ich sagte ihm noch und ich weiß nicht, wie ich darauf kam: »Wir haben sogar ein verschiedenes Geschlecht!« Darüber mussten wir beiden lachen und wir sind uns in die Arme gefallen. Ein Paar muss sich jeden Tag neu finden. Das hört nie auf.

## Die Dichtung ist mein Rettungsanker.

**Religion** / Flaubert meinte, dass der Autor in seinem Werk wie Gott in seinem Universum ist: »Gott ist überall anwesend und nirgendwo sichtbar.« Die Welt ist ein großes Geheimnis, wir müssen es sehen und spüren. Ich gehöre keiner besonderen Religion an; erzogen wurde ich jedoch im Glauben der orthodoxen Kirche. Für mich war aber die Orthodoxie so sehr auf das Dogma und das Ritual fixiert, dass ich schließlich keinen Fuß mehr in eine orthodoxe Kirche setzen konnte. Es gilt, das große Mysterium des Lebens und des Todes einfach zu verehren.

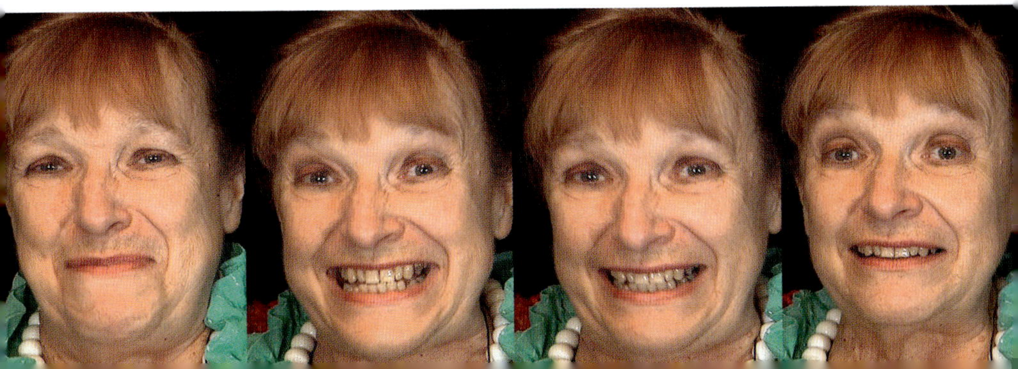

# Awraham

*Lebt in Holland*

## Die Macht des Mitleids ist stärker als alle Kräfte des Bösen.

**Porträt** / Ich heiße Shalom Awraham und wurde 1943 in Amsterdam geboren. Nichtjuden retteten mich, als ich ein Säugling war. Seit 1968 bin ich Rabbiner in einer Gemeinde in Den Haag. Es ist eine sogenannte fortschrittliche Gemeinde, die zwischen den konservativen und reformorientierten Gemeinden des Judentums steht. Meine Frau Sirah ist ebenfalls 1943 geboren. Auch sie wurde als Säugling vor der Shoa gerettet. Wir haben zwei Töchter und fünf Enkel. Gegenwärtig wohnen wir alle in Holland.

**Familie** / Die Macht des Mitleids ist stärker als alle Kräfte des Bösen. Bei meiner Geburt stand von vornherein fest, dass ich nie Vater oder Großvater werde. Und doch sind meine Frau und ich Großeltern und unendlich glücklich über unsere fünf Enkel, weil Menschen mit ihrem Mitleid uns beide gerettet haben.

**Früheste Erinnerung** / Da fällt mir nichts ein, aber ... Ich habe erfahren, dass im Mai 1943 viele jüdische Häuser zerstört und die Bewohner verschleppt wurden. Die Gestapo kam zu uns, um meine Eltern zu verhaften. Ich lag da in der Wiege, der Gestapochef hat einen Blick auf mich geworfen und sagte zu meinem Vater: »Schade, dass es ein jüdisches Kind ist.« Mein Vater antwortete: »Zum Glück ist der Junge ein jüdisches Kind, das nie als Sohn von Mördern aufwachsen wird!« Der Gestapomann schoss in die Luft und schlug meinen Vater: »Du dreckiger Jude! Du dreckiger Jude! Zum Anfassen zu dreckig! Wir kommen morgen wieder.« Am nächsten Tag wurde ich der Widerstandsbewegung übergeben, und meine Eltern konnten fliehen. Mein Vater hat immer betont, dass der Gestapochef Tränen in den Augen hatte, und diese Tränen haben mir das Leben gerettet. Ein Säugling oder ein Kind kann immer einen Moment der Rührung auslösen. Später habe ich erfahren, dass ich in einem Koffer in ein Haus kam, dann illegal an einen anderen Ort. Dort nahm mich eine Frau in Empfang, eine gebürtige Deutsche, 47 Jahre alt, die in Holland lebte. Sie behielt mich bei sich und ging damit für ihren Sohn und ihren Mann das größte Risiko ein.

**Arbeit** / Ich bin einer jener seltenen Rabbiner, die reformorientiert und fortschrittlich sind und inmitten orthodoxer Freunde leben. Das bringt einige Schwierigkeiten mit sich, weniger in persönlicher Hinsicht, sondern weil ich aktiv für einen anderen

Weg der jüdischen Religion eintrete. Aber wir stehen uns trotzdem sehr nahe, weil wir uns gemeinsam der Herausforderung stellen, jüdisches Erbe mit Leidenschaft weiterzugeben. Wir sind ja nur wenige! Wir haben unendlich viel Leid erfahren, aber auch viel Freude, und wir haben nie die Hoffnung verloren. Bekanntlich kann der Mensch einige Zeit ohne Nahrung und sogar ohne Wasser leben, aber nicht ohne Hoffnung. Das hörte ich eines Tages von Hugo, einem befreundeten Rabbiner, dessen Vater sich in diesem Sinne äußerte, als er auf das KZ Auschwitz zu sprechen kam. Leben ohne einen Funken Hoffnung ist unmöglich.

**Miteinander leben** / Spreche ich mit Palästinensern, dann sage ich ihnen: »Ihr habt recht und ihr bringt uns um unsere Hoffnung. Euer Traum ist unser Albtraum geworden. Ich kann nur eure Hand ergreifen und euch sagen, dass wir versuchen müssen, gemeinsam mit dieser Situation fertig zu werden.« Steckt jemand im Schlamm und ruft um Hilfe, dann muss der Helfer, um wirksam Hilfe zu leisten, auch in den Schlamm, so dass beide zusammen sich befreien können. Und so handeln wir.

**Gott** / In gewissem Sinne dürfte ich gar nicht mehr hier sein, denn so viele meiner Brüder und Schwestern wurden getötet, darunter bedeutende Menschen, die es mehr als ich verdient hätten, noch am Leben zu sein. Aber mir steht es nicht zu, Fragen zu stellen: Ich lebe! Ich habe mit Gott gerungen.

**Nach dem Tod** / Ich kann darüber nichts sagen, aber ich akzeptiere, dass wir sterben müssen. Ich denke, wir sind dann in einer anderen Welt, von der ich aber nicht weiß, wie sie aussieht. Ich weiß nicht, wer ich bin. Aber ich kann sagen: »Einen Menschen wie dich hat es auf der Welt nie gegeben, und wenn du stirbst, wird es auch nie mehr einen solchen Menschen geben. Und dieses einzigartige Du wird weiterleben.«

Wer einen einzigen Menschen rettet, rettet die ganze Welt, und wer einen einzigen Menschen zerstört, zerstört die ganze Welt.

**Natur** / Von den Indianern Amerikas habe ich als Jude Folgendes gelernt: »Wir können mit der Natur grausam umgehen und alle Bäume fällen und Wasser und Luft verschmutzen; die Natur wird sich aber rächen und die Oberhand behalten.« Entwickeln wir also ein Gespür dafür und seien wir überzeugt, dass wir selbst jeden einzelnen Menschen retten müssen. Der Koran und der Talmud belehren uns mit genau denselben Worten: Wer einen einzigen Menschen rettet, rettet die ganze Welt,

## Wenn zwei Menschen das Glück haben, füreinander diese passenden Hälften zu sein, dann übertrifft die Freude alle Enttäuschungen, alle Irritationen und Frustrationen!

und wer einen einzigen Menschen zerstört, zerstört die ganze Welt. Der einzelne Mensch verkörpert das ganzen Universum, aber wenn wir dem Universum keine Beachtung schenken, gibt es auch kein menschliches Leben.

**Ehe** / Ich bin seit 40 Jahren mit meiner Frau verheiratet. Als ich 18 war, lernte ich sie kennen, und nach vier Jahren heirateten wir. Manchmal waren wir ziemlich wütend aufeinander. Auch habe ich meine Frau einige Male sehr enttäuscht. Aber bei der Frage, ob wir ohne den anderen sein könnten, stellten wir fest, wie unerträglich das wäre. Es gibt, um ehrlich zu sein, viele schöne und wunderbare Menschen. Und zieht man alles in Betracht, was zwei Menschen zusammen aufgebaut haben, so gleicht das eigene Verlangen der Wahl einer schönen Blume ... Bei ihrem Anblick treten alle anderen Blumen ebenfalls in das Blickfeld, ringsum locken weitere prächtige Blumen, aber die Entscheidung ist nun für diese bestimmte Blume gefallen, für diesen Baum, für diesen Partner ... Jeder hat eine solche andere Hälfte ... Und das ist Schicksal. Wenn zwei Menschen das Glück haben, füreinander diese passenden Hälften zu sein, dann übertrifft die Freude alle Enttäuschungen, alle Irritationen und Frustrationen!

**Botschaft** / Alle Menschen, die noch nie in unser Leben getreten sind, und alle Menschen, mit denen ich gelebt habe, gehören zusammen. Eine unzerstörbare Familie der menschlichen Gattung in einem Paradies, in dem es Bäume, Tiere, Mikroben gibt ... So etwas wie ein Lebensstrom fließt weiter: Er ermöglicht das Überschreiten von Grenzen ... In knapp fünf Jahren schließen Israelis und Palästinenser Frieden ... Im Jahr 2015 erhalten alle Kinder eine Schulbildung ... Ich fürchte aber, solche Vorstellungen sind falsch, aber ich weiß, dass sie realisierbar sind! In fünf, zehn oder zwanzig Jahren, wenn das Leben so seinen Gang gegangen ist, kommt der Tag, an dem man denkt: »Wer war denn dieser weißhaarige Mann, der an die Verbesserung der Welt glaubte?« Wenn man dann Bilanz zieht, wird man hoffentlich lächeln und sagen: »Vielleicht war er ein wenig naiv, aber so ganz unrecht hatte er nicht.«

# Béatrice

*Lebt in Benin*

**Porträt** / Guten Tag, ich bin Béatrice. Ich bin Dozentin für Hairstyling und Kosmetik und leite das Zentrum für Black Style Coiffure Cosmétique. Ich habe Lockenwickler auf dem Kopf, weil ich den Schülern, den Auszubildenden, die Friseurtechnik beibringe.

**Liebe** / Die Liebe braucht Pflege! ... Verschiedene Strategien bewahren das Feuer der Liebe. Heute bist du so angezogen und morgen anders. Du machst alles, damit dein Mann dich bemerkt, und doch hat er immer zwei Frauen im Kopf. Der Mann ist ein frivoles Wesen: Er muss alles anfassen, er mischt sich überall ein und probiert aus, um vergleichen zu können. Wenn er damit einmal fertig ist, und du hast als seine Frau die nötige Geduld aufgebracht, dann kommt er schon wieder zurück ...

**Unterschied zwischen Mann und Frau** / Im Herzen einer Frau sieht es anders aus als beim Mann. Der Mann ist charakterlos, die Frau vernünftig: Sie hält durch wegen der Kinder, für die sie auch sterben kann. Der Mann aber packt eines Tages seine Koffer, verlässt das Haus und lässt einen jahrelang allein. Eine Frau könnte das nie tun.

**Weinen** / Zuletzt habe ich an dem Tag geweint, als ich erfuhr, dass mein Mann mich betrügt. Ich konnte mit dem Weinen kaum aufhören. Noch heute tut es mir weh, wenn ich daran denke.

**Geld** / Wer Geld hat, aber keine Kinder, dessen Leben ist sinnlos. Ich habe lieber viele Kinder als viel Geld. Auch kann ich auf einen Ehemann verzichten, aber nicht auf viele Kinder. Wer alles hat, Kinder, Ehemann und Geld: umso besser!

**Freude** / Es ist wichtig, Feste zu feiern und sich für die Freude Zeit zu nehmen ... Ohne solche Momente müssten wir angesichts der vielen Probleme in Afrika jeden Augenblick in Ohnmacht fallen.

**Natur** / Die Natur ist das Leben selbst ... Früher gab es hier einen riesigen Baumbestand ... Ventilatoren waren unnötig. Dann wurde das Holz der Bäume für den Häuserbau verwendet. Und jetzt sind Ventilatoren nötig, weil es keine Bäume mehr gibt. In den Dörfern gibt es keine Ventilatoren, weil es dort noch viele Bäume gibt, und die Luft um die Bäume herum ist besser als die Luft der Ventilatoren. Ventilatoren vertrage ich überhaupt nicht: Sitze ich auch nur einige Minuten unter einem Decken-Ventilator, dann habe ich überall Schmerzen. Unter einem Baum dagegen schläfst du in aller Ruhe.

Bäume und Menschen haben dasselbe Los: Sie ragen zum Himmel hinauf.

**AXEL** — *La Réunion, Frankreich*

# Axel

*Lebt auf La Réunion, Frankreich*

**Porträt** / Ich heiße Axel und bin 30 Jahre alt. Ich bin Musiker für traditionelle Musik und daneben Freizeitpädagoge. Ich lebe an der Westküste der Insel La Réunion in der Stadt La Possession.

**Identität** / Meine Insel könnte der Welt als Beispiel dienen, denn hier leben viele verschiedene Völker aus anderen Regionen der Erde: aus Europa, aus Afrika und aus dem Orient. Aus all diesen Einflüssen entstand unsere kreolische Kultur. Ich hänge sehr an ihr, denn sie eröffnet mir so viele Perspektiven: Ich bin dadurch bis nach Indien, China, Europa und Afrika gekommen. Der gesamten Menschheit gilt nun mein Interesse.

**Von den Eltern lernen** / Meine Mutter hat mir eine gewisse Genügsamkeit beigebracht, die Fähigkeit, mit sehr wenig auszukommen. Sie hat mir oft gesagt: »Die Leute sind doch dumm! Alles, was sie sehen, wollen sie auch haben.« Sie hat mir beigebracht, aufmerksam zu sein für alles, was man sieht und durch seinen Glanz auffällt.

**Stolz** / Ich bin stolz auf das, was ich heute tue: Ich mache Musik. Die Musik ist wirklich dafür geeignet, Botschaften zu vermitteln, die Zukunft aktiv anzugehen. Die Menschheit ist bedroht, und die Musik ist ein Mittel, die Gefahren, in die sich der Mensch verstrickt, in das Bewusstsein zu rücken.

**Mit auf den Weg geben** / Ich möchte vor allem, dass mein Sohn das Alter ehrt ... Auch soll er das Leben auf der Erde achten, das Leben der Tiere ebenso wie das der Menschen und Kulturen ... Respekt also. Mein Sohn soll über seine Herkunft und seine Persönlichkeit Bescheid wissen und seine Angehörigen lieben. Ich sähe es sehr gerne, wenn er sich leidenschaftlich für eine Sache engagieren würde, die ihm auch Vergnügen bereitet. Ein bekanntes Sprichwort lautet: »Müßiggang ist aller Laster Anfang.« Ich hatte viele Laster und jetzt glaube ich, dass echtes Engagement eine gute Orientierung bietet.

**Gott** / Die Natur ist für mich Kirche, Moschee ... Hier spricht Gott wirklich. Ich weiß zwar nicht, wer Gott ist, aber ich ahne in der geschaffenen Natur seine Größe und sehe, dass es einen gewaltigen Schöpfer gibt.

**Natur** / Bäume und Menschen gehören für mich zusammen. Wenn eines Tages keine Bäume mehr da sind, dann gibt es auch keine Menschen mehr. Beide haben dasselbe Los: Sie ragen zum Himmel hinauf. Von uns bekommt der Baum Kohlendioxid, und er liefert uns Sauerstoff. Wir sind an die Natur gebunden, und ich hoffe, dass jeder Mensch in seinem Leben wenigstens einen Baum pflanzt.

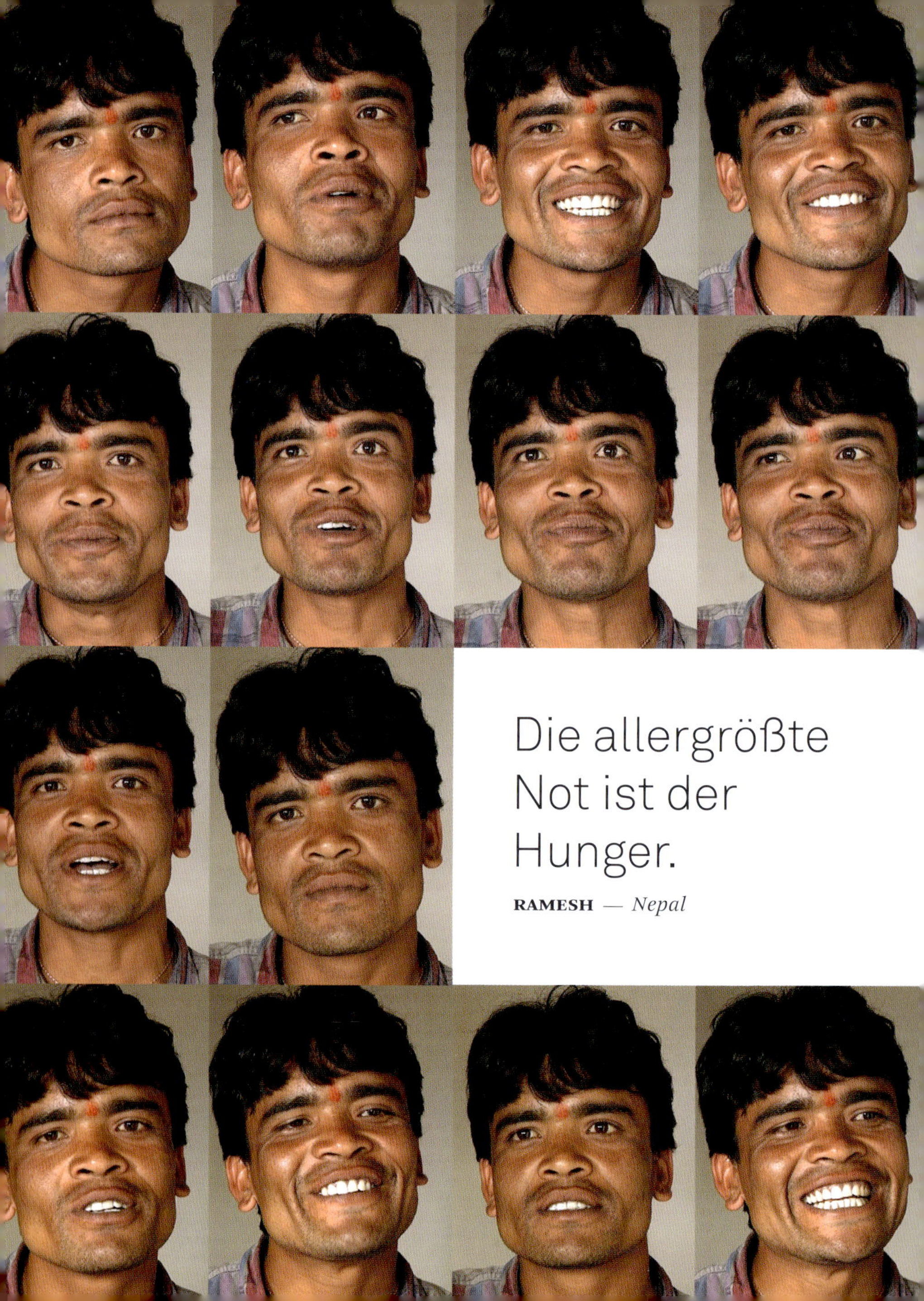

# Die allergrößte Not ist der Hunger.

**RAMESH** — *Nepal*

# Ramesh

*Lebt in Nepal*

**Porträt** / Ich heiße Ramesh. Ich lebe in dem Dorf Bansar, im 5. Bezirk der Gemeinde Banu im Distrikt Tanahu. Zurzeit bin ich in Kathmandu. Ich bin verheiratet und habe zwei Töchter. Um sie ernähren zu können, bin ich nach Kathmandu gegangen. In ein oder zwei Monaten kehre ich zurück, um mich um meine Familie zu kümmern. Ich singe Volkslieder und habe manchmal mehr und manchmal weniger Erfolg … Das ist seit meiner Geburt so.

**Arbeit** / Meine Eltern haben mir immer gesagt, dass Sänger mit traditionellen Liedern arme Leute sind. Für uns ist der Beruf die Ursache unserer Armut. Die Liebe zu dieser Arbeit ist wichtig. Das hat mich mein Vater gelehrt. Eine Ausbildung habe ich jedenfalls nicht gehabt.

**Glücklich sein** / Glücklich zu sein ist Pflicht. Egal, was ich verdiene: Wenn ich meine Familie glücklich machen kann, dann bin auch ich glücklich. Ihr Glück ist meine Freude.

**Liebe** / Wir haben uns verliebt. Ich habe sie entführt und uns in Sicherheit gebracht …

**Familie** / Ich habe zwei Töchter. Sie sind sehr wichtig für mich. Könnte ich ihnen eine Ausbildung geben, dann müssten sie nicht Straßenmusikantinnen werden.

**Weinen** / Als ich 27 Jahre alt war, habe ich geweint. Ich habe damals sehr gelitten. Die Kinder waren krank, und ich hatte kein Geld. Ich bat um Hilfe, aber niemand hat mich unterstützt.

**Angst** / Früher hatte ich Angst, wenn ich mit den Leuten sprechen sollte. Auf den Märkten der Städte habe ich jetzt festgestellt, dass sogar Menschen ohne Ausbildung intelligent sein können. Von denen kann dir jeder irgendetwas beibringen. Du hörst aufmerksam zu, und das Gute behältst du, anderes nicht.

**Verzeihen** / Die allergrößte Not ist der Hunger. Beim Singen weiß man nie, wo man landet. Hier bin ich in der Stadt, aber auf dem Land sind die Entfernungen beträchtlich: Von einem Haus zum anderen sind es zehn oder fünfzehn Minuten. Wenn man dort singt, sprechen einige Leute mit uns, als seien wir Hunde: »Hier könnt ihr nicht singen, haut bloß ab!« Was soll man denn solchen Menschen sagen? Die hören ja gar nicht zu. Manchmal schlagen sie uns auch. Was soll man da machen? Wir müssen sogar noch um Verzeihung bitten, was sie selber nie tun. Wie soll ich ihnen also verzeihen?

# Jelica

*Lebt in Serbien*

## Selbst in den traurigsten Augenblicken hörst du bei uns immer noch Musik.

**Porträt** / Ich heiße Jelica. Ich bin verheiratet, habe sieben Kinder und bin 46 Jahre alt. Am 20. Oktober 1961 bin ich in Ruma in Serbien geboren. Ich besitze die serbische Staatsangehörigkeit und gehöre zur Volksgruppe der Roma.

**Von den Eltern lernen** / Was ich von meinen Eltern übernommen habe? Die Schule zu besuchen, dann zu arbeiten, zu kochen und zu putzen, mich eben um die Familie zu kümmern. Ich komme im Leben zurecht, weil meine Mutter und mein Vater mir gezeigt haben, wie notwendig es ist zu arbeiten, und wie wichtig das Leben ist.

**Mit auf den Weg geben** / Ich habe sieben Kinder. Ich wollte, dass sie auf die Schule gehen und dann arbeiten, dass jedes von ihnen eine Persönlichkeit wird, dass sie gut erzogen sind und nicht stehlen, töten und rauben und dass die Arbeit ihnen etwas einbringt. Sie sollen ein gutes Leben haben.

**Arbeit** / Ich wohne nicht hier [im Lager], ich lebe zusammen mit meiner Tochter in Sremska Mitrovica. Ich besitze dort ein Haus mit einem Badezimmer, ganz normale Verhältnisse also, außer dass es dort keine Arbeit gibt. Mit meinen Kindern gehe ich dorthin, wo ich Arbeit finde, und gehe so von Stadt zu Stadt. Wir sammeln Alteisen, damit wir davon leben können und nicht stehlen oder töten brauchen. Von irgendetwas müssen wir ja leben. So ist das eben. Ich sage noch einmal, dass ich ein Haus habe und nicht auf der Straße lebe. Wo es Arbeit gibt, da gehe ich hin, damit ich leben und für meinen Unterhalt und mein Essen sorgen kann. Ich lege auch etwas für mein späteres Leben zurück, damit ich nicht auf der Straße liege.

**Ausbildung** / Wenn Roma in die Schule gehen, halten sie nicht bis zum Schluss durch. Sie müssen dann anstrengende Arbeit verrichten, die manchmal schwer auszuhalten ist. Ich persönlich ziehe Hausarbeit vor, die Reinigung von Büros, das Putzen in einem überdachten Raum und eine dauerhafte Beschäftigung. Ich kann ja wegen mangelnder Schulbildung nichts Anspruchsvolles verlangen. Ich war nur in der Grundschule, das war alles, weil ich mir die Schule nicht leisten konnte. Ohne Geld gibt es keine Schulbildung.

**Geld** / Geld zu verdienen ist nicht einfach, es ist eine richtige Plackerei und sehr schwierig. Ich sammle 100 Kilogramm Alteisen und verdiene zurzeit damit sechs oder sieben Dinar [etwa sechs oder sieben Cent]. Im Monat sind das 200 oder 300 Euro. Kann man davon leben? Und im Winter gibt es nirgends Arbeit. Das im Sommer verdiente Geld muss für den Winter reichen. Eine andere Lösung gibt es nicht. Geldverdienen auf die Schnelle gibt es nicht ...

## Mit meinen Kindern gehe ich dorthin, wo ich Arbeit finde.

**Armut** / Wie sollen wir uns nicht bettelarm fühlen? Wir rackern uns doch ab bei einer Arbeit, die nur die Roma machen und sonst niemand: Alteisen aufsammeln und altes Blech, das immer schmutzig ist ... Gerade heute gibt es nichts zu essen, und die Kinder verlangen doch danach. Von Luft allein lässt es sich nicht leben. Würden meine Kinder alle in der Fabrik arbeiten, würde ich mich weniger elend fühlen ... Dann könnte wir wenigstens nach vorne schauen. Ich habe sieben Kinder. Mein ältester Sohn ist 27 Jahre, ein anderer 22 Jahre alt, und dann ist da noch mein Mann ... Würden sie in der Fabrik arbeiten, dann wäre schon mal ein erster Schritt getan. Wir hätten ein Einkommen zum Leben und noch eines für ein Haus, damit die Kinder später etwas haben. Aber wir wohnen auf einem Grundstück, das dem Staat gehört. Wie soll man sich da nicht armselig vorkommen? Wenn dir vom Grund und Boden nichts gehört, dann bist du wirklich arm.

**Besser leben als die Eltern** / Auch meine Eltern hatten ein armseliges Leben. Als ich sieben Jahre alt war, starb mein Vater. Damals war ich noch viel zu jung, um mir Gedanken über unser Alltagsleben zu machen, aber ich weiß, dass meine Mutter es sehr schwer hatte. Unser Vater ließ fünf Kinder zurück; wir wohnten in einer Bruchbude, lebten von Sozialhilfe, und Mutter ging betteln, um uns zu ernähren. Ich kann das kaum beschreiben, aber schön war das gewiss nicht. Wir gingen solange in die Schule, wie wir uns Bücher, Schulmaterial und Kleider kaufen konnten. War das

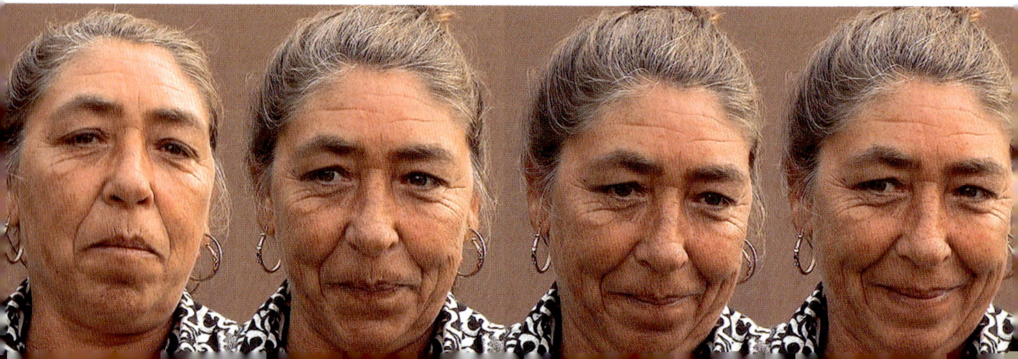

nicht mehr möglich, hörten wir schon in der Grundschule auf. Meine Mutter starb mit 50 Jahren, das sagt doch schon alles über das Leben meiner Eltern! Wir hatten es nicht leicht, auch ich musste für das Essen betteln gehen. Mein eigenes Leben ist nicht so schwer wie das meiner Mutter, weil meine Kinder arbeiten, was bei ihren Kindern nicht der Fall war. ... Sie schlief mit uns im Freien auf irgendeinem Grundstück oder auf der Straße ... Wir hatten eine einzige Decke für fünf Kinder. Ich habe nur schwache Erinnerungen an dieses harte Leben, weil ich nur bis zu meinem fünfzehnten Lebensjahr mit ihr zusammenlebte. Danach habe ich geheiratet. Ich musste heiraten, es war eine Notwendigkeit. Die Armut war riesengroß, ich ging betteln und war völlig auf mich allein gestellt.

**Freiheit** / Früher, vor 20 und mehr Jahren, konnte man noch von Freiheit sprechen ... Mit dem Wohnwagen konnten wir überall hingehen, wir parkten neben den Häusern oder schliefen neben den Kanälen. Damals waren wir frei, wirklich frei. Wenn du ungestört gehen kannst, wohin du willst, und dir niemand dreinredet, dann ist das Freiheit. Wenn wir uns heute blicken lassen, heißt es gleich: »Du dreckiger Zigeuner!«

**Glück** / Wenn es etwas zu feiern gibt, bin ich der glücklichste Mensch der Welt, ganz besonders bei der Taufe eines Kindes. Wir freuen uns, wenn ein Kind auf die Welt kommt, vor allem, wenn es das erste Kind in der Familie ist. Dann trinke und tanze ich, bin glücklich und lasse es mir gut gehen. Manchmal bin ich fröhlich, einfach so, ohne besonderen Grund, und wenn ich Musik höre, fange ich an zu tanzen. Wir Zigeuner lieben die Musik. Ob wir Geld haben oder nicht, ob wir in der Patsche sitzen oder nicht, die Musik bleibt uns immer. Bei uns hörst du zwangsläufig Musik, als wären wir das reichste Volk überhaupt. Selbst in den traurigsten Augenblicken hörst du bei uns immer noch Musik.

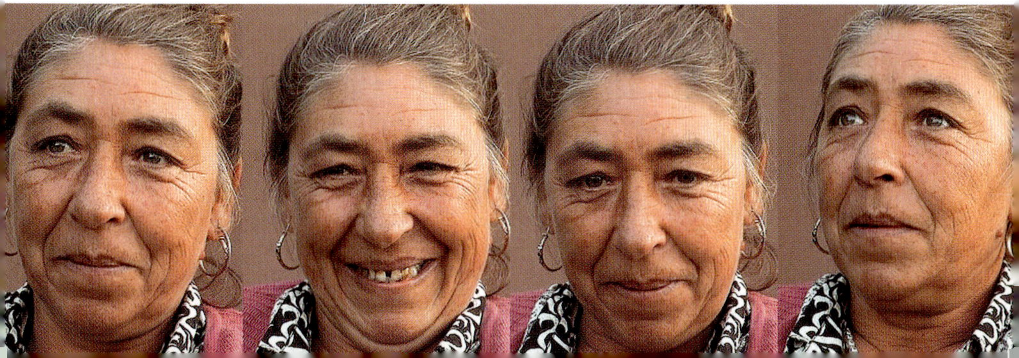

# Maremba

*Lebt in Papua-Neuguinea*

## Ich kann nicht alle meine Traditionen und Überzeugungen aufgeben, denn sie halten unsere Kultur am Leben! Mit diesem Geheimnis sichern wir unser Überleben.

**Porträt** / Guten Tag, ich bin Maremba. Mein Alter kenne ich nicht, vermute aber, dass ich ungefähr 59 Jahre alt bin. Mein Vater starb, als meine Mutter mit mir schwanger war. Daher konnte mir mein Vater nichts lehren und die Familiengeschichten an mich weitergeben. Ich weiß aber, dass mein wirkliches Haus, mein geistiges Zuhause, »Hauwi« ist, und das bedeutet »der Stein«. Von dort kommen wir her. Ich besitze meinen Gedenkstein, und die Gedenksteine gehören zum Alltagsleben. Starben unsere Vorfahren, so haben wir sie mumifiziert und in Steingrotten beigesetzt. Dort möchte ich auch begraben werden.

**Von seinen Eltern lernen** / Mein Vater war hier der Häuptling eines kriegerischen Stammes ... Einige der Stammestraditionen und -kenntnisse habe ich übernommen und will sie nun auch an meine Kinder weitergeben. Wir haben nach der Tradition unseres Stammes den Körper meines Vaters mumifiziert, damit ich ihn und seinen starken Kampfgeist weiterhin sehen kann. Auch wenn er tot ist, so ist sein Geist immer noch kühn und beschützt meine Kinder und mich.

**Mit auf den Weg geben** / Ich habe meinen Kindern den Nasenschmuck beigebracht, den Umgang mit der Steinaxt, das Fahren mit Booten aus »tapa« (ein Stoff, der aus geklopftem Rindenbast hergestellt wird), die Bekleidung, das Schießen mit Pfeil und Bogen und alles Übrige. Ich wollte ihnen gerade unsere traditionellen Gesetze beibringen und sie in die tiefsten Geheimnisse unseres Stammesrechts einweihen, als die Missionare kamen und sagten: »Nein, hört mit diesem Brauch auf, er ist böse, er kommt vom Teufel.« Wir haben daher aufgehört, und ich habe meine Kinder nicht mit den Initiationsriten vertraut gemacht. Und jetzt stehlen meine Kinder! Sie machen alles, was meine alten Gesetze verbieten ... Und die Regierung greift ein, nimmt sie mit und wirft sie weit weg von hier ins Gefängnis. Das alles geschieht nur, weil ich nicht die Möglichkeit hatte, meinen Kindern unsere starke und mächtige Stammesinitiation zu vermitteln. Unsere Initiationsriten waren sehr stark, sehr wirkungsvoll und sehr schmerzhaft. Hätte ich sie meinen Kinder vermittelt, würden sie jetzt die Gesetze nicht übertreten.

**Ausbildung** / Ich habe meine Kinder nicht mit unseren Lebensgewohnheiten und Traditionen vertraut gemacht, sondern sie auf die Schule geschickt, damit sie eine moderne Ausbildung bekommen. Aber ich mag das nicht. Ich sollte eigentlich meinen Kindern alle unsere Bräuche beibringen: die Herstellung von Speeren und »tapa«, die Art und Weise der Mumifizierung, die Initiationsriten beim Eintritt in das Erwachsenenalter und vieles mehr. Ich würde meinen Kindern das alles brennend gern beibringen. Ich weiß aber nicht, ob meine Kinder solche Initiationsriten überhaupt wollen. Dafür braucht es viel Zeit, und sie verlangen viel Arbeit, Schweiß und Tränen ... Auch große Anstrengungen und erhebliche Schmerzen.

**Fortschritt** / Sie können an mir sehen, dass ich heute immer noch der Tradition folge. Mein Nasenschmuck ist mir durch das alte Gesetz vorgeschrieben. Wer dürfte sich hier eine Änderung anmaßen und mich zwingen, mein ganzes Brauchtum aufzugeben und durch ein modernes Leben zu ersetzen, das fortschrittlich sein soll? Ich kann nicht alle meine Traditionen und Überzeugungen aufgeben, besonders nicht diejenigen Gesetze und Überlieferungen, die mir beim Durchbohren der Nase mitgegeben wurden, denn sie halten unsere Kultur am Leben. Mit diesem Geheimnis sichern wir unser Überleben. Selbst als das moderne Leben zu uns kam, habe ich sie alle bewahrt. Ich brauche sie einfach.

Geld macht mich wütend. Es kommt in meine Brieftasche und nach nur zwei oder drei Tagen verschwindet es wieder.

**Geld** / Ich dachte, die moderne Welt mit ihrem Geld würde vieles erleichtern: die Ausbildung meiner Kinder, die Gartenarbeit, das Anpflanzen, der Anbau von Kaffee und das Geldverdienen. Aber das war überhaupt nicht der Fall. In der modernen Welt ist für diese Dinge Geld notwendig. Ich glaubte, dieser neue Lebensstil wäre sehr vorteilhaft für uns und habe mich voll darauf eingelassen. Jetzt weiß ich aber,

dass ich dabei meine Kultur vergessen habe, die das Überleben und die Ausbildung, Ernährung und Unterweisung meiner Kinder sehr viel leichter machte. Wir arbeiteten ein wenig härter, aber Geld war nicht notwendig. Heute weiß ich nicht, wie ich meine Kinder ernähren und ihre alltäglichen Bedürfnisse befriedigen soll. Ich habe keine Idee. Das Geld macht mich wütend. Es kommt in meine Brieftasche und nach nur zwei oder drei Tagen verschwindet es wieder. Und dann verschwende ich meine Zeit und grüble darüber nach, wo es geblieben ist.

**Angst** / Mein Vater war ein tapferer Krieger, aber auch ein hervorragender Gärtner. Er konnte alle ernähren. Ich weiß nicht, was er jetzt von mir hält. Meine Kinder hungern, weil ich nicht genügend Geld habe. Ich fürchte, mein Vater ist nicht glücklich ...

**Botschaft** / Ihr habt mich aufgesucht und neben mich gesetzt. Ihr habt mein Leben geteilt, und ich habe euch meine Geschichten erzählt und meine Empfindungen anvertraut. Ich kann sie nun mit Menschen auf der ganzen Welt teilen. Mit weißen Menschen habe ich so etwas zum ersten Mal erlebt. Ihr habt mir das Gefühl gegeben, ein besonderer Mensch zu sein.

Ich dachte, die moderne Welt mit ihrem Geld würde vieles erleichtern: die Ausbildung meiner Kinder, die Gartenarbeit, das Anpflanzen, der Anbau von Kaffee und das Geldverdienen. Aber das war überhaupt nicht der Fall.

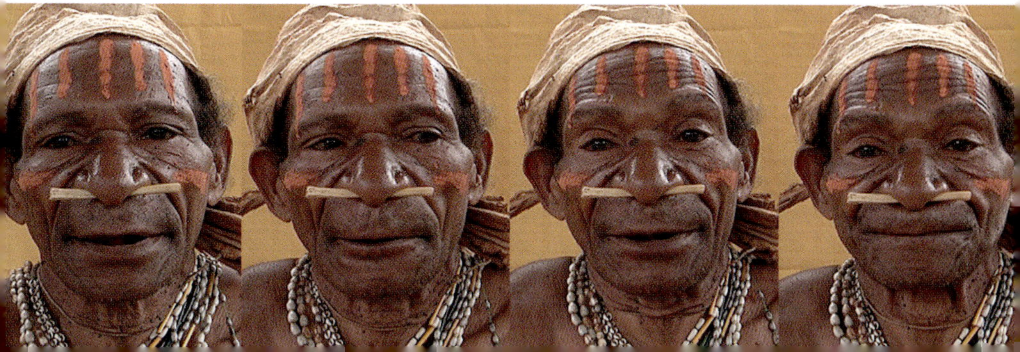

Der Fortschritt, wie Bush ihn sich vorstellt, ist kein Fortschritt für mich. Seine Ziele sind nicht meine Ziele.

**CAROLA** — *Tansania*

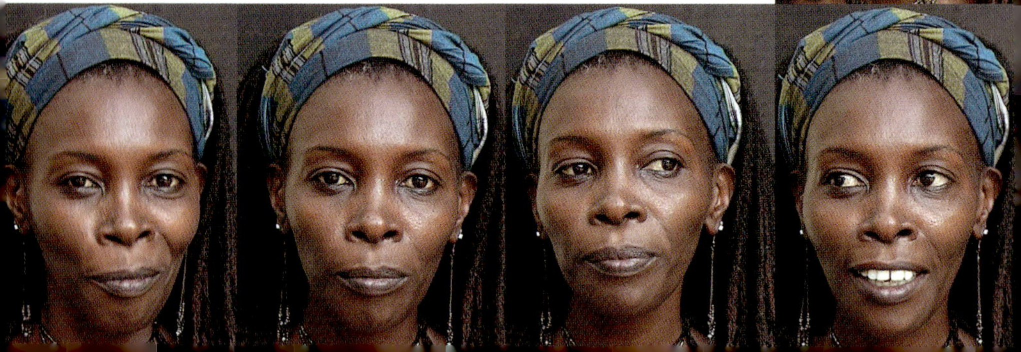

# Carola

*Lebt in Tansania*

## Ich glaube wirklich, dass ich ihnen die Menschlichkeit vermitteln möchte.

**Porträt** / Ich heiße Carola und bin Tansanierin. Ich komme aus dem an Kenia angrenzenden Norden von Tansania. Ich gehöre einem Massai-Stamm an, ich bin Muslimin, mache Musik, bin verheiratet und habe zwei Kinder. Vielleicht sollte ich noch etwas hinzufügen, aber insgesamt gesehen bin ich damit ausreichend charakterisiert.

**Mit auf den Weg geben** / Ich möchte im Herzen meine Kinder den Wert der Menschlichkeit verankern und die Überzeugung, dass der Humanismus den Vorrang vor allem hat. Der Mensch ist perfekt ausgestattet: Er hat Empfindungen und Gefühle, er findet sich zu verschiedenen Zeiten seines Lebens mithilfe unterschiedlicher Personen zurecht, er zeigt genügend Verständnis für seine Mitmenschen und kann mit anderen teilen. Ich glaube wirklich, dass ich ihnen die Menschlichkeit vermitteln möchte. Was die Liebe angeht, so bin ich mir nicht sicher, ob ich sie ihnen beibringen kann. Es genügt, wenn ich sie vorlebe und hoffe, dass sie es genauso machen. Die Liebe ist daher sehr wichtig für mich. Die Ausbildung natürlich auch. In unserer Welt ist Ausbildung notwendig, um sich woanders zurechtzufinden. Was brauchen die Kinder also für das Leben? Was wird später aus ihnen? Wozu werden sie fähig sein? Ich möchte ihnen dazu die Grundlagen mitgeben, damit sie ihre eigene Zukunft gestalten können. Das ist wichtig für mich.

**Fortschritt** / Der Fortschritt ist ein komplizierter Begriff. Die Menschen haben verschiedene Vorstellungen davon. Während der Kolonialzeit sagten die Kolonisatoren, sie würden die Zivilisation bringen, aber die Art und Weise, wie sie vorgegangen sind, hatte nichts Zivilisiertes an sich. Meiner Ansicht nach müssen die Leute selbst herausfinden, was sie sich unter Fortschritt vorstellen. Der Fortschritt, wie Bush ihn sich vorstellt, ist kein Fortschritt für mich. Seine Ziele sind nicht meine Ziele. Mit dem Fortschrittsgedanken habe ich so meine Probleme, weil ich Afrikanerin bin und in einem der ärmsten Länder der Welt lebe. Ich stelle fest, dass wir nicht einmal die Zielrichtung bestimmen können, wenn unser Land ein Projekt in Angriff nehmen will. Wir brauchen die Zustimmung des Westens oder der Banken, bei denen wir da und dort um Geld und andere Hilfsmittel betteln müssen. Es geht nicht an, den Fortschritt anderen Menschen aufzuzwingen, sie müssen selbst darüber entscheiden können.

**Kindheitsträume** / Ich hatte so viele Träume! Ich war das letzte Kind in der Familie, und meine großen Brüder gingen schon in die Schule. Ich wollte also studieren und so viel wie möglich studieren, auf das Studienfach kam es kaum an. Aber dann wurde ich Leichtathletin. Ich hatte meine Meinung geändert. Danach widmete ich mich ein wenig dem Studium der Gitarre, weil ich dann Musikerin werden wollte, was ich auch geworden bin. Aber wissen Sie, ich konzentrierte mich in meiner Jugend nicht bloß auf den einen Traum. In dem Umfeld, in dem ich lebte, wuchs ich ganz von selbst in das Leben einer Frau hinein: heiraten, Kinder kriegen und alle um einen herum glücklich machen. Aber ich wollte mich immer weiterbilden.

**Glück** / Ach Gott, ich weiß nicht recht, ich glaube nicht, dass es für das Glück ein Rezept gibt, weil das Glück sich meiner Meinung nach einstellt, wenn man zufrieden ist. Und Zufriedenheit ist sehr schwer zu erreichen. Ich denke, dass ich in meiner Jugend schnell glücklich war. Schon Kleinigkeiten ließen mich alles andere vergessen. Doch mit dem Älterwerden und mit den Kindern wächst die Verantwortung, und dann reichen die finanziellen Mittel, die für den Schulbesuch der Kinder aufzubringen sind, kaum aus. Wissen Sie, das Glück wird eine ziemlich konkrete Angelegenheit. Manchmal stellen Sie fest, dass Sie lächeln oder schmunzeln, obwohl Sie innerlich gar nicht so glücklich sind. Das völlige Glück setzt eine völlig Zufriedenheit voraus, das gilt sicherlich für alle Menschen. Es gibt viele schwierige Dinge, aber wenigstens können wir dem Glück zur Hälfte entgegenkommen, indem wir zur Hälfte zufrieden sind. Auf diese Weise haben wir die Möglichkeit, glücklich zu sein. Das ist sehr wichtig.

Manchmal stellen Sie fest, dass Sie lächeln oder schmunzeln, obwohl Sie innerlich gar nicht so glücklich sind.

**Angst** / Ich erschrecke, wenn ich sehe, dass ich meine Träume nicht verwirklichen kann, nicht für mich, sondern für die Menschen um mich herum, für die Familie, für die Kinder, für alle. Sie möchten natürlich meinen Erfolg sehen, denn dadurch kann ich ihnen helfen. Meine größte Angst ist manchmal, die mir nahestehenden Menschen nicht in dem Maße zufriedenstellen zu können, wie ich es möchte. Eine weitere Angst ist nicht persönlicher Natur, sondern flößt mir die Welt ein, in der wir leben. Ich bin entsetzt, wie sehr sich der Westen und seine Menschen von uns unterscheiden. Sie kennen nur ein Ziel: immer mehr Geld zu verdienen, immer mehr Macht zu haben und die anderen links liegen zu lassen.

**LIEDER** / Im Lande der Massai sprechen wir viele Gebete, und die Frauen singen sie auch. Zum Beispiels dieses Gebet, in dem eine Frau sagt: »Du Geber aller Dinge, gib mir einen weiteren Tag, gib mir die Kinder, die ich mir von dir wünsche, gib mir die Ziegen, gib mir Kühe.« Bei den Massai sind Kinder und Kühe am wichtigsten. Sie brauchen nur Kühe und Kinder.

In dem Umfeld, in dem ich lebte, wuchs ich ganz von selbst in das Leben einer Frau hinein: heiraten, Kinder kriegen und alle um einen herum glücklich machen.

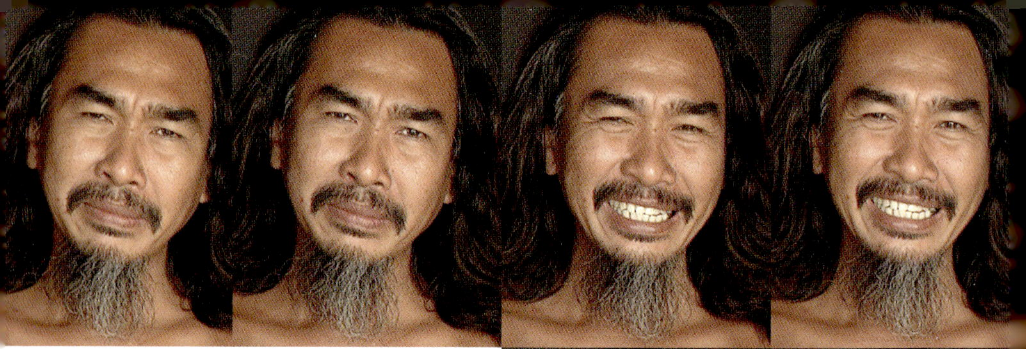

Großer Reichtum
ohne
Zufriedenheit
ist wertlos.

**SIT** — *Thailand*

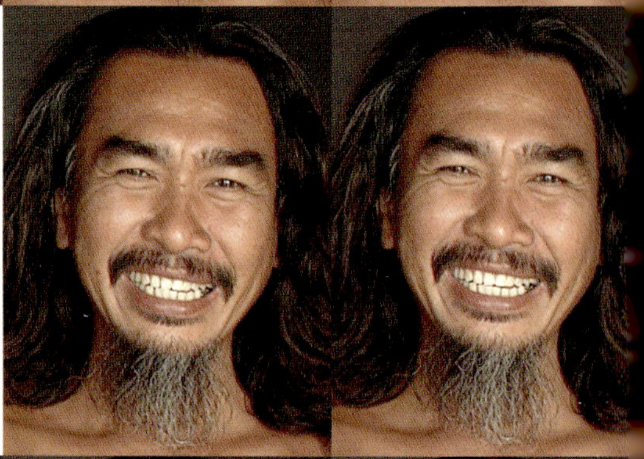

# Sit

*Lebt in Thailand*

**Porträt** / Mein Beiname ist Mam. Ich bin 46 Jahre alt. Meine Geburtsstadt ist Khon Kaen, in der Region Isaan [im Nordosten von Thailand]. Ich stamme aus einer Familie von Bauern, bin aber in der Stadt aufgewachsen, weil das im Land und für die Bauern allgemein als fortschrittlich galt. Ich ging dann in die Hauptstadt und anschließend auf die Insel Koh Chang [im Südosten Thailands].

**Früheste Erinnerung** / Ich habe meine früheste Erinnerung an den Wohlstand, der auf dem Land herrschte. Es gab Reis, Fisch, Gemüse, Speisen jeder Art: Es gab alles – außer Geld! Dort waren wir glücklich: Wir konnten alles essen, auch wenn wir keinen einzigen Bath besaßen [thailändische Währung]. Neben anderen Nahrungsmitteln gab es Garnelen, Muscheln, Krebse und Fische. Wir lebten mit den Jahreszeiten und von der Großzügigkeit der Menschen. Krankheiten waren unbekannt, Geld hatten wir nicht, aber wir waren glücklich. Eine Rückkehr zu diesem früheren Leben wäre nötig, denn der Fortschritt entfernt uns immer weiter vom Glück.

**Glück** / Meine Definition des Glücks? Es liegt vor, wenn wir zufrieden sind mit dem, was wir haben und sind. Großer Reichtum ohne Zufriedenheit ist wertlos. Der Mensch ist dann glücklich, wenn er mit dem, was er hat und was er ist, zufrieden ist.

**Feind des Menschen** / Der größte Feind des Menschen ist seine Unzufriedenheit. Sie zermürbt ihn langsam wie der Rost das Eisen.

**Sein Leben ändern** / Eine Situation würde ich gerne ändern und dadurch alle glücklich machen: Ich würde alle Religionen abschaffen und nur noch ein einziges Objekt verehren. Aller Streit würde dann aufhören. Dieses Objekt wäre die Sonne, die alle Wesen und die Natur zum Leben erweckt.

**Religion** / Die Religion hat sich meiner Ansicht nach der Mensch ausgedacht. Ich habe es schon lange geahnt, und mein Herz hat mich darauf gebracht … Religiös zu sein bedeutet, sich selbst zu kennen und zufrieden zu sein mit dem, was man hat und was man ist. Ich versuche zurzeit etwas zu finden, was die Religion übersteigt. Es ist das Licht der Sonne, das wirklich etwas Höheres ist.

**Nach dem Tod** / Diese Frage höre ich, seit ich ein kleiner Junge war. Noch nie ist jemand mit dem Leben nach dem Tod in Berührung gekommen … Ich weiß nicht, wohin die Toten gehen. Niemand kann es sagen. Es sei denn, Sie versuchen einmal zu sterben. Dann wissen Sie es.

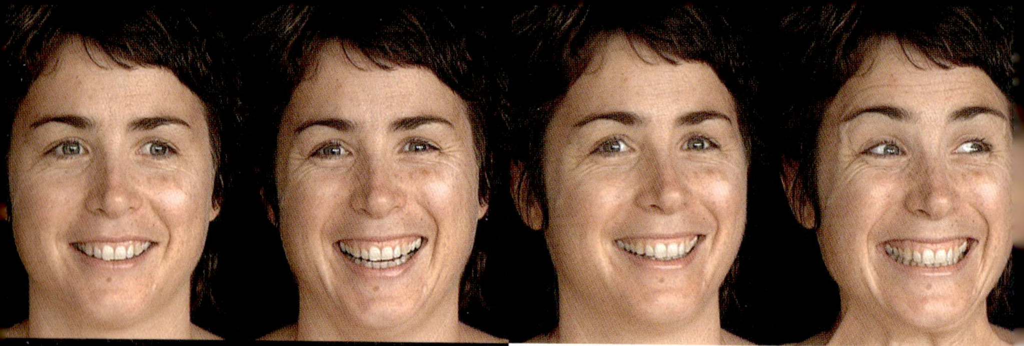

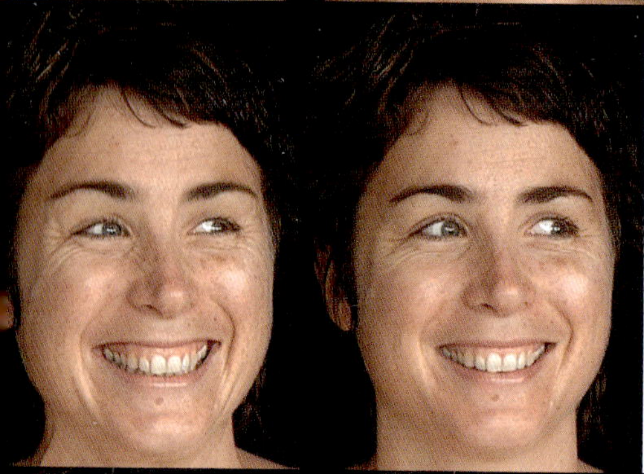

Ich spüre kein Bedürfnis nach einem Ort, der mich in das Jenseits führt.

**SARAH** — *Irland*

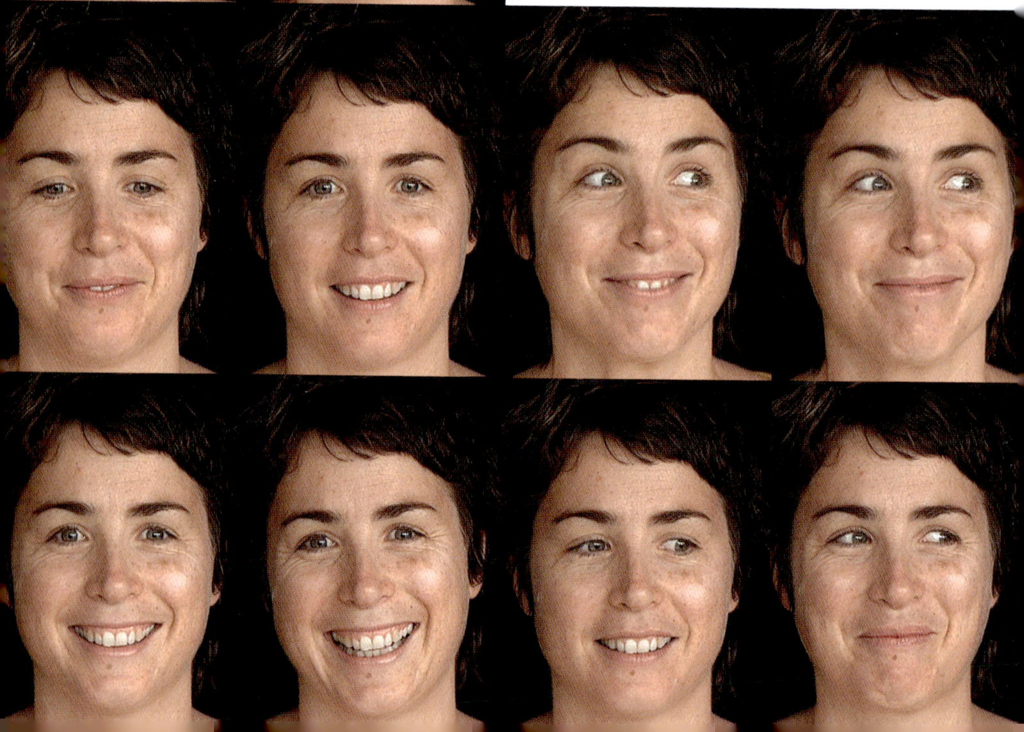

# Sarah

*Lebt in Irland*

## Meine Mutter sagte immer: »Wenn du Sorgen hast, dann gehe dorthin und werfe sie in das Meer.«

**Porträt** / Ich heiße Sarah und bin 35 Jahre alt. Ich wohne mit meinem Mann in Lacken, in der Grafschaft Wicklow.

**Kindheitsträume** / Ein bestimmter Kindheitstraum hat sich glücklicherweise nicht erfüllt. Ich wollte Nonne werden. Mir imponierte vielleicht das Blau der Nonnentracht, und ich sagte mir, dass sich diese Farbe auf meinem Kopf sehr schön machen würde. Gleichzeitig wollte ich als Nonne den Beruf einer Krankenschwester ausüben. Als ich älter wurde, habe ich nach einigem Nachdenken verstanden, dass ich dafür wirklich nicht geeignet bin.

**Bittere Erfahrung** / Ich habe viele mir nahestehende Menschen verloren, vor allem solche, die noch jung waren. Meine beste Freundin sowie eine liebe Klassenkameradin sind an Hirnhautentzündung gestorben. Am Todestag meiner besten Freundin starb einer meiner Freunde an einem Gehirntumor. Im selben Jahr kam der beste Freund meines Partners bei einem Autounfall ums Leben. Das alles hat mich sehr schwer getroffen. ... Einmal musste ich mich entscheiden, ob ich zu der einen oder der anderen Beerdigung gehen sollte, das war absurd! Nie sollte jemand eine solche Entscheidung treffen müssen. ... Wir können aber daraus lernen, unsere Träume und Ziele zu überdenken. Verliert man Freunde auf eine derart tragische Weise, dann zählt nichts mehr, dann ist wirklich nichts mehr von Belang. Die Hoffnungen, Träume und Ziele der Menschen sind zwar wichtig, aber schon das Sprichwort sagt, dass wir den lieben Gott zum Lachen bringen, wenn wir ihm unsere Pläne und Absichten vorlegen. Deshalb pflegte meine Mutter zu sagen: »Wenn du den lieben Gott zum Lachen bringen willst, zeige ihm deine Clownsfiguren ...« Seither beherzige ich diese Erfahrung in meinem Leben, denn du kannst nicht sagen: »Ich heirate, bekomme 2,2 Kinder und besitze ein Haus und ein Auto.« Das nehme ich mir nicht mehr vor, aber nicht, weil ich das nicht will. Es ist nur so, dass du nach solchen Unglücksfällen ein möglichst guter Mensch sein möchtest, und das wollte ich immer sein. Jetzt versuche ich mich schlafen zu legen, ohne mit jemandem zerstritten zu sein, auch wenn das nicht immer gelingt; ich möchte vorher die Probleme lösen und den Menschen sagen, dass ich sie liebe. Meine beste Freundin hatte sich gegen ihre Erkältung einen Grog gemacht, legte sich schlafen und wachte nicht mehr auf. Es war aus.

**Sein Leben ändern** / Mein Leben möchte ich zurzeit nicht ändern, mit einer Ausnahme ... Es gibt immer eine Ausnahme ... Mit Ausnahme der Tatsache, dass ich gerne Kinder hätte. Doch im Moment ist alles ganz hervorragend, ich liebe mein Leben sehr, ich mag meine Freunde, meinen Mann und auch den Ort, wo ich lebe, kurzum, alles läuft augenblicklich ganz gut.

Die Privatisierungen und die durch Barrieren voneinander getrennten gesellschaftlichen Gruppen isolieren die Menschen immer stärker voneinander, sodass die Gesellschaft auseinanderbricht.

**Sein Land verändern** / Sie haben mich gefragt, wovor ich die größte Angst hätte. Ich sollte noch einmal auf meine Antwort zurückkommen und sagen, ich habe Angst, dass wir hier in Irland unsere Seele verlieren. Wir sind sehr hart geworden, urteilen sehr schnell, sind egoistisch ... Jetzt verachten wir die Menschen, die physisch oder psychisch krank sind oder in Armut leben. Es ist so, als ob wir jedes Verständnis verloren hätten. Ein irisches Sprichwort sagt: »Gezeiten und starke Winde heben alle Schiffe nach oben.« Meiner Erfahrung nach stimmt das überhaupt nicht. Es gibt lächerliche Statistiken, nach denen jeder hundertste Einwohner Millionär ist, dabei weiß ich, dass jedes siebte Kind in Armut lebt. In diesem Land haben wir mehr Golfanlagen als Kinderspielplätze. Reichtum ist uns wichtiger als die Bedürfnisse und Anliegen der Menschen. Heute steht das ökonomische Denken im Mittelpunkt und nicht die Gesellschaft. Das macht mich sprachlos, schließlich bin ich nicht vorrangig in einem Wirtschaftssystem aufgewachsen, sondern in einer Gesellschaft, die mich als Kind schätzte und mir Perspektiven eröffnete. Ich konnte zu einem akzeptablen Eintrittspreis in die städtischen Schwimmbäder gehen. Aber jetzt ist alles privatisiert worden, ich müsste einem Klub beitreten. Die Privatisierungen und die durch Barrieren voneinander getrennten gesellschaftliche Gruppen isolieren die Menschen immer stärker voneinander, so dass die Gesellschaft auseinanderbricht. Ich glaube nicht, dass wir den Menschen erlaubten, frei zu leben. Ich selbst fühle mich frei, da ich beschloss, diese Entwicklung nicht mitzumachen. Ich konnte frei wählen, weil ich die finanziellen Mittel dazu habe. Wer diese Wahl nicht hat, ist in der Armutsfalle gefangen ... Ich stelle also ein Riss in unserer Gesellschaft fest. In dieser Hinsicht hat sich Irland verändert.

**Natur** / Eine Landschaft bedeutet mir emotional sehr viel. Sie sieht jeden Tag anders aus, und das mag ich. Vor dem Klimawandel habe ich große Angst, und bei dem hohen Kohlenstoffausstoß und dem, was die Menschen in die Luft blasen, sorge ich mich schon um unser wunderbares Land. Es ist wirklich erstaunlich, wie schön es hier ist. Ein Besuch in der Region Connemara ist atemberaubend. Diese Landschaft ist magisch und spirituell zugleich, sie atmet den Geist unserer Geschichte und unserer Vorfahren. Das ist wirklich spektakulär. Es geht soviel Energie von ihr aus und neue Lebenskraft, das ist einfach gut für die Seele ... Meine Mutter sagte immer: »Wenn du Sorgen hast, dann gehe dorthin und werfe sie in das Meer.« Ich will in dieser Hinsicht in Irland überhaupt keine Veränderung erleben.

**Nach dem Tod** / Ganz offen gesagt, glaube ich nicht an ein Jenseits und ich bin darüber nicht beunruhigt. Ich respektiere die Religion der anderen, wenn sie davon überzeugt sind. Mein Mann ist manchmal so frustriert, dass ich an kein Weiterleben nach dem Tod glaube. Allerdings ist das für mich keine Glaubenssache, ich spüre einfach kein Bedürfnis nach einem Ort, der mich in das Jenseits führt. Ich werde glücklich sein, wenn ich nicht mehr existiere. Ich muss nicht weiterleben. Und geht es doch weiter, dann ist das prima!

**Sinn des Lebens** / Ich kehrte im Auto von der Taufe meiner Nichte zurück. Mein Mann saß am Steuer. Ich hatte mehrere Glas Wein getrunken. Wir fuhren an einem jungen Mann vorbei, der auf einer Bank saß. Dann ist mir etwas Verrücktes passiert ... Ich habe darüber mit kaum jemand gesprochen, aber es ist doch wichtig. Ich hörte die Stimme des Mannes in meinem Kopf. Ich war fassungslos und dachte: »Habe ich denn soviel getrunken?« Ich sagte zu Declan, meinem Freund: »Halte an, der Mann auf der Bank hat mit mir gesprochen.« Er meinte: »Sarah, jetzt reicht's aber.« Ich wurde immer nervöser, weil ich die Stimme ganz deutlich hörte, aber nicht wusste, was das war. Ich bekam es mit der Angst zu tun. Ich bat meinen Freund zurückzufahren. Er fluchte, drehte aber um. Wir hielten an ... Ich hörte Worte wie »Helfen Sie mir« oder »Guten Tag«. Wir gingen zur Bank, und der junge Mann ist in meinen Armen gestorben. Die Seele dieses Menschen verließ seinen Körper. Der Tod und ich, das ist schon eine seltsame Geschichte. Er starb in meinen Armen. Er war höchstens 19 Jahre alt. Ich glaube, dass seine Seele ihn verlassen hat. Er stieß dabei so etwas wie einen Wutschrei aus. Wenn junge Menschen sterben, dann gehen sie nicht ruhig fort, sondern sind wütend und wehren sich. Es war ein Privileg, dass ich an seine Seite gerufen wurde – durch wen auch immer. Der Sinn des Lebens besteht für mich in der Liebe, in der gegenseitigen Hilfe, so wie es der junge Mann ausdrückte: »Helfen Sie mir.«. Er starb an einer Überdosis von Drogen, die ein ernstes Problem hier sind. Wir alle sind auf jemand angewiesen und wir alle haben Liebe nötig. Der junge Mann brauchte jemanden und hat seltsamerweise mich ausgewählt. Ich war für ihn da. Ich habe mich sehr privilegiert gefühlt.

Die Freiheit besteht für mich darin, in diesem Zimmer zu sitzen und Ihnen ein Interview zu geben.

**JOSEPH** — *Los Angeles, Vereinigte Staaten*

# Joseph

*Lebt in Los Angeles, Vereinigte Staaten*

## Es gab in meinem Leben eine Zeit, in der ich nicht wusste, ob ich den nächsten Tag noch erleben würde.

**Porträt** / Ich heiße Joseph und bin 27 Jahre alt. Meine Mutter war eine Weiße und Französin, mein Vater ist tot. Er war halb indianischer, halb birmanischer Abstammung. Ich bin hier in den Vereinigten Staaten geboren.

**Besser leben als die Eltern** / Die Kindheit meines Vaters war nicht sehr schön. Er starb in jungem Alter an einer Überdosis Heroin. Ich war damals drei Jahre alt. Er versuchte von der Droge loszukommen und setzte sich einen Schuss … Ich weiß nicht, ob er sich töten wollte oder ob es ein Unfall war … Sein Leben war in meinen Augen sehr hart. Bei mir war es ebenso, auch ich habe ein schwieriges Leben gehabt und schlug ungefähr den gleichen Weg ein wie er und machte die gleichen Phasen durch. Aber ich bäumte mich irgendwie dagegen auf und kam zu mir … Ich denke, mein Kinder haben daran ihren Anteil. Ich habe mein Leben geändert. Ich weiß nicht, warum mein Vater das nicht konnte. Jeder hat so seine Gründe … Und ich bin am Leben! Es gab in meinem Leben eine Zeit, in der ich nicht wusste, ob ich den nächsten Tag noch erleben würde … Ich sagte mir: »Die Entscheidung darüber liegt bei Gott.«

**Von seinen Eltern lernen** / Wir sprachen nicht viel miteinander. Als ich älter wurde, lungerte ich herum. Ich war eben schon sehr früh ein Problemkind … Ich habe mich dann einer Gang angeschlossen und war in Drogengeschichten verwickelt. Meine Mutter liebte mich von Anfang an und kümmerte sich immer um mich, aber ich glaube, dass es nicht ausreichte. Ich nehme an, dass sie nicht stark genug war, um mich vor dem Abgleiten zu bewahren. Meine Freunde, die Menschen in meinem Umfeld und alles, was ich sonst noch sah, war so negativ, dass ich wahrscheinlich davon angezogen wurde.

**Lebenslauf** / Ich bin in eine Gang eingetreten, weil es daheim an Vielem mangelte. Ich hatte keinen Vater, und um mich herum waren Kriminalität und Drogen an der Tagesordnung. Das war eine verlockende Welt, die mich irgendwie verführte, denn die Dealer und Gangster besaßen Frauen, Geld und Schmuck … Sie waren meine Vorbilder, ich wollte so sein wie sie, das hatte etwas Glamouröses an sich … Das war mein Ziel, und ich konnte es nur über den Verkauf illegaler Drogen erreichen. Dort, wo ich herkomme, gab es Jungen im Alter von zwölf Jahren, die nagelneue Cadillacs fuhren und die Taschen voller Geld hatten – das war ein hektisches Leben. Zwei Mal wurde auf mich geschossen, ich lag auf der Straße und galt als tot. Ich habe jetzt mein Leben geändert und möchte so etwas nicht mehr durchmachen.

**Gewalt** / Ich musste das alles tun, um zu überleben. Ich bin in einem ziemlich schrecklichen Stadtviertel aufgewachsen, das wegen der Gangs voller Gewalt und Verbrechen war. Um hier zu überleben, musstest du manchmal selber gewalttätig sein.

**Schwere Zeit** / Die innere Wandlung war schwer: von einem drogenabhängigen Gangmitglied zu einem verantwortungsbewussten Menschen, der sich um sich selbst und seine Familie kümmert. Es war, als ob mein altes Ich zugrunde ginge, und es war ziemlich hart, diesen Joseph loszulassen, der sein ganzes Leben mit Gangs und Drogen zugebracht hatte. Das erscheint seltsam, aber es stimmt, weil ich in meinem bisherigen Leben nichts anderes gekannt habe. Diese Veränderung war das Härteste und Komplizierteste, was ich in meinem Leben durchgemacht habe.

**Weinen** / Vor zwei Monaten wurde ein Freund vor seinem Haus erschossen, während sein vierjähriges Kind schlief. Jemand kam mit einer Flinte auf ihn zu, legte auf seinen Kopf an und schoss mehrmals ... Er wollte ein guter Familienvater sein, war aber immer noch in die inneren Auseinandersetzungen der Gangs verwickelt, und einer hat ihm das Leben genommen. Ich bin bei diesem Ereignis in Tränen ausgebrochen und habe da zum letzten Mal geweint. Ich weine schnell, ich war immer schon zart besaitet. Obwohl ich Mitglied einer Gang mit allem Drum und Dran war, bin ich doch in einer Familie mit vielen Frauen aufgewachsen. Drei ältere Schwestern und meine Mutter haben mich aufgezogen. Vielleicht ist das der Grund für meine Empfindsamkeit.

## Warum sollen wir uns Schmerzen zufügen, in tödliche Auseinandersetzungen verwickeln und absichtlich Leiden bereiten? Wichtig ist nur, dass wir uns lieben und versuchen, Gutes zu tun.

**Träume in der Gegenwart** / Ich träume heute davon, mich für eine bessere Welt einzusetzen. Meine Arbeitsstelle, die Homeboys Industry, kommt diesem Traum schon sehr nahe: Ich arbeite mit Jugendlichen, die in sehr gefährlichen Verhältnissen leben, und mit ehemaligen Mitgliedern von Gangs. Im vorigen Jahr habe ich mein Leben radikal geändert. Mein Traum ist jetzt, mich um meine Familie zu kümmern und sie gut zu versorgen.

**Familie** / Die Familie bedeutet mir alles. Ich bin in einer sehr harten Umgebung aufgewachsen und habe mit zehn Jahren Drogen genommen und sie auch verkauft. Ich lebte in dem extremen Gewaltmilieu der Gangs. Ich bin jetzt, da ich eine eigene Familie habe, etwas reifer geworden und habe diesen Kreislauf durchbrochen, was von größter Bedeutung für mich ist. Mein Vater war auch Mitglied einer Gang und starb an seinem Drogenkonsum. Ich muss mit diesem in meiner Familie üblichen Muster brechen. Meine Sorge gehört jetzt meinen Kindern. Ich will sicher sein, dass sie keiner Gang angehören und keine Drogen oder Ähnliches konsumieren. Darum kümmere ich mich in erster Linie.

**Freiheit** / Ich fühle mich gerade jetzt sehr frei. Ich bin vorgestern aus dem Gefängnis entlassen worden und fühle mich wirklich frei. Die Freiheit besteht für mich darin, in diesem Zimmer zu sitzen und Ihnen ein Interview zu geben. Ich trage keine Handschellen mehr, bin in keinen Raum eingesperrt und werde nicht wie ein Hund behandelt. Niemand schreibt mir vor, wann ich mir die Zähne zu putzen habe, wann ich auf die Toilette gehen oder mich duschen soll. Ich kann Ihnen ins Gesicht schauen, ich kann aufstehen und das Zimmer verlassen, wenn ich es möchte. Das ist Freiheit, so sieht sie aus!

**Freude** / Als Krimineller habe ich früher alles falsch gemacht, was man nur falsch machen konnte. Das Gefängnis war kein Problem für mich, weil ich dachte: »Gut, für meine Vergehen werde ich eben meine Strafe absitzen.« Aber dieses Mal hatte ich alles richtig gemacht, aber die Vergangenheit holte mich ein, und ich musste ins Gefängnis. Noch nie bin ich so lange von meinen Kindern getrennt gewesen. Ich bin es gewöhnt, mit meinen Kindern aufzuwachen, sie klammern sich an mich wie die Affen ... Das Zusammensein mit meinen Kindern und meiner Verlobten ist meine größte Freude.

**Stolz** / Ich bin jetzt clean. Am 27. September bin ich seit einem Jahr drogenfrei und ich war von Heroin und Kokain abhängig. Ich benützte Nadeln, und es ist äußerst schwer, sich von dieser Art von Drogen zu befreien. Ich bin sehr stolz, der zu sein, der ich heute bin. Und doch möchte ich mein Leben nicht gegen ein anderes tauschen. Sollte mir jemand ein ganz neues Leben anbieten, würde ich mein altes Leben nicht hergeben, weil die Begegnungen mit den unterschiedlichsten Menschen sowie meine ganzen Aktivitäten mich zu dem Mann gemacht haben, der ich heute bin. Einen solchen Tausch würde ich um nichts in der Welt machen.

**Botschaft** / Ich hatte ein hartes Leben und habe eine Menge schwieriger Situationen durchgemacht. Ich glaube, jeder muss sich selbst lieben. Warum sollen wir uns Schmerzen zufügen, in tödliche Auseinandersetzungen verwickeln und absichtlich Leiden bereiten? Wichtig ist nur, dass wir uns lieben und versuchen, Gutes zu tun.

# Träume

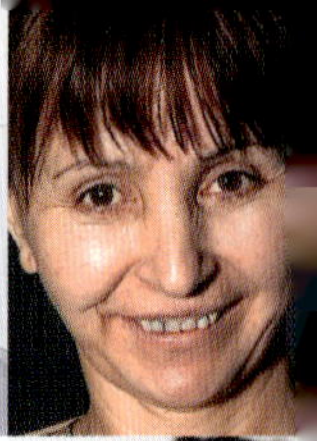

Als Junge wollte ich Superman sein! Wie alle Welt wollte ich ein Held sein, aber daraus wurde nichts. →
**ROLANDO** — *Los Angeles, Vereinigte Staaten*

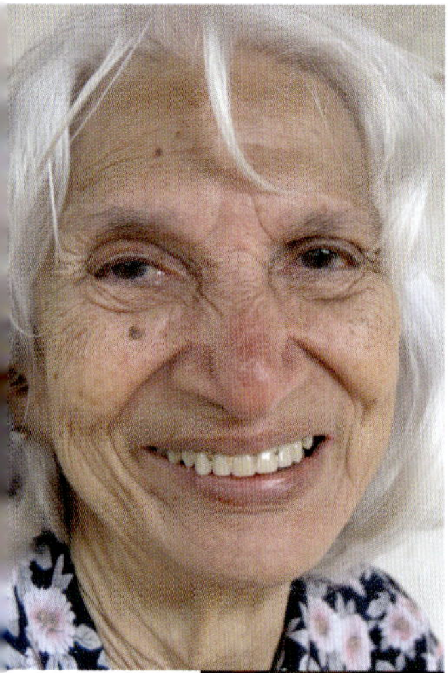

Ich hatte den Traum, den alle Frauen träumen: heiraten und Kinder kriegen. Ich wollte tausend Jungen haben, um eine eigene Cricket-Mannschaft aufzustellen.
← **PESIKHA** — *Chennai, Indien*

Ich wollte bei der Müllabfuhr arbeiten, um den Libanon zu säubern, der im Krieg ganz schmutzig war. Ich bin immer um Mitternacht aufgestanden und sah zu, wie die großen Müllwagen die Mülleimer geleert haben ... Ich hatte mich entschieden, zehn Jahre lang bei der Müllabfuhr zu arbeiten und dann Bürgermeisterin zu werden, um ganz sicher zu sein, dass die Müllmänner auch gut arbeiten. Anschließend war das Präsidentenamt geplant. Das war mein Traum.
**CARINA** — *Libanon* ↓

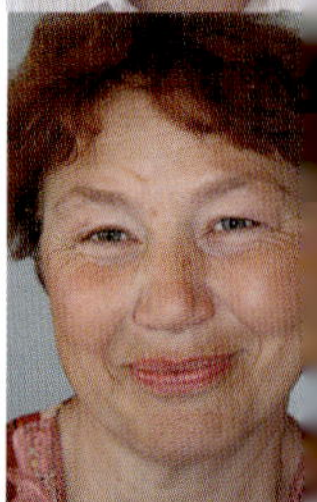

← Als Kind träumte ich davon, ein guter Akkordeonspieler zu werden, aber das war nicht möglich, weil meine Familie arm war und kein Geld hatte. Einmal gingen wir nach Helsinki und wir hatten alles Geld zusammengekratzt, damit ich mir etwas leisten konnte. Ich hatte die Wahl zwischen einem Fahrrad und einem Akkordeon. Ich entschied mich für das Akkordeon. Wenn ich das Instrument lernen würde, so war meine Überlegung, dann könnte ich Geld verdienen und mir ein Fahrrad kaufen. Und genauso ist es gekommen.
**TAPIO** — *Finnland*

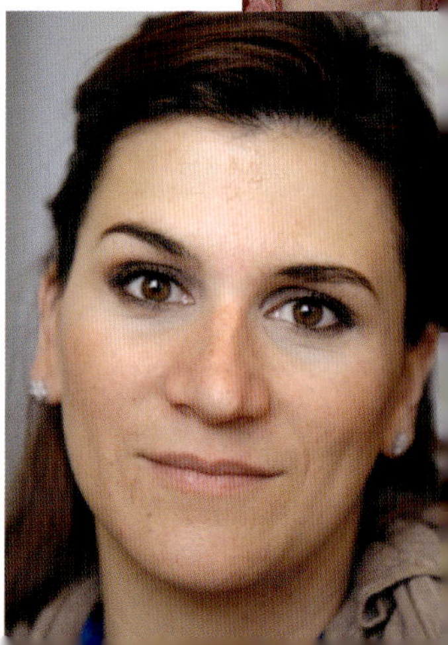

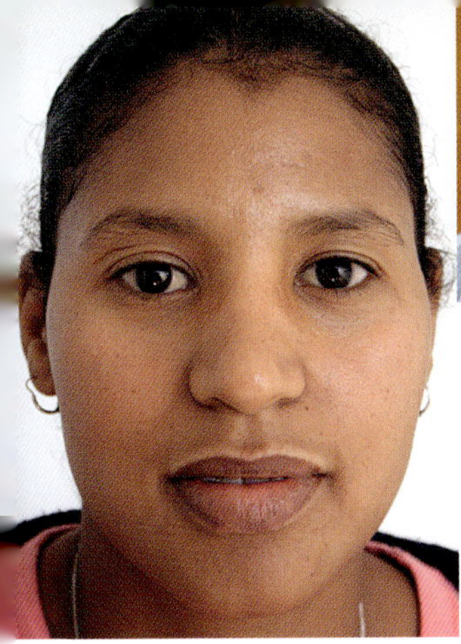

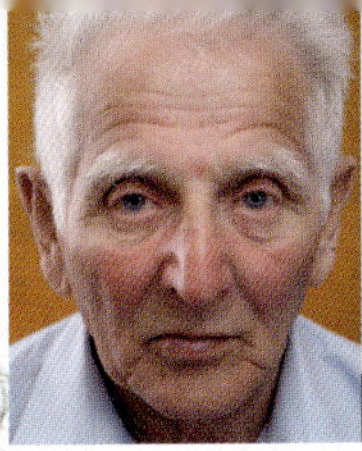

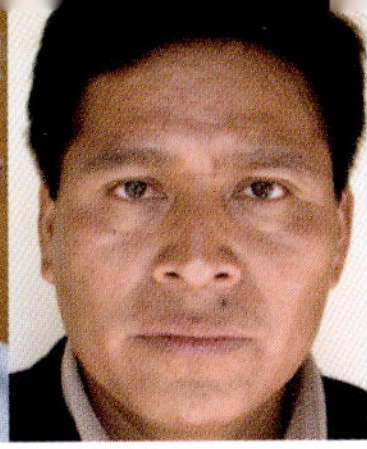

↑

Ich träumte davon, mehr Eis zu essen. Ein anderes Vergnügen gab es nicht. Während des Krieges hatte ich nur einen Traum: Ich wollte mich nur satt essen, nichts anderes. Auch träumte ich von wärmerer Kleidung, denn in dieser schwierigen Zeit trugen wir irgendetwas am Körper, nur um nicht zu erfrieren. Aber hauptsächlich träumten wir vom Essen.
**IOSIF** — *Moskau, Russland*

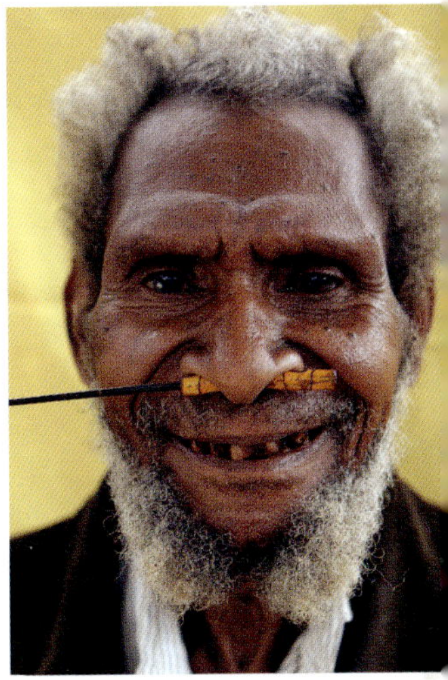

↑

Mein Traum ist, Maurer zu sein. Die Tätigkeit der Männer war mir schon immer lieber ... Im Haushalt will ich nicht arbeiten. Ich möchte gerne Maurerarbeit machen: mit Ziegelsteinen hantieren und ähnlichem Material, um ein Haus zu bauen.
**ZAHRA** — *Marokko*

Ich wollte ein großer Krieger werden, aber die Missionare brachten uns den Frieden und beendeten so meinen Traum.
**MARTHIN** — *Papua-Neuguinea*

→

Ich hatte als Kind viele Träume. Einer der wichtigsten war, Pilot zu werden, vielleicht wegen einer Tradition des serbischen Volkes, dem ich angehöre. Bedrohliche Situationen kommen oft vom Himmel, wo Gott ist. Der Himmel spielt für mein Volk eine große Rolle. Ein Mann kann vielleicht seinem Volk, aber auch sich selbst, keinen wichtigeren Dienst erweisen als den Himmel über seinem Land und über allem, was er liebt, zu schützen.
**BRANISLAV** — *Serbien*

←

Als Kind träumte ich von einer Weltreise. Jetzt, da ich als Erwachsene sehe, wie unsere Situation als Palästinenser ist, möchte ich gerne völlig frei wenigstens durch ganz Palästina reisen.

**AGHSAM** — *Palästinensische Autonomiegebiete*

→

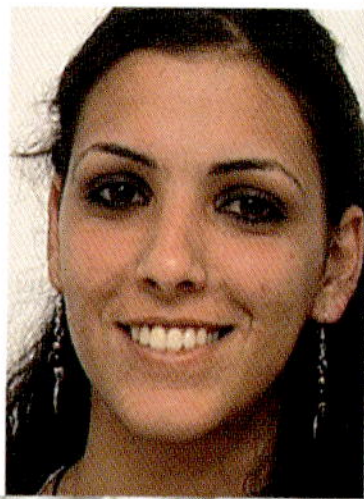

↑

In einer meiner frühesten Erinnerungen fragt mich meine Mutter, was ich später als Erwachsener machen werde. Ich sage, ich würde Bankräuber, weil die immer so viel Geld haben.

**GARY** — *Südafrika*

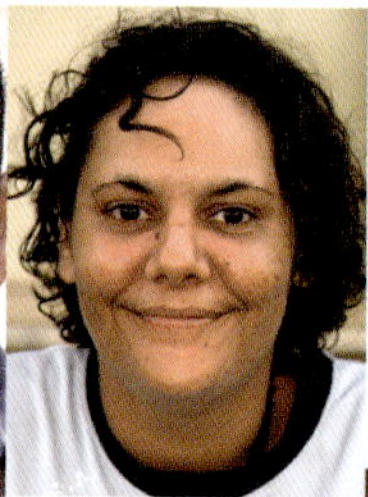

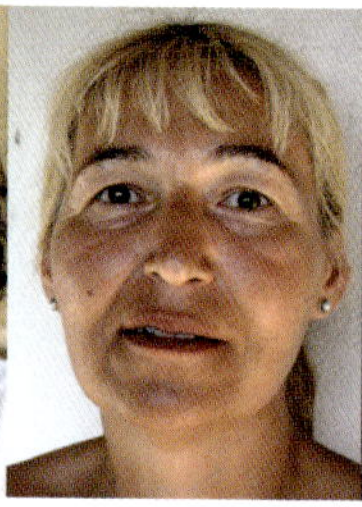

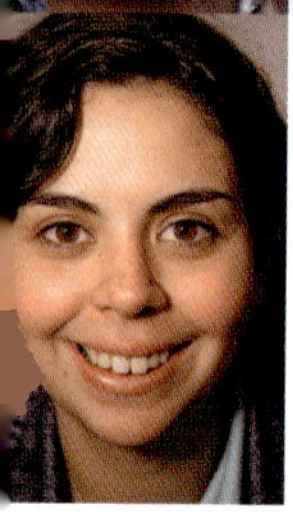

Als kleines Kind hatte ich nur einen Traum: mit der Beschneidung von Frauen Geld zu verdienen. Heute verabscheue ich die Tätigkeit einer Beschneiderin und hasse mich dafür. Ich möchte jetzt nur noch im Schweiße meines Angesichts meinen Lebensunterhalt verdienen und niemandem mehr Schmerzen zufügen müssen. Ich will nur noch Gottes Willen folgen und arbeiten. Damals wollte ich unbedingt beschneiden und hatte es sogar ziemlich eilig damit. War ich ein oder zwei Tage ohne Kundin, beklagte ich mich. Ich bedauere, mit der Beschneidung Geld verdient zu haben.

**OUREYE** — *Senegal*

→

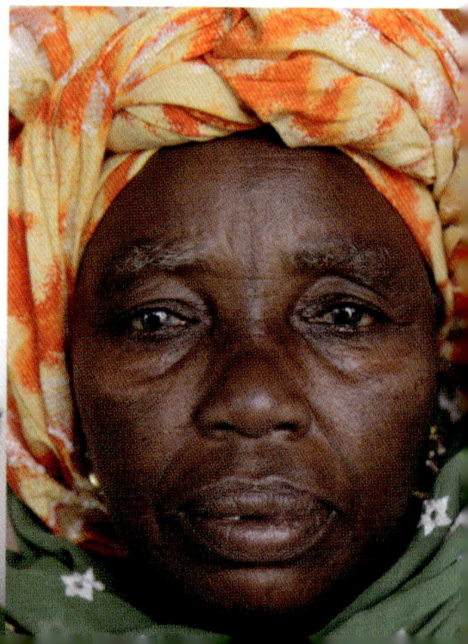

Meine Träume warten nicht auf ihre Erfüllung in der Zukunft. Ich habe sie jetzt und verwirkliche sie auch.

**REUVEN** — *Israel*

→

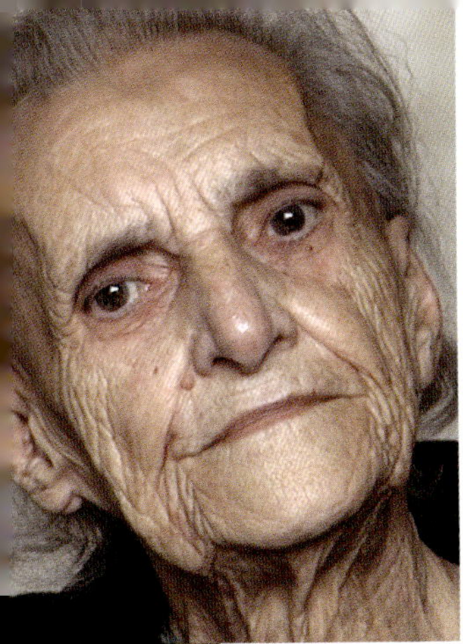

Ich warte nur noch darauf, für immer die Augen zu schließen, weil ich glaube, meine Pflicht erfüllt zu haben. Ich kann niemandem mehr nützlich sein, und für eine Frau ist das sehr traurig. Ich träume daher, mich auf die große Reise zu machen.
← **VINCENZA** — *Italien*

Ich träume oft von meinen Kindern [Sie sind in Srebrenica gestorben] und ich träume diesen Traum gern. Ich träume, dass wir zusammen essen und zusammen leben. Beim Aufwachen möchte ich diesen Traum so lange fortsetzen, bis er eines Tages Wirklichkeit wird … Aber dazu wird es gar nie kommen …
**HAJRIJA** — *Bosnien-Herzegowina*
↓

Ich bin über 70 Jahre alt und habe keine Träume mehr. Was könnte ich noch ändern? Meine Frau werde ich nicht mehr ändern.
← **ORLANDO** — *Argentinien*

Eine Antwort darauf fällt mir schwer … Ich könnte sagen, dass ich vor meinen Kindern sterben möchte. Das ist sehr wichtig für mich.
**XAVIER** — *France*
↓

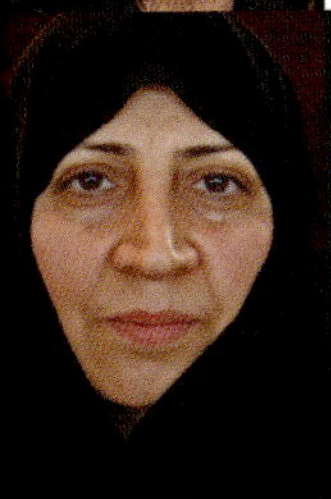

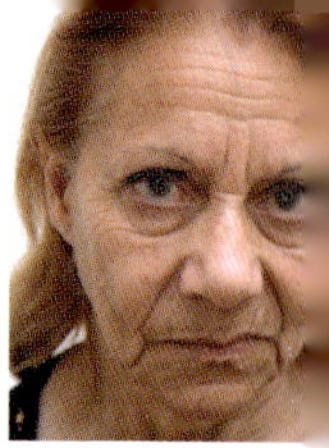

Einem armen Menschen bleiben nur
die Träume, weil er nichts anderes hat.

← **IBRAHIM** — *Delhi, Indien*

Mein größter Traum ist zurzeit, in unserem kalten Sibirien Tomaten bester Qualität anzubauen. Und Knoblauch so groß wie eine Faust!

← **SEMION** — *Sibirien, Russland*

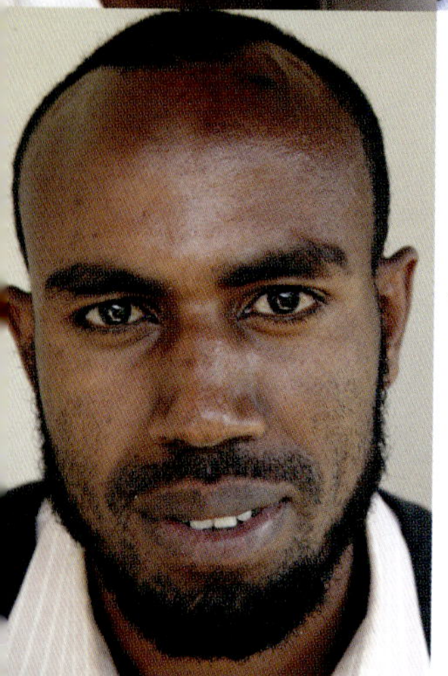

Ich habe einen großen Traum: Das bäuerliche Umland hier soll sich verwandeln und wie die Stadt Tokio werden. Aus der Landwirtschaft soll Industrie werden. Das streben wir an. Eines Tages wird alles zu einer Stadt wie Tokio werden.

← **SHERIF** — *Äthiopien*

Heute träume ich vom Ende des Krieges in Tschetschenien. Was immer die meisten Politiker in Europa, im Westen und in Russland behaupten – dieser Krieg ist noch nicht zu Ende. Er ist es nicht, solange weiterhin Menschen sterben oder entführt werden, solange Tausende von Kindern zu Waisen werden oder Krüppel sind, nachdem sie auf Minen gelaufen sind ... Wahrscheinlich möchte ich im Traum mein Volk befreit sehen, ohne Krieg und mit glücklichen Kindern. →

**FATIMA** — *Tschetschenien*

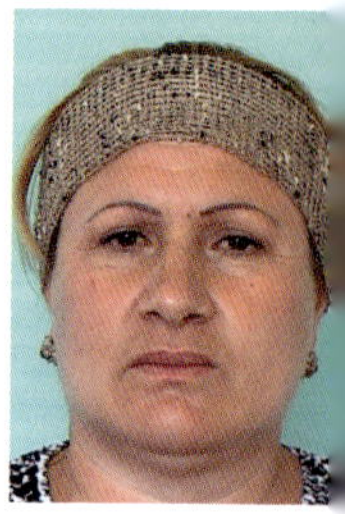

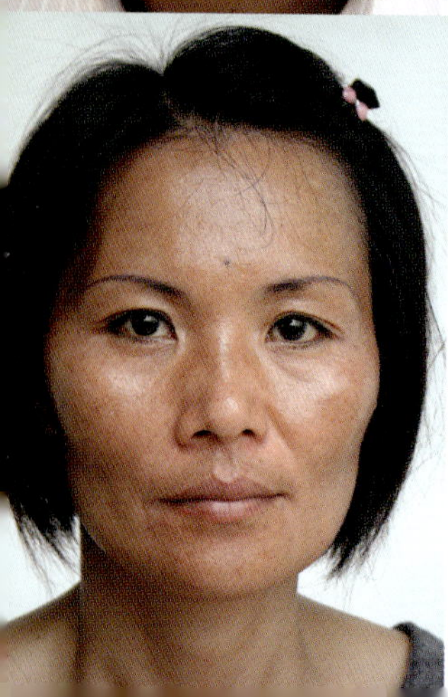

Wir wollen in erster Linie unser Dorf wieder aufbauen und zu unseren Wurzeln zurückfinden. Wir wollen unseren Kindern ein Nomadenleben ersparen. Sie sollen nicht umherirren. Das ist unser vordringlichstes Anliegen.

← **SU-YUN** — *Taiwan*

Ich habe Aids und bin voller Träume ... →
Ich hoffe, dass ich geheilt werde und nicht mein ganzes Leben auf eine Behandlung angewiesen bin ... Ich wünschte, Aids wäre eine Krankheit, für die es eine Therapie gibt wie für andere Krankheiten auch. Diese Krankheit haben nur die Menschen, und doch wird auf uns geschaut, als wären wir Tiere. Ich möchte in den gleichen Krankenhäusern behandelt werden wie die Menschen, die Krebs, Diabetes oder Bluthochdruck haben. Ich möchte gerne anstehen, ohne ausgeschlossen zu werden. Ich möchte eine Behandlung bekommen wie sie. Der Ausschluss aus den Krankenhäusern stellt eine Diskriminierung dar.

**NALEDI ANASTASIA** — *Botswana*

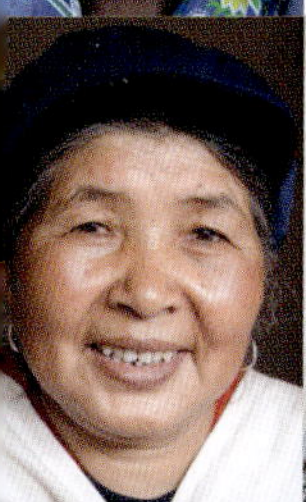

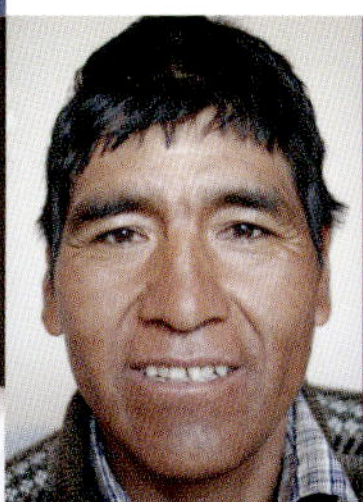

Das Wesen des Menschen könnte an drei schweren Untugenden zugrunde gehen: an der Unwissenheit, der Angst und der Gier. Mein Traum ist es, nicht unwissend, nicht ängstlich und nicht gierig zu sein.

← **RICCARDO** — *Schweiz*

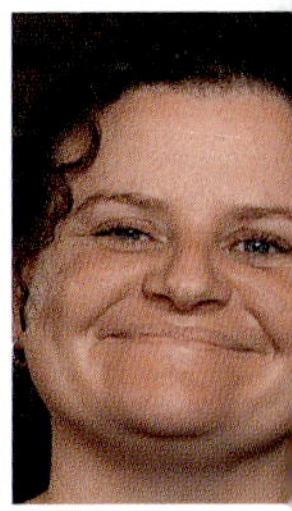

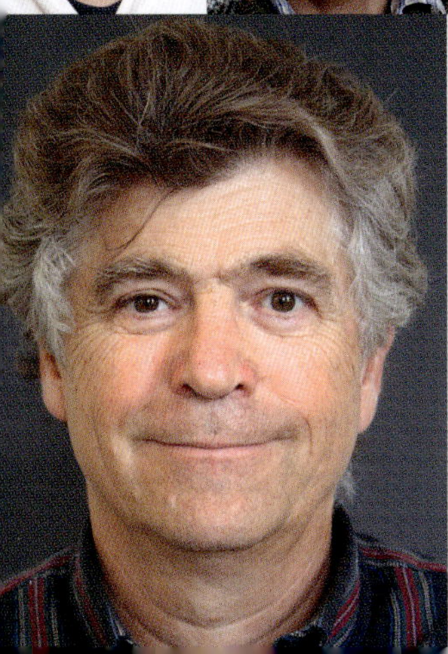

Ich sehe, dass sich die Welt in einer Krise befindet, es aber große Chancen für Veränderungen gibt. Ich hoffe sehr, dass die Menschheit bei meinem Tod eindeutig ihren Platz unter den vielen Gattungen auf diesem Planeten gefunden hat und harmonisch mit den übrigen Lebewesen zusammenlebt.

← **JONATHAN** — *Kalifornien, Vereinigte Staaten*

Warum wollen wir immer wissen, was morgen geschieht? Wir müssen jetzt leben.

**BRUNO** — *Korsika, Frankreich*

# Bruno

*Lebt auf Korsika, Frankreich*

## Die Freiheit besteht für mich darin, dass ich eines Morgens aufstehen und fortgehen kann. Nichts zu besitzen ist für mich auch eine Form der Freiheit.

**Porträt** / Bruno, 39 Jahre alt, ist Berufstaucher in der Straße von Bonifacio.

**Familie** / Ich halte viel von dem Sprichwort: »Freunde wählt man aus, die Familie nicht.« ... Das Meer, meine Umwelt, die Vögel und Delfine, die Kieselsteine – sie alle sind meine Familie. Ich habe nämlich im Moment das Gefühl, für meine Familie fast ein Außerirdischer zu sein. Ich bin völlig von der mediterranen und korsischen Kultur geprägt, und meine Art zu denken stört ein wenig. Ich habe kein Fernsehen, kein Radio, auch keine Zeitungen. Mich interessiert es nicht, dass es irgendwo Krieg gibt, denn ich habe leider einen mitgemacht. Ich habe ihn mit 18 Jahren im Libanon erlebt und ich war schockiert und verletzt, als ich einsehen musste, dass der Mensch sich selbst der schlimmste Feind ist. Daher ist meine Familie beunruhigt über mein jetziges Leben.

**Schwieriges Bekenntnis** / Ich werde diesem Kind sagen, dass ich es nicht gewünscht habe ..., aber dass ich es trotzdem liebe ... Das Mädchen ist nun einmal da und hat das Recht zu leben. Der aus dem Osten stammende Gedanke, dass die Kinder selbst sich ihre Eltern auswählen, gefällt mir sehr. Unser Mädchen musste einen weiten Weg zurücklegen, um mich und meine Frau als Vater und Mutter auszuwählen, und aus ihm wird eine bedeutende Persönlichkeit. Das fängt schon gut an, denn mit seinen fünf Jahren teilt es mir Überlegungen mit, die außergewöhnlich sind.

**Eine Lektion des Lebens** / Wir besaßen ein Familienunternehmen, einen Taucherklub. Ich sollte ihn übernehmen, ich sollte ein Mädchen aus dem Dorf heiraten, ich sollte dies tun, ich sollte das tun ... Und eines schönen Tages – Oje! Mit 18 Jahren kam ich zurück und hatte nur noch ein Bein. Damals wurde mir klar, dass einem nichts gehört, nicht einmal der eigene Körper. Jetzt begann ich selbstständig nachzudenken, ohne meine Eltern und ohne die Menschen meiner Umgebung. Vor allem habe ich völlig unterschiedlichen Menschen aus aller Herren Länder zugehört ... Ich habe mir dann gesagt, dass es gar nicht schlecht wäre, wenn ich mit dem

Lesen von Büchern aufhören und mit dem Lesen im Buch meiner Seele beginnen würde, mit dem, was im Inneren ist. Mir wurde deutlich, dass wir alle Gott sind, ohne dass wir uns darauf etwas einbilden müssen, und dass es ausreicht, sein Herz zu öffnen, um Gutes zu tun.

**Schlimmstes Erlebnis** / Das schlimmste Erlebnis war nicht die Amputation, sondern ihre Folgen. Als Behinderter ist dir vieles nicht erlaubt, die Türen sind verschlossen. Ein Korse lässt sich das nicht bieten, er will die Türen öffnen. Als man mir sagte, ich könnte nicht Berufstaucher werden, da wollte ich diesen Beruf erst recht ergreifen. Nach Beendigung der Ausbildung war ich Jahrgangsbester, noch vor allen gesunden Kameraden.

**Freiheit** / Die Aggressivität auf der Insel kommt aus den Städten. Die Leute verbreiten eine unglaubliche Monotonie und Farblosigkeit. Eines möchte ich meiner Tochter wirklich beibringen: sich im Leben nicht wie ein Schaf zu verhalten. Schafe trotten hintereinander her und werden irgendwann geschlachtet. Dafür sind sie da. Wir sollten wie ein Meeresvogel sein. Er ist oft allein und setzt sich vielen Gefahren aus. Wenn kein Festland in der Nähe ist, kann er ertrinken, aber er ist frei. Die »libertà« ist das Schönste auf der Welt. Nichts zu besitzen ist für mich auch eine Form der Freiheit. Unsere westliche Kultur ist einzigartig, weil wir so viel besitzen und Gott uns verwöhnt, aber wir wissen das überhaupt nicht zu schätzen. Schauen Sie sich dagegen die Länder an, die nichts haben und doch so freigebig sind … Sie kommen als Besucher, und ein Einheimischer, der nur eine Schüssel Reis täglich zur Verfügung hat, bietet Ihnen mit einem Lächeln die Hälfte seiner Reisschale an. Ich glaube, wir können von der Einstellung dieser Menschen lernen. Wir haben alles, aber jeder lebt ganz für sich allein.

**Glück** / Glück ist für mich das Lächeln eines Kindes, nachdem es geweint hat. Ich meine nicht ein Kind, das aus Verdruss weinte, sondern die Tränen eines Kindes, das den Krieg und die Verzweiflung seiner Umwelt erlebt hat. Sie nehmen es an die Hand, schenken ihm ein Lächeln, und das Kind schaut Sie an und beginnt zu lächeln. Ich habe in meinem Leben nichts Schöneres erlebt.

**Angst** / Bei meinem Unfall hatte ich Angst zu sterben. Ich hoffe, so spät wie möglich zu sterben, aber Angst vor dem Tod habe ich jetzt kaum mehr. Unser Aufenthalt auf der Erde ist nur ein kleiner Abschnitt in unserem Leben ist. Wir leben ewig.

**Gott** / Wer ist Gott? Vielleicht Buddha, Allah, Jesus, Jehova, Krishna … Ist das Gott? Hat er einen Namen? Ich bin Seemann, und das Meer heißt für mich Meer, auf türkisch heißt es »deniz«, auf italienisch »mare«, auf englisch »sea« und doch ist es immer das gleiche Meer. An jedem Ort der Welt hat Gott einen anderen Namen. Und doch bleibt er immer derselbe. Daher bin ich zutiefst davon überzeugt, dass wir alle

Gott sind und wir alle Gutes um uns herum tun können, der Wille dazu genügt. Es reicht aus, sich wirklich zu engagieren. Wenn wir ganz einfach jeden Tag etwas Gutes tun, dann hätten wir in einem Jahr 365 gute Werke ... Vielleicht gäbe es dann weniger Kriege ... Vielleicht!

**Nach dem Tod** / Warum wollen wir immer wissen, was morgen geschieht ... Wir müssen jetzt leben. Ich weiß, dass es nach unserem irdischen Tod großartig sein wird.

**Liebe** / Die Liebe ist ungeheuer wichtig, sie durchdringt alles. Das französische Wort »aimer« für lieben gefällt mir jedoch nicht. Man sagt zu einer Frau »Ich liebe dich« so wie man sagt: »Ich liebe Bananen, ich mag das Meer, dieses Möbelstück, mein Auto ...« Immer dasselbe Verb im Französischen. Das stört mich schon. Dabei gibt es andere Sprachen wie das Englische, das Italienische, das Korsische ... Im Korsischen sagt man nicht »ich liebe dich«, sondern »ti tengu caru«. Wortwörtlich übersetzt heißt das »ich halte dich für liebenswert« oder »ich hänge liebevoll an dir« ... In jedem Fall ist die Liebe die Grundlage des Lebens.

**Weinen** / Ich lag im Sainte-Anne-Hospital in Toulon mit Wundbrand und Fieber und war von medizinischen Instrumenten bedeckt – es war nur schrecklich ... Da kam ein kleiner Vogel, setzte sich auf das Fensterbrett und schaute mich an. Und ich fing einfach zu weinen an. Seit Jahren hatte ich nicht mehr geweint, weil in der Kultur, in der ich aufgewachsen war, ein Mann nicht weint. Von da an habe ich mich verändert. Ein Mann, der nicht weint, hat einen Körper voller Tränen. Der kleine Vogel schaute mich an, als ob er mir sagen wollte: »Beweg dich mal, komm zu mir in die Natur, du hast doch in einem Krankenhaus nichts verloren.«

**Natur** / Abends habe ich Léon und Germaine. Ich wage kaum davon zu reden, weil ich sonst als geistiger Amokläufer gelte. Das sind zwei Möwen, ein Männchen und ein Weibchen. Sie setzen sich zu mir, und wir sprechen miteinander. Dazu gesellt sich Joseph, ein Kormoran. Vor zwei Tagen ist noch Julie dazugekommen, das diesjährige Weibchen von Joseph, denn jedes Jahr ist es ein anderes Weibchen. Julie fliegt in die Lagune herein, wenn die Pinguine, die hier im Sommer sehr zahlreich sind, alle weg sind und ihre Behausung aufgesucht haben. Und dann habe ich noch die Barsche Merlin und Jojo, die mir ganz persönlich gehören. Sie waren in Langleinennetzen an großen Angelhaken gefangen. Ich habe sie daraus gerettet.

**Geld** / Geld ist notwendig zum Leben, aber das Leben ist nicht für das Geldverdienen da. Zu viele Menschen leben nur für das Geld. Das ist falsch, Geld dient dem Leben. Ich kaufe damit mein Brot, mein T-Shirt. Tauschgeschäfte haben mir immer gut gefallen. Ich konnte in viele Länder reisen, in denen das Leben auf dem Tausch beruhte. Du fängst zehn Kilogramm Fisch, und ich gebe dir dafür zwei Kilogramm Reis.

# Tihoti

*Lebt auf Tahiti, Französisch-Polynesien*

## Nach meinem Tod möchte ich direkt zu meinen Ahnen gehen, ich möchte zu den Sternen gehen.

**Porträt** / Guten Tag, ich heiße Tihoti. Das ist mein Vorname als Künstler, aber mein polynesischer Vorname lautet Mata Ute Ute. Das bedeutet »rotes Auge« oder »glühender Blick«. In diesem Jahr wurde ich 40 Jahre alt. Ich bin mit einer Frau von der Norfolkinsel verheiratet und habe zwei Kinder. Von Beruf bin ich Tätowierer. Ich widme mich leidenschaftlich gern der Bildhauerei, der Malerei und dem Bau von »marae«, alten polynesischen Tempelanlagen. Ich wohne hier auf der Insel Huahine.

**Früheste Erinnerung** / Das war der Tag, an dem ich mit Zeichnen anfing. Damals besaßen wir fast nichts, und als ich abends zu zeichnen begann, gab es kein richtiges Licht, weil wir keinen Strom hatten, sondern nur eine Öllampe. Neben der habe ich dann gezeichnet. Ich verspürte einen unbändigen Drang zum Zeichnen und versuchte mit allen Mitteln meine Zeichnung zu sehen, obwohl es schon Abend war.

**Träume in der Gegenwart** / Mein Traum ist, zusammen mit meinem Bruder und meinem Vater ein großes Kulturerbe aufzubauen, nicht hier auf Huahine, sondern bei mir zu Hause auf Tahaa, weil ich von dort stamme. Mein Bruder ist ebenfalls Tätowierer, mein Vater ist im Ruhestand, er ist ein guter Kenner der alten Traditionen, er kennt auch die Erde, das Meer, den Fischfang. Ich träume also davon, dass wir drei zusammen auf unserer Herkunftsinsel Tahaa eine bedeutende Kulturstätte errichten.

**Von den Eltern gelernt** / Von meinen Eltern und vor allem von meinem Vater habe ich gelernt, Respekt gegenüber anderen und vor mir selbst zu haben. Ich habe viel gelernt, weil seine Ausbildung wirklich hart war. Ich bin ihm jetzt für diese Lehrjahre dankbar, die mir viel Mut und Tapferkeit für mein Leben gegeben haben. Das war eine große Hilfe.

**Mit auf den Weg geben** / Ich möchte meinen Kinder den ganzen kulturellen Reichtum weitergeben, den uns die Ahnen hinterlassen haben. Sie sollen sich mit diesem Reichtum beschäftigen, ihn studieren und verstehen, was er bedeutet. Und ich hoffe schließlich, dass sie ihrerseits diesen Reichtum voller Stolz an ihre Kinder weitergeben.

**Sein Land lieben** / Ich liebe an Französisch-Polynesien, dass wir hier im Vergleich zur übrigen Welt sehr behütet leben. Wir haben auch ein paar Fortschritte gemacht, aber uns bleiben die Erde, die Natur, unsere schönen Lagunen – wir besitzen sehr viel. Wir leben mit der Natur in echter Harmonie, das ist unser Glück, und ich bin mir dessen jeden Tag bewusst. Wir kennen weder Schnee noch Kälte und noch nicht Armut oder Hungersnot. Wer hier vor Hunger stirbt, der ist ein Faulenzer. Zu unserem Glück sind wir ein Volk schöpferisch veranlagter Menschen, dank der Natur sind wir sehr kreativ.

**Stolz** / Ich liebe meine Kultur zu hundert Prozent. Ich bin stolz, Polynesier zu sein, ich bin stolz auf meine Sprache und stolz, alles, was ich gelernt und getan habe, weiterzugeben. Ich bin von keinem System vereinnahmt. Ich grenze mich deutlich ab. Ich will mein Leben nach dem ausrichten, was uns die Ahnen überlassen haben. Das zeigt sich an der Tätowierung, die du an mir siehst: Die linke Seite ist die Seite des Herzens und für uns auch die spirituelle Seite. In der Tiefe meiner Seele stellt die tätowierte Seite auf symbolische Weise meine Liebe für meine Kultur und die Tradition dar. Die Seite ohne Tätowierung stellt die moderne Zeit dar. Schließlich können wir nicht ignorieren, dass wir im 21. Jahrhundert leben. Aber ich will weder meine Wurzeln noch meine Traditionen vergessen. Ich lebe zwischen Tradition und moderner Zeit, ich akzeptiere die moderne Zeit, aber ich prüfe genau und übernehme das, was ich für diese Zeit brauche, und bin gleichzeitig sehr stark in meiner Kultur verwurzelt.

Andere Religionen haben Mohammed, Jehova, Buddha … Wir haben alle denselben Gott, aber er hat verschiedene Namen.

**Angst** / Ich habe große Angst davor, dass die Großmächte der Welt uns mit ihrer Politik, ihren Kriegen und all ihren Nuklearwaffen und kriegerischen Auseinandersetzungen zerstören ... Blicke ich auf die ganze Welt, habe ich wirklich große Angst vor einer Zerstörung des Planeten, von uns selbst und des Menschlichen überhaupt. Das ist meine tiefe Angst.

**Natur** / Die Antwort darauf ist sehr einfach für mich. Die Natur ist das Leben, wirklich das Leben. Was sollten wir ohne die Natur machen? Für uns Polynesier ist die Natur der Baum, der Früchte bringt und uns damit nährt; sie ist der Fluss, das Wasser – alles positive Energien. Wenn du in die Natur gehst, bist du von Wellen umgeben, von wirklich positiven Energien, die dein Gemüt beruhigen. Du fühlst dich wohl im Kopf, wohl in deiner Haut und wohl im Geist.

**Gott** / Ich glaube an Gott, traue aber keiner Religion und keiner Politik. Jeden Tag glaube ich an Gott. Das ist meine Stärke. Bevor ich kreativ tätig werde und mich dem Zeichnen, der Bildhauerei oder der Steinbearbeitung widme, bete ich immer zu meinem Gott, damit er mir tagsüber beistehe. Andere Religionen haben Mohammed, Jehova oder Buddha ... Wir haben alle denselben Gott, aber er hat verschiedene Namen. Ich jedenfalls glaube das. Bei uns in Polynesien heißt der Gott Taa Roa. Manche Polynesier sind Christen. Jeder ist frei und kann seinen Glauben frei wählen.

**Nach dem Tod** / Nach dem Tod möchte ich nicht in die Hölle, aber auch nicht in das Paradies kommen. Ich möchte direkt zu den Sternen zu meinen Ahnen gehen. Ich möchte zu den Geistern meiner Ahnen gehen. Dorthin hoffe ich zu kommen.

**Botschaft** / »Faitoito tato porua, Faitoto«, das ist für uns sehr wichtig. Wenn ich für ein Geschäft aufbrach, verabschiedete mich mein Vater immer mit diesen Worten: »Faitoito tato maitai.« Das bedeutet: »Sei stark, viel Mut und Tapferkeit.« Wenn du wirklich verstanden hast, was das heißt, dann bist du allen Situationen gewachsen und kannst gewinnen. Voilà, »maururu« [Danke].

# Jocelyn

*Lebt in Neuseeland*

**Porträt** / Ich heiße Jocelyn und wohne in Coromandel auf der nördlichen Halbinsel von Neuseeland. Ich war vor meiner Heirat Lehrerin. Mein Mann und ich lebten auf einer Farm und hatten fünf Kinder.

**Heirat** / Ich begegnete meinem Mann, als ich Dorfschullehrerin war. Er besaß in der Umgebung eine Farm. Er war zehn Jahre älter als ich, aber erst drei Monate vor unserem Entschluss zu heiraten wurde mir das klar. Ich hörte als Lehrerin auf und wurde die Frau eines Farmers. Wir waren beim Tod meines Mannes neunundvierzigeinhalb Jahre verheiratet und konnten daher nicht unseren fünfzigsten Hochzeitstag feiern.

**Familie** / Wir haben zusammen fünf Kinder, sechzehn Enkel und sechs Urenkel. Für mich ist die Familie das Leben. Ohne Familie bleibt es sinnlos.

**Mit auf den Weg geben** / Meine Kinder sollten ganz sie selbst sein und im Leben ihr Bestes geben. Das wollte ich ihnen vermitteln.

**Glück** / Manchmal denke ich, dass zum Glück zwei Personen gehören ... Für mich waren die Jahre, in denen ich verheiratet war, die glücklichsten meines Lebens. Jetzt bin ich allein, sehe oft meine Familie und habe viele Freunde. Es wäre aber schön, jemand zu haben, mit dem ich die Dinge des Lebens teilen könnte. Aber wie ich Ihnen schon gesagt habe, ein anderer Mann kommt nicht mehr infrage.

**Gott** / Ich glaube nicht an Gott und auch nicht an geistige Wesen. Es gibt etwas, das größer ist als wir selbst, aber was das ist, weiß ich nicht, es zeigt sich kaum. Als Kind habe ich an Gott geglaubt.

**Nach dem Tod** / Ich denke, wir sind so wie die Tiere. Stirbt eine Kuh auf der Weide, dann hebt der Farmer eine Grube aus und legt sie dort hinein. Meiner Ansicht nach geht es mit uns genauso.

**Sinn des Lebens** / Wenn ich Ihnen den Sinn des Lebens sagen könnte, wäre ich Millionärin. Das wäre toll! Wir versuchen alle, den Sinn des Lebens herauszufinden. Kommt man erst einmal in das Alter, wo man ernsthaft darüber nachdenken kann, dann hält diese Suche bis zum Tod an. Ich muss ganz offen sagen: Den Sinn des Lebens kenne ich nicht.

# Penelope

*Lebt in Australien*

## Die Familie übt auf jeden sehr früh einen tief greifenden und bleibenden Einfluss aus.

**Porträt** / Ich heiße Penelope, bin Australierin und lebe in Sydney. Ich bin 59 Jahre alt, verheiratet und habe zwei Kinder. Ich arbeite als Rechtsanwältin in Teilzeit.

**Kindheitsträume** / Als Kind und vor allem später in der Zeit der Vorpubertät träumte ich davon, ein Junge zu sein. Der Grund? In meiner Familie gab mir mein Vater – nicht aber meine Mutter – regelmäßig und deutlich zu verstehen, dass ich ein hoffnungsloser Fall wäre und niemals sein Sohn sein könnte. Deshalb träumte ich davon, ein Junge zu sein.

**Erfolg im Leben** / Wo die meisten Menschen scheitern, da habe ich Erfolg gehabt: in meiner Ehe, die seit mehr als 25 Jahren besteht mit Kindern, die, so denke ich, wunderbare und gesunde Kinder sind. Vor allem aber war es mir gelungen, eine glückliche Ehe zu führen, was viele Kompromisse erfordert, weit mehr, als ich ursprünglich dachte.

**Liebe** / Die Liebe ... und mein geliebter Mann ... Ich war schon fast 30 Jahre alt, als ich meinem Mann begegnete. Ich habe ihn im Gerichtsgebäude getroffen, wo wir beide als Rechtsanwälte unabhängig voneinander tätig waren. In Australien muss jeder, der das Gerichtsgebäude betritt, seine Personalien angeben, was ich auch getan habe. Offensichtlich hatte mein Mann auf dem Gericht meinen Namen gelesen und wusste, wo ich wohnte. An jenem Nachmittag hat er mich angerufen und mich eingeladen, mit ihm am Abend auszugehen ... Ich erinnere mich aber, dass ich damals beim Verlassen des Gebäudes zu mir sagte – er war mir natürlich auch aufgefallen –: »Hübsch ist er, aber schlage dir das aus dem Kopf, er wird schon verheiratet sein ...« Aber er war nicht verheiratet! ... Es stellte sich heraus, dass er genau mein Typ von Mann war, also das Gegenteil von meinem Vater. Mit seinem matten Teint und seinen schwarzen Haaren, die heute sehr grau sind, war eine gewisse Ähnlichkeit mit meinem Vater schon gegeben, aber das war es auch schon. Ich hatte keine Liste mit den Merkmalen, die mein künftiger Partner haben sollte, sondern eine Liste mit Merkmalen, die ich auf keinen Fall bei ihm sehen wollte ... Und ich freue mich, dass ich dabei Erfolg hatte.

**Von den Eltern lernen** / Meine Eltern lehrten mich, zurückhaltend mit Emotionen zu sein, wobei echte Emotionen, nicht oberflächliche Erregungen, gemeint sind, also das, was wir wirklich empfinden. Sie haben mir beigebracht, solche Gefühlsregungen nicht zu zeigen. Das tue ich auch heute noch nicht, mein Mann wird es bestätigen. Was ich denke, teile ich mit, aber selten das, was ich empfinde. Dieses Verhalten habe ich von meinen Eltern gelernt und ich hätte gerne darauf verzichtet.

**Familie** / Die Familie übt auf jeden sehr früh einen tief greifenden und bleibenden Einfluss aus, sei er positiv oder negativ. Sie wirkt in gutem wie in schlechtem Sinne auf uns ein. Ich war Teenager, als mein Vater meine Mutter verließ. Er gab mir die Schuld dafür. Er hat mich für den Rest meines Lebens tief verletzt, ich habe mich nie richtig davon erholt. Meine Mutter ist zusammengebrochen und hat diese Situation nicht überlebt. Ich werde nie vergessen, was mein Vater zu mir sagte, als er mir seinen Weggang ankündigte: Es sei meine Schuld! Deshalb spreche ich von dem guten, aber auch von dem schlechten Einfluss, den die Familie dauerhaft ausüben kann, denn das Schlechte kommt von einer Person, die ich liebe. Selbst wenn ich diese Person nicht schätze, so liebe ich sie doch, und ihre Worte sind zutiefst verletzend …

**Glück** / Ob ich glücklich bin? Für mich ist Glück die Fähigkeit, seine eigene Realität zu akzeptieren, im Hier und Jetzt zu leben und nicht immer in der Zukunft etwas anderes tun wollen, denn die Zukunft kommt nie. Wir müssen lernen, das zu schätzen, was wir im jetzigen Augenblick tun, und nicht auf später hoffen.

**Natur** / Alles, was mit der Natur zu tun hat, macht mich glücklich. Ich liebe den Wechsel der Jahreszeiten. Ich schaue gerne den Wolken nach … Wolken bewundere ich am meisten. Wenn ich sehr müde bin, lege ich mich auf den Rücken und dann kann ich den Hafen am Himmel bewundern. Aber mich fasziniert nicht der übliche

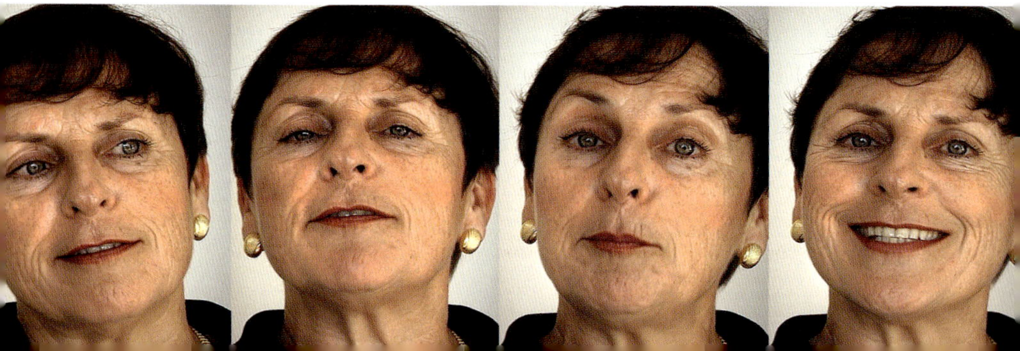

Hafen mit Schiffen und allem, was dazugehört, sondern der Himmel, die Wolken, wie sie ihre Gestalt wechseln und vorbeiziehen, der Wind, die Sonne, der Mond und die Sterne. Das alles betrachte ich und sehe gerne zu, wie der Himmel sich verändert.

**Nach dem Tod** / Nach dem Tod bleiben nur noch die Würmer übrig. Ich werde einen guten Dünger abgeben, reichhaltig genug für die Fruchtbarkeit des Bodens, damit noch schönere Bäume wachsen können.

**Sinn des Lebens** / Der Sinn des Lebens ... Geboren werden, leben und hoffen, dass beim Verlassen der Erde sie in einem besseren Zustand ist als zu Beginn deines Lebens. Ich denke, darin liegt wohl der Sinn des Lebens.

**Freiheit** / Ob ich mich frei fühle? Nein, natürlich nicht. Die Gesellschaft ist voller Regeln, die uns vorschreiben, wie wir uns zu verhalten haben ... Schon die Gesetze regeln, was wir zu tun und zu lassen haben. Dann gibt es noch die ungeschriebenen Gesetze, die unser Verhalten in der Gesellschaft bestimmen. Hinzu kommen die Erwartungen, die jeder in uns hat; selbst Personen, die wir kaum kennen, rechnen damit, dass wir uns in einer bestimmten Weise verhalten. Wir fühlen uns nicht frei. Ist das ein angenehmes Gefühl? Natürlich ist das bequem. Zu wissen, wie wir uns zu verhalten haben und was von uns erwartet wird, das gibt ein Gefühl der Bequemlichkeit. Eine zu große Freiheit schafft in meinen Augen ein Gefühl der Unsicherheit.

**Botschaft** / Wir laufen Gefahr, den ganzen Planeten zu zerstören und sind bei dieser Selbstzerstörung, der Zerstörung des Ökosystems und der Menschheit, schon einen guten Schritt weitergekommen ... Zu einem Richtungswechsel in die entgegengesetzte Richtung kann jeder einen kleinen Beitrag leisten, sogar mehrere kleine Beiträge. Ich fürchte aber, wir haben keine Chance mehr, und spätestens in ein oder zwei Generationen wird die Welt insgesamt keine Chance mehr haben.

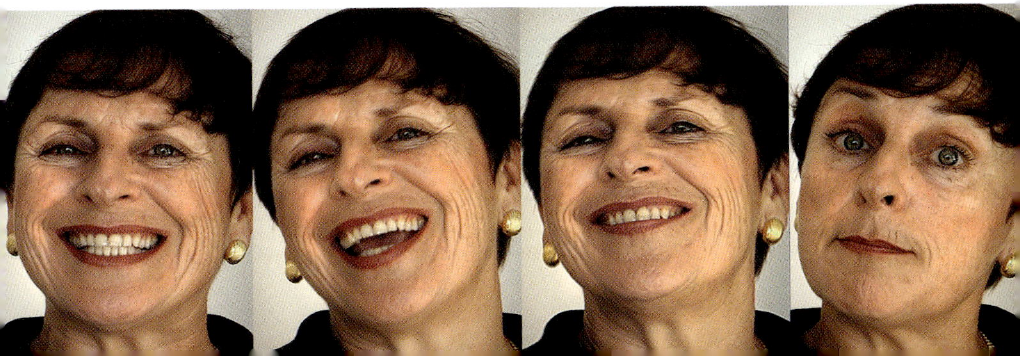

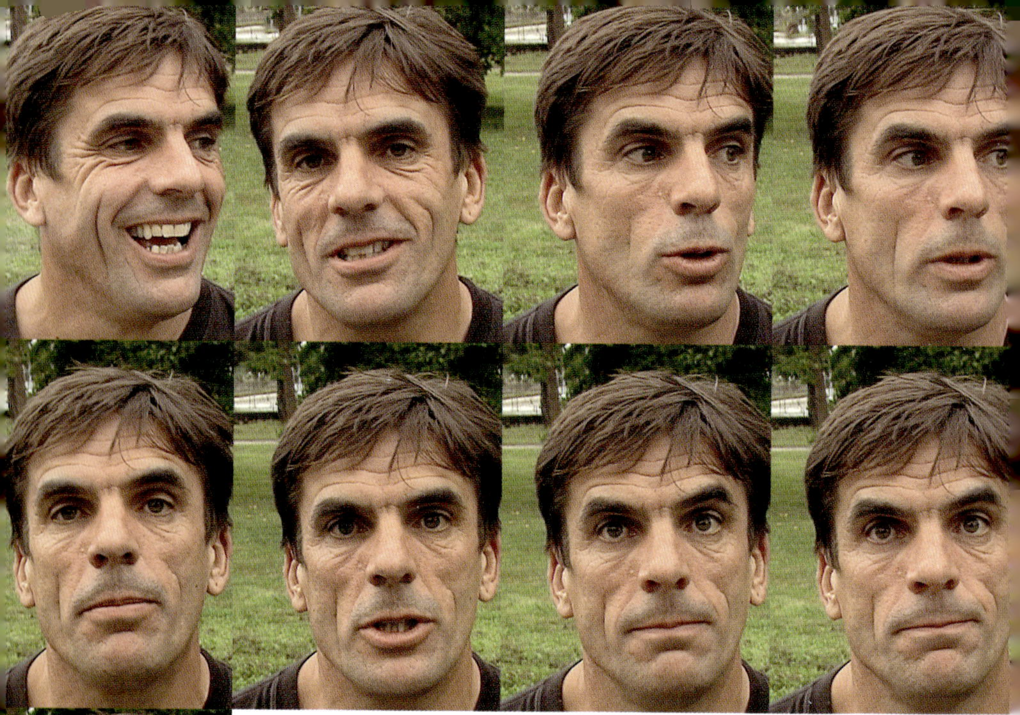

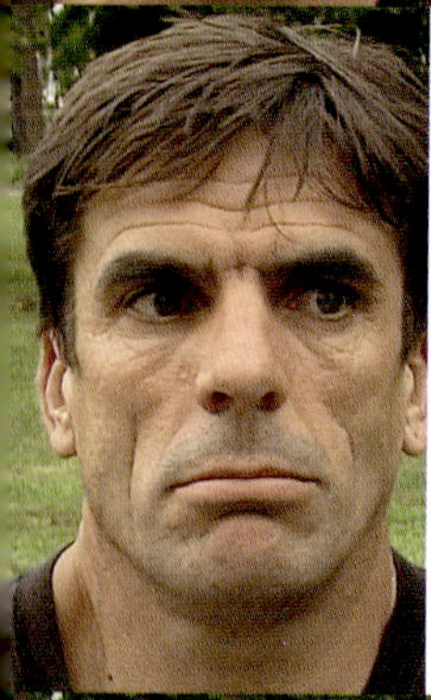

Der Mensch ist die Krebserkrankung der Erde, gegen die sie sich nicht wehren kann.

**ARNE** — *Slowenien*

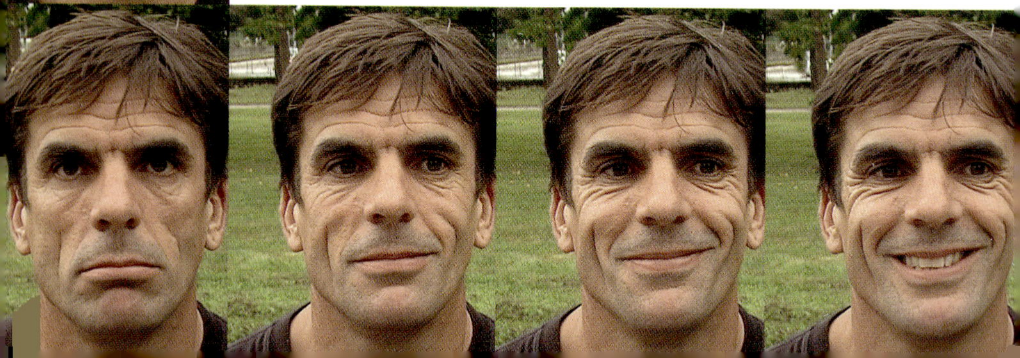

# Arne

*Lebt in Slowenien*

**Porträt** / Ich heiße Arne, bin 50 Jahre alt und in Ljubljana geboren. Ich bin verheiratet, habe ein Kind, das aber aus der ersten Ehe meiner Frau stammt. Ich habe Biologie studiert, bin aber Berufsfotograf.

**Lebenslauf** / Ich habe keine eigenen Kinder, adoptierte aber ein Kind. Ich habe mich bewusst gegen eigene Kinder entschieden. Ich ließ mich sterilisieren, weil ich nachdrücklich gegen das Kinderkriegen bin. Ich glaube aber, dass die Kinder, die schon auf dieser Erde leben, Hilfe brauchen. Ich habe daher ein Kind adoptiert, das gerade seine Schulzeit auf einer guten und sehr berühmten Schule beendet hat. Die Welt ist meiner Ansicht nach schon überbevölkert. Wenn ich mich nicht irre, hat sich die Weltbevölkerung seit 1920 verdoppelt [tatsächlich hat sie sich um den Faktor 3,5 vergrößert]. Schließlich rührt alles Unglück, die Kriege sowie die Kämpfe um Wasser und Territorien, von der Überbevölkerung her, und sie hängen zudem mit der ungerechten Verteilung der Reichtümer zusammen. Das betrifft auch mich. Ich kann mir nicht erlauben, nichts zu tun, weil ich mich verantwortlich fühle.

**Freude** / Auf diese Frage gibt es nur eine einzige Antwort: die Frauen!

**Liebe** / Die Liebe ist für mich in jeder Hinsicht der wichtigste Wert. Ich meine dabei nicht die Liebe zu einer einzelnen Person oder ganz allgemein die Treue und so etwas. Dafür bin ich nicht geschaffen. Ich glaube aber, dass die Liebe zu Frauen mich persönlich fördert. Ich würde mir wünschen, dass die Liebe noch mehr Menschen auf die gleiche Weise inspiriert, wie mich die Frauen inspirieren.

**Geld** / Ich habe keine Versicherungen, keinen Rentenanspruch, ich habe nichts. Mit 50 Jahren verfüge ich über keine Ersparnisse. Wenn ich mit der Arbeit aufhöre, sterbe ich. Breche ich mir ein Bein, muss mein Sohn die Schule verlassen. Daher muss ich ständig arbeiten ... Das Geld brauche ich jetzt, ich habe keine Angst, aber ich mache mir Sorgen.

**Natur** / Die Erde geht zugrunde, weil es zu viele Menschen gibt. Eines Tages ist sie völlig zerstört. So ist eben der Mensch, er ist die Krebserkrankung der Erde, gegen die sie sich nicht wehren kann. Sie kämpft mit Aids und den Kriegen ein wenig dagegen an, aber das reicht nicht aus, sie ist schon in den Abgrund gefallen. Die Natur hat den Kampf mit dem Menschen längst verloren ...

# Gallina

*Lebt in der Ukraine*

## Wenn du nicht arbeitest, kommst du dir wie ein Idiot vor.

**Porträt** / Ich bin schon 82 Jahre alt, mein Geburtsjahr ist 1925. Ich habe eine Familie mit fünf Kindern. In diesem Land gab es viel Unglück. Mein Mann arbeitete in einer Kolchose, und ich war Hausfrau. Ich tat alles, damit meine Kinder keinen Hunger litten.

**Arbeit** / Ich habe gern gearbeitet! In meinem Garten habe ich gehackt, geharkt und gejätet. Jetzt bin ich alt und krank und kann nichts mehr tun. Meine Hände sind krank, meine Beine tragen mich nicht mehr, und im Kopf bin ich schon ganz dusselig. Ich würde lieber arbeiten als ständig herumzusitzen. Ich habe Schmerzen beim Sitzen und sogar beim Liegen. Wenn du nicht arbeitest, kommst du dir wie ein Idiot vor.

**Liebe** / Wir saßen beieinander, redeten und haben geheiratet. So sah damals die Liebe aus! Ich bekam eine Tochter. Als sie zwei Monate alt war, erhielt mein Mann eine Gefängnisstrafe von sechs Jahren. Meine Mutter stand mir während dieser Leidenszeit bei. Sie kümmerte sich um das Baby, und ich ging zur Arbeit, um nicht Hungers zu sterben. Als mein Mann zurückkam, hatte sich die Familie vergrößert. Wir waren beide verzweifelt, ich blieb zu Hause bei den Kindern, er fuhr Traktor auf den Feldern.

**Familie** / Die Familie ist sehr wichtig, ich liebe alle meine Angehörigen. Ich habe vier Töchter, die ich mag und respektiere, dann sechs Enkelinnen und sechs Urenkel. Wäre ich gesund, würde ich gern die Kleinen in meinen Armen wiegen, aber ich habe keine Kraft mehr. Ich kann sie nur einen kurzen Moment im Arm halten, aber nicht länger, weil ich Angst habe, sie fallen zu lassen. So ist das Leben! Ich warte, bis ich endlich droben bin. Ich rechne jeden Tag mit meinem Tod. Es wäre schön, wenn der Mensch ohne Schmerzen aus eigenem Entschluss sterben könnte.

**Schicksalsschlag** / Die Explosion des Kernkraftwerks [Tschernobyl im Jahr 1986] war wie das Jüngste Gericht ... Das war für die Jungen wie die Alten sehr bitter. Wir mussten alle dieses schwere Trauma ertragen. Zwar überlebten wir, aber warum sind wir alle krank? Einmal tut der Kopf weh, dann wieder der Bauch. Wir sind ja schon alt, aber warum trifft es auch die jungen Leute? Seit dieser atomaren Katastrophe sind die Menschen krank.

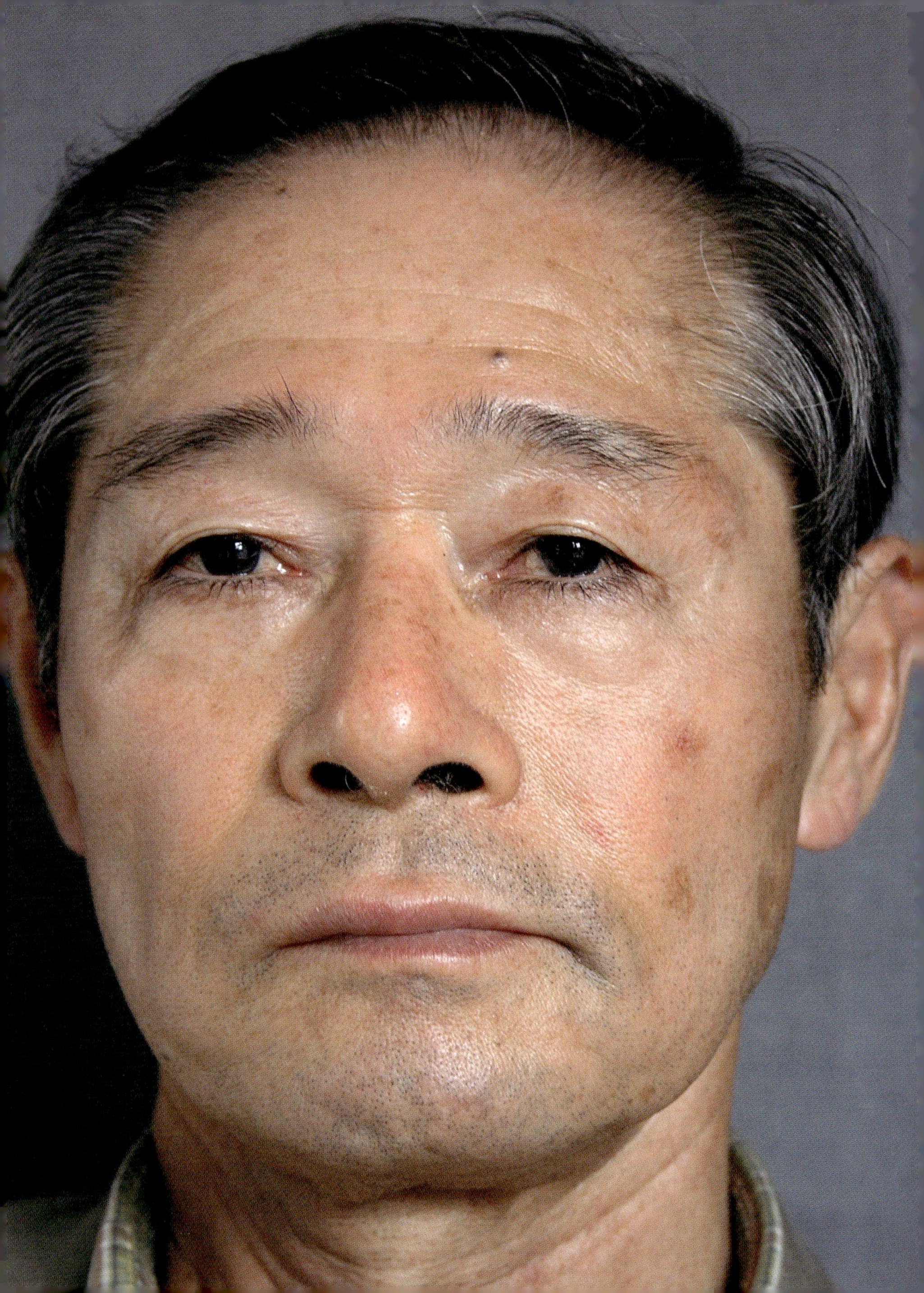

# Kouta

*Lebt in Japan*

## Das Dröhnen der Kampfflugzeuge ist eine sehr intensive Erinnerung aus meiner Kindheit.

**Porträt** / Ich heiße Kouta. Ich bin 65 Jahre alt und Japaner. Meine Frau und ich leben allein, seit unsere beiden Kinder selbstständig sind und jeweils in Kobe und Fukuoka leben. Ich bin Generalsekretär des japanischen Verbands der Atombombenopfer.

**Erinnerung** / Ich erinnere mich, dass es in meiner Kindheit keinen Tag gab, an dem ich nicht Hunger hatte. Jedes Mal, wenn ich meine Mutter sah, fragte ich sie, ob es nicht etwas zu essen gebe.

**Familie** / Von meinen Eltern lernte ich, Armut und mühselige Arbeit auszuhalten. Als Kind war das Familienleben mit Krieg und dem damit hervorgerufenen Schrecken verbunden. Wir besaßen nicht viel, und auch alle anderen waren arm. Das Leben hielt für uns nur Schwierigkeiten bereit. Nach Ende des Krieges war es für unsere Eltern sehr schwer, ihre drei Kinder durchzubringen, denn mein Vater war Maler, und in dieser Zeit verkauften sich Bilder nicht. Er verzichtete mehr oder weniger auf das Malen und arbeitete in Büros, damit wir essen konnten. Wenn ich die Anstrengungen sehe, die er für uns auf sich genommen hat, empfinde ich große Dankbarkeit. Trotz der Härte des Lebens und der Armut war es mir dadurch möglich, eine glückliche Familie zu gründen.

**Angst** / Am meisten Angst macht mir der Krieg. Als Kind erlebte ich die Bombardierungen durch die Amerikaner. Sie fanden immer abends statt. Warum stets am Abend? Wir sollten am Schlafen gehindert werden. Das Dröhnen der Kampfflugzeuge ist eine sehr starke Erinnerung aus meiner Kindheit. Das werde ich nie vergessen. Sobald die Sirene Alarm schlug, erschienen die Bomber mit ohrenbetäubendem Lärm am Himmel, und ich sah dann, wie sie sich wieder entfernten. Hiroshima ist bekanntlich von drei Bergen umgeben, auf deren Spitzen riesige Scheinwerfer installiert waren, um die Flugzeuge zu entdecken. Ich habe noch immer das Bild von diesem Scheinwerferlicht auf dem pechschwarzen Meer im Kopf. Damals war ich völlig verängstigt. Und selbst heute ist dieses Bild immer noch in meinem Kopf. Wie gesagt – der Krieg macht mir am meisten Angst.

**Schicksalsschlag** / Der schlimmste Schicksalsschlag in meinem Leben? Ich wurde durch die Atombombe von Hiroshima verstrahlt. Ich habe weder Verletzungen noch Brandwunden. Ich habe aber drei Familienmitglieder verloren. Meine Lage ist überhaupt nicht spektakulär, verglichen mit der Lage zahlreicher »hibakushas« [Überlebende der Atombomben auf Hiroshima und Nagasaki], die Verletzungen oder Brandwunden davontrugen. Für mich stellt die Erfahrung, ein »hibaku« [Verstrahlter] zu sein, der schwierigste Augenblick in meinem Leben dar. Deshalb ist es mein größter Wunsch, dass Japan in Frieden lebt, dass es keine Kriege mehr gibt und die Atomwaffen verboten werden.

**Eine Lektion des Lebens** / Ich war vier Jahre alt, als ich verstrahlt wurde und drei Familienangehörige verloren habe. Ich kann die Gefühle, die ich damals empfunden habe, nicht auslöschen. Als ich aktiv in der Studentenbewegung tätig war, hat mir meine Erfahrung als verstrahlter Mensch eindringlich die Notwendigkeit bewusst gemacht, Frieden in der Welt zu schaffen. Im Laufe meiner Lehrerausbildung ging ich in meinem dritten Studienjahr an ein Gymnasium und konnte dort vor Gymnasiasten von meiner Erfahrung als verstrahlter Mensch berichten. Die Schüler waren sehr überrascht, was sie da von mir hörten. Ich erinnere mich sehr gut daran. Ich spürte, dass selbst in Japan, sogar in Tokio, unsere Erfahrung als »hibakushas« von Hiroshima unbekannt war! Das war ein großer Schock für mich. Diese Erkenntnis ließ mich nicht in Ruhe und wurde irgendwo in meinem Kopf zu einer Art Obsession. Ich sagte mir, dass ich von meinem Trauma als Verstrahlter sprechen müsse, damit auch andere meinen tiefen Wunsch teilen, die Atombombe zu verbieten.

**Verzeihen** / Was ich jetzt, sechzig Jahre nach Kriegsende, überhaupt nicht verzeihen kann, ist die Tatsache, dass viele Japaner allmählich die Erfahrung des Krieges vergessen. Vergessen bedeutet: Diese Tragödie kann sich wiederholen. Und Japan hat während des Zweiten Weltkriegs viele Nachbarstaaten schikaniert. Wir haben asiatische Länder einseitig besetzt, während wir nie besetzt wurden. Gegen die Vereinigten Staaten haben wir den Überraschungsangriff von Pearl Harbor geführt, während sie uns am Ende der Ära Edo [19. Jahrhundert] dazu gebracht haben, sich der Welt mehr zu öffnen. Mit den Engländern in Südostasien und Indien verfuhren

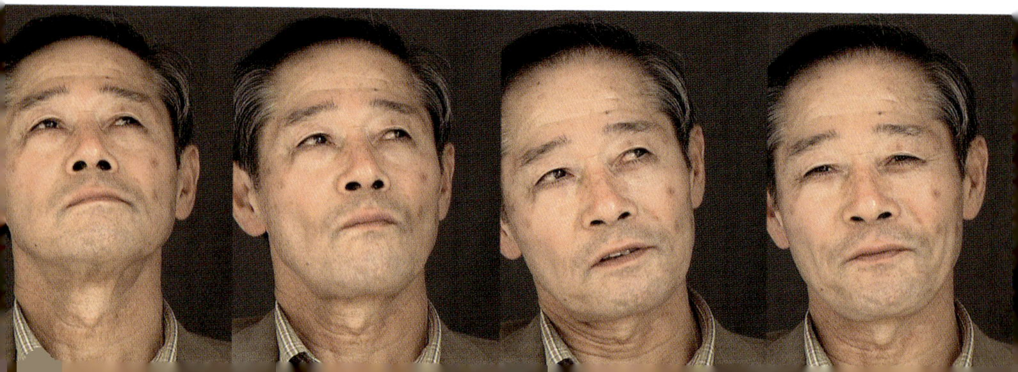

wir militärisch mit Überraschungsangriffen genauso. Die Holländer erlitten das gleiche Schicksal, dabei waren sie unser einziger Handelspartner in der Zeit des »Sakoku« [Die Isolierung Japans im 17. und 18. Jahrhundert]. An vielen Ländern, denen wir eigentlich Dank schuldeten, haben wir Japaner Verrat begangen und zeigen überhaupt kein Bedauern. Als Japaner bin ich darüber traurig und wütend. Ein Volk, das seine Geschichte nicht kennt, kann nicht das Vertrauen der übrigen Länder gewinnen.

Seid dankbar, hier auf Erden geboren zu sein und zu leben. Achtet darauf, dass euer Tun andere Menschen nicht behindert, und bleibt dabei euch selber treu.

**Sein Leben ändern** / Ich bin schon 65 Jahre alt und weiß nicht, wie lange ich noch ehrenamtlich im Verband der Atombombenopfer von Hiroshima mitarbeiten kann. Ich denke, ich habe mein Möglichstes getan in meinem Leben und möchte nichts anderes mehr machen: Ich glaube nicht, dass noch andere Pläne in mir reifen werden.

**Heirat** / Ich suchte ein Mädchen auf, das allein in Tokio wohnte. Ohne ein bestimmtes Ziel zu haben, sind wir in den Zug gestiegen. Wir sagten uns: »Wie wäre es, wenn wir soweit fahren, bis es nicht mehr weitergeht?« Wir kamen ziemlich weit, bis an den Strand von Mabori auf der Halbinsel Miura. Es war Sonntag, der 31. März. Wir machten einen kleinen Spaziergang. Es war noch kalt, aber sehr schön. Der Fuji war deutlich zu sehen. Wir sind bis zum Sonnenuntergang geblieben und kehrten mit dem Zug zu ihr zurück nach Tokio. Wir haben die ganz Nacht diskutiert. So verlief unser erster gemeinsam verbrachter Tag. Später haben wir geheiratet.

**Botschaft** / Meine Botschaft wäre: Seid dankbar, hier auf Erden geboren zu sein und zu leben. Achtet darauf, dass euer Tun andere Menschen nicht behindert, und bleibt dabei euch selber treu.

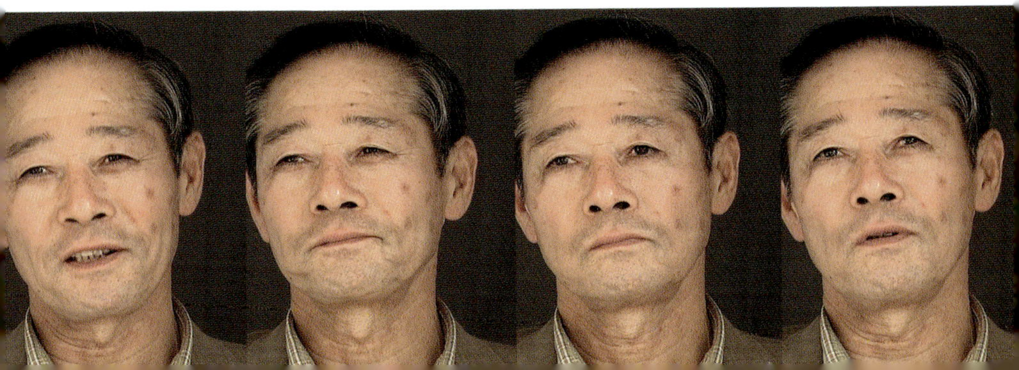

# Schie

*Lebt in Mexiko*

## Der Krieg ist in meinen Augen eine Schande für die Menschheit dieser Welt.

**Porträt** / Ich heiße Schie und bin in Polen geboren ... Dieses Land war das erste Opfer der Nazis. Ich habe über ein Jahr im Warschauer Ghetto gelebt und von da aus kam ich direkt nach Auschwitz. Das geschah zu Beginn des Krieges. Vor dem Krieg waren wir eine Familie mit einem Papa und einer Mama, mit drei Brüdern und drei Schwestern. Ich bin unglücklicherweise der einzige Überlebende. Auf meinem Arm ist die Häftlingsnummer eintätowiert, dazu eine kleine Verzierung ... Es ist die Nummer 73 670, und das bedeutet, dass ich zu den ersten 100 000 Häftlingen gehörte. In Auschwitz gab es 4 Millionen Tote. Die Nummerierung geschah fortlaufend und wurde nie geändert. Starb einer von uns, wurde seine Nummer für diese Welt gelöscht. So wurde bis zu den 4 Millionen verfahren ... Der Krieg brach aus, als ich 19 Jahre alt war.

**Sein Leben opfern** / Hitler wollte uns physisch und psychisch vernichten. Physisch, indem er uns in die Ghettos sperrte und Tag und Nacht arbeiten ließ. Jeder arbeitete in seinem Beruf, aber ohne Nahrung. Es war nur logisch, dass unsere körperlichen Kräfte nachließen. Was die psychische Stärke betraf, so mussten wir zusehen, wie die Nazis sich in der Nacht über unsere Schwestern hermachten und sie vergewaltigten. Wollte einer von uns sie verteidigen, so drückten die Nazis einfach ab und töteten uns. So haben wir viele Freunde verloren, die bereit waren, ihr Leben zu opfern, um uns zu verteidigen.

**Stolz** / Wir waren wirklich bereit, unser Leben zu opfern. Es gelang uns, eine der vier Gaskammern in Auschwitz in die Luft zu sprengen. In jeder Kammer starben täglich 2000 Menschen ... Es war sehr schwierig, aber wir hatten Erfolg. Zahlreiche Menschen haben dafür mit ihrem Leben bezahlt, aber ich bin stolz darauf, weil wir das getan haben, was uns möglich war. Alle denken, wir wären ängstlich gewesen, aber das stimmt nicht ... Wir sind sehr mutig gewesen. Sie hätten die Kinder sehen sollen, vor allem die Mädchen. Sie hatten das Nähzeug ihrer Mütter, die Schneiderinnen waren, in den Händen und kleine Scheren. Sie schrien: »Ich werde meine Mutter verteidigen. Ich werden ihnen nicht erlauben, sie zu töten!« Die Erinnerung daran macht mir überhaupt keine Freude, aber ich habe das erlebt.

**Bericht** / Wir lebten in einem offenen Ghetto ... Eines Tages geschah Folgendes: Ein Familienangehöriger floh aus dem Ghetto und versteckte sich bei uns. Jemand verriet uns ... Mein Vater wurde nach einem Prozess zum Tode durch den Strang verurteilt. Da mein Vater über eine außergewöhnliche körperliche Kraft verfügte, schaffte er es, dass der Strick bei der Hinrichtung riss, obwohl ihm die Hände auf dem Rücken gefesselt waren und der Strick eher dick war. Mein Vater fiel auf den Boden, lebte aber. Seine Henker wussten, dass es nach den internationalen Gesetzen verboten war, dieselbe Strafe noch einmal zu vollstrecken. Sie warteten auf Anweisungen der Vorgesetzten. Die Verantwortung dafür übernahm Eichmann, der rechte Arm von Hitler. Er befahl eine neue Exekution. Nach dem Tod des Vaters haben wir bei deutschen Gerichten Einspruch erhoben, erhielten aber nie eine Antwort. 50 Jahre später befindet sich hier in Mexiko eine Kopie dieses schriftlichen Befehls. Sie befindet sich nicht weit von hier im Museum in der Acapulcostraße 70. Dort gibt es den schriftlichen Befehl an die Henker, die Hinrichtung erneut durchzuführen.

**Schicksalsschlag** / Es gab natürlich Momente, in denen wir völlig verzweifelt waren, aber was ist dagegen die Erfahrung, die Familie in der Gaskammer verloren zu haben ... Mein Vater war schon hingerichtet worden. In derselben Gaskammer habe ich meine Mutter, meine drei Schwestern und meine kleinen Neffen verloren. Bei der Selektion mussten meine beiden Brüder und ich nach rechts wegtreten. Das bedeutete, dass wir am Leben bleiben konnten. Die anderen wurden in einer Gaskammer getötet, als wären sie Insekten oder an den Morden und Gemeinheiten dieser Welt schuldig. Ich glaube nicht, dass meine Neffen mit ihren drei oder vier Jahren wegen einer Untat den Tod verdient haben.

**Verzeihen** / Eine Antwort darauf fällt mir nicht leicht. Was sollte ich verzeihen? Wem sollte ich verzeihen? Den Leuten, die mich drei Jahre lang im Konzentrationslager gequält haben? Sie sind schon tot. Ich bin jetzt 86 Jahre alt. Damals war ich19 und sie 50 Jahre alt. Sie sind nicht mehr am Leben. Wem könnte ich daher verzeihen? Den nachfolgenden Generationen? Auf keinen Fall! Ich habe mehrfach vor deutschen Schülern von meinen Erlebnissen berichtet und ihnen gesagt, dass sie für die Taten ihrer Vorfahren nicht verantwortlich sind. Vielleicht sind diese Leute in der jenseitigen Welt schon verurteilt worden. Eigentlich müssten diejenigen, die ihr Leben verloren haben, um Verzeihung gebeten werden. Ich kenne ihr Schicksal dort drüben nicht. Eines weiß ich gewiss: Nachtragend könnte ich nicht sein.

**Töten** / Am Kriegsende waren wir schon befreit. Ein junger Nazi von 20 Jahren hatte sich in den Alpen versteckt. Als er uns über den Weg lief, flehte er mich an, ihn nicht zu töten, weil seine Frau und ein Neugeborenes, das er noch nicht gesehen hatte, auf ihn warteten. Ich antwortete in derselben wüsten Weise, in der die Nazis mit mir sprachen und die ich von ihnen gelernt habe. Ich fragte ihn:»Du hast unsere Angehörigen umgebracht, ohne daran zu denken, dass auch sie Frauen und neugeborene

Kinder haben. Hättest du sie aus diesem Grund verschont? Wie kannst du in diesem Augenblick an deine Familie denken und mich um Gnade bitten? Ich soll dich nicht töten?« Der Schrecken stand ihm ins Gesicht geschrieben. Da dachte ich, dass er eben ein Nazi war, der von Jugend an zum Töten erzogen wurde. Ich dagegen hatte nicht das Töten, sondern das Verzeihen gelernt. Ich habe ihm nicht gesagt, dass ich ihm verzeihe, sondern wandte mich von ihm ab. Ich denke, das bedeutete, dass ich ihm verziehen habe.

## Liebe kann ich von niemandem erzwingen, wohl aber Respekt.

**Krieg** / Der Krieg ist in meinen Augen eine Schande für die Menschheit dieser Welt. Wir hätten mehr Erfolg, wenn wir miteinander reden würden, anstatt uns gegenseitig zu töten.

**Angst** / Die Angst kann ich nicht so richtig einordnen. Zwei Jahre nach Kriegsende kam ich nach Mexiko. Wir waren eine Gruppe von Menschen, die als politische Flüchtlinge galten. Wir wurden so großherzig aufgenommen, dass wir wohl unsere Angst vergessen haben. Rein verstandesmäßig erinnere ich mich nicht mehr an das Phänomen Angst. Mein Herz aber schon! Sobald ich in Mexiko an einem Polizisten vorbeiging, fing es rasend an zu schlagen. Einige Male suchte ich Ärzte und Psychologen auf. Sie versuchten mich zu beruhigen, sagten mir aber auch die Wahrheit, dass es dagegen überhaupt kein Medikament gebe, und Abhilfe könne allein die Zeit schaffen. Und mit der Zeit habe ich tatsächlich diese Angst völlig verloren.

**Zukunft** / Ich würde nicht sagen, dass ich Angst habe, aber ich mache mir große Sorgen, dass die Welt von Neuem eine große Katastrophe erlebt. Seit 60 Jahren ist der Krieg zu Ende, aber es gibt weiterhin Konflikte auf der Welt. Und das beunruhigt mich sehr. Das würde ich eher eine Sorge nennen, vielleicht auch eine Angst. Die Menschheit, alle Menschen heute auf dieser Welt müssen sich daran erinnern, welch schändliche Ereignisse im 20. Jahrhundert geschehen sind: Grundloses Blutvergießen, Massenvernichtungen, Winkelzüge bei Verhandlungen ... Wenn wir das alles künftig vermeiden, dann – mein Wort in Gottes Ohr – wird nichts passieren. Im entgegengesetzten Fall würde ein Krieg solche Ausmaße annehmen, dass es der letzte wäre. Mit den Waffen, über die wir heute verfügen, werden wir uns gegenseitig auslöschen, ohne auch nur ein einziges Problem gelöst zu haben.

**Botschaft** / Ich zitiere gerne Sprichwörter. In Mexiko sagen wir: »Liebe kann ich von niemandem erzwingen, wohl aber Respekt.« ... Nur mit diesem Respekt unter den Menschen wird die Welt völlig in Frieden leben können. Fügen wir uns gegenseitig Leid zu, wird es so weitergehen wie bisher.

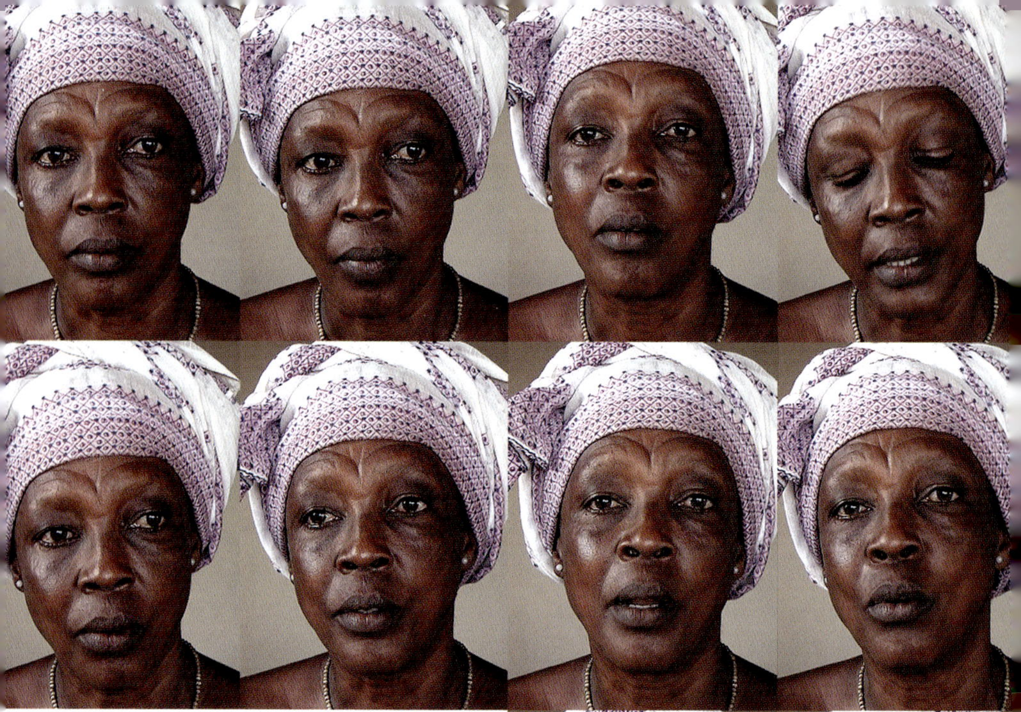

Wovon ich träumen könnte, habe ich nicht mehr und werde es nie mehr besitzen.

**BÉATRICE** — *Ruanda*

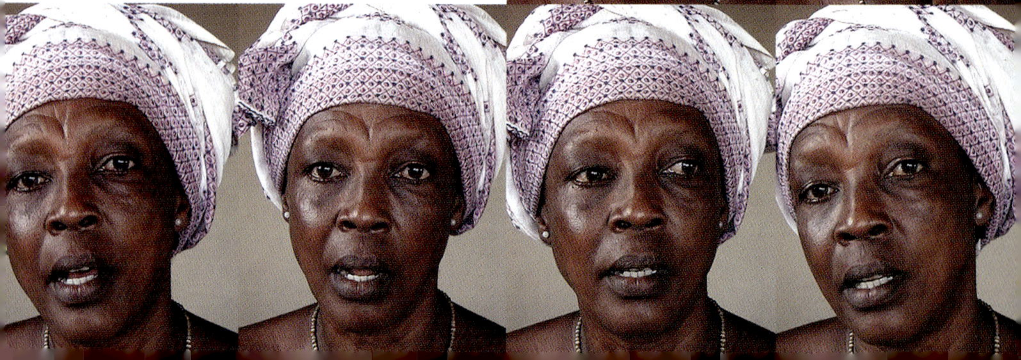

# Béatrice

*Lebt in Ruanda*

## Ein Rat für alle, denen es geht wie mir: Seid stark und akzeptiert euch, wie ihr seid.

**Porträt** / Ich heiße Béatrice und wohne in Nyamata. Ich habe keinen Ehemann, ich hatte sechs Kinder, aber jetzt habe ich nur noch drei. Genau genommen sind es noch zwei, das dritte Kind ist mein Enkel. Zu Beginn des Krieges befand ich mich hier in Nyamata und bin hier geblieben.

**Träume in der Gegenwart** / Wovon ich träumen könnte, habe ich nicht mehr und werde es nie mehr besitzen. Abgesehen vom Leben, weil ich ja schließlich leben muss. Ich hätte gern mit einer Familie gelebt, aber das ist nicht mehr möglich. Ich würde mir auch ein glückliches Leben wünschen, aber auch das habe ich nicht mehr. Ich glaube, ich habe das alles 1994 verloren.

**Angst** / Denke ich an meine Erlebnisse während des Krieges zurück, bekomme ich solche Angst, dass ich am ganzen Körper zu zittern beginne. Sogar mein Bluthochdruck ist nach Meinung der Ärzte eine Folge dieser früheren Ereignisse und der ständigen Erinnerung daran ... Die Schreie der Menschen höre ich heute noch. In solchen Momenten kann ich weder kochen noch essen.

**Eine Lektion des Lebens** / Von meinen Erlebnissen bleibt mir in Erinnerung, dass es unsere Nachbarn waren, die uns abgeschlachtet haben. Der einzige Grund war, dass wir nicht derselben ethnischen Gruppe angehörten ... Sie lehnten uns ab ... Obwohl der Krieg beendet ist, habe ich selbst jetzt noch ständig das Gefühl, ihn zu erleben ... Es gibt Menschen mit Narben an ihrem Körper und anderen sichtbaren Verletzungen durch Stichwaffen. Bei anderen, wie bei mir zum Beispiel, gibt es weiterhin keine Narben. Ich habe immer noch offene Wunden, denn dort, wo ich verletzt wurde, ist nichts ausgeheilt ... Die einzige Lektion, die mir das Leben erteilt hat, ist mein erbärmliches Leben, nichts anderes.

**Schlimmstes Erlebnis** / Ich rannte mit meinen Kindern, um in die Kirche zu kommen. Dort haben sie uns angegriffen und sich mitten zwischen uns geworfen, sodass wir getrennt wurden. Bis auf ein Baby verlor ich alle meine Kinder aus den Augen ... Ich konnte die Kirche verlassen, ohne getötet zu werden, weil sie andere niedermetzelten, und so rannte ich mit dem Kind weg. Wir erreichten schließlich ein weiter unten gelegenes Feld mit »sorghos« [eine Getreideart]. Da das Kind bei mir war, wurde ich von denen, die mich fanden, nicht getötet. Sie waren schwer bewaffnet, mit Keulen, Buschmessern und Speeren. ... Es tut mir leid, dass sie mich nicht getötet haben ... Ich bin angeblich am Leben, in Wirklichkeit aber bin ich tot. ... Es war, als ob sie sich abgesprochen hätten. Sie waren zahlreich, ungefähr ein Dutzend Männer. Sie nahmen mir das Kind weg, das ich auf dem Rücken trug, und legten es an die Seite. Sie warfen sich auf mich, alle, wie eine Hundemeute, die sich auf ein totes Tier stürzt, um es zu fressen. Sie kamen abwechselnd, einer nach dem anderen, bis sie anfingen, sich zu streiten ... Nachdem sie weggegangen waren, kroch ich mühsam auf allen vieren zu meinem Baby und nahm es auf den Schoß. Ein anderes Kind hatte sich weiter weg versteckt und alles gesehen, was sie mit mir gemacht haben.

**TÖTEN** / Niemand kann sich über den Tod eines Angehörigen freuen, aber wenn meine noch am Leben wären, hier an meiner Seite ... Ich freue mich wirklich nicht, dass sie nicht mehr auf dieser Welt sind, aber wenn sie immer noch leben würden und ich wüsste, dass sie an dieses Ereignis denken, hätte ich auch keine Ruhe. Als die Männer weggingen, half mir das Kind beim Tragen des Babys. Wir haben uns an einer anderen Stelle versteckt und dort die Nacht verbracht. Das war der Tag, an dem sie die Menschen in der Kirche getötet haben ... Nach dem Übergriff von diesen Männern hat sich mir niemand mehr genähert in der Absicht, mich zu töten. Es war, als ob sie mir ein Schild umgehängt hätten mit der Aufschrift: »Wo ihr diese Person auch trefft, macht mit ihr das, was wir auch gemacht haben.« ... Sie wollten mich ganz einfach möglichst langsam zugrunde richten ... Mehrere Tage hielten wir uns im Busch verborgen. Wir haben Pfiffe gehört, das Kind bekam Angst und rannte weg, um sich zu retten. Seither habe ich es nie mehr wiedergesehen. Unlängst zeigte man mir die Stelle, wo es getötet wurde ... Wir wollen nur verstehen, was da geschehen ist. Sie waren unsere Nachbarn und trotzdem haben sie uns so behandelt. Wir halfen uns mit Wasser aus, einige haben sogar ihre Kinder verheiratet ... Aber ich weiß nicht, was im Jahr 1994 passiert ist ... Ich weiß es nicht, das übersteigt mein Fassungsvermögen.

**ERINNERUNG** / Wenn ich daran zurückdenke, überkommt mich genau dieselbe Empfindung wie damals in meinem Versteck. Ich gehe immer noch ins Krankenhaus wegen meiner Migräneanfälle, die nicht aufhören wollen. Ich muss ständig Beruhigungsmittel nehmen, wodurch es zu meinem Bluthochdruck kam. Ich wurde mit dem Aids-Virus angesteckt und bin zurzeit in Behandlung. Meine inneren Organe sind dadurch ebenfalls betroffen ..., ich musste operiert werden ... Ich habe ein Magengeschwür, das nicht ausheilt, vielleicht ist es Krebs.

**GOTT** / Die Frau, mit der du früher alles geteilt hast, die deine Nachbarin war, die zog dich nun aus und nahm dir deine Kleider weg und sie holte die anderen, damit sie dich töten. Letztendlich gab es niemanden, an den du dich wenden konntest. Anfangs betete man zu Gott und bat: »Herr, schütze uns.« Aber wir mussten so viel rennen, wir haben so viel gelitten, dass wir uns schließlich sagten: »Vielleicht sieht uns sogar Gott nicht mehr.« Auch ich kam an einen Punkt, wo ich Gott hasste. Vielleicht hatte er sich aus dem Staub gemacht.

**Gewalt** / Eines Tages stöberte mich ein Soldat in meinem Versteck auf. Vielleicht war er Polizist, denn die erste Gruppe, die mich vergewaltigte, bestand aus Polizisten. Ich konnte nicht aufstehen. Er stand neben mir, und ich sagte ihm, er würde mir wirklich ein Leid zufügen, wenn er wegginge, ohne mich zu töten. Er schwieg, starrte mich einige Sekunden lang an, spuckte mir dann ins Gesicht und ging weiter ... Danach tauchte eine Schar junger Strolche auf. Sie nahmen mir mein Baby weg und warfen es auf die Seite. Einer von ihnen versuchte das zu tun, was ich schon seit zwei Tage erdulden musste. Deprimierend war, dass er allem Anschein nach kaum 15 Jahre alt war. Er schlug mich dann mit einem Stock. Ich begann zu bluten. Der Hunger hatte mich sehr geschwächt, und ich saß mit abgewinkelten Beinen da. Der Schlag riss eine Wunde auf. Einer aus der Gruppe zwang mich, die Beine zu öffnen. Ein daneben stehender Kamerad machte Bemerkungen, die ich nur sehr ungern wiedergebe. Er sagte: »Ich dachte, wir würden die Organe von Tutsi-Frauen sehen, aber die hier scheint keine zu sein, sie hat wohl die Organe einer Kuh.« Als einer sagte: »Sollten wir sie nicht töten, bevor wir gehen?«, meinte er: »Wir lassen sie am Leben, die wird ohnehin bald sterben. In diesem Zustand kommt sie hier nicht mehr weg.« Sie verschwanden, ohne mich zu töten. Ich blieb an dieser Stelle, die nahe an dem Weg lag, an dem sie vorbeikamen.
Manche haben mich nicht einmal gesehen. Ich hörte sie sprechen und wollte mich bis zu diesem Weg schleppen, damit sie mich töten konnten. Aber Gott wollte nicht, dass ich getötet wurde ... Sagen Sie bitte allen, die solche Vorkommnisse leugnen, dass sie wirklich stattgefunden haben ... Manchmal bin ich sprachlos ...

**Frau** / Ich hasse alle Männer, sie ekeln mich an. Ich habe viele Männer gehabt, mit denen ich nichts zu tun haben wollte. Sie stellten sich taub, wenn ich sie darum bat, mir das nicht anzutun. Auf meinen Wunsch, mich zu töten, gingen sie nicht ein. Sie hörten auch nicht auf, obwohl ich sie anflehte. Die meisten Frauen haben dieses Schicksal erlitten ... Aber viele sind es nicht, die den Mut haben, darüber zu sprechen.

**Verzeihen** / Seit ungefähr zehn Jahren soll der Krieg zu Ende sein. Aber offen gestanden, wie soll das möglich sein, wenn das Schicksal der Angehörigen und der Ort, wo sie getötet wurden, unbekannt bleiben ... Bis zum heutigen Tag stößt man auf Massengräber und hebt sie aus. Sie sollten uns wenigstens sagen, wo sie unsere Toten verscharrt haben.

**Tod** / Für mich ist der Tod etwas Schönes ... Wenn ich meine schwierige Lebenssituation sehe, dann merke ich, dass ich sterben möchte. Alle meine Probleme wären gelöst ... Meine Krankheit ist ja unheilbar. Alle die vermissten Menschen werde ich auch nie mehr wiedersehen ... Wenn ich auf der Straße an Menschen vorbeigehe und sie sich nach mir umdrehen, dann frage ich mich, ob nicht vielleicht einer von ihnen darunter ist ... Diese Angst verlässt mich nie. Und ich sage mir, dass der Tod schließlich das Ende aller meiner Probleme ist.

**Vier Jahre später kehrte ein Aufnahmeteam nach Ruanda zurück und suchte Béatrice für ein neues Interview auf.**

**Zukunft des Landes** / Ich glaube nicht, dass diese früheren Ereignisse sich wiederholen werden. Einen solchen Krieg wird es nicht mehr geben. Wir sind voller Hoffnung ... Die Menschen leben heute wieder zusammen, und selbst diejenigen, die im Gefängnis sind, bitten um Verzeihung. Bei mir hat aber niemand um Verzeihung gebeten. Ich sehe aber überall um mich herum Menschen, die das tun und mithilfe der Behörden wieder in ein normales Leben zurückkehren.

**Angst** / Manchmal überfällt mich die Angst, wenn ich zurückdenke und mich an meine Familie erinnere ... Früher musste ich unaufhörlich weinen, ging nicht mehr außer Haus und isolierte mich. Jetzt aber habe ich es akzeptiert und ich weiß, dass ich sie nie mehr wiedersehen werde.

**Krankheit** / Ich hatte mit der Zeit Probleme an den Genitalorganen und im Bauch. Da ich oft den Arzt aufsuchte, wusste ich, dass ich eine HIV-Infektion hatte. Sie machten ein Blutbild, und ich glaube, dass ich in Nyamata die Erste war, die positiv auf HIV getestet wurde. Medikamente gab es noch keine, und als sie eintrafen, war ich schon halb verrückt und wollte sterben. Doch sie begannen mit der Behandlung. Ich weiß, dass sie für die Medikamente bezahlen, aber wir bekommen sie gratis.

**Eine Lektion des Lebens** / Ich habe lange Zeit völlig isoliert gelebt. Aber das Leben lehrte mich, mit allen Menschen zurechtzukommen ... Ja, das habe ich gelernt, sich mit allen zu verstehen und mit anderen Menschen zusammenzuleben ... Bittet mich jemand um Wasser, dann schaue ich nicht, welcher Ethnie er angehört, sondern ich gebe ihm Wasser. Und ich muss meinerseits keine Angst haben, ebenfalls um Was-

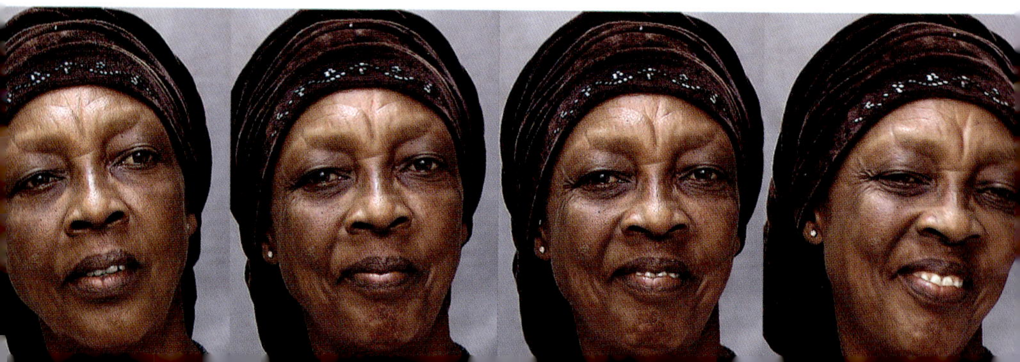

ser zu bitten. Sie sehen, ich habe viel im Leben dazugelernt. Das heißt nicht, dass ich intelligenter geworden bin, aber ich habe den Vorsatz, solche Dinge zu tun.

**Glück** / Ich bin glücklich, dass ich immer noch lebe und dass meine Kinder mich noch haben. Ich bin auch glücklich darüber, dass ich noch die Kraft für das Gebet habe, denn früher konnte ich nicht mehr beten. Komme ich vom Gebet zurück, dann sehe ich mein Kind wieder und schicke es in die Schule … Ich bin glücklich, dass ich noch einige meiner Kinder habe. Ich konnte sogar mit einer meiner Töchter über meine Krankheit sprechen, sodass sie daran Anteil nehmen konnte. Das war mir früher unmöglich … Manchmal wollte ich aus dem Leben scheiden, aber das gelang nicht. Ich bin erst seit zwei Jahren glücklich darüber, am Leben zu sein. Zuvor hatte ich selbst bei einem Spaziergang nicht das Gefühl, ein menschliches Wesen zu sein. Ganz besonders glücklich macht mich ihr Besuch nach vier Jahren. Ich freue mich sehr darüber. Dass sie sich nach vier Jahren noch an mich erinnern, das gibt mir Kraft und Vertrauen.

## Ich bin erst seit zwei Jahren glücklich darüber, dass ich am Leben bin.

**Botschaft** / Welche Botschaft kann ich denen geben, die dasselbe wie ich erlebt haben …? Sie sehen, dass ich jetzt fließend sprechen kann, während ich früher kaum einen Satz zu Ende brachte. Nachdem ich mich selbst akzeptiert habe, bin ich froh, wenn ich mit jemandem gemütlich dasitze und wir uns unterhalten. Auf Fragen antworte ich so, wie es angemessen ist. Meine Botschaft ist daher, sich selbst zu akzeptieren. Ich selbst habe eine fürchterliche Zeit durchgemacht. Ich bin fast verrückt geworden, aber der liebe Gott hat mich davor bewahrt. Ein Rat für alle, denen es geht wie mir: Seid stark und akzeptiert euch, wie ihr seid. Vor allem sollt ihr wissen, dass ihr leben sollt und nicht die Einzigen seid, die eine solche Krankheit haben. Nehmt euch an mir ein Beispiel und wisst, dass das Leben auch für euch weitergeht, schaut, ich selbst bin immer noch am Leben, selbst wenn ich zu einer gewissen Zeit eine lebende Tote war.

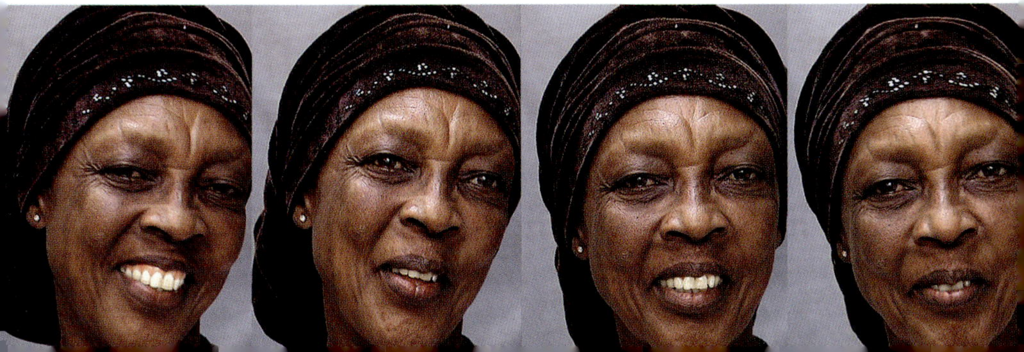

# Emmanuel

*Lebt in Ruanda*

**Porträt** / Ich heiße Emmanuel und bin 36 Jahre alt. Ich saß sieben Jahre im Gefängnis. Ich kam aufgrund einer Verordnung des Präsidenten frei, nach der alle, die sich des Genozids schuldig bekannten, entlassen wurden, um diejenigen um Verzeihung zu bitten, denen sie Leid zugefügt hatten. Dadurch kam ich auf freien Fuß.

**Gewalt** / Am 11. April 1994 töteten wir 14 Menschen. Früh am Morgen, um 5.30 Uhr, kamen Soldaten zu uns. Wir haben uns ihnen angeschlossen und gingen zum Haus einer Familie. Einige umstellten das Haus, andere, darunter ich, gingen in das Haus hinein. Einer der Soldaten sagte: »Tötet sie!« Da es ein Befehl war, habe ich angefangen, sie zu töten ... Am nächsten Morgen, um 10 Uhr, haben wir drei weitere Menschen getötet ... Am übernächsten Tag, am 13. April, haben wir ein Haus umstellt und einen Mann erschossen. Er war Arzt und hieß Rwikangura ... So habe ich damals gehandelt.

**Töten** / Ich hatte nichts gegen die Leute, die ich umgebracht habe. Ich habe gar nicht begriffen, warum sie getötet wurden ... Kaum war ich jedoch mit einem Buschmesser bewaffnet, wollte ich sie ausrauben, weil ich arm war und nach Reichtum strebte. Es ist schwer, einen Menschen zu töten, aber die Soldaten sagten, diese Leute würden sonst mich töten, also tat ich es.

**Hass** / Es ist mir klar geworden, dass ich anderen viel Leid zugefügt habe, und dieses Schuldgefühl bedrückte mich. Ich ging daher zu den Behörden, habe ein Geständnis abgelegt und um Verzeihung gebeten. Meine Nachbarn aber, mit denen ich diese Taten begangen und die ich verraten habe, waren damit nicht einverstanden und hassten mich. Sie haben mich vergiftet. Auch jetzt während unseres Gesprächs spüre ich die Folgen dieser Vergiftung ... Wenn ich diesen Giftmischern begegne, empfinde ich Hass.

**Angst** / Wenn ich Überlebenden begegne, zeigen sie mit dem Finger auf mich und sagen: »Dieser abscheuliche Mensch hat meine Angehörigen umgebracht.« Begegne ich denen, die mit mir zusammen diese Untaten begingen, dann zeigen sie ebenfalls mit dem Finger auf mich und sagen: »Dieser abscheuliche Mensch hat uns verraten.« Überall, wo ich mich befinde, habe ich Angst, getötet zu werden.

**Verzeihen** / Ich habe mir verziehen, weil mir bewusst wurde, dass alles, was ich damals tat, schlecht war. Nachdem ich die Überlebenden und die Familien, deren Angehörigen ich viel Leid zugefügt habe, um Verzeihung gebeten habe und das auch öffentlich vor den Volksgerichten tat, fühlte ich mich innerlich sehr erleichtert.

# Fahimeh

*Lebt im Iran*

**Porträt** / Ich heiße Fahimeh und lebe im Iran. Ich bin in Teheran geboren und bin 71 Jahre alt. Von Beruf bin ich Schauspielerin und Synchronsprecherin in Filmen.

**Kindheitsträume** / In einem meiner Träume wollte ich ein Junge sein, weil die Jungen größere Freiheiten hatten. Sie konnten spielen und springen. Uns Mädchen wurde das Springen verboten, weil wir sonst unsere Jungfräulichkeit verlieren würden … Ich verstand nicht, wie das vor sich gehen sollte. Ich sah, wie gelassen meine Brüder waren: Alles, was mit der Toilette zusammenhing, konnten die Jungen im Dorf erledigen, wo sie wollten. Wir Mädchen mussten eine Toilette aufsuchen. Ein Mädchen muss sich immer stärker schützen. Manchmal sollten wir »houlou« [Pfirsich] sagen, damit der Mund sich schließt und nicht allzu weit geöffnet ist. Wir durften niemandem in die Augen schauen oder lauthals loslachen …

**Familie** / Der Familiensinn ist das Tischtuch, von dem man im Iran isst … Heute ist das nicht mehr so wichtig, aber früher pflegte sich meine Familie zum Essen um das Tischtuch herum zu versammeln. Für mich ist das sehr bedeutsam, dass die großen und kleinen Leute um das Tischtuch herum ihren Platz finden.

**Liebe** / An dem Tag, da Sohrab geboren wurde, habe ich so viel Liebe empfunden, dass ich das Gefühl hatte, alle belogen zu haben, zu denen ich jemals sagte: »Ich liebe dich.«

**Verzeihen** / Ich halte sehr viel vom Verzeihen und möchte es auch meinem Kind vermitteln. Menschen, die nicht verzeihen können oder über manche Einstellungen der anderen nicht hinwegsehen können, verbittern mit der Zeit. Die Verbitterung macht schnell alt und müde und führt zu einer negativen Einstellung.

**Glück** / Mein Glück hängt mit dem Glück anderer Menschen und aller Iraner zusammen. Ich werde nie vergessen, dass ich Iranerin bin, und ich kann auch nicht die Schwierigkeiten vergessen, mit denen die Menschen heute zu kämpfen haben. Ich bin glücklich, wenn ich spüre, dass neue Wege sich auftun und neuer Glanz über dem Iran liegt, das ein besseres Land sein könnte, als es gegenwärtig ist.

**Frau** / Meiner Meinung nach haben die Frauen heute mehr Einfluss. Aber die Männer halten an der Macht fest und verteidigen sie vehement … Die Frauen üben ihren Einfluss im Verborgenen aus, er liegt in der Gesellschaft nicht offen zutage. Doch jedes Dorf ist stärker von den Frauen geprägt als von den Männern.

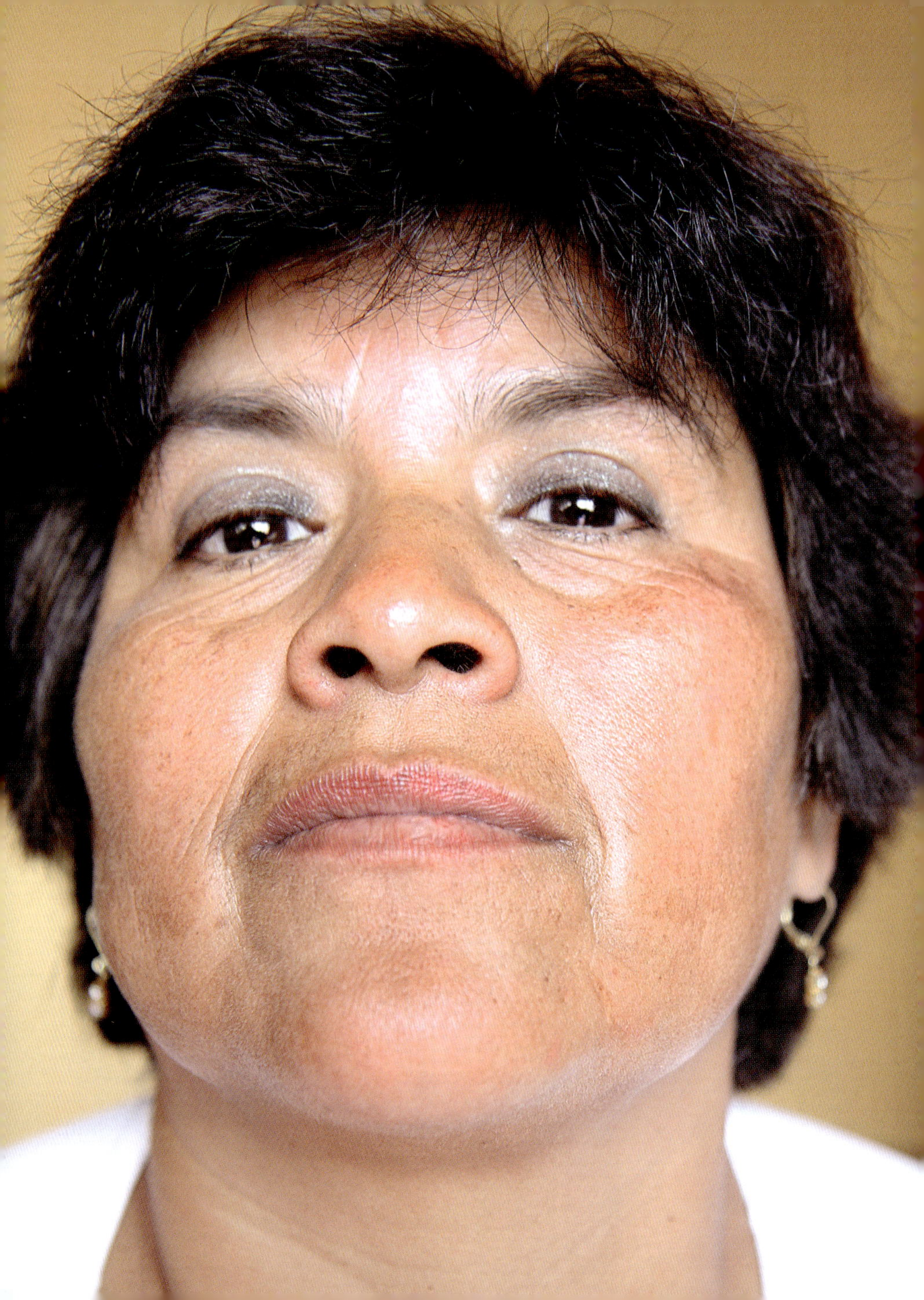

# Beronica

*Lebt in Ecuador*

## Die Frauen von heute sind sich ihres Wertes sehr bewusst und sie können noch weitere Fortschritte erzielen.

**Porträt** / Ich heiße Beronica. Ich bin 51 Jahre alt und stamme aus Ecuador. Ich lebe in Quitumbe, im Stadtviertel des Solidaritätsvereins ... Ich habe vier Kinder, drei Töchter und einen Sohn. Die Töchter sind verheiratet, und ich habe sechs Enkel.

**Familie** / Mit 17 Jahren habe ich Eduardo geheiratet. Er war Automechaniker. Wir hatten vier Kinder. Nach 25, nein 26 Jahren Ehe habe ich mich von ihm getrennt. Das ist jetzt sechs Jahre her.

**Frau** / In der Zeit zwischen der Generation meiner Mutter und meiner Generation haben wir Gott sei Dank einige aus der Religion und dem Machismo stammenden Verhaltensweisen verloren. Ich habe das durchgemacht, aber das ist jetzt vorbei. Ich denke, meine Töchter sind anders geworden, sie lassen sich nicht mehr von ihren Ehemännern misshandeln. Sie sind sich ihrer Rechte und Pflichten bewusst. Meine Mutter ließ sich misshandeln. Sie hielt daran fest, dass ihr Mann, auch wenn er sie schlug, ihr Ehemann blieb. So denke ich nicht mehr und habe meine Ketten abgeschüttelt und mich scheiden lassen. Meine Töchter denken sicherlich wie ich, auch meine Enkelinnen. Die Mühe lohnt sich, denn sie sind dann frei und lassen sich nicht mehr schlagen. Sie lehnen es ab, solange mitzumachen, bis sie ihre Würde verlieren. Denn am Schluss reden sie sich noch ein, dass sie wertlos sind. Diese Entwicklung ist sehr wichtig. Die Frauen von heute sind sich ihres Wertes sehr bewusst und sie können noch weitere Fortschritte erzielen. Heute ist alles besser, sei es in der Kultur, im Gesundheitsbereich oder im Bildungswesen. Meine Mutter hat die Grundschule nicht bis zum Ende besucht, ich habe das Abitur gemacht, und meine Töchter besitzen einen Universitätsabschluss. Die Verbesserungen liegen auf der Hand. Jede von uns gemachte Erfahrung kommt dem Leben anderer Menschen zugute.

**Diskriminierung** / Die Diskriminierung gab den Anstoß für diesen Fortschritt. Noch heute müssen wir studiert haben, um geachtet zu sein. Wenn wir nur in der Küche bleiben, um für die Festtage zu kochen, dann blicken die reichen Leute von oben auf uns herab. Diskriminierung gibt es noch immer. Wir müssen uns anstrengen und zeigen, was wir wert sind, sonst werden wir leicht Opfer der Diskriminierung. Es gibt nicht nur eine Rassendiskriminierung. Ohne einen richtigen Beruf halten dich die Leute für minderwertig ... Nur das Studium und ständiger Lerneifer können uns vor der Diskriminierung bewahren. Dann sind wir auf Augenhöhe mit anderen. Ob Staatspräsident oder irgendein Kellner, ich komme jetzt mit beiden zurecht. Weil ich auch dazugelernt habe, bin ich auf demselben Niveau wie sie.

## Wenn man sich mit anderen zusammenschließt, dann verbessert sich wirklich die Lebensqualität des Einzelnen, außerdem wird er auch eine reifere Person.

**Sein Leben ändern** / Wir Frauen haben uns zu einer Genossenschaft zusammengeschlossen. Vor allem wollten wir uns selbst beweisen, dass wir etwas wert sind. Auch wollten wir unsere Lebensqualität verbessern, um unseren Kindern ein Studium zu ermöglichen und um unsere Träume zu verwirklichen. Schließlich sind ein gutes Leben und solidarisches Wirtschaften die wichtigsten Ziele. Wir entdeckten, dass wir durch unser gemeinsames Handeln diese Pläne verwirklichen können ... Auf unseren Versammlungen haben wir uns gefragt: »Was können wir am besten?« Und das war natürlich das Kochen! So kam es zu dem Projekt, traditionelle Gerichte herzustellen ... Wir waren 15 Frauen. Jede wählte das Gericht aus, das sie am liebsten machte, sonst wäre das Ergebnis nicht gut gewesen. Eine Frau sagte, sie mache gerne Auflauf, also hat sie das gemacht. Ich brate beispielsweise gerne Koteletts und Hühnchen, also war das meine Aufgabe. Eine andere machte Hühnerbouillon ... Jede wählte eine Spezialität aus, damit die Genossenschaft ein immer solideres Fundament bekam. Einigkeit macht stark, das haben auch wir gemerkt. Und so registrierten wir, dass wir uns ein Haus leisten und unsere Lebensqualität verbessern konnten.

**Solidarität** / Wenn man sich mit anderen zusammenschließt, dann verbessert sich wirklich die Lebensqualität des Einzelnen, außerdem wird er auch eine reifere Person. Er vermag Dinge zu tun, zu denen er allein nicht fähig wäre. Geht eine Gruppe von Menschen zum Bürgermeister oder zur Regierung und stellt dort ihre Veränderungsvorschläge vor, dann kann sie mit Unterstützung rechnen – und die gibt es tatsächlich! Allein auf sich gestellt ändert keiner etwas. Aber 20 Frauen können damit rechnen, dass ihnen zugehört wird. Aus diesem Grund ermuntere ich die Frauen der Gruppe, zu kämpfen und auf den Zentralplatz zu gehen, um dem Präsidenten mitzuteilen, dass wir arbeiten wollen. Ich betone immer wieder, dass wir nichts umsonst wollen, denn das wäre ungerecht. Wir sagen: »Wir investieren 50 Prozent, wie viel investiert die Regierung?« Was wir tun, ist solidarische Ökonomie, eine Wirtschaftsform, die in Ecuador erst in den Anfängen steckt. Seit 16 Jahren wirtschaften wir auf diese Weise in unserer Genossenschaft. Jeder investiert ein wenig, und dadurch erwirtschaften wir unsere finanziellen Ressourcen. Das ist mir sehr wichtig. Wir wollen keine Barmherzigkeit, wir sind auch keine Bettlerinnen. Wir verlangen, dass Arbeitsplätze geschaffen werden. Durch Arbeit können wir unsere Lebensqualität verbessern und uns das leisten, was alle haben wollen, ein Haus, ein Auto, ein angenehmes Leben.

## Leben heißt lernen, leiden, fühlen, sehen, lebendig sein, glücklich sein, lächeln, aber auch weinen.

**Entwicklung** / Im Gesundheitswesen kommt die neue Regierung jenen, die mit dem Geld nicht über die Runden kommen, zuhilfe. Die Reichen regen sich nun über die Regierung auf, denn die hat damit aufgeräumt, dass die Reichen immer reicher und die Armen immer noch ärmer werden. An meinem Wohnort gibt es arme Leute, und ich freue mich, wenn eine Mutter mir sagt: »Jetzt bekommen die Kinder in der Schule eine einheitliche Kleidung, und wir mussten auch keine Aufnahmegebühr bezahlen.« Das ist ausgezeichnet! Auch das Bildungswesen macht sichtlich Fortschritte. Wer früher nicht auf die Universität gehen konnte, kann es jetzt tun. Auch die Krankenhäuser sind besser geworden. Gesundheit und Bildung sind für mich am wichtigsten. Sie genügen, um alles im Leben zu erreichen. Das trifft für mich zu: Ich bin gesund und kann bei der Arbeit richtig anpacken. Was will ich mehr?

**Ehrgeiz** / Ich bin bald 52 Jahre alt und fange an zu meditieren und über mein Leben nachzudenken. Ich sagte mir, dass ich mit der Geburt meiner Kinder meine Pflicht getan habe. Ich möchte aber noch ein kleines Restaurant eröffnen, nicht ausschließlich zu meinem Nutzen, sondern auch für viele andere Frauen. Als Frau und Mutter habe ich meine Schuldigkeit schon getan. Aber ich kann mich nicht zur Ruhe setzen, bevor ich dieses Projekt nicht verwirklicht habe. Deshalb stehe ich jeden Tag auf und kämpfe weiter.

**Sinn des Lebens** / Alles gehört zum Leben. Leben heißt lernen, leiden, fühlen, sehen, lebendig sein, glücklich sein, lächeln, aber auch weinen. Wir weinen in unserem Leben und wir sind traurig, wir machen alle Emotionen durch. Das ist das Leben, wie ich es sehe.

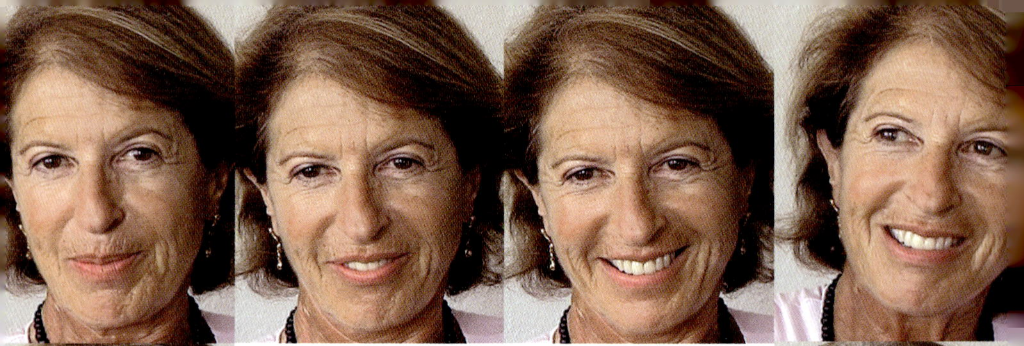

Als kleines Mädchen wollte ich mich anpassen und vor allem nicht auffallen.

**MARIANNE** — *Schweiz*

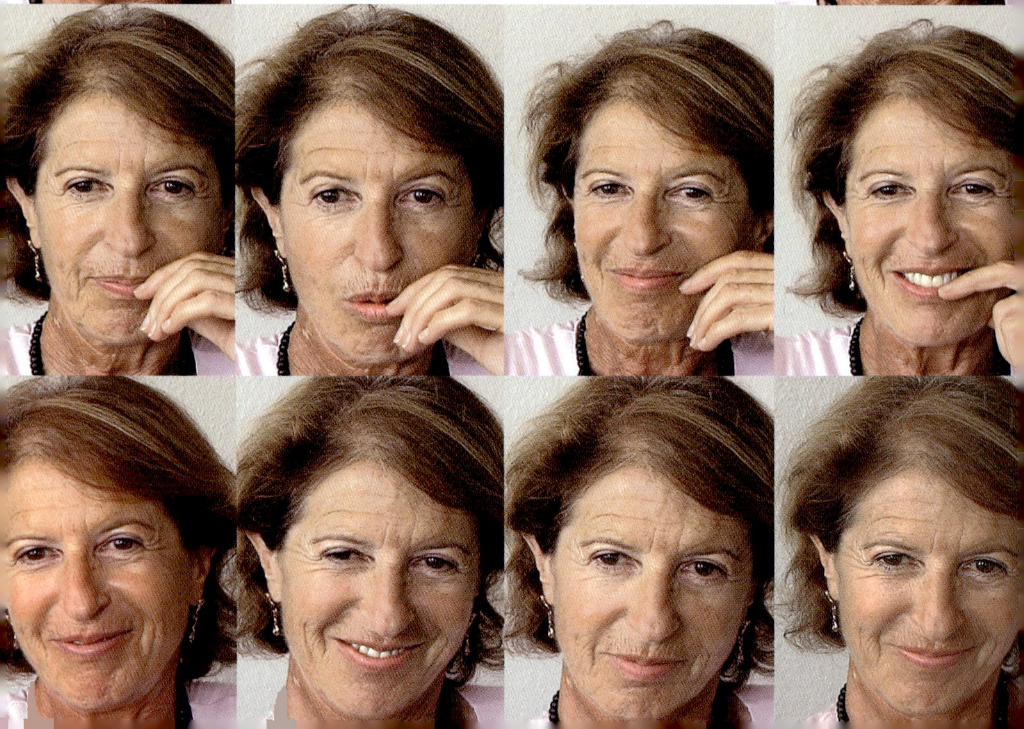

# Marianne

*Lebt in der Schweiz*

**Porträt** / Ich heiße Marianne, bin 62 Jahre alt und lebe in der Schweiz. Ich bin Architektin und arbeite im Bankgewerbe.

**Kindheitsträume** / Ich träumte nicht viel. Meine Entwicklung verlief sehr logisch, sehr geradlinig. Im Unterschied zu anderen kleinen Mädchen hatte ich wenig Träume. Ich emanzipierte mich mit 18 Jahren, ein später Zeitpunkt, um viel zu träumen. Als kleines Mädchen wollte ich mich anpassen und vor allem nicht auffallen. Mit 18 Jahren verließ ich mein Elternhaus und reiste viel in der Welt herum.

**Von den Eltern lernen** / Ich wurde ein bisschen zu streng, zu rigoros erzogen, wie es eben damals üblich war. Die Kinder mussten den Eltern gehorchen, aber das ist kein schlechtes Rüstzeug für das Leben.

**Mit auf den Weg geben** / Meine Töchter sollen unabhängig sein und auf eigenen Füßen stehen, ohne von einem Mann oder sonst jemand abhängig zu sein. Sie sollen selbstständig denken und urteilen und ein eigenes Leben führen. Es geht nicht um ihre völlige Freiheit, denn die gibt es nicht, sondern um ihre Unabhängigkeit.

**Frau** / Die Arbeitswelt bedeutete mir außerordentlich viel … Zu meiner Zeit hatten die Frauen es schwer. Es war unmöglich, in einem Unternehmen beruflich aufzusteigen, gar in die Chefetage einzuziehen und sich gleichzeitig um den Haushalt zu kümmern, denn Hilfskräfte gab es nicht. Die Frauen haben heutzutage mehr Unterstützung und können vieles kompensieren. Sie sind in die Arbeitswelt integriert, während früher eine Frau mehr Leistung bringen musste als ein Mann. Um ihm ebenbürtig zu sein, musste sie länger arbeiten, selbst bei gleicher beruflicher Position. Für eine Frau war das ein ständiger Kampf.

**Glück** / Ich habe nie Probleme oder Schwierigkeiten in meinem Leben. Es verlief unkompliziert, ich hatte viel Glück … Ihr dagegen seid jünger, euer Leben wird schwieriger verlaufen als mein Leben. Ich weiß nicht, warum sich Leute meines Alters beklagen … Wir haben doch alles gehabt: das Recht auf Abtreibung, die Pille, kein Aids, eine umfassende Freiheit, die außergewöhnlich war! Wir lebten mit freieren Moralvorstellungen, hatten Arbeit, Krieg war uns fremd – wir sind eine privilegierte Generation.

**Botschaft** / Meine Generation hatte das Glück, in einem Land geboren zu sein, das ohne Konflikte ist. Ein solch unglaubliches Glück würde ich gerne mit anderen Menschen teilen.

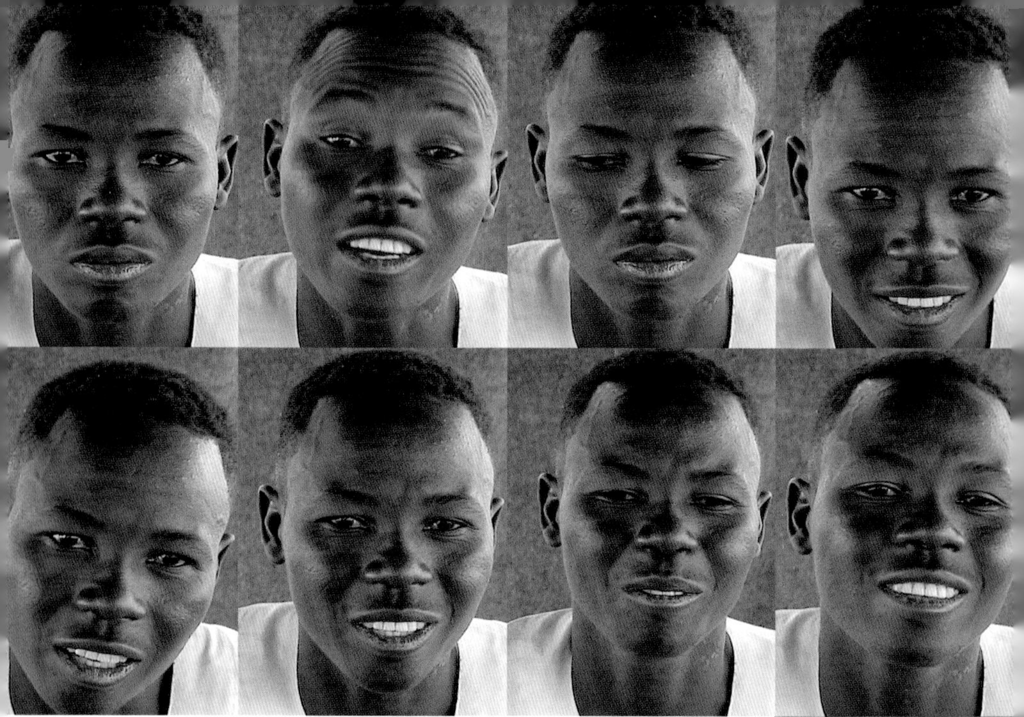

Ich habe bis jetzt nur die Demütigung kennengelernt, dem Glück bin ich noch nicht begegnet.

**ALZIBEIR** — *Tschad*

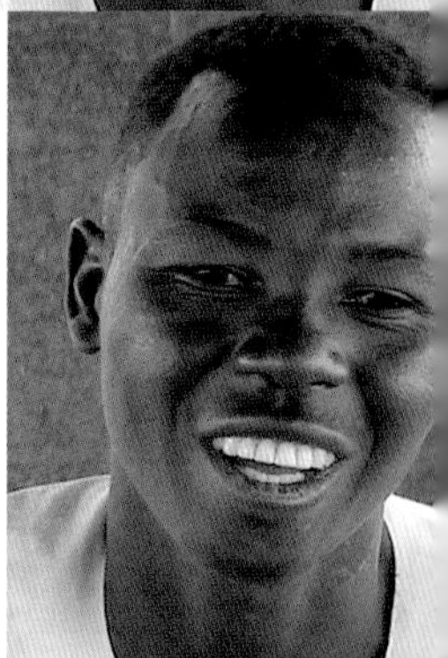

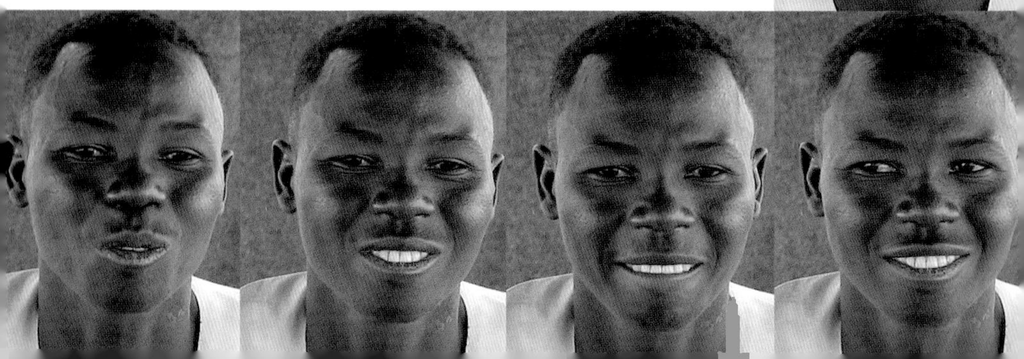

# Alzibeir

*Lebt im Tschad*

## Wenn der Gerechtigkeit Genüge getan wird, ist ein Vergessen möglich, aber bisher gibt es keine Gerechtigkeit.

**Porträt** / Ich heiße Alzibeir und stamme aus dem Dorf Arara in der Region Habila in West-Darfur. Ich bin 24 Jahre alt und bin mit einer einzigen Frau verheiratet. Sie hat zwei Kinder.

**Glück** / Ich habe bis jetzt nur die Demütigung kennengelernt, dem Glück bin ich noch nicht begegnet.

**Weinen** / Ich schwöre bei Gott: Der Krieg hat mich zum Weinen gebracht. Sie haben meinen Onkel getötet. Sie haben ihm den Bauch aufgeschlitzt und ihn ins Feuer geworfen. Sie haben meine beiden Schwestern vergewaltigt und entführt, ich weiß nicht, wo sie sich befinden. Mein Baby von sechs Monaten haben sie gegen einen Baum geschleudert. Unseren Imam Ali Ahmed, der uns in der Religion unterwies und Freundschaft predigte, haben sie vor meinen Augen in einen Feuerhaufen geworfen. Das war so schrecklich, dass mir an jenem Tag die Tränen kamen.

**Krieg** / Die Mächtigen lehnen uns ab. Sie wollen die schwarze Hautfarbe nicht. Seit 1985 bekämpfen sie uns, auch bei der Bildung haben wir keine Chance: Sie wollen nicht, dass wir etwas lernen. Sie hindern uns auch daran auszuwandern, sie halten uns einfach hier fest. Und wenn es Probleme gibt, töten sie uns.

**Gewalt** / Ich konnte entkommen mit nichts als meinen Kleidern am Leib. Sie haben mir mein Geld gestohlen, sie töteten meine Brüder und haben einige von ihnen lebend verbrannt. Meine Schwestern wurden vergewaltigt und verschleppt.

**Recht** / Wenn der Gerechtigkeit Genüge getan wird, ist ein Vergessen möglich, aber bisher gibt es keine Gerechtigkeit.

**Seelische Belastung** / Was ich mir gewünscht habe …? Mir wäre der Tod zusammen mit meiner Familie lieber gewesen als ansehen zu müssen, was ich gesehen habe. Dieser Anblick wäre mir erspart geblieben. Ich kann Ihnen mein Inneres nicht ausschütten. Möge Gott uns helfen, aber ich kann es Ihnen nicht mitteilen.

# Wut

Ich denke wie bedeutende Gelehrte vor mir auch: »Wenn Gott existiert, dann ist er ein Dreckskerl.« … Mit seiner Existenz ist das, was ich in meinem Leben alles erlebt habe, nicht vereinbar. Ich meine nicht nur den Holocaust, sondern viel schlichter die kleinen Ungerechtigkeiten des Lebens. Meiner Meinung nach haben die Menschen sich zu sehr auf Gott verlassen, selbst wenn er existieren sollte.
**GADI** — *Israel*
→

Die Habgier macht mich wütend. Gierige Menschen erbittern mich. Es gibt doch genug für alle. Es regt mich auf, wenn ich sehe, dass eine Minderheit es sich gut gehen lässt und eine Mehrheit in Armut lebt.
**ANTHONY** — *Australien*
→

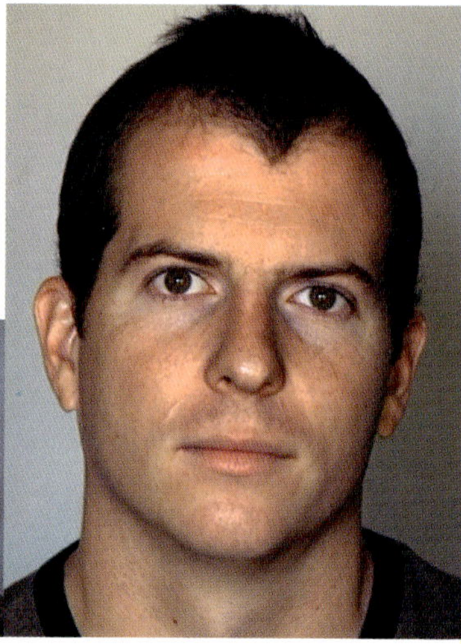

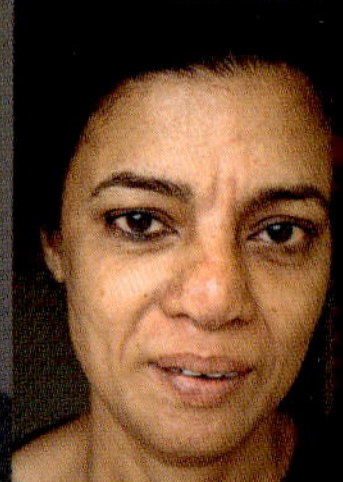
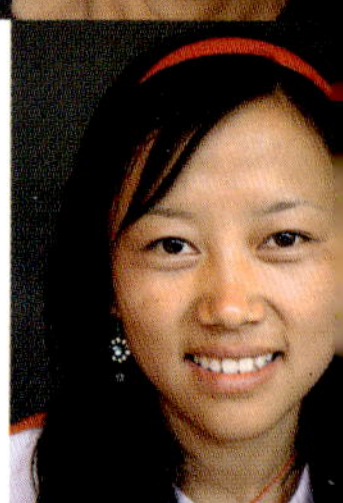

← Was mich wirklich wütend macht? Ich besaß eine prächtige Kuh, schöne Schafe und gute Rinder. Um den Namen meiner Vorfahren und meinen eigenen zu ehren, musste ich alle Tiere verkaufen. Ich musste das Fest bezahlen, bei dem ich als Stammesoberhaupt eingeführt wurde. Ich hatte danach nichts mehr im Haus und verarmte. Ich frage mich wirklich, was ich mit diesem Amt gewonnen habe. Darüber bin ich wütend und ich habe damals viel geweint.
**TOSKE** — *Äthiopien*

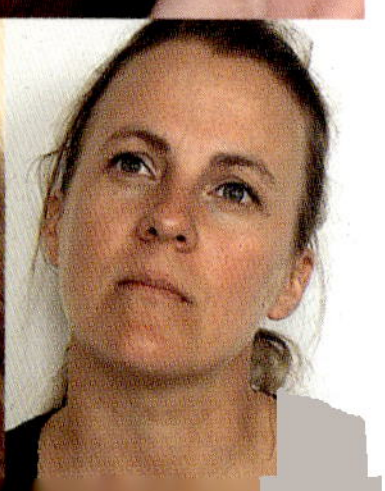
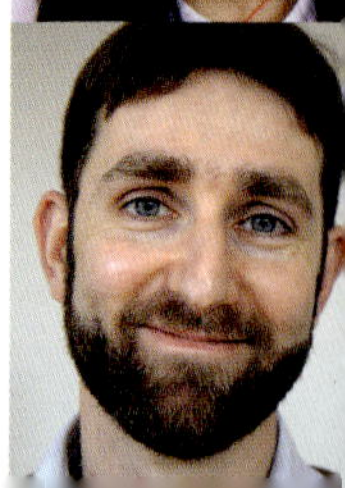

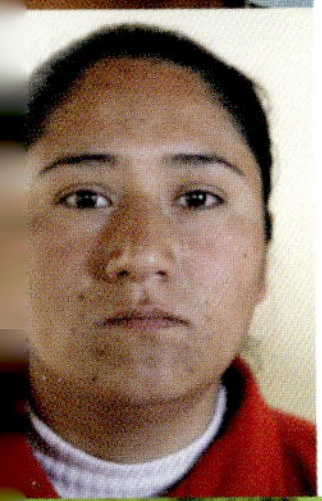

Wenn jemand sagt: »Um glücklich zu sein, brauche ich Geld«, dann werde ich richtig wütend. Ich glaube, dieser Mensch hat eine innere Leere. Sollte er eines Tages Geld besitzen, dann wird er feststellen, dass es ihn nicht glücklich macht. Es gibt Menschen, die vieles haben, was glücklich macht: Gesunde Kinder, Eltern, die noch am Leben sind, Leute, die Interesse an ihnen zeigen – und trotzdem sind sie nicht glücklich. Das empört mich.

← **ANA NATALIA** — *Ecuador*

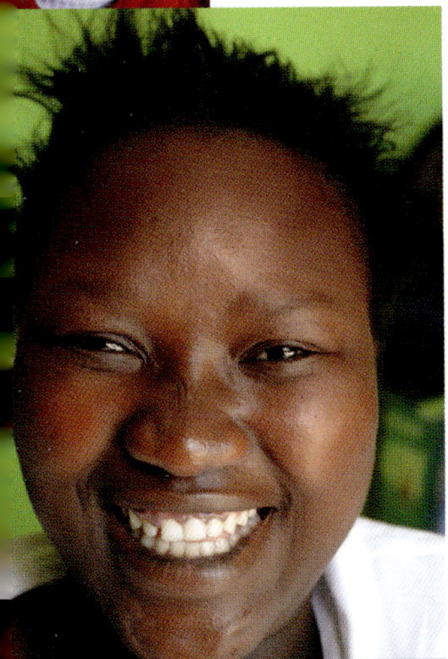

Der Aids-Virus macht mich zornig. Er führt Krieg gegen uns und tötet viele Menschen. Ein Mittel, ihn auszuschalten, kenne ich nicht. Es ist tatsächlich ein Krieg. Wir müssen uns wehren und ihn bekämpfen, denn er setzt auf der ganzen Welt sein zerstörerisches Werk fort.

← **ZANDI** — *Südafrika*

Ich werde wütend, wenn ich sehe, dass mit einem Menschen wie mit einem Tier umgegangen wird. Leidet ein Mensch, so packt mich die Wut.

**SABITI** — *Ruanda*
↓

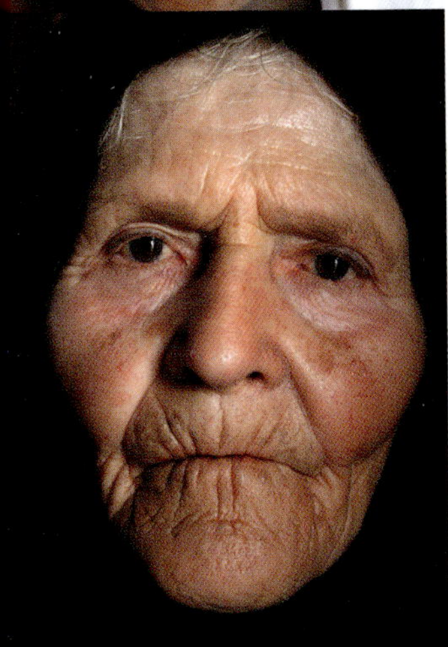

Meine Schmerzen, meine Krankheit erzürnen mich … Ich leide unter schwerem Rheuma. Darüber bin ich wütend. Aber was soll ich machen?

← **MILKA** — *Montenegro*

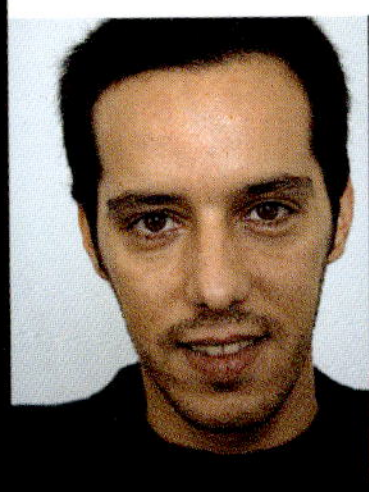

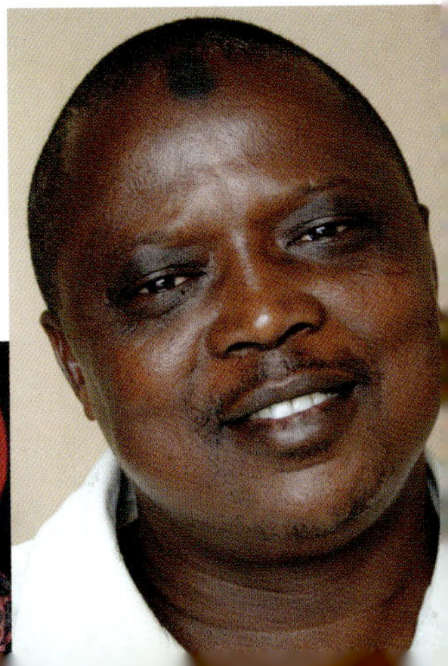

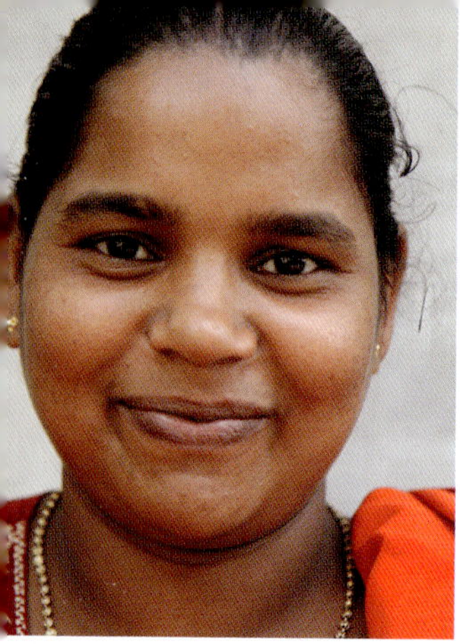

Ich bin wütend, wenn ich im Haus nichts mehr vorfinde: Es gibt nichts zu essen, auch nichts zu tun. Das macht mich zornig.

← **REJITHA** — *Südindien*

Ich bin wütend, wenn ich an Gewicht zunehme. Warum können manche Leute essen, soviel sie wollen, und nehmen nicht zu, während ich frische Luft schnappe und Wasser trinke und dabei zunehme? Darüber rege ich mich ziemlich auf.

**ANNIE** — *Singapur*

↓

Ein alltägliche Vorgang in London: Du hältst jemandem die Tür auf, aber von einem Dankeschön keine Spur. Ich erwarte keine Dankbarkeit, aber Höflichkeit. →

**THOMAS** — *Großbritannien*

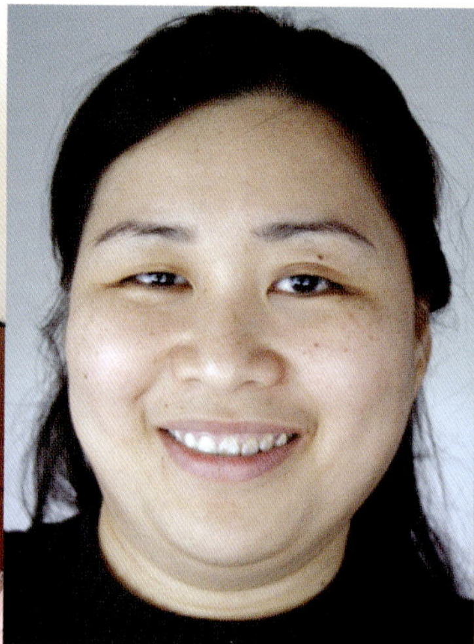

Die Computer gehen mir auf die Nerven. Sie sind schädlich und gefährlich. Ich bin völlig aufgebracht, wenn ich sehe, dass ein sechsjähriges Kind sich langweilt, sobald es nicht vor einem Computer sitzt.

**BEA** — *Großbritannien*

→

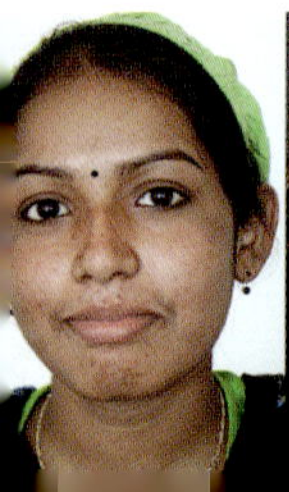

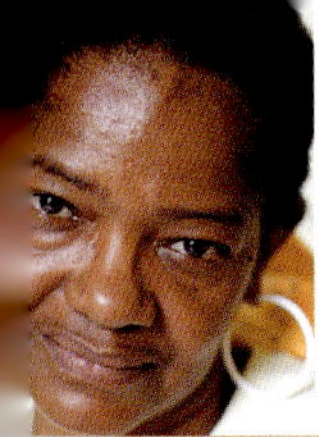

Ich habe mich über mich selbst aufgeregt, ich war ein Idiot, ein Esel ... Wenn ich doch bloß gewusst hätte, wie nützlich die Fähigkeit zu lesen ist ... Ich dachte, sie sei nichts wert! Das habe ich in meinem Leben wirklich schlecht gemacht. Ich habe nicht studiert. Hätte ich studiert, wäre ich der König der Könige gewesen! Das kann doch nur Dummheit gewesen sein, oder etwa nicht?

← **HAMAD** — *Libanon*

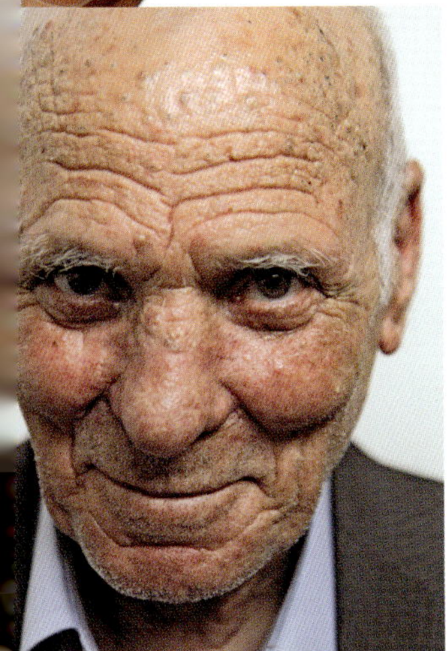

Die Dummheit der anderen macht mich fassungslos: Sie schauen dir in die Augen und versuchen dich davon zu überzeugen, dass sie mit Roma schlechte Erfahrungen gemacht haben. Nach zwei Stunden schließlich stellt sich heraus, dass sie noch niemals mit Roma zu tun gehabt haben, sondern Geschichten erzählen, die sie zumeist in Kneipen aufschnappen. Das ärgert mich so sehr, dass ich fast gewalttätig werde.

← **ZDENEK** — *Tschechische Republik*

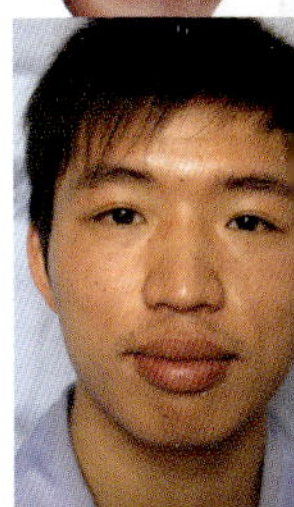

Im Grunde macht mich die Freiheit wütend: Ich möchte gerne draußen sein. Noch wütender macht mich, dass ich jetzt, wo es ihnen [der Familie] schlecht geht, nicht für sie da sein kann, denn sie waren einmal für mich da. Ich kam mit 19 Jahren ins Gefängnis und bin jetzt 25. Die Jahre zwischen 18 und 25 habe ich im Gefängnis verbracht und war dazwischen nur acht Monate draußen. Das ist verlorene Zeit, insgesamt sind es fünf Jahre ... Ich habe meine Jugend verpfuscht. Die beste Zeit des Lebens habe ich verpasst ... Du kannst nur dir selbst Vorwürfe machen, niemand hat dich gezwungen zu stehlen, niemand ... →

**CLAUDIO** — *Frankreich*

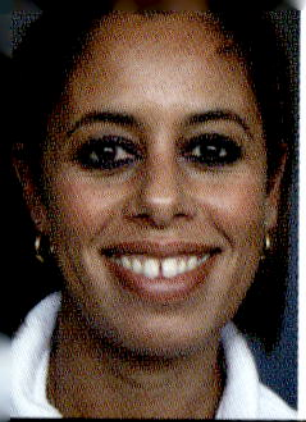

Was mich wütend macht? Wenn Menschen etwas ablehnen, was sie eigentlich unterstützen sollten, wie beispielsweise die Heirat gleichgeschlechtlicher Personen. Ich bin ziemlich aufgebracht, wenn die Lage dieser Menschen noch erschwert wird.

**MURIEL** — *Kanada* →

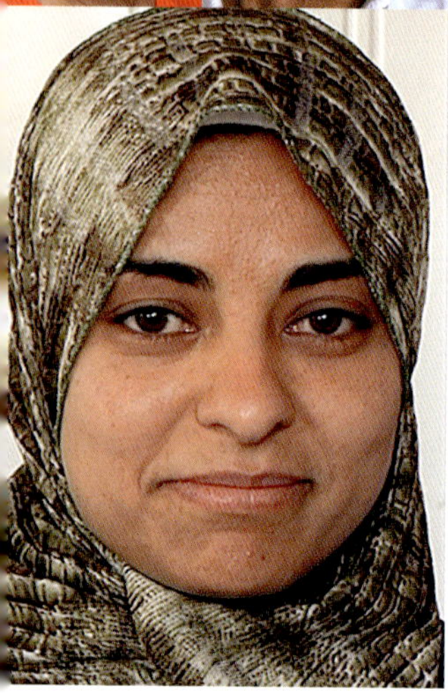

← Ich bin immer wütend. Das hängt mit der Welt und den Menschen um mich herum zusammen, vor allem mit ihrer Mentalität und der Mentalität der Gesellschaft. Die Gesellschaft regt mich am meisten auf. Sie behandelt mich, als wäre ich ein kleines Kind. Egal, was ich tue oder lasse, egal, wie ich mich kleide – immer wird über mich diskutiert. Mein Mann ist den Märtyrertod gestorben, und nun erwartet man, dass ich immer im Haus bleibe und nicht ausgehe. Die Gesellschaft zerstört dich.

**SALAM** — *Palästinensische Autonomiegebiete*

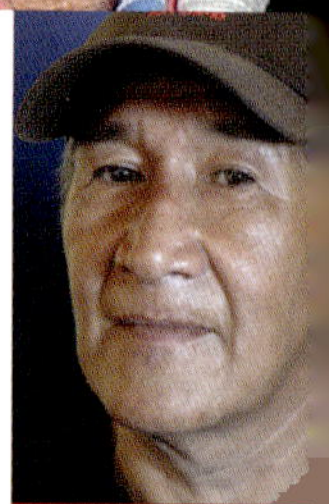
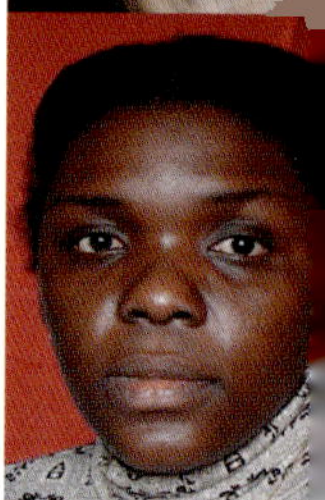

Viele Dinge machen mich wütend. Vor allem die gegenwärtige Politik. Was die Regierung macht, versetzt mich in Wut. Wir sollten aufhören, anderen Vorschriften zu machen, und vor unserer eigenen Tür kehren. Wir haben hier in den Vereinigten Staaten genug eigene Probleme ... Mir ist unbegreiflich, wie viel Zeit damit verbracht wird, anderen ein bestimmtes Leben vorzuschreiben, dabei haben wir selbst so viel Armut, so viele Menschen in elenden Verhältnissen, so viele Kranke ... Darum müsste man sich eigentlich kümmern. Das macht mich zornig. →

**BILAL** — *Los Angeles, Vereinigte Staaten*

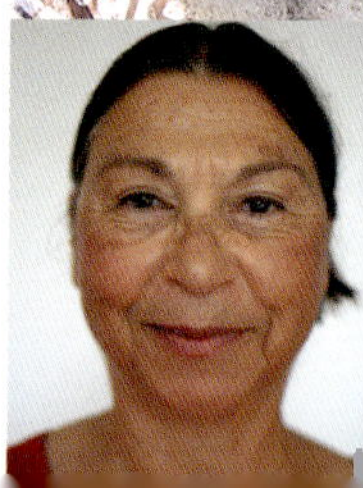

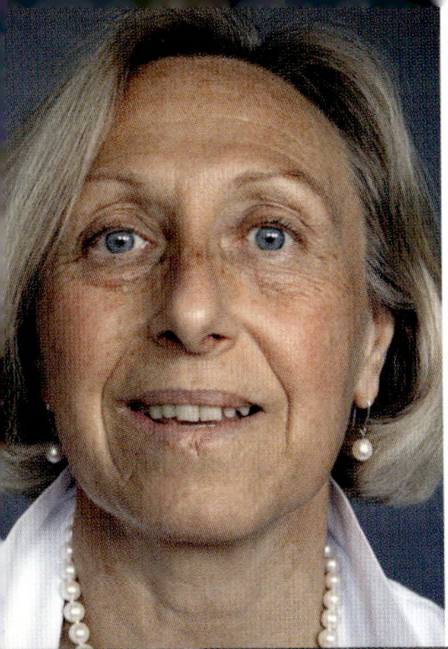

Ich finde es empörend, dass wir uns zu einer Gesellschaft entwickelt haben, die sehr individualistisch eingestellt ist und in der jeder nach seinem kleinen Vorteil und privatem Vergnügen strebt. Diese Gesellschaft ist auch nicht solidarisch: Sie geht nicht auf die ärmeren Entwicklungsländer zu und kümmert sich auch nicht um die Personen, die bei uns vernachlässigt werden oder vereinsamt sind, wie vor allem die betagten Menschen, die zum Beispiel als Erste unter der großen Hitzewelle von 2003 [in Frankreich] zu leiden hatten.

← **FRANÇOISE** — *Frankreich*

Mich erzürnt am meisten, wenn Leute gezielt Informationen nach ihren eigenen Interessen auswählen und verbreiten. Für mich sind das Lügen, und kein Thema ist davor sicher. Ein typisches Beispiel ist die Klimafrage. Die Menschen sollen von einem bestimmten Standpunkt überzeugt werden, der mit Wissenschaft nichts zu tun hat, aber viel mit den Interessen der Leute von der Kohleindustrie, die behaupten, dass Kohlenstoffdioxid Nahrung für die Pflanzen und deshalb gut für den Menschen sei.

← **STEPHEN** — *Kalifornien, Vereinigte Staaten*

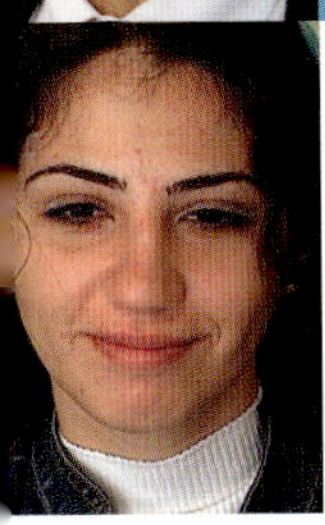

← Ich hasse es, wenn ich angelogen oder ausgebeutet werde. Ich hasse Ungerechtigkeit, sie macht mich wütend. Wenn ich sehe, dass jemand gedemütigt wird, könnte ich sogar dazwischentreten. Was dann mit mir geschieht, weiß ich nicht.

**YARA** — *Katar*

Ich verabscheue es zutiefst, wenn ein Mann seine Frau schlägt. Das macht mich wirklich rasend, weil ich das überhaupt nicht begreife. Ich habe gelernt, die Frauen zu respektieren, weil wir alle von einer Frau geboren wurden. Nicht gewalttätiges, sondern respektvolles Verhalten gebührt ihnen. Miteinander reden ist immer besser als zu schlagen.

**MILTON** — *Portugal* →

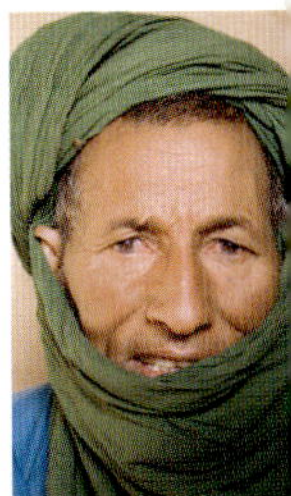

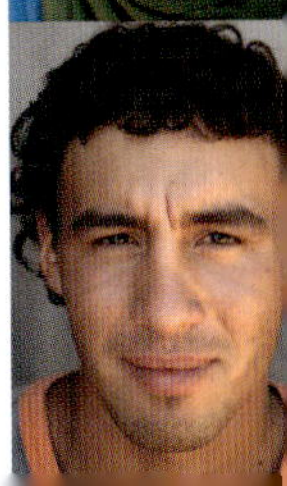

# Victoria

*Lebt in Guatemala*

## Meine Mutter wollte nicht, dass wir als Mädchen die Schule besuchten, und versteckte uns unter dem Bett.

**Porträt** / Ich heiße Victoria, bin 40 Jahre alt und habe sieben Kinder. Ich wohne in San Juan La Laguna in Guatemala, Zentralamerika.

**Familie** / Meine persönliche Lage ist ein wenig traurig, aber ich bin glücklich, weil ich meine Kinder habe. Mein Mann ist vor zehn Jahren gestorben. Er ging zur Arbeit und kam nicht mehr zurück. Ich stand allein mit sieben Kindern da und musste mich um das Essen und das Geld kümmern. Ich fand eine Arbeit. Meinen Kindern geht es bis jetzt sehr gut, einige haben ihr Studium beendet, drei arbeiten schon. Letztes Jahr haben zwei weitere Kinder ihren Universitätsabschluss gemacht, der eine in Medizin, der andere im Hotelgewerbe. Die jüngsten Kinder gehen noch zur Schule. Ich bin sehr glücklich mit meinen Kindern.

**Von den Eltern lernen** / Was ich von meinen Eltern gelernt habe? Nichts! Meine Eltern konnten die Schulgebühren nicht bezahlen, weil wir eine kinderreiche Familie waren. Ein Schulbesuch war daher nicht möglich. Meine Mutter sagte außerdem zu mir, dass ich als Mädchen nicht das Recht habe, in die Schule zu gehen, das konnten nur die Jungen, und wir waren acht Mädchen in der Familie. Ich bin deshalb nie in die Schule gegangen. Ich kann nicht schreiben und weiß nichts. Die Erziehung kann man nicht verkaufen wie eine Erbschaft, sie bleibt im Kopf. Ich halte dennoch an meiner Überzeugung fest: Meine Kinder müssen sich Wissen aneignen, selbst wenn mich das viel Arbeit kostet. Meine Kinder sollen es weiterbringen.

**Schule** / Manchmal bekamen wir nur eine Mahlzeit, ein Mittag- oder Abendessen, denn mein Vater verdiente mit seiner Arbeit nicht mehr als 15 oder 20 Quetzal [1,4 bis 1,9 Euro]. Das reichte für die Schule und den Kauf von Heften nicht aus. Die Lehrer kamen aber in die Häuser, wo Kinder lebten, die zur Schule gehen sollten. Meine Mutter wollte nicht, dass wir Mädchen die Schule besuchten, und versteckte uns unter dem Bett. Wir weinten unter dem Bett, weil wir in die Schule gehen wollten. Mein Traum war, Krankenschwester oder Ärztin zu werden, um Kranke zu operieren. Ich sprach darüber mit meiner Mutter, aber sie antwortete immer: »Nein, nein, nein.« Wir lernten also von ihr das Weben und vergaßen allmählich die Schule.

Wenn sie uns zum Einkaufen schickte, etwa Tomaten, Eier oder andere Sachen, dann gab sie uns genau fünf Minuten Zeit. Wir durften nicht zu spät zurückkehren, sonst haben uns die Eltern auf dem Tisch wie auf einem Altar festgebunden und geschlagen, weil wir uns zu lange auf der Straße aufgehalten hatten.

**Frau** / Meine Mutter hat uns nie aufgeklärt, wie eine Frau schwanger wird. Bei der Geburt meiner Brüder oder eines Babys bei den Nachbarn sagte sie, ein Hubschrauber habe sie gebracht. Wir lebten damals wie eingeschlossen. Wir durften keine Freundinnen haben und auch mit niemandem ein Gespräch führen. Meine Mutter suchte für mich einen Jungen aus, den ich aber nicht wollte. Ich dachte noch nicht an Heirat und an Kinder, ich war noch nicht bereit dafür. Mir machte alles Angst, wir sind ja nie ausgegangen, und ich habe mich nie mit jemandem unterhalten. Aus Respekt vor meiner Mutter – ich habe sie immer respektiert – bin ich zu diesem Jungen gegangen. Es stellte sich heraus, dass er ein gewalttätiger, wirklich sehr brutaler Mann war. Meine Schwiegermutter lehnte mein erstes Kind ab, weil es ein Mädchen war. Sie hat uns beide sitzen lassen. Der Mann hat getrunken und uns geschlagen. Ich habe deshalb mit allen meinen Kindern auf der Straße geschlafen.

**Gewalt** / Ich dachte, wenn ich diese Schläge erhalte, dann werden auch die anderen Frauen geschlagen. Das stimmte nicht, aber da ich niemanden hatte, weder eine Freundin noch meine Mutter, mit dem ich sprechen konnte, habe ich es zwölf Jahre lang erduldet. Als mein Mann wieder zu trinken anfing, hatten wir zu Hause keine Tortillas zu essen, wir hatten nichts, so wie in meiner Kindheit. Er hat mich viel geschlagen und oft gebissen, sodass ich Narben an der Schulter hatte. Bei seinem Tod sagten die Leute, die mich besuchten, dass er oft auf der Straße getrunken habe. Da ich jetzt allein mit meinen Kindern war und sie ernähren musste, habe ich 2001 eine Arbeit gesucht und habe bei einigen Familien die Wäsche gewaschen. Ich arbeitete jeden Tag und bekam für zwei oder drei Bottiche voller Wäsche 15 Quetzal [weniger als zwei Euro]. Als ich mal wieder auf Arbeitssuche war, begegnete ich Philippe, einem Franzosen. Im Candela-Zentrum kümmerte er sich um behinderte Kinder. Viele Menschen haben Angst vor behinderten Kindern, aber ich nahm diese Arbeit vor zehn Jahren an, weil ich meine Kinder versorgen musste. Ich lernte von den ehrenamtlichen Mitarbeitern auch ein wenig Spanisch. Ich hatte Probleme mit dieser Sprache, weil ich nie in eine Schule gegangen bin. Als meine Kinder die Schule besuchten, habe ich von ihnen gelernt, meinen Namen zu schreiben. Sie brachten mir noch mehr Spanisch bei und korrigierten mich. Wenn ich zur Arbeit gehe, bleiben die Kinder allein zu Hause.

**Planung** / Früher gab es keine Familienplanung, es gab keine Spritzen, auch nicht die Pille, es gab nichts. Wir hatten Angst, weil unsere Mutter sagte, wir seien katholisch und für den Priester sei die Spritze für die Abtreibung eine Sünde. Wir konnten nichts gegen neue Schwangerschaften machen, und so kamen viele Kinder auf die Welt.

Heute sind wir viel freier, und das ist besser so, denn ein, zwei oder drei Kinder kosten Geld und bringen Probleme mit sich, von Schule und Studium ganz zu schweigen.

**Freiheit** / Die spanische Sprache und die Schule fehlten mir früher sehr. Es geht mir damit wie mit meinen Träumen, die ich immer habe, aber es ist zu spät. Leider habe ich immer noch keine Zeit für das Lernen, weil ich arbeiten muss. Aber jetzt herrscht eine viel größere Offenheit im Gegensatz zu früher, wo alles unzugänglich war. Mein Leben hat sich verändert. Als mein Mann starb, hatte ich das Gefühl, aus einem Gefängnis oder einer geschlossenen Anstalt entlassen zu werden. Jetzt lebe ich mit meinen Kindern in Freiheit und bin glücklich. Es ist nicht mehr wie früher.

**Sinn des Lebens** / Der Sinn des Lebens besteht darin, die Leute wahrzunehmen, die gerne mit anderen Menschen etwas teilen wollen: die Traurigkeit, das Lachen, das Weinen – einfach das Leben miteinander zu teilen.

**Natur** / Die gegenwärtige Situation ist sehr ernst, und wenn wir manche Dinge nicht in Ordnung bringen, dann ist sie aussichtslos. Einige Beispiele dafür: Die Leute werfen ihren Müll auf die Straße, und wo landet er? Im Wasser. Die Leute waschen ihr Auto auf der Straße, und wohin rinnt das Schmutzwasser? Das Regenwasser fließt in den See. Das alles führt zur Verunreinigung des Wassers. Die Verschmutzung hat stark zugenommen. Ich habe am Strand meinem Vater gezeigt, wie das Wasser vorher war und wie es jetzt aussieht. Er hat geweint, als er sah, dass es keine Fische mehr gab und das Wasser salzig und voller Öl und Müll war. Wenn wir bestimmte Waschmittel benutzen, tragen wir zur Umweltverschmutzung bei.

Als mein Mann starb, hatte ich das Gefühl, aus einem Gefängnis oder einer geschlossenen Anstalt entlassen zu werden.

**Eine Lektion des Lebens** / Für mich sind Erfahrungen Gedichte. Unser Gespräch ist ein Gedicht. Ich behalte es in lebendiger Erinnerung. Mein Leben ist ein Gedicht, ein Chanson.

**Botschaft** / Die Welt tut sich insgesamt schwer damit, dass die Frauen sich nun einmischen, weil der Einfluss der Männer noch sehr groß ist. Die Frauen haben jetzt Rechte, deshalb müssen sie mutiger auftreten. Für die Frauen ist die Zeit gekommen, den ihnen zustehenden Platz einzunehmen und mitzureden. Wir haben dieselben Rechte wie die Männer. Meine Botschaft an die Frauen lautet: Lasst nicht die ganze Macht den Männern. Die Macht gehört auch uns, wir sind alle gleichberechtigt.

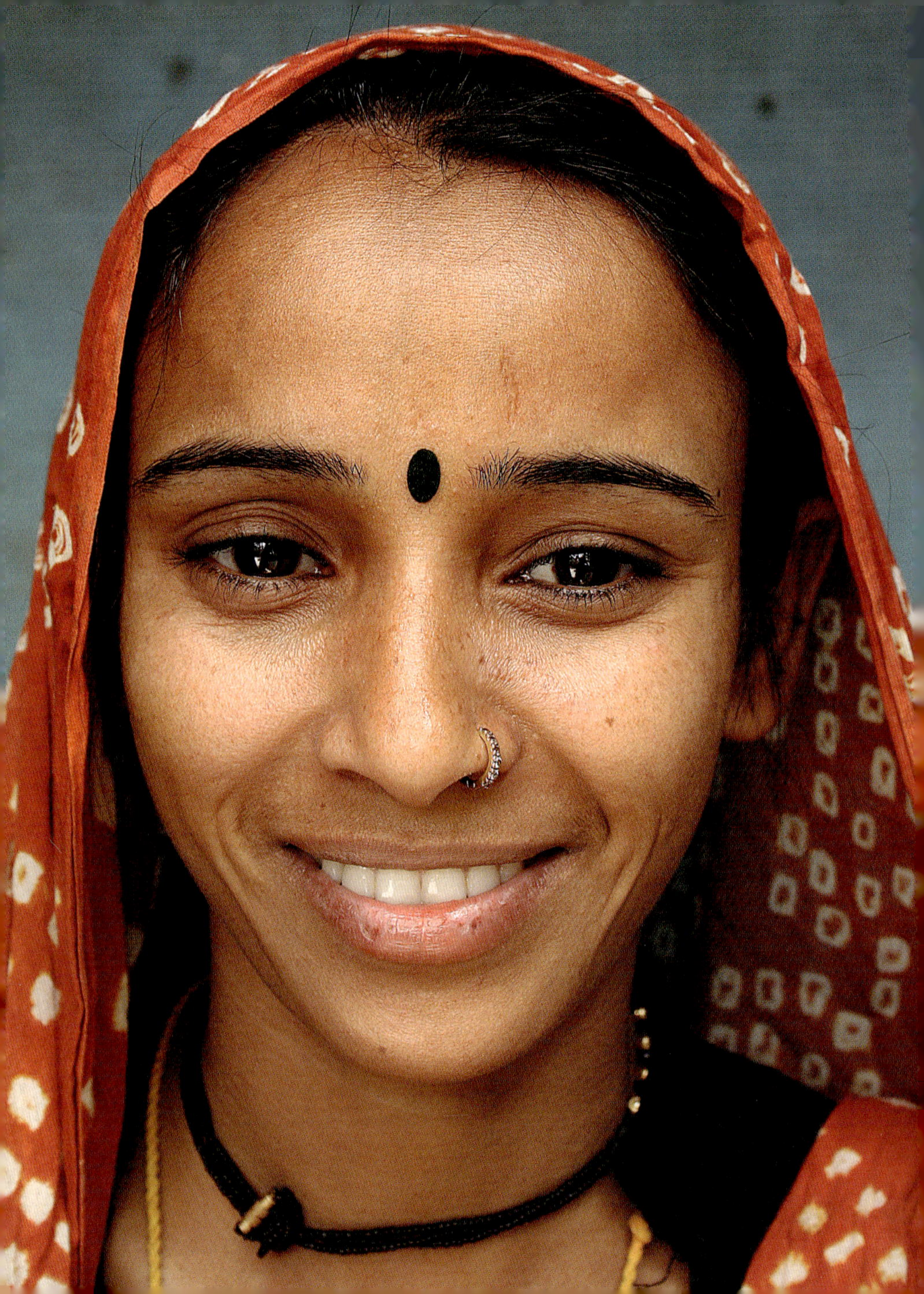

# Poonam

*Lebt in Delhi, Indien*

## Eine Ausbildung ist im Leben sehr wichtig. Ohne sie ist das Leben sinnlos.

**Porträt** / Ich heiße Poonam und wohne in Shadipur Depot in der Katputli Colony [einem Slum im Westen von Delhi]. Ich bin 24 Jahre alt und verheiratet. Mein Mann heißt Mahavir. Wir haben einen Sohn.

**Lebensbedingungen** / Die sanitären Einrichtungen sind schlecht. Wir haben Probleme mit der Kanalisation, aber unsere Klagen stoßen auf taube Ohren. Wir informieren die zuständigen Personen, aber nichts geschieht. Die Wasserversorgung funktioniert auch nicht. An manchen Tagen fließt Wasser, dann wieder nicht. Die Regierung will unsere Klagen auch nicht hören. Zeitweise haben wir zehn Tage lang kein Wasser und anschließend nur für zehn Minuten. Im Sommer kommt es auch zu Stromausfällen. Manchmal gibt es überhaupt keinen Strom.

**Familie** / Ich habe mit 20 Jahren geheiratet. Mit 17 Jahren bin ich meinem Mann begegnet und habe mich in ihn verliebt. Unsere Familien waren gegen unsere Verbindung und haben uns getrennt. Aber wir waren hartnäckig, wir wollten heiraten. Die Gesellschaft und unsere Familien haben uns sehr unter Druck gesetzt ... Schließlich haben wir uns durchgesetzt und geheiratet. Ein Jahr später kam unser Sohn auf die Welt. Er heißt Sahil und ist jetzt drei Jahre alt. Ich bin sehr glücklich mit meinem Mann. Er liebt mich, und wir verstehen uns gegenseitig sehr gut. Mein Vater und mein Mann haben mir in meinem Leben die meiste Liebe geschenkt. Mein Mann macht mich glücklich, er versteht alle meine Probleme und hat mich immer unterstützt. Er ist in mich vernarrt.

**Frau** / Vor der Heirat strebte ich eine gründliche Ausbildung an und wollte Stewardess werden. Meine Eltern wünschten nicht, dass ich weiter auf die Schule ging. Sie haben nicht verstanden, warum ich mich weiterbilden wollte. Für sie stand fest, dass ich nach der Heirat nur die üblichen Hausarbeiten und die Küche zu machen habe, in der Welt umherreisen kam nicht infrage. Als Ehefrau habe ich tatsächlich sehr viel im Haushalt gearbeitet, für andere Dinge war keine Zeit. Meine Träume gerieten in Vergessenheit. Töchter werden in unserer Volksgruppe unterdrückt, und die Leute glauben, dass sie nur zum Heiraten taugen. Schon kurz nach der Geburt fangen die Eltern mit den Heiratsvorbereitungen an. Was wir Mädchen fühlen und wollen, das interessiert niemanden. Mädchen müssen nur verheiratet sein, ein selbstbestimmtes Leben gibt es für sie nicht.

**Von den Eltern lernen** / Meine Eltern haben mir die richtigen Werte und Einstellungen vermittelt. Sie wollten nur mein Bestes ... Die Welt hat sich jedoch verändert, und so haben meine Eltern und ich ganz unterschiedliche Auffassungen. Mein Vater war durchaus dafür, dass ich mich weiterbilde, aber von zu Hause aus. Vor meiner Heirat hatte ich mehrmals die Gelegenheit, im Ausland zu leben, weil ich die beste Henna-Tätowiererin unserer Volksgruppe bin. Mein Vater wollte nicht, dass ich das Haus verließ. Er konnte sich nicht vorstellen, dass ein Mädchen allein auf Reisen ging. Die Gesellschaft hätte meinen Vater beschuldigt, dass er mich nur ins Ausland geschickt habe, um Geld für die Familie zu verdienen. An mich und meinen Wunsch, meine Arbeit auch im Ausland zu zeigen, hat er dabei nicht gedacht.

**Ausbildung der eigenen Kinder** / Meinen Kindern werde ich solche traditionellen Denkweisen nicht aufbürden. Ich werde schon dafür sorgen, dass sie ihre eigenen Ziele und Wünsche verwirklichen können. Ich möchte, dass sie mit der heutigen Welt Schritt halten. Kinder sind intelligent, sie folgen dem Fortschritt in der Welt. Auch ich muss versuchen, damit Schritt zu halten. Du kannst nicht bei deinen alten Vorstellungen bleiben, du musst mit der Zeit gehen und dich weiterentwickeln. Wenn du das nicht machst, gehorchen dir deine Kinder nicht mehr. Sie machen dann, was sie wollen, weil sie glauben, ihre Eltern seien gegen sie. Wir Eltern müssen uns auch weiterentwickeln und uns mit den Kindern verändern.

**Schule** / Mein Sohn ist drei Jahre alt, und ich möchte, dass er die Schule besucht. Aber die Atmosphäre dort ist schlecht, und ich will ihn dort nicht einschulen. Die Lehrer kümmern sich nicht wirklich um die Kinder. Selbst die Lehrer in den Privatschulen vernachlässigen die Kinder. In den öffentlichen Schulen sind die Verhältnisse noch schlimmer ... In den Slumvierteln werden immer wieder Kinder entführt. Die Entführer glauben, dass die Armen ihre Kinder nicht lieben. Neulich entführte eine Frau in einer Burka [Ganzkörperschleier] zwei Kinder. Mein Mann verfolgte sie und kam den Kindern zuhilfe. Die Frau konnte weglaufen, mein Mann hatte ihr Gesicht nicht gesehen. Unsere Klage bei der Polizei verlief im Sande. Kinder können also entführt und von ihren Eltern getrennt werden. Manche Eltern machen sich gar keine Sorgen, wenn ihr Kind verschwindet. Daher schicke ich mein Kind jetzt nicht in die Schule, sondern erst, wenn es älter ist und die Gefahren versteht. Auf die Schule soll es unbedingt, aber später.

**Ausbildung** / Die Ausbildung spielt im Leben eine große Rolle. Ohne sie ist das Leben sinnlos. Wenn dir der Arzt ein Medikament verschreibt und du kaufst es in der Apotheke und kannst das Verfalldatum nicht lesen, weil du Analphabet bist, dann kann das Medikament dich krank machen. Du kannst auch den Preis des Medikaments nicht feststellen ... Wer eine Ausbildung hat, kann heute bei uns gut leben. Wer keine hat, der ist in dieser Welt fehl am Platz ... Mein Sohn soll eine Ausbildung erhalten, damit er es zu etwas bringt. Er wird kein Analphabet bleiben. Wenn ich eine Tochter habe, möchte ich, dass auch sie zur Schule geht. Ich lasse ihr völlige Freiheit zu denken, was sie will, und zu heiraten, wann sie will.

## Man muss den Mädchen die Freiheit geben, das zu tun und zu werden was sie wollen.

**Träume in der Gegenwart** / Ich träume von einem eigenen Haus und einem glücklichen Familienleben. Auch möchte ich keine Probleme mehr haben, ich habe schon zu viele davon gehabt. Ein zweiter Traum: Ich möchte reisen, in einem Flugzeug sein und den Flug genießen. Ich möchte die Welt sehen und selbstständig leben.

**Gott** / Nach dem Tod eines Familienangehörigen irrt seine Seele unruhig umher. Sie kann nur Frieden finden, nachdem die religiösen Riten abgehalten wurden. Nur der Priester unserer Volksgruppe kann diese Riten vorschriftsmäßig vollziehen. Geschieht das nicht, dann belästigt der Geist des Verstorbenen alle anderen. Aber manche Leute wollen für ihre Toten nicht so viel Geld ausgeben, und daher irren viele Seelen unruhig umher.

**Freude** / Wenn mir die Hausarbeit auf die Nerven geht und ich Zeit habe, dann schaue ich fern ... Seit zwei Tagen schaue ich mir den Film *Titanic* an. Ich liebe die Musik und die Geschichte. Ich hatte das Gefühl, dabei zu sein und die Situationen wirklich selbst zu erleben. Ich hatte den Eindruck, an Bord des Schiffes zu sein. Der Tod der Hauptfigur machte mich traurig, und ich habe heftig geweint. Der Held der Geschichte hat deutlich gesagt, dass er arm ist. Seine Armut hält ihn nicht davon ab, mit reichen Leuten zu verkehren, ohne sie über seine wahre Situation zu belügen. Das ist ein sehr guter Film, ich habe seinen tieferen Sinn begriffen und konnte nachempfinden, was die Hauptpersonen erlebt haben. Ihre Liebesgeschichte verstand ich gut. Ich mag diesen Film.

**Botschaft** / In der heutigen Zeit sind die Männer frei, eine besondere Botschaft habe ich daher nicht für sie. Sie können tun, was sie wollen, und studieren, was sie wollen. Aber genau diese Freiheit müssten auch die Mädchen haben. Zwischen Mann und Frau gibt es nämlich heute keinen Unterschied mehr. Ich verlange daher, dass die Mädchen tun können, was sie wollen, und nicht jung heiraten. Sie sollen das Recht auf eine Ausbildung haben und ihre Persönlichkeit frei entfalten können.

# Raif

*Lebt im Libanon*

## Die Heirat ist heute eine Sache des Sohnes oder der Tochter, nicht mehr der Eltern wie früher.

**Porträt** / Ich heiße Raif. Ich bin 1947 geboren und wohne in Kfarnabrakh. Ich besitze einen Supermarkt und war zuvor »mukthar« [Bürgermeister].

**Ausbildung** / Ich war immer der Überzeugung, dass die Tochter die gleiche Ausbildung erhalten solle wie der Sohn, weil du dir mehr Sorgen um eine Tochter machst als um einen Sohn. Die jungen Männer wissen sich stets zu helfen. Heiratet eine Tochter, und die Ehe ist nicht gut, dann hat sie es unter Umständen sehr schwer: Ihr Vater kann sterben, aber ihr Bruder kann ihr nicht helfen, und so hat sie viel zu leiden im Leben. Du hinterlässt ihr ein Grundstück oder Geld, und nach der Heirat kann der Mann ihr dieses Erbe wegnehmen. Eine Ausbildung aber gehört ihr ganz allein, die kann ihr niemand wegnehmen. Das bestärkte mich in meiner Überzeugung, das meine Töchter Unterricht erhalten sollten. Vor 30 oder 40 Jahren gab es für Mädchen keine Ausbildung. Mit 15 Jahren heiratete ein Mädchen und lebte bei ihrem Ehemann. Je mehr die Leute zu mir sagten: »Jeder Cent, den du für deine Tochter ausgibst, ist hinausgeschmissenes Geld«, desto entschlossener war ich, ihnen eine Ausbildung zu bezahlen!

**Schule** / Als meine Tochter ihr Abitur mit Schwerpunkt Literatur gemacht hatte und nach Beirut auf die Universität gehen wollte, brach der Krieg aus. Ich stand vor einem Dilemma: Sollte ich sie trotz dieser Situation gehen lassen oder es ihr verbieten, auch auf die Gefahr hin, dass sie mir ihr ganzes Leben Vorwürfe macht und frustriert ist? Ich ließ sie lieber studieren, damit kein Bruch in ihrem Leben entstand. Sie hat ihren Traum wahr gemacht und ist Ärztin geworden.

**Heirat** / Die Heirat ist heute eine Sache des Sohnes oder der Tochter, nicht mehr der Eltern wie früher. Der junge Mann und die Tochter entscheiden sich füreinander, beschließen zu heiraten, und die Eltern werden zuletzt informiert. Ihre Rolle beschränkt sich darauf, ja zu sagen. Zwei von meinen Töchtern sind verheiratet, mein Sohn ebenfalls. Die jüngste ist noch nicht verheiratet, und niemand weiß, für wen sie sich entscheiden wird. Das ist allein ihre Entscheidung.

# Eman

*Lebt in Ägypten*

**Porträt** / Ich heiße Eman und bin Zimmermädchen in einem Hotel. Ich habe einen Abschluss in der Fachrichtung Tourismus und ein Diplom für das Islamstudium an der Al-Azhar-Universität.

**Träume in der Gegenwart** / Mein größter Traum? Ich möchte den heiraten, den ich liebe! Möge Gott ihn dort glücklich machen, wo er lebt.

**Verliebtheit** / Sobald er mich anschaute, lächelte er, und auch seine Augen lächelten mir zu. Es war toll, wenn ich ausging und ihn auf der Straße erblickte. Seine neue Hose, sein neues Hemd oder neue Schuhe – alles wollte er mir sofort zeigen. Ich tat das auch. Nähte mir meine Mutter ein Kleid, einen Rock oder sogar eine »galabia« [ein langes Gewand, das von Männern und Frauen in Nordafrika und auf der arabischen Halbinsel getragen wird], dann richtete ich es immer so ein, dass er der Erste war, der sie an mir sehen konnte. Unsere einzige Beziehung bestand aus einem gegenseitigen »Guten Tag!« Er ging seiner Arbeit nach, und ich war noch Schülerin in der Abschlussklasse der Gesamtschule. Mehr war nicht möglich.

**Verhältnis Männer/Frauen** / Auf der Gesamtschule und im Gymnasium durfte ich nicht mit den Jungen reden. In der Familie spricht das Mädchen nicht zu den Jungen, solange diese nicht verlobt oder verheiratet sind. Ich habe einmal einen Jungen einfach so angeredet, und schon haben meine Eltern alles Mögliche fantasiert. Ich habe eine Tracht Prügel bekommen, die ich nie vergessen werde. Aber die Eltern haben einfach Angst um uns, und das ist ihr gutes Recht ... Ich danke Gott für meine Familie. Nach meiner Heirat ändern sich sofort die Gewohnheiten. Ich unterstehe dann einem Mann, der mich fragt, wohin ich gehe, was ich tue oder lasse, der mein ganzes Verhalten hinterfragt, und außerdem bin ich für den Haushalt verantwortlich ... Das alles wird mir nicht einmal mehr Zeit lassen, mich auf einen Spaziergang zu freuen.

**Freiheit** / »Frei sein«: Das hört sich wirklich großartig an ... Wenn ich frei wäre, würde das für mich bedeuten, keine Familie zu haben. Bin ich also frei? Nein, ich bin nicht frei! Ich habe eine Familie, vor der ich mich rechtfertigen muss. Ich halte mich für frei und unfrei zugleich. Es stimmt, dass die Arbeit mir eine gewisse Freiheit gibt: Ich komme und gehe, wann ich will, kann spazieren gehen, essen und mit meinen Kollegen ausgehen. Das ist Freiheit. Aber mit der Heirat ändert sich das. Vom Tag der Heirat an ist es mit der Freiheit vorbei. So ist die Situation bei näherer Betrachtung.

# Abdullah

*Lebt in Syrien*

## Die Liebe gehört zu den Dingen, die uns wieder aufrichten können.

**Porträt** / Ich heiße Abdullah und bin 40 Jahre alt. Ich bin in dem Dorf Ras El Ain in der Provinz Latakia geboren. Heute lebe ich in Damaskus. Ich bin verheiratet und habe zwei Kinder. Ich arbeite als Übersetzer, habe aber Wirtschaftswissenschaft studiert.

**Familie** / Meine Familie war eigenartig ... Wir sind sieben Brüder und zwei Schwestern. Unsere Beziehungen waren sehr leidenschaftlich und voller Konflikte. Wir haben uns manchmal so gestritten, dass wir zu raufen anfingen. Ich konnte glücklicherweise lesen und eigene Ideen entwickeln, sonst wäre ich an den Konflikten zugrunde gegangen. Stellen Sie sich selbst als Zehn- oder Zwölfjährigen vor, der eine Prügelei unter seinen Geschwistern erlebt. Zwei Brüder prügeln sich und landen entweder auf der Polizeistation oder im Krankenhaus. Können Sie sich vorstellen, welchen Eindruck das hinterließ? ... Ich habe sogar gesehen, dass meine Mutter geschlagen wurde. Nicht von meinem Vater, sondern von meinem Bruder. Das anzusehen war schrecklich. Sie schlugen auch meine Schwestern. Und mich. Mitansehen zu müssen, wie sie meine Schwester geschlagen haben, tat mir mehr weh, als wenn ich die Schläge selber bekommen hätte.

**Kindheitsträume** / Ich stamme aus einer kinderreichen Familie. Da ich einer der Jüngsten war, träumte ich anfangs davon, älter zu sein, denn dann hätte ich über mein Leben selber bestimmen können ... Ich wäre gerne Dichter geworden, aber soziale Probleme weckten auch mein Interesse. Ich wollte mich einmischen und deshalb begann ich zu recherchieren und zu lesen ... Ich bin beispielsweise bereit, für die Aufhebung der Kriegsgesetze und des Ausnahmezustands zu kämpfen, damit wir so etwas wie Demokratie und Meinungsfreiheit bekommen ... Wir haben viele Probleme, die mit der Gesellschaft und den Gesetzen zusammenhängen. Beispielsweise den Ehrenmord: Ein Mann kann seine Schwester, seine Tochter, seine Frau oder seine Mutter töten, wenn sie eine Beziehung zu einem anderen Mann hat. Die Gesellschaft und die Gesetze müssen sich in dieser Hinsicht ändern. Die Menschen müssen begreifen, dass eine Frau genauso viele Rechte hat wie ein Mann. Und oft steckt hinter dem Ehrenmord etwas, das mit der Ehre nichts zu tun hat, wie finanzielle Interessen. Ein Bruder möchte alles für sich behalten und tötet deswegen seine Schwester unter dem Vorwand, sie hätte eine sexuelle oder sonst irgendeine Beziehung gehabt.

**Schlimmste Erfahrung** / Ich wurde verhaftet, weil ich Mitglied einer verbotenen Partei war. Bei uns gibt es kein Parteiengesetz. Jeder kann in die Politik gehen, wenn er sich an die Verfassung hält, aber ein Gesetz darüber gibt es nicht. Wer Mitglied einer Partei ist, die der Regierung nicht gefällt, wird verhaftet, und die Partei wird verboten. Meine Partei stand auf vielen Gebieten in Opposition zur Regierung. Uns ging es um Demokratie, Menschenrechte und soziale Gerechtigkeit. Für uns war das syrische Regime eine Diktatur. Aus allen diesen Gründen drangsalierten sie uns unaufhörlich. Viele wurden verhaftet, gefoltert und lange eingesperrt, einige mehr als 15 Jahre ... Ich wurde 1992 verhaftet und vom Obersten Gericht für Staatssicherheit, einem Sondergericht, zu zehn Jahren Gefängnis verurteilt, aber 2000 vorzeitig aufgrund eines Gnadenerlasses des Präsidenten entlassen. Aber ich bin noch immer meiner Rechte beraubt. Ich darf nicht zur Wahl gehen oder Beamter werden. Aber ich kann reisen ...

**Eine Lektion des Lebens** / Während meiner Gefängniszeit war zu Beginn die Folter das Schlimmste ... Sie wollten damit zunächst Informationen erhalten, aber dann wollten sie uns nur noch brechen. Diese Erfahrung brachte mich dazu, meinen Widerstand besser zu organisieren ... Ich hatte im Gefängnis das Gefühl, nicht eine, sondern zwei Personen zu sein. Die eine durchlebte diese Erfahrung, wurde gefoltert, erlitt alles, war ständigem Dunkel ausgesetzt ... Die andere beobachtete nur und zog die Lehren aus diesen Erlebnissen. Das war seltsam. Ich betrachtete meinen Körper, den ich nicht mehr bewegen konnte, ich sah, wie ich überall blutete, und es war, als ob ich einem Fremden zuschaute, als ob ich fernsehen würde ... Ich sagte mir jeden Tag: »Auf jetzt, diesen Tag halte ich auch noch durch. Ich kann es ... ich kann noch einen weiteren Tag standhalten, vorausgesetzt, ich halte es körperlich aus.« Und am nächsten Morgen von Neuem: »Ich bin imstande, noch zwei oder drei Tage durchzuhalten.« Ich habe zweieinhalb Monate in einer Zelle verbracht, die zwei Meter auf ein Meter maß ... Es gab kein Licht, nur draußen eine Lampe, die kaum Helligkeit verbreitete, in der Zelle selbst war nichts zu erkennen. Morgens ging ich auf und ab und stellte mir vor, ich wäre an einem bestimmten Ort, in der Altstadt von Damaskus zum Beispiel. In der Fantasie ging ich dann durch das alte Stadtviertel, sah die Straßen, die Eingangstüren, die Denkmäler, die ich liebte ... Manchmal konnte ich mich noch an gewisse Bücher und Romane erinnern. Ich rief sie mir ins Gedächtnis. Das dauerte ungefähr eine halbe Stunde. Ich vergegenwärtigte mir eine Szene in allen ihren Einzelheiten. Ich konnte auch ein – wie sagt man noch? – ein Spiel mit Gedichten machen. Ich zitierte einige Stellen aus einem Gedicht und begann dann mit einem anderen. Solche Verhaltensweisen sind in gewisser Weise ein Schutz in den ausweglosesten Situationen. Das stärkt auch die Selbstachtung. Auf die Toilette konnte man nur drei Mal am Tag ... Schlagen konnte uns jeder x-Beliebige ... Wir fühlten uns nicht mehr als Menschen, sondern als Gegenstände. Paradoxerweise fing ich in diesem Augenblick an, mich selbst zu achten und zu schätzen ... Ich sagte mir, du musst standhalten und die Kraft zum Weitermachen finden. Ich wusste, dass ich mich zu gegebener Zeit neu aufbauen musste. Schließlich kamen wir in ein normales Gefängnis.

**Folter** / Die Menschen, die foltern, glauben, nichts Falsches zu tun … Manche machen nur ihre Arbeit. Ihre Aufgabe ist die Aufrechterhaltung der Ordnung, wenigstens glauben sie das … Sie haben dabei nichts gegen dich. Sie betrachten dich nicht als persönlichen Feind. Einige folterten uns und kurz darauf haben sie vorgeschlagen, wir sollten auf die Toilette gehen und uns duschen, denn damit war nichts Persönliches gemeint. Andere schlugen und folterten uns, aber haben uns nie beleidigt … Ich wurde nicht so stark gefoltert wie andere Insassen. War so eine Folterrunde vorüber, suchte mich ein Arzt auf … Ich wollte nicht, dass er mich auf dem Boden liegen sah. Er sollte sehen, dass ich stehen konnte. Ich wollte beweisen, dass ich trotz allem noch fähig war zu gehen. Ich war stark … Jedes Mal, wenn ich den Arzt kommen hörte, stand ich auf und fing an zu gehen. Als er hereinkam und fragte, ob ich Schmerzen hätte, sagte ich nein.

**Bildung** / Sie haben uns vor dem Verhör die Augen verbunden, aber ein wenig konnte ich noch sehen. Einer stellte mir Fragen und schrieb meine Aussagen nieder. Ich bemerkte, dass er nicht sehr gebildet war und Fehler machte. Ich fing daher an, schwierige Worte zu gebrauchen. Einmal sagte ich ein Wort, er notierte es, stellte aber einen Schreibfehler fest und strich es durch. Ich wiederholte es, da legte er seinen Füller beiseite und schlug mich. In meinem Inneren musste ich lachen, denn ich spürte, dass ich nun die Kontrolle über ihn hatte … Er sollte Informationen aus mir herauslocken und den Bericht schreiben, aber er konnte nicht niederschreiben, was ich sagte … In dieser Situation war ich ihm überlegen.

**Glück** / Ich erinnere mich an einen Gefängniswärter … Seinen Namen habe ich vergessen und weiß nicht einmal, wie er ausgesehen hat, da uns die Augen verbunden wurden. Wir sahen unsere Folterknechte nicht. Eines Morgens vor dem Wecken kam ein Wärter. Es war ungefähr fünf oder sechs Uhr. Er machte das Radio an, und ich habe ein Lied gehört. Ich bin ihm dafür sehr dankbar gewesen, denn ich hatte es gerade sehr schwer. Dieses schöne Lied war für mich ein Geschenk. Es drückte das wahre Leben aus und das Glück und das Dasein in seiner Schönheit. Sie wollen von mir einen glücklichen Moment in meinem Leben wissen: Hier ist er.

**Liebe** / Die Liebe hält uns am Leben. Wir halten ihretwegen aus und haben Lust zu leben. Für mich ist die Liebe fundamental. Wer andere Menschen nicht liebt oder von niemandem geliebt wird, für den ist das Leben sinnlos. Manchmal denke ich an die Tragödien dieser Welt: die Kriege, das Morden und Abschlachten, die Massaker … Das stimmt mich pessimistisch, und ich sage mir, das Leben ist nicht lebenswert. Die Liebe gehört zu den Dingen, die uns wieder aufrichten können.

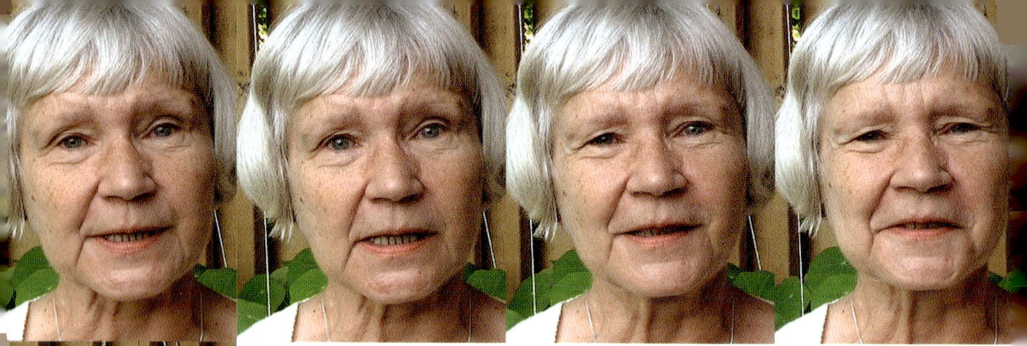

Wenn das ersehnte Kind nicht kommen will …, dann fühlt sich eine Frau innerlich leer.

**LEENA** — *Finnland*

# Leena

*Lebt in Finnland*

## Die Beziehung zum Ehemann ist das Herzstück der Familie.

**Porträt** / Ich heiße Leena. Ich bin 64 Jahre alt und 1941 während des Krieges geboren.

**Familie** / Die Beziehung zum Ehemann ist das Herzstück der Familie. Wir sind die besten Freunde, wir überlegen gemeinsam, gehen unserer jeweiligen Arbeit nach, aber teilen uns immer unsere Gedanken über die Welt und das Leben mit.

**Kind** / Wenn das ersehnte Kind nicht kommen will und das über Jahre so bleibt, dann fühlt sich eine Frau innerlich leer. Und kündigt sich nach neunjähriger Ehe endlich ein Kind an ... ich kann es gar nicht beschreiben ... es ist wie im siebten Himmel: »Mein Gott, ich bin schwanger! Schaut mich alle an!« Natürlich dauert es noch mehrere Monate, bis die Schwangerschaft für alle sichtbar wird.

**Weinen** / Mit meinem Mann Matti habe ich eine sehr angenehme Beziehung. Aber zeitweilig ist er von einer Strenge ... Wenn er mich herumkommandiert, erlebe ich ihn wie ein Monster. Dann gehe ich in ein anderes Zimmer, drücke meinen Kopf ins Kopfkissen und weine mich aus ... Wenn eine solche Szene vorüber ist, können wir – nach einer gewissen Zeit natürlich – wieder zusammen lachen!

**Heirat** / Das Wichtigste ist meiner Ansicht nach, dass jeder auf den anderen zugeht und ihm zuhört, denn dadurch wächst die gemeinsame Beziehung. Manchmal prallen die Meinungen so hart aufeinander, dass das Gefühl entsteht, der andere hasst dich. Aber es geht nur um die Heftigkeit, mit der unterschiedliche Meinungen vertreten werden.

**Beziehung zu anderen** / Begegne ich zum ersten Mal einer mir vollkommen fremden Person, würde ich gerne von ihr hören, woher sie kommt, was sie schon alles erlebt hat und auch, was sie jetzt innerlich bewegt und was ihr Vertrauen verdient. Auch ich würde erzählen, was mich selbst bewegt ... Es ist immer außerordentlich anregend, einen bekannten oder völlig unbekannten Menschen zu treffen. Erwächst dann aus dieser Begegnung eine engere Verbindung, eine Idee oder führt sie zu einem unvermuteten gegenseitigen Verständnis, dann zeigt sich das Leben in größerer Perspektive und Dimension: ein wahrhaft erleuchteter Moment!

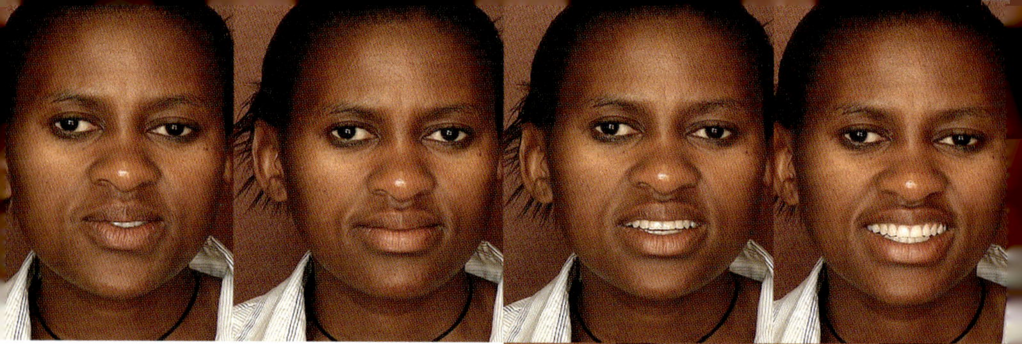

Es ist nicht möglich, in einem Zimmer auf den Virus zuzugehen und ihn zu umarmen. Es ist kein Todesurteil, der Tod tritt nicht schon am nächsten Tag oder in der nächsten Woche ein.

**NOLUVUYO** — *Südafrika*

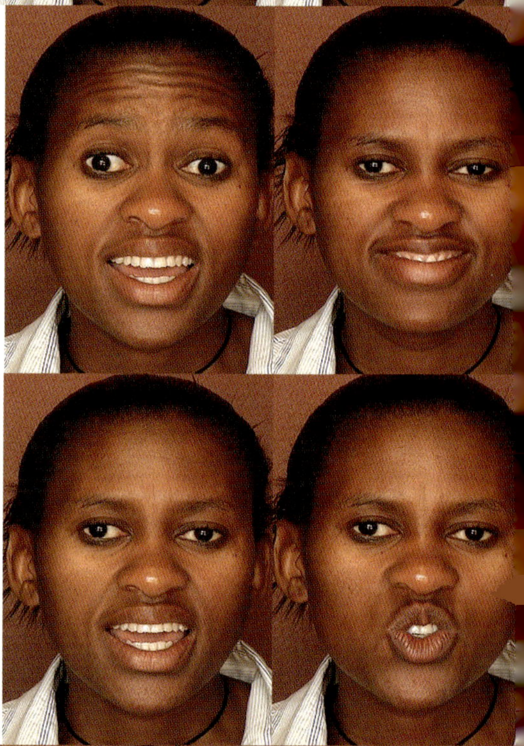

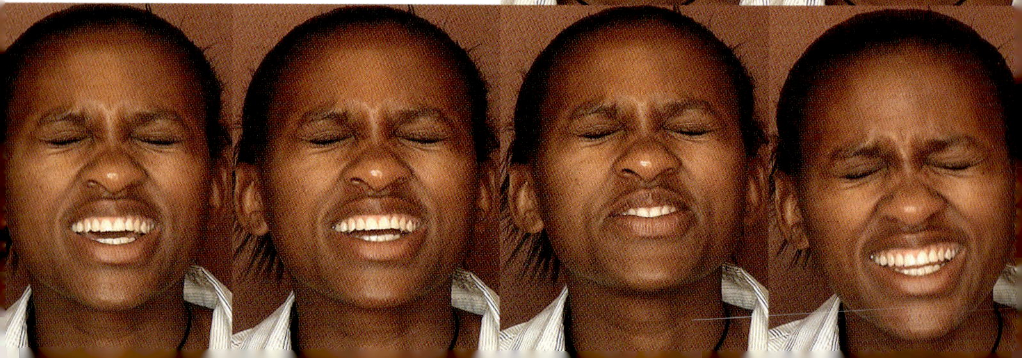

# Noluvuyo

*Lebt in Südafrika*

**Porträt** / Ich heiße Noluvuyo und bin 26 Jahre alt. Ich habe ein Kind, einen Jungen, und arbeite seit Juli als Beraterin für Aidskranke.

**Familie** / Die Familie geht mir über alles, denn von ihr erhalte ich jede Unterstützung. Sie ist immer da, wenn ich sie brauche. Möchte ich mich bei jemand ausweinen, dann kann ich auf sie zählen.

**Glück** / Glück drückt für mich sehr vieles aus. Es bedeutet das Leben, denn wenn du glücklich bist, dann kommt dir dein Leben viel kostbarer vor. Wer einfach nur glücklich ist oder sich selbst glücklich macht, bleibt länger am Leben.

**Schicksalsschlag** / Ich wusste damals schon einiges über das HI-Virus und Aids, aber ich passte nicht genügend auf. Mein Partner und ich, wir benutzten Präservative, aber an einem Abend gab es keine mehr. Wir haben uns dann für ungeschützten Verkehr entschieden, was solange gut ging, bis ich eines Tages schwanger war und mich zusätzlich noch infiziert hatte. Der schwerste Moment für mich war die Mitteilung, dass ich seropositiv sei, denn ich erwartete ein Kind und lebte noch bei meinen Eltern. Sie waren schon mit meiner Schwangerschaft nicht einverstanden, und deshalb fiel es mir sehr schwer, es ihnen zu erzählen. Ich musste es schließlich meiner Mutter sagen. Es geschah an einem Sonntagmorgen, als sie gerade in die Kirche gehen wollte. Ich machte eine Tasse Tee für sie, was ich normalerweise nicht tat. Ich brachte den Tee in ihr Zimmer und eröffnete ihr dabei, dass ich seropositiv sei. Als Reaktion darauf nahm sie mich ganz fest in ihre Arme. Ich war völlig überrascht, weil ich große Angst vor ihr hatte. Meine Mutter schreit sonst die ganze Zeit herum. Aber sie war sehr zärtlich zu mir und sagte: »Ich werde dich nicht vor die Tür setzen, weil du seropositiv bist. Ich kümmere mich um dich und dein Kind. Und jetzt kannst du wieder lächeln.« Sie hat mich immer unterstützt, damit ich mit meiner Situation zu Recht kam und mein Wissen über das Virus und über Aids vertiefen konnte.

**Weinen** / Ich stand ziemlich unter Stress, als ich zum letzten Mal weinte. Der Vater meines Babys verließ mich vor drei Jahren. Nachdem ich ihm sagte, ich sei im sechsten Monat schwanger und seropositiv, ging er fort und kam nie wieder zurück. Aber vor zwei Wochen rief er mich an und wollte wieder mit mir zusammenleben. Ich wurde richtig wütend und habe viel geweint.

**Verzeihen** / Ich habe ihm verziehen, aber ich möchte ihn sehen, nur um ihm zu sagen, was ich durchgemacht habe, als er mich verließ. Ich will einen Schlussstrich ziehen, aber erst, wenn ich mit ihm gesprochen habe, denn dieser Wunsch treibt mich immer noch um, ihm ganz genau meine Gefühle zu schildern, danach kann ein neues Kapitel beginnen. Im Übrigen habe ich ihm aber verziehen.

**Angst** / Ich habe die größte Angst davor, zu sterben und meinen Sohn zurückzulassen. Ich hätte gern ein langes Leben, um mitzuerleben, wie mein Sohn in die Grundschule, dann auf das Gymnasium geht und eines Tages seinen Universitätsabschluss macht.

**Wut** / Wütend machen mich die Menschen, die sich umbringen wollen, wenn sie erfahren haben, dass sie seropositiv sind. Ich möchte ganz einfach, dass jeder mit dem Virus so umgehen kann, wie ich es tue. Ich weiß schon, dass es zunächst nicht einfach ist, diese Diagnose zu hören und zu akzeptieren. Jeder sollte sich sagen, dass diese Krankheit alle treffen kann und keine Krankheit ist, die durch Berührung entsteht, sondern durch sexuelle Beziehungen. Die Leute müssen begreifen, dass es nicht möglich ist, in einem Zimmer auf den Virus zuzugehen und ihn zu umarmen. Es ist kein Todesurteil, der Tod tritt nicht schon am nächsten Tag oder in der nächsten Woche ein. Als ich die Diagnose des HI-Virus bekam, musste ich erst meine Fassung wiedergewinnen, um wirklich zu begreifen, um welche Krankheit es sich handelte. Während ich mich um ein Verständnis bemühte, hörte ich eine Stimme in mir, die sagte: »Das bringt mich nicht um. Die Aussicht, bei einem Verkehrsunfall oder durch die Kugel einer Bande ums Leben zu kommen, ist viel größer. Aber das Virus wird mich nie töten.«

Wenn jemand das HI-Virus hat oder aidskrank ist, dann bedeutet das nicht, dass der Tod schon morgen bevorsteht oder nächste Woche oder im nächsten Jahr eintritt. Es gilt zu versuchen, die eigene Seropositivität zu akzeptieren und sich zu sagen, dass nun ein neues Leben beginnt.

**Beziehung Männer-Frauen** / Ich kann Ihnen versichern, dass die meisten Männer hier in Südafrika Feiglinge sind, denn sie stellen sich nicht ihrer Verantwortung. Als ich meinem Freund sagte, ich sei schwanger und seropositiv, hat er mich meiner Meinung nach nur deshalb verlassen, weil er wusste, dass auch er seropositiv war. Er hatte nur nicht den Mumm, es mir ins Gesicht zu sagen ... Hinzu kommt, dass die meisten Männer in unserer von Schwarzen geprägten Kultur überhaupt nicht an die Nützlichkeit des Präservativs glauben. Für sie ist das nur ein Ding aus Plastik, so wie ein Regenmantel. Einige Ältere unter ihnen behaupten auch, dass sie das HI-Virus nicht bekommen, weil das eine Sache für junge Leute sei.

**Gott** / Ich habe einen sehr starken Glauben an Gott. Warum? Ich habe viel gebetet, bevor ich den HIV-Test an meinem Baby machen ließ ... Als ich am nächsten Tag in die Sprechstunde kam, war ich auf alle Eventualitäten vorbereitet. Ich sagte der Beraterin: »Wissen Sie, ich brauche keine Ratschläge, ich will nur, dass mein Baby getestet wird, da ich mit allem rechne.« Ich setzte mich hin und wartete; dann sah ich die Resultate, und sie waren negativ. Ich rief nach der Schwester und bat sie, den Test noch einmal zu machen, denn ich konnte kaum glauben, dass er stimmte. Sie hat den Test drei Mal gemacht, und drei Mal ging er negativ aus. Danach bin ich in die Kirche zurückgekehrt, um Gott zu danken für das, was er für mich getan hatte.

**Träume in der Gegenwart** / Mein größter, mein verrücktester Traum zurzeit: Ich möchte heiraten, jemandem begegnen, der mich lieben und heiraten wird, mich, Mutter eines Kindes.

**Botschaft** / Die Botschaft, die ich den Menschen geben möchte, lautet: Das HI-Virus und Aids existieren, sie sind weit verbreitet und werden nicht verschwinden. Wir dürfen daher diejenigen nicht stigmatisieren, die mit dem Virus leben. Wer über sein Aidserkrankung spricht, der tut es, weil er seinem Mitmenschen vertraut und nicht damit rechnet, dass dieser hinter seinem Rücken überall davon erzählt. Ich möchte betonen, dass der HI-Virus und Aids niemand töten. Wenn jemand das HI-Virus hat oder aidskrank ist, dann bedeutet das nicht, dass der Tod schon morgen bevorsteht oder nächste Woche oder im nächsten Jahr eintritt. Es gilt zu versuchen, die eigene Seropositivität zu akzeptieren und sich zu sagen, dass nun ein neues Leben beginnt.

DIESEL

# Bruno

*Lebt in Indonesien*

## Seit sieben Jahren sitze ich im Rollstuhl und habe seither mehr unternommen als in der Zeit davor.

**Porträt** / Ich heiße Bruno und bin 34 Jahre alt. Ich segle um die Welt. Ich stamme aus Rhodesien, das irgendwo in Afrika liegt, und lebe jetzt auf einem Schiff, mit dem ich den ganzen Planeten bereise.

**Familie** / Die Familie bedeutet für mich ... ja, so richtig weiß ich das nicht, weil ich oft weit weg von ihr bin. Es ist schon nett, mit meiner Mutter und meinem Vater zusammen zu sein, aber ich bin einfach nicht oft daheim gewesen. Ich sehe meine Eltern sehr selten. Ich habe keine Geschwister. Für mich ist die ganze Welt eine Familie mit Geschwistern und Eltern.

**Kindheitsträume** / Meine Träume ... Ich wollte segeln und auf einem Schiff leben. Das habe ich jetzt erreicht, doch mir scheint, dass ich noch ein Kind bin.

**Weinen** / Ich weine innerlich, wenn ich eine Plastiktüte im Meer sehe oder ein Netz um den Hals einer Schildkröte – wenn ich also sehe, was der Mensch dem Planeten antut, dann weine ich ... jeden Tag.

**Schicksalsschlag** / Der bitterste Moment in meinem Leben war sicher die Verletzung des Rückenmarks ... Ich lag sechs Monate im Krankenhaus mit einer Menge merkwürdiger Röhren an meinem Körper. Ich arbeitete damals auf einem herrlichen Schiff, ich tauchte, ich surfte, die Lebensqualität war außerordentlich. Dieses Ereignis war sehr hart. Ich habe dadurch die Geduld kennengelernt und festgestellt, dass das Leben viel mehr zu bieten hat, als wir uns vorstellen. Es gibt soviel mehr ... Das Leben zeigt sich in einer anderen Dimension, und ich sehe sie, weil ich im Rollstuhl sitzen muss und weiterhin auf einem Schiff lebe.

**Das Leben ändern** / Hätte ich jetzt bionische Beine und könnte diese Stangen loswerden, dann würde ich mein Leben ändern. Aber das ist augenblicklich nicht realistisch ... Ich glaube nicht, dass ich irgendetwas ändern würde, außer vielleicht momentan die Zeit.

**Träume in der Gegenwart** / Meine Träume derzeit ... Bleibt es ein Traum oder wird dieser Traum Wirklichkeit? Ich möchte wieder gehen können. Ich will ein Wunder erleben und sehen, wie mein Köper auf natürliche Weise gesund wird. Die Nervenbahnen sollen sich von Neuem mit den geschädigten Teilen der Wirbelsäule verbinden, damit ich ... auf einen Baum klettern kann. Wahrscheinlich ist das mein größter Traum: auf einen Baum klettern sowie aufrecht wieder auf meinem Surfbrett stehen. Ja, geheilt sein.

**Angst** / Ich habe die Frage, wovor ich die meiste Angst hätte, zum letzten Mal auf einem Schiff in Sumatra gehört. Ich habe geantwortet, meine Beine zu verlieren wäre meine größte Angst. Drei Monate später hatte ich einen Autounfall. Durch die Rückenmarksverletzung habe ich ausgerechnet meine Beine verloren. Welches sollen also heute meine größten Ängste sein ... Ich habe gelernt, keine größeren Ängste mehr zu haben.

**Natur** / Die Natur beinhaltet die Antwort auf alle Lebensfragen. Es genügt, die Natur zu beobachten, um Antworten zu finden

**Gott** / Ich habe persönlich schon viele spirituelle Erfahrungen gemacht, die mit Gott zusammenhingen, vor allem, wenn ich mitten im Nirgendwo segelte. Einmal war ein Freund bei mir, der überhaupt nicht an Gott glaubte. Wir segelten auf dem Indischen Ozean und gerieten in einen sehr heftigen Sturm. Ich sagte zu ihm, er solle zum Bug gehen, seine Faust in die Höhe strecken und schreien: »Ich glauben, nicht an Gott«. Es war unmöglich, ihn dazu zu bewegen.

**Nach dem Tod** / Gibt es ein Leben nach dem Tod? Ja, ich denke schon. Jeder hat sicher seine eigene Todeserfahrung. Was mich betrifft, so habe ich meinen Leib verlassen und habe ihn als einen Körper gesehen, der nach einem Autounfall verstümmelt war. Ich begegnete engelgleichen Wesen. Als ich Brasilien bereiste, habe ich

andere Erfahrungen gemacht, als ich einen Medizinmann aufsuchte. Es waren unglaubliche Erfahrungen, die ich mit Worten gar nicht beschreiben kann, aber das Leben nach dem Tod ist eine Gewissheit, die in diesem Körper und diesem Kopf ist. Ich erwarte es ungeduldig, weil meine Erfahrung so unglaublich war.

**Freiheit** / Ob ich mich frei fühle? Sehr ... sehr frei. Ich könnte morgen sterben in dem Gefühl, dass ich auf dieser Erde das gemacht habe, was meine Aufgabe war. Natürlich will ich nicht unbedingt morgen sterben, aber ich habe keine Angst davor, und ich glaube, das macht einen Menschen frei.

## In spiritueller, mentaler und physischer Hinsicht sind wir alle auf dem Planeten irgendwie Behinderte ... Ich habe es leichter gehabt.

**Botschaft** / Meine Botschaft für den Planeten lautet im Wesentlichen so: Seid glücklich, kämpft weiter, gebt niemals auf. Ein »Nichtkönnen« gibt es nicht, alles ist machbar, und ich glaube, alles kann mit Freude gemacht werden. Ich glaube, etwas wertschätzen zu können ist eine der wichtigsten Einstellungen im Leben. Schätzen wir also jederzeit das, was wir besitzen. Seit sieben Jahren sitze ich im Rollstuhl und habe seither mehr unternommen als in der Zeit davor. Ich surfe weiterhin, ich segle um die Welt, ich tauche ohne Atmungsgerät, obwohl viele das nicht für möglich hielten. Ich verdanke das einer tiefen Verbundenheit mit der Natur, mit der Lebensenergie, weil wir alle in spiritueller, mentaler und physischer Hinsicht auf dem Planeten irgendwie Behinderte sind ... Ich habe es leichter gehabt. Aber alle anderen Menschen auf dem Planeten ... bleibt cool.

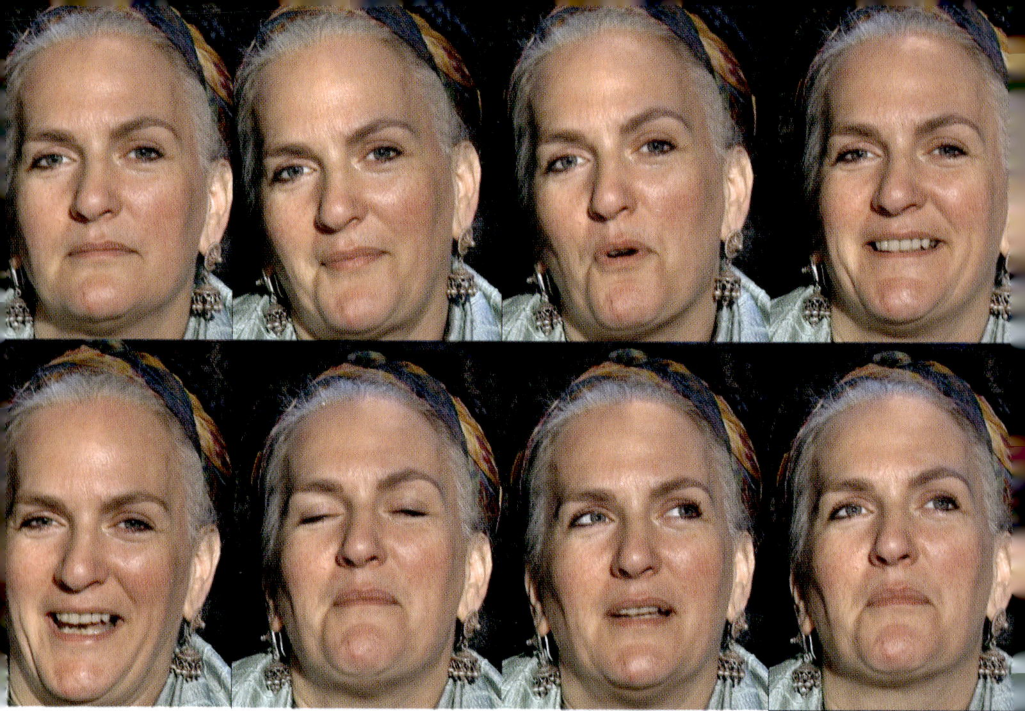

Glück ist für mich die Art und Weise, wie ich mein Wesen, mein Leben und meine Erfahrungen empfinde sowie meine Erwartungen an die Welt.

**CAROLYN** — *Großbritannien*

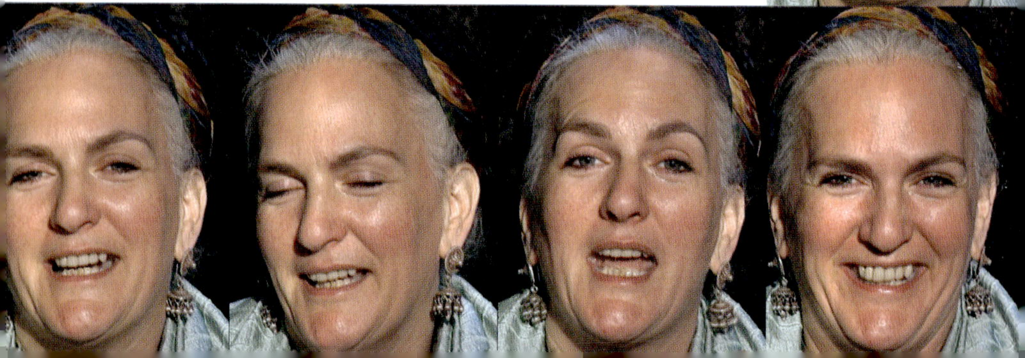

# Carolyn

*Lebt in Großbritannien*

## In meinen großartigsten Träumen geht mir der Gedanke durch den Kopf, dass sich die Frauen in der ganzen Welt zusammenschließen und sich zur Wehr setzen.

**PORTRÄT** / Ich heiße Carolyn. Ich übe verschiedene Berufe aus: Porträtfotografin, Yogalehrerin und seit 25 Jahren Körpermalerin. Gegenwärtig leite ich eine Gesellschaft mit Namen Devotion, für die ich Objekte herstelle, die dafür bestimmt sind, die Liebe Gottes zu feiern, damit die Menschen ihre Seele und das darin eingeschlossene Göttliche entdecken. Ich habe zwei Kinder, das letzte bekam ich mit 42 Jahren, es ist jetzt drei Jahre alt. Ich bin 45 Jahre alt und wohne mit meinem Mann in London.

**FAMILIE** / Die Familie, die ich gegründet habe, ist gleichbedeutend mit Liebe, Zuneigung, Toleranz und Freundlichkeit, sicher auch mit einer gewissen Portion Angst und umfassender Selbsterfahrung. Ich sehe meine Kinder als meine Lehrmeister an, zumindest sind sie es in viel höherem Maße, als ich es ihnen gegenüber bin. Die Ehe ist eine wirklich interessante Reise, eine fesselnde Reise hin zur Toleranz und wechselseitiger Anerkennung. Und auch zur Wiedergesundung … Was meine Herkunftsfamilie angeht, so habe ich endlich verstanden, dass ich nicht zwangsläufig meine Geschwister lieben muss. Sie sind da und werden immer da sein, aber eine Verpflichtung, sie zu lieben, besteht nicht. Die Eltern dagegen – ich bin ja selbst Elternteil, aber wenn ich so auf meine Eltern blicke, dann bin ich überzeugt, dass ich sie ausgewählt habe und sie mir noch manches beibringen können. Ich glaube, mein Lebensweg hat mich jetzt genau bis zu diesem Punkt geführt, wo ich sie ganz und gar so akzeptiere, wie sie sind, sodass ich mich selbst auch akzeptieren kann. Familie bedeutet für mich daher eine sehr lange Lernzeit.

**VON SEINEN ELTERN LERNEN** / Ich erinnere mich an die Ratschläge meiner Mutter, als ich das Haus verließ: »Heirate nie, kriege keine Kinder und schaue keinem in die Augen, der zu viel getrunken hat.« Mit 33 Jahren habe ich dann doch geheiratet und bekam zwei Kinder. Der Weg dahin war nicht leicht, ich war insgesamt sechs Mal schwanger gewesen. Was habe ich also von meinen Eltern gelernt? Ich habe mehr über mich erfahren als über sie. Ich habe gelernt, mich anzunehmen, und erst danach konnte ich meine Kindheit und meine Jugendjahre wirklich akzeptieren.

Ich glaube, die Aufgabe der Eltern besteht vor allem darin, den Kindern soviel beizubringen, wie diese aufnehmen und verarbeiten können.

**Kindheitsträume** / Mein Kindheitstraum? Ich glaube, ich wollte glücklich sein, denn als Kind war ich es nicht besonders. Ich war nicht gerne Kind. Ich hatte den Eindruck, dass meine Kindheit ein Albtraum war, aus dem ich erwachen sollte. Glücklich zu sein war daher mein wichtigster Traum.

**Glück** / Kann ich sagen, dass ich heute glücklich bin? Ich denke schon, aber ich habe inzwischen eine ganz andere Vorstellung vom Glück als früher. Damals dachte ich, das Glück würde mir von jemand gegeben. Heute weiß ich, dass es von mir selbst kommen muss und nicht draußen zu finden ist. Nicht der Besitz und nicht die Freunde machen das Glück aus. Glück ist für mich die Art und Weise, wie ich mein Wesen, mein Leben, meine Erfahrungen sowie meine Aufgeschlossenheit für die Welt empfinde. In diesem Sinne kann ich die Frage bejahen, und mir scheint, dass ich glücklich bin, aber dieser Zustand entspricht nicht meinen früheren Erwartungen. Das Glück besteht für mich darin, sich selbst zu akzeptieren.

**Freiheit** / Wie könnte ich frei sein? Ich bin Mutter. Ich arbeite. Ich bin verheiratet. Dafür habe ich mich entschieden und stehe dazu. Weil es meine ganz persönlichen Entscheidungen sind, bin ich frei. Die Verantwortung aber, die ich für meinen Mann und meine Kinder habe, beeinflusst meine Pläne und meine Lebenseinstellung.

**Verzicht** / Habe ich auf irgendetwas im Leben verzichtet? Ja, natürlich. Ich war drogensüchtig und alkoholabhängig ... 1991 habe ich am selben Tag mit dem Rauchen, dem Trinken und den Drogen aufgehört. Das war der wichtigste Verzicht in meinem Leben, weil ich mein Verhalten, meine Ideen und meine Lebenseinstellung völlig ändern musste. Und jetzt bin ich Vegetarierin. Was hat sich noch verändert? Ich trinke keinen Kaffee, weil ich von ihm abhängig bin und immer zuviel davon trinke. Auf Zucker habe ich aber nie verzichtet. Das wäre alles. Ich bin wohl eine ziemlich langweilige Person.

**Schlimmstes Erlebnis** / Verflixt, mir könnten bei der Antwort die Tränen kommen. Die vergangenen sieben Jahre meiner Ehe waren sehr schlimm. Mein Mann war die ganzen Jahre über krank, ich dachte, er würde sterben. Aber jetzt geht es ihm besser. Ich habe damals verstanden, wie groß meine Angst war, eine geliebte Person zu verlieren. Es war nicht einfach, aber ich möchte keine der gemachten Erfahrungen vermissen. Ich habe viel über das Leben und den Tod gelernt. Aber diese Eindrücke sind noch sehr frisch ... Mein Mann hatte Probleme mit der Leber, aber jetzt geht es ihm besser. Aber lange Zeit war es so, als würden wir Hand in Hand mit dem Tod einen Weg zurücklegen. Es war schaurig.

**Nach dem Tod** / Oh Gott! Ich glaube, nach dem Tod wird sich viel ereignen. Ich bin von der Reinkarnation überzeugt und denke, dass wir unsere Eltern auswählen und dass meine Kinder mich und meinen Mann gewählt haben, um von uns erzogen zu werden. Ich glaube an sehr viel: Ich glaube, dass wir 17 Tage Zeit haben, um dem Licht entgegenzugehen; ich glaube, dass Seelen, die nicht zum Himmel aufsteigen wollen, auf der Erde bleiben in Gestalt von Geistern; ich glaube, dass eine Person als Medium dienen kann; ich bin selbst ein Medium und kann die Geister spüren, sehen und mit ihnen in Verbindung treten. Das alles glaube ich. Ich glaube auch, dass eine Gesamtheit von Wünschen existiert, die ich vielleicht eines Tages formulieren werde. Meine Arbeit als Yogalehrerin – meine Form des Yoga öffnet die Seele – bestärkt mich in dem Glauben, dass es noch bedeutend mehr gibt; dass es hier um die wichtigste Entwicklungsstufe geht, bei der wir eine Reihe von Erlebnissen durchmachen müssen, damit wir reifer daraus hervorgehen und die ständige Wiederholung der gleichen Fehler vermeiden können. So gehört auch der schlimmste Tag in der Hölle zu dieser Lehrzeit. Ja, ich glaube, dass sich viele Dinge nach dem Tod ereignen werden.

**Sinn des Lebens** / Jetzt und hier und sofort? Der Sinn ist, hier anwesend zu sein, so vollständig und absolut gegenwärtig zu sein, dass ich das geringste Geräusch höre, meine Haut spüre und für die Person, die mit mir spricht, vollkommen präsent bin. Liebenswürdigkeit und Vertrauen gehören auch dazu. Ich habe Vertrauen in die Entwicklung, nicht zwangsläufig in das Leben, aber ich vertraue auf Gott. Für mich steht hinter allen diesen Dingen eine bestimmte Idee. Das ist meine Auffassung vom Sinn des Lebens.

**Träume in der Gegenwart** / In meinen großartigsten Träumen schließen sich die Frauen in der ganzen Welt zusammen und setzen sich zur Wehr. Ob die Unterdrückung durch die Taliban, die Ehemänner oder auch durch Frauen geschieht – jede Frau würde sich mit anderen Frauen erheben und sagen: »Es reicht jetzt! Probieren wir etwas anderes aus. Lasst uns den Weg des Friedens und der gegenseitigen Anerkennung gehen. Geben wir die Medikamente gegen Aids kostenlos aus, versuchen wir für ein Jahr vegetarisch zu leben und schauen dann, was geschieht … « Ich habe eine ganze Liste mit Vorschlägen. Ich würde deshalb alle Frauen bitten – sie sind, so scheint es, viel zahlreicher als die Männer –, ihre Stimme zu erheben und zu sagen: »Genug!« Das wird kein Schreien oder Brüllen sein, mit der die Frauen sich Gehör verschaffen und sagen: »Es reicht jetzt, wir müssen unsere Taktik ändern und etwas anderes ausprobieren!« Natürlich müsste man einige Probleme lösen, wie dabei vorgegangen werden soll, aber ich möchte gerne sehen, dass zumindest die Richtung geändert wird, denn ich glaube nicht, dass Frauen nur wunderbar und genial sind. Aber mir scheint, Frauen haben einfach eine andere Vorgehensweise, denn jetzt, am Ende einer zweitausendjährigen Geschichte, ist die Feststellung durchaus möglich, dass die männliche Vorgehensweise nicht funktioniert.

# Ilale

*Lebt in Botswana*

## Ich wollte so weit kommen, wie es für mich möglich war.

**Porträt** / Ich heiße Ilale, lebte in einer Partnerschaft in Mahalapye, stamme ursprünglich aber aus Ghanzi. Ich bin 67 Jahre alt und lebe nun hier in Gaborone. Ich habe drei Töchter. Eine ist schon verheiratet, die beiden anderen noch nicht. Ich freue mich, dass wir eine glückliche Familie sind.

**Kindheitsträume** / Mein Traum war es, in die Schule zu gehen und eine Ausbildung zu erhalten. Meine Lehrer habe ich mir zum Vorbild genommen. Ich sagte mir, wenn ich so werde wie sie, dann wäre ich glücklich im Leben. Durch Gottes Hilfe habe ich diese Chance erhalten. Ich besuchte die Schule, ging dann auf die Universität, und so war ich glücklich, in meinem Leben zumindest diesen Traum verwirklicht zu haben.

**Schule** / Ich musste um den Schulbesuch nicht kämpfen. Zur Zeit des britischen Kolonialsystems durften die Kinder in die Schulen gehen, die aber unglücklicherweise in den Dörfern waren. Wir lebten jedoch außerhalb des Dorfes auf der »maraka« [dem Bauernhof] und mussten jeden Morgen sieben Kilometer bis zur Schule laufen. Im Winter war das schrecklich, weil wir keine Schuhe hatten. Wir mussten auch die Kühe melken. In unserer Familie gab es nur Mädchen, und wir erledigten daher die Aufgaben der Mädchen und die der Jungen. Nach der Schule ging es wieder die sieben Kilometer zur »maraka« zurück, um die Kühe vor Einbruch der Nacht zu melken. Die Feldarbeit war nötig, um die Familie mit Nahrung zu versorgen. Ein Gymnasium gab es in meinem Umkreis nicht. Ich konnte in Simbabwe auf das Gymnasium gehen. Ein Lastwagen brachte mich auf sehr schlechten Straßen von Ghanzi nach Lobatse und von dort nach Bulawayo. Das dauerte einige Tage. Die Kinder legen jetzt ihren Schulweg auf moderne Weise zurück, in Begleitung der Eltern oder mit dem Bus. Früher war das eine Strapaze.

**Diskriminierung** / Zu meiner Zeit gab es Schulen für schwarze Kinder und Schulen für weiße Kinder, ein Wechsel zwischen den beiden war nicht möglich, vor allem für die Schwarzen nicht, sie konnten nicht die Schulen der Weißen besuchen. Auch das Schulsystem war diskriminierend. Die schwarzen Kinder mussten in ihrer eigenen Sprache lernen. Die englische Sprache lernten sie erst ab einem gewissen Ausbildungsniveau, sodass sie auf den verschiedenen Klassenstufen benachteiligt waren. Jetzt steht den Kindern jede beliebige Schule offen, wenn Geld da ist. Das Geld ist ausschlaggebend, das Kind kann auf eine englischsprachige Schule gehen, wenn die Aufnahmegebühr bezahlt wird.

**FORTSCHRITT** / Die Entwicklung in unserem Land ging wirklich mit Riesenschritten voran. Das Niveau anderer Länder haben wir noch nicht erreicht, aber wenn ich mir Botswana anschaue, dann habe ich den Eindruck, dass wir einen Schritt in die richtige Richtung getan haben. Wir haben im ganzen Land Grund- und Sekundarschulen. Wir hoffen auf neue Fakultäten in der Universität, insbesondere auf eine medizinische Fakultät. Die Regierung ist großzügig, sie schickt die meisten Schüler mit gutem Examen in die Welt hinaus, damit sie ihre Ausbildung vertiefen. Dann können sie zurückkommen und zur Entwicklung des Landes beitragen.

**FRAUEN** / Wir stellen fest, dass auch die Frauen Fortschritte machen und verantwortliche Posten in der Regierung und in Unternehmen bekleiden. Sie sind leitende Angestellte, Managerin oder Firmenschefin. Das hat vielen die Augen geöffnet. Sogar die Schulkinder wollen nun so werden wie ihre Eltern. Auch sie wollen an diesem Fortschritt teilhaben und sie können sich dieser Gesellschaft zugehörig fühlen und sie voranbringen.

## Die Entwicklung in unserem Land ging wirklich mit Riesenschritten voran.

**STOLZ** / In Botswana war ich die erste Frau, die von der UNO für eine internationale Organisation eingestellt wurde. Ich war stolz darauf, mein Land auf dieser Ebene zu vertreten. Meine Stärke lag darin, dass ich sehr gerne auf die Schule ging. Ich wollte wirklich vorankommen und habe daher hart gearbeitet. Ich erinnere mich an die Zeit auf dem Gymnasium in Simbabwe. Die Mädchen in meinem Schlafsaal amüsierten sich und nützten die Situation aus, deshalb schlich ich mich heimlich

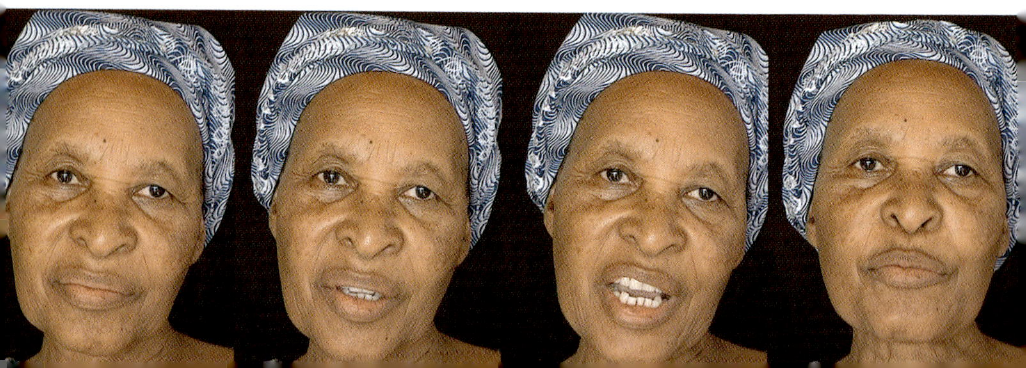

hinaus in den Busch, um dort zu lernen. Ich bin nicht in das Klassenzimmer gegangen, das wäre zu laut gewesen. Ich habe im Busch meine Hausaufgaben gemacht. Ich war eine brillante Schülerin, und das bestärkte mich darin, dass ich auf dem richtigen Weg war. Ich wollte so weit kommen, wie es mir möglich war. Da meine Eltern finanziell nicht in der Lage waren, mir ein Studium zu bezahlen, habe ich mit Gottes Hilfe ein Stipendium bekommen und Nutzen daraus gezogen.

**Zukunft des Landes** / Ich kenne Länder, die große Fortschritte gemacht haben und beispielhaft für Afrika waren, die aber gegenwärtig stark nachlassen. Ich hoffe nur, dass wir weiterhin Jahr für Jahr voranschreiten und nicht zurückfallen. Ich wünsche, dass unsere politischen Führer sich dessen bewusst sind und ernsthaft darüber nachdenken, dass unser Land sich weiterentwickelt hat und auf diesem Weg fortfahren muss.

Zu meiner Zeit gab es Schulen für schwarze Kinder und Schulen für weiße Kinder, ein Wechsel zwischen den beiden war nicht möglich, besonders für die Schwarzen nicht, sie konnten nicht die Schulen der Weißen besuchen ... Jetzt steht den Kindern jede beliebige Schule offen, wenn Geld da ist.

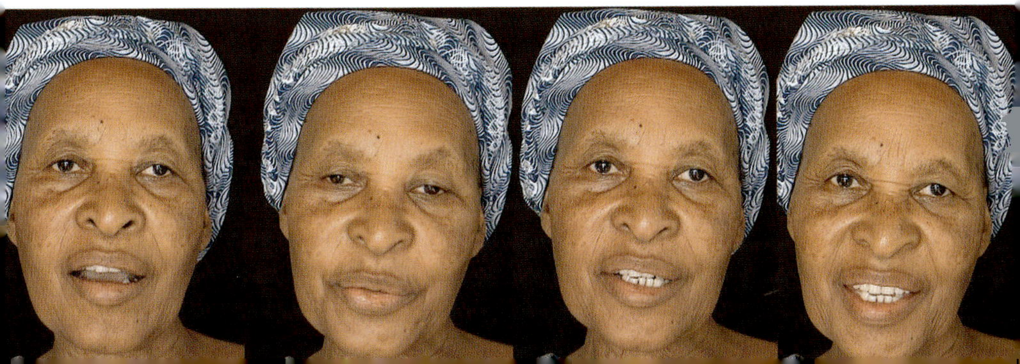

# Deciderio

*Lebt in Bolivien*

## Unsere Identität bewahren bedeutet vor allem, die schwarze Rasse zu bewahren, aber nicht im Sinne einer gesellschaftlichen Diskriminierung.

**Porträt** / Ich heiße Deciderio, bin 46 Jahre alt, verheiratet, und habe vier Kinder. Ich bin bolivianischer Staatsbürger. Zurzeit arbeite ich als Landwirt hier in Coroico, Provinz Yungas, Departement La Paz in Bolivien.

**Früheste Erinnerung** / Ich habe zahlreiche Kindheitserinnerungen, aber besonders eindringlich erinnere ich mich an die Zeit, als ich laufen lernte. Wir wohnten in einem zweistöckigen Haus, und als ich die Treppe hinaufgehen wollte, übersah ich eine Stufe und plumpste hinunter. Mein Vater hob mich dann voller Zärtlichkeit auf und hat mich auf seinem Arm bis nach Coroico getragen. Damals gab es nicht einmal Straßen, und wir hatten kaum Transportmittel, um uns fortzubewegen. Daher trug mich mein Vater bis in die Stadt, um mich behandeln zu lassen.

**Schwere Zeit** / Die größte Bewährungsprobe in meinem Leben war die Ehe, die ich zu früh eingegangen bin. Ich kannte meine Freundin schon von der Schule her, und in jugendlichem Überschwang sagten wir uns, wenn wir schon verliebt sind, dann müssten wir auch heiraten. Wenn ein Jugendlicher kurz nach der Schule sein Zuhause verlässt, dann hat er vielleicht schon selbst eine Familie, aber noch kein Haus und keine Arbeit … Er beginnt sein eigenes Leben mit großen Schwierigkeiten und muss seine Eltern und Freunde um Hilfe bitten. Das war eine schwere Prüfung durch das Leben, aber wir haben sie nach und nach erfolgreich durchgestanden, und jetzt geht es uns mehr oder weniger gut.

**Besser leben als die Eltern** / Ich denke, dass ich besser lebe als meine Eltern, weil sie Arbeiter waren zur Zeit der Sklaverei. Sie mussten zwangsweise für einen anderen arbeiten, ohne dafür Geld zu erhalten. Bis 1952 waren meine Eltern Sklaven anderer Personen. Diese schlimme Zeit habe ich nicht erlebt, und darum denke ich, dass ich es besser habe als meine Eltern, weil ich frei bin und niemand mich zwingen kann zu arbeiten.

**Erfolg im Leben** / Der schönste Erfolg in meinem Leben ... also ... ich habe eine Familie, wie es sich gehört, ich habe eine Tochter, die bald ihre Abschlussprüfung an der Universität macht. Sie ist meine erste Tochter. Von meinen vier Töchtern ist sie die Einzige mit einem solchen Diplom. Ich habe dafür keinen Aufwand gescheut und Opfer gebracht ..., und so ist es natürlich ein großer Erfolg, wenn eines meiner Kinder dieses Diplom hat.

**Diskriminierung** / Ja, ich war ein Opfer der Rassendiskriminierung. Ging ein Farbiger vor ungefähr zehn Jahren in die Hauptstadt La Paz, wurde er immer mit einem Blick gemustert, der die Segregation verriet. Wer über ein Mikrophon zu anderen sprechen wollte, bekam zu hören: »Du, ein Schwarzer? Warum?« Wir waren Opfer einer sehr ausgeprägten gesellschaftlichen Ausgrenzung. Diese Situation hat sich – Gott sei Dank – gewandelt. Es stellt sich jetzt langsam ein Gleichgewicht ein. Die Tatsache, dass wir wie alle anderen auch Zugang zur Bildung haben, ist ein wichtiger Schritt hin zu einer völligen Gleichheit in der Gesellschaft.

**Identität** / Unsere Identität bewahren bedeutet vor allem, die schwarze Rasse zu bewahren, aber nicht im Sinne einer gesellschaftlichen Diskriminierung. Je mehr Zeit verstreicht, desto mehr vermischen sich die Ethnien in Bolivien. Die jungen Leute ziehen in die Städte, studieren und haben nicht die Gelegenheit, einen Partner oder eine Partnerin derselben Ethnie zu finden. Mein Neffe ist schon mit einer Weißen verheiratet. Eine Schwester zog in die Stadt und hat einen Weißen geheiratet. Der Mann meiner Nichte ist Spanier. Die Kinder sind nicht mehr schwarz, sie sind Mulatten. Ich finde es bedrohlich, wenn damit unsere eigene Identität verschwindet. Wir müssen uns bemühen, sie zu behalten.

**Geld** / Mir fällt das Geldverdienen nicht leicht, denn die Produkte unserer Felder sind weniger wert als die Waren, die wir in den Geschäften in der Stadt oder im Dorf kaufen müssen. Ich muss zum Beispiel 2000 Mandarinen zum Preis von 100 Bolivianos [10 Euro] verkaufen, um mir Schuhe kaufen zu können. Das ist in meinen Augen ein großer Produktionsaufwand, um eine winzige Kleinigkeit zu bekommen.

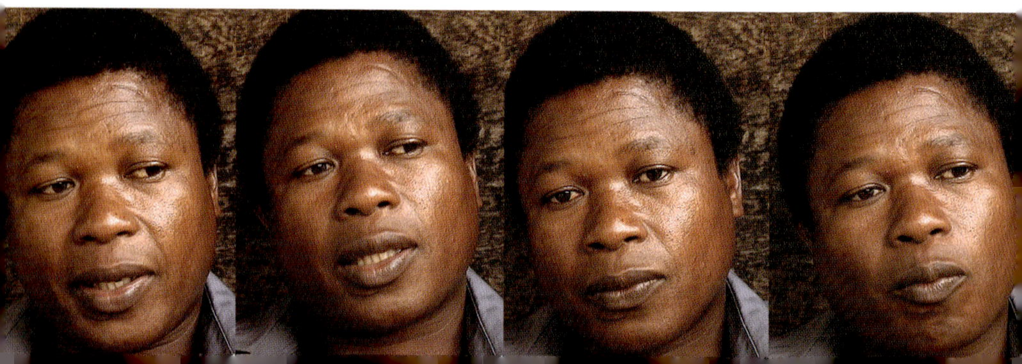

**Frauen** / In meinem Umfeld arbeiten die Frauen viel mehr als die Männer, weil es eine Tradition ist, dass Männer herumhängen ... Die Frau kümmert sich um die Küche, das Waschen der Kleider von den Kindern und ihrem Mann ... Darüber hinaus muss sie mit dem Mann auf die Plantagen gehen. Sie kommen gemeinsam zurück, und der Mann ruht sich aus, während die Frau kocht ... Ich wende mich mit Nachdruck dagegen, denn das sollte nicht sein ... Aber in der Realität raffen sich die Männer kaum von allein auf, um ihrer Frau in der Küche zu helfen oder die Wäsche der Kinder zu waschen. In anderen Verhältnissen, etwa in den Städten, stellen die Leute, die es sich leisten können, Aushilfen ein. Das gibt es hier bei uns nicht ... Diese Verhältnisse müssen sich ändern. Wir Männer müssen anfangen, unseren Frauen zu helfen, indem wir auf die Kinder aufpassen und den Frauen in der Küche helfen. Auch in meiner Familie kommt es zu kleinen Veränderungen, weil ich meiner Frau immer beim Gemüseputzen und beim Waschen der Wäsche der Kinder helfe. Insofern glaube ich, dass meine Frau etwas weniger arbeitet und wir bald das gleiche Quantum an Arbeit haben.

**Lied** / Ehre und Ruhm den ersten Schwarzen, die in Bolivien angekommen sind! Ehre und Ruhm den ersten Schwarzen, die in Bolivien angekommen sind! Sie wurden rücksichtslos ausgebeutet und starben bei der Arbeit im reichen Berg von Potosí. Sie wurden rücksichtslos ausgebeutet und starben bei der Arbeit im reichen Berg von Potosí.

Die Frauen arbeiten viel mehr als die Männer, weil es eine Tradition ist, dass Männer herumhängen.

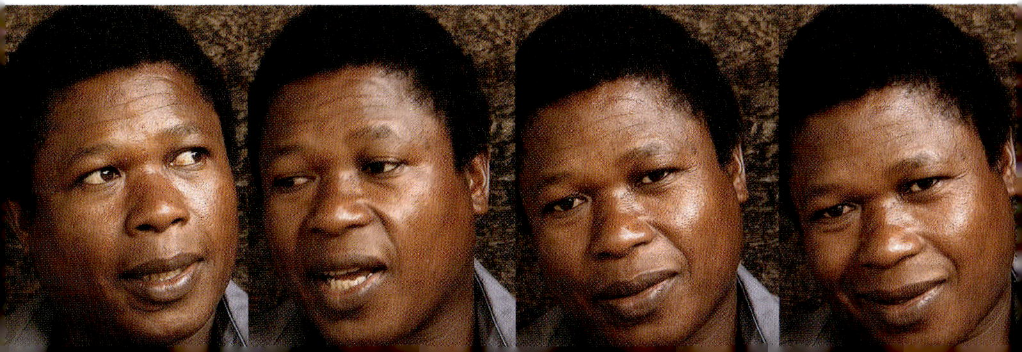

# Herreast

*Lebt in New Orleans, Vereinigte Staaten*

**Porträt** / Ich heiße Herreast und bin Mutter von vier Kindern. Mein Ehemann Donald starb vor acht Jahren im Alter von 65 Jahren. Ich bin jetzt 70 Jahre alt … Wir haben als Familie sehr zusammengehalten und sind nach Donalds Tod noch enger zusammengerückt. Ich war 32 Jahre lang Leiterin von mehreren Kinderkrippen in New Orleans.

**Mit auf den Weg geben** / Ich habe die Auffassung meines Mannes unterstützt, der sagte: »Wenn du lügst, musst du viele andere Lügen erfinden, um die erste glaubwürdiger zu machen. Aber wenn du die Wahrheit sprichst, kannst du sie viele Male wiederholen, sie ändert sich nicht, denn die Wahrheit sagt immer dasselbe aus.«

**Stolz** / Die hier lebenden Afroamerikaner kennen nur die Hochherzigkeit … Sie zeigen nicht die geringste Bitterkeit und keine Spur von Hass als Folge der jahrhundertelang erduldeten Erniedrigung. Ich werde alles tun, um die von meinen Vorfahren und meinem Volk gelebten Werte herauszustellen, weil ich stolz auf sie bin.

**Diskriminierung** / Unglücklicherweise ist sie tief verwurzelt. Ich habe im Laufe meines Lebens die alltägliche Diskriminierung kennengelernt: die ständigen Befehle, die Erniedrigungen, die Verunglimpfungen … Das ist eine scheußliche Erfahrung. Aber ich will meinen Kopf nicht mit diesem Hass belasten, ich werde sonst krank davon. Ganz unvermutet kann dich irgendein Vorfall wieder spüren lassen, dass du ein Bürger zweiter Klasse bist, und dich in die Zeit zurückversetzen, in der manche Plätze mit der Aufschrift versehen waren »Für Farbige« oder »Nur für Neger«.

**Weinen** / Seit dem Hurrikan Katrina vor 18 Monaten möchte ich weinen, aber ich kann es nicht. Ich weiß nicht warum, ich fühle mich innerlich blockiert. Ich sollte eigentlich weinen, weil es eine therapeutischen Wirkung hätte … Ich will ja auch weinen, aber es gelingt mir nicht.

**Angst** / Wir können uns nicht mehr in Sicherheit wiegen, das ist meine größte Angst … In der Stadt sind einige Leute immer in Sicherheit, weil ihre Häuser auf Anhöhen stehen. Aber in den tiefer liegenden Stadtvierteln leben die weniger begüterten Menschen, die einmal den amerikanischen Traum leben wollten. Wir haben keinen Schutz, und niemand kümmert sich darum. Meine größte Angst ist, dass wir immer alles neu aufbauen, aber dann in jeder Hurrikansaison wieder flüchten müssen.

# Abdul

*Lebt in Bangladesh*

## Seit meiner Kindheit bin ich wohl neunzehn Mal mit meinem Haus umgezogen.

**Porträt** / Ich heiße Abdul, bin 55 Jahre alt und von Beruf Landwirt.

**Lebensbedingungen** / Wegen der großen Überschwemmungen haben wir ständig Probleme mit unseren Häusern. Der Fluss spült das Land weg. Er schwillt immer stärker an, und dann beginnen unsere Häuser zu schwimmen. Dann holen wir »shalars« [Flussboote] und setzen unsere Häuser darauf, zusammen mit den Gerätschaften, Kühen, Ziegen und Menschen. Wir halten Ausschau nach dem »tchar« [ein aus dem Wasser ragendes Eiland] mit der höchsten Erhebung. Auch wenn wir dort nicht unser Haus aufbauen können, gehen wir auf die kleine Insel, um Unterschlupf zu finden. Wir bleiben eine Weile und suchen nach dem Besitzer, mit dem wir die Insel teilen können. Wir erklären unser Problem: Die Fluten haben unsere Insel weggeschwemmt, und deshalb brauchen wir einen Ort, wo wir bleiben können. Mit ein bisschen Glück gibt uns der Besitzer ein Stück Land, und erst dann können wir unser Haus wieder neu aufbauen ... Andernfalls ist es nicht möglich. Ohne zu fragen können wir das Haus nicht errichten, weil sie sonst eines Nachts kommen, das Haus zerstören und es in den Fluss werfen. So sehen also unsere Probleme auf den »tchars« aus.

**Bedrohliche Entwicklung** / Seit meiner Kindheit bin ich wohl neunzehn Mal mit meinem Haus umgezogen. Ja, neunzehn Mal habe ich mein Haus versetzt. Früher war der Fluss sehr viel tiefer. Es spielte keine Rolle, wie oft das Flussufer weggerissen wurde, der Fluss war auf jeden Fall tiefer. Damals sah ich die Dampfschiffe, die mit Kohle beladen direkt aus Chittagong kamen, auf dem Fluss hier vorbeifahren. Die großen Schiffe können hier nicht mehr durchkommen, weil der Fluss immer mehr Schlamm ablagert und die Ufer häufiger zerstört werden. Der Fluss hat sich immer mehr ausgebreitet, und sein Verlauf ist völlig chaotisch. Früher gab es einen Flusslauf, jetzt gibt es sieben Flussläufe, und weil es immer chaotischer wird, nimmt auch die Erosion der Ufer zu.

**Botschaft** / Ja, ich habe eine Botschaft: Wenn die klimatischen Verhältnisse wieder in Ordnung gebracht werden können, kommt diese Region wieder zur Ruhe. Wenn sich das Wetter ändert, beruhigt sich diese Region, weil die Regenmenge sich normalisiert. Das ist meine Bitte.

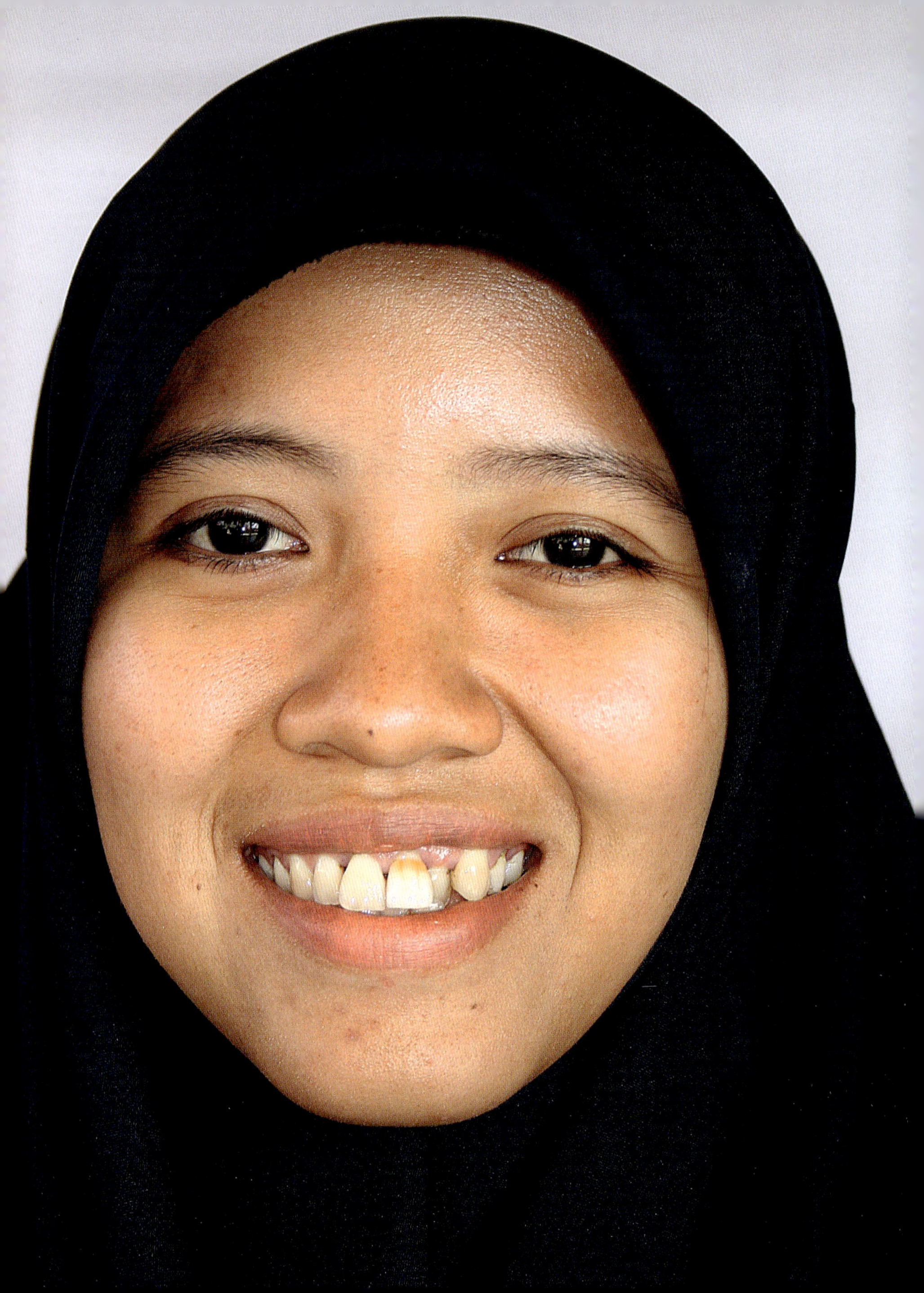

# Risma

*Lebt in Indonesien*

**Porträt** / Ich heiß Risma und werde im Mai 24 Jahre alt. Ich lebe in Prada, aber vorher wohnte ich in Peukan Bada, eine der vom Tsunami betroffenen Regionen. Ich arbeite zurzeit für die humanitäre Hilfsorganisation »Médecins du Monde«, »Ärzte der Welt«, eine französische Nichtregierungsorganisation. Ich arbeite im Bereich der medizinischen Versorgung und bin Übersetzerin.

**Träume in der Gegenwart** / Es fällt mir schwer, etwas zu sagen. Nachdem ich meine Familie verloren hatte, war ich völlig orientierungslos. Mein Traum ist es jetzt, meinem Bruder das zu geben, was er braucht, weil ich an die Stelle meiner Eltern treten will. Ich muss ihn führen, ihm Liebe schenken und für alles Nötige sorgen.

**Schicksalsschlag** / Die härteste Prüfung meines Lebens war der Tsunami und der Verlust von allem, was ich besaß ... Das Leben wurde für mich mit jedem Tag sinnentleerter. Da ich aber noch einen Bruder habe, spürte ich, dass ich weiterleben musste, wenigstens ihm zuliebe. Von allen Bewohnern meines Hauses bin ich die einzige Überlebende. Bisher gelang es mir nicht, irgendeinen von ihnen wiederzufinden. Manchmal frage ich mich, ob meine anderen Brüder und meine Schwester sowie die Eltern noch am Leben sind und sich woanders aufhalten. Vielleicht haben sie die Erinnerung verloren und wissen nicht, wohin sie gehen sollen. Vielleicht hat sie jemand weit weggeführt, aber ich weiß nicht wohin, weil ich keinen von ihnen wiedergefunden habe.

**Gott** / Nach dem Tsunami ging mir eine Frage durch den Kopf: »Warum habe ich überlebt?« Ich suchte unermüdlich nach einem Grund und fand schließlich diese Antwort: Vielleicht hat Allah mir diese Chance gegeben, weil ich noch viele Dinge in diesem Leben zu erledigen habe ... Vielleicht auch, weil mein Bruder mich noch braucht.

**Angst** / Meine größte Angst habe ich zurzeit vor den Erdbeben, vor der Dunkelheit und vor dem Meer.

**Natur** / Die Natur kann meiner Meinung nach viel stärker sein als der Mensch. Sie kann dir nicht nur Verletzungen zufügen, sondern auch das Leben nehmen. Aber du kannst auch dein Herz an sie verlieren, alles.

**Glück** / Heute bin ich glücklich, weil ich jeden Morgen beim Aufstehen weiß, dass ich arbeiten werde und meine Freunde treffe, mit denen ich alles teile. Seit ich mit »Médecins du Monde« zusammenarbeite, habe ich den Eindruck, neue Geschwister und eine neue Familie zu haben. Kehre ich am Abend aber zurück, dann packt mich die Einsamkeit erneut, und das ist sehr schwierig für mich.

# Frauen

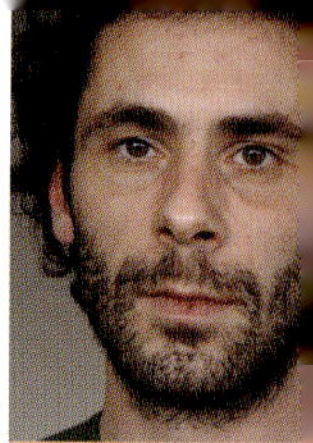

Mann und Frau? Gott hat sie unterschiedlich geschaffen. Selbst die Länge der Finger ist nicht dieselbe. Wir müssen Gott respektieren.

**NEFISA** — *Äthiopien* →

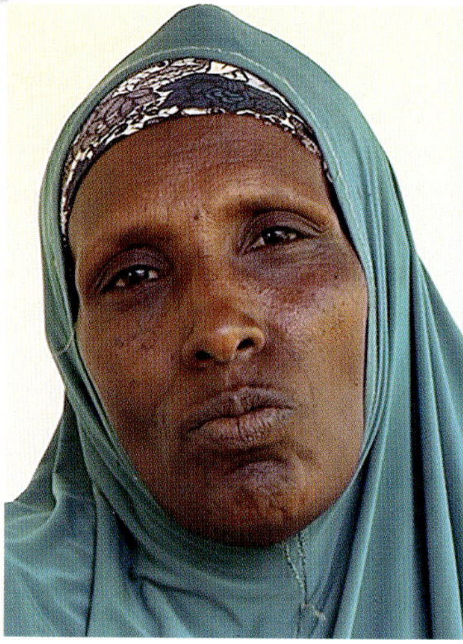

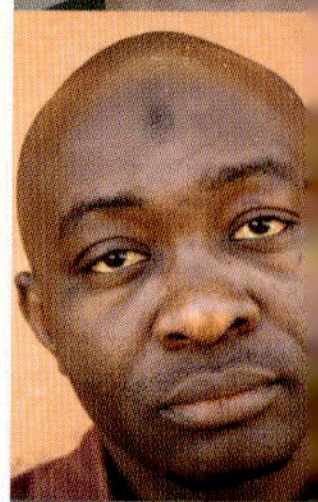

Ja, zwischen Männern und Frauen gibt es einen großen Unterschied. Sie unterscheiden sich als Erstes in ihrer Art. Die Kleider, sogar der Charakter, die Stimme, alles ist verschieden! ... Frauen können schwanger werden, die Männer nicht! Der Unterschied zwischen Männern und Frauen ist daher beträchtlich.

← **JORAM** — *Tansania*

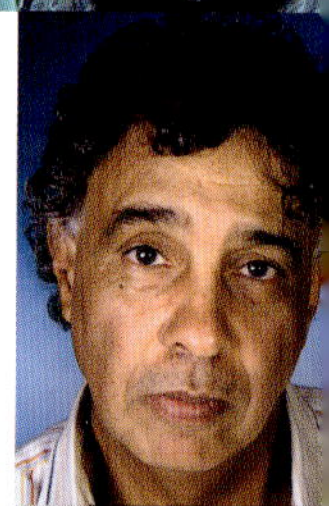

Hätte ich die Möglichkeit, etwas zu ändern, dann wäre ich gerne eine Frau. Das kann sehr aufschlussreich sein, weil die Frauen Kinder zur Welt bringen, und das ist wunderbar. Als meine Frau niederkam, war ich an ihrer Seite, und nach neunmonatigem Warten hat sie dem Leben einen anderen Sinn gegeben. Ich wäre gern einmal eine Frau, das ist lehrreich.

← **DONG** — *Peking, China*

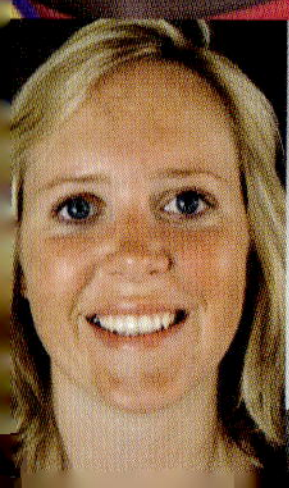

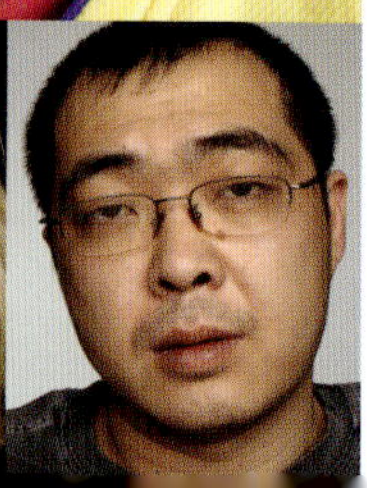

Ich habe oft den Wunsch gehabt, ein Mann zu sei, denn in einem Ort wie Diyarbakir bedeutet Männlichkeit sehr viel. Die Frauen sind dazu verurteilt, immer den Mund zu halten. Wenn ich sage, die Frauen hier sind wie Sklaven, so kommt das der Wahrheit sehr nahe. Die Frauen werden nie gefragt. Ihre Meinung zählt nicht. Die Männer respektieren sie nicht … Schließlich liegt der Unterschied darin, dass sich die Männer als Schöpfer vorkommen: »Wir wissen alles. Wir machen alles, und was wir tun, ist immer richtig.« Das Leben als Frau ist hier sehr schwierig, denn die Frauen müssen sich in gewisser Weise um alles kümmern. Deshalb wünschte ich mir oft, ein Mann zu sein.

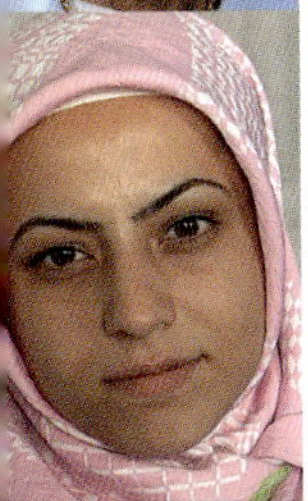

← **ISMET** — *Türkei*

Ehrlich gesagt verkörpert die Frau für uns Männer die Gesellschaft. Seit sie geschaffen wurde, ist sie alles in deinem Leben als Mann: Sie kümmert sich um deine Ausbildung, sie sorgt sich um das Essen und Trinken, sie kocht für dich, du heiratest eine Frau, sie erzieht deine Kinder und kümmert sich um ihre Ausbildung, während du eine Randfigur bist und sie nicht respektierst. In Wirklichkeit verkörpert sie die Gesellschaft.

← **TAWFIQ** — *Katar*

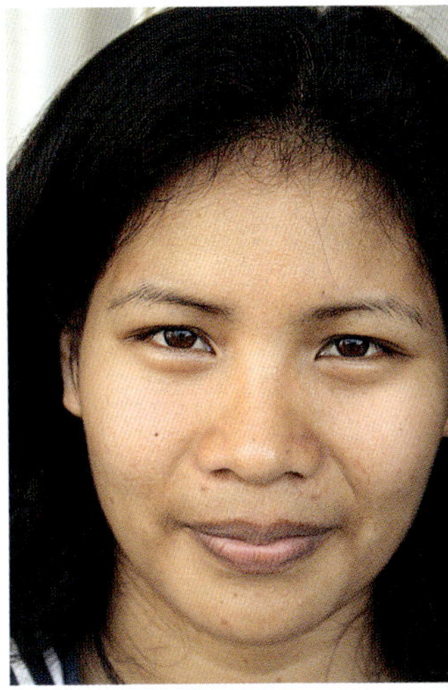

↑

Die Ehe ist kein Wort, sondern eine Todesstrafe, weil man sich wie in einem Gefängnis fühlt.

**GLEZEL** — *Singapur*

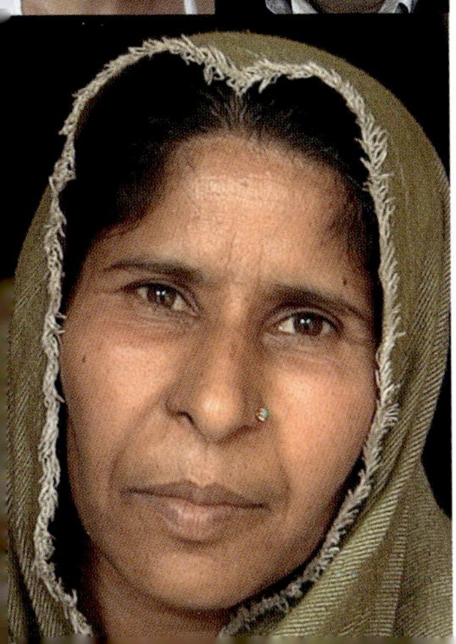

Ein Mann kann frei entscheiden. Eine Frau ist völlig allein. Sie kann nichts ausrichten: Sie muss in ihren vier Mauern leben. Sie kann nichts tun, während der Mann macht, was er will. Deshalb bleiben die Frauen schweigsam.

← **KUBRA** — *Pakistan*

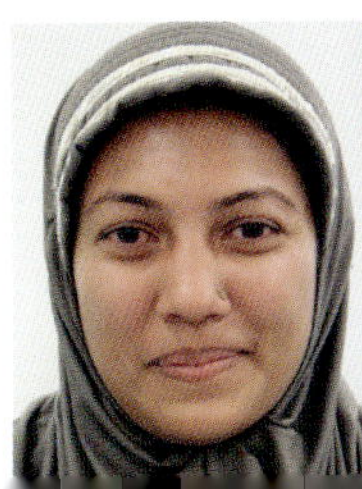

Die Ausbildung einer Frau geschieht behutsam und mit entsprechenden Umgangsformen. Bei einem Mann muss die Ausbildung ein wenig hart sein, ein Mann muss Verantwortung tragen und auch zu seiner Verantwortung stehen. Eine Frau muss lernen, einen Haushalt zu führen, eine bestimmte Atmosphäre in der Familie herzustellen und Gäste zu empfangen ... Wir sind Afrikaner und leben in Großfamilien.

**MARIE** — *Burkina Faso* →

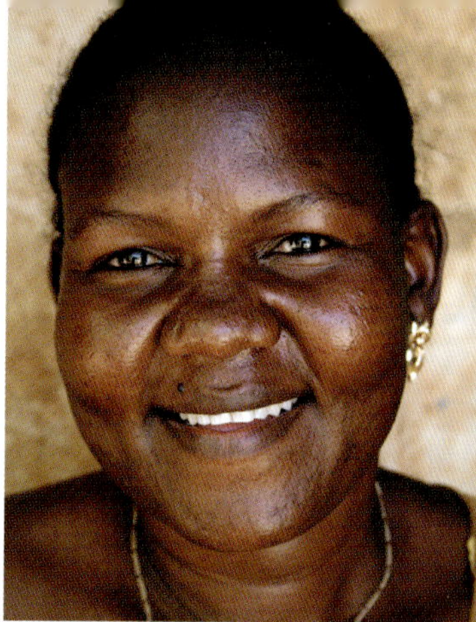

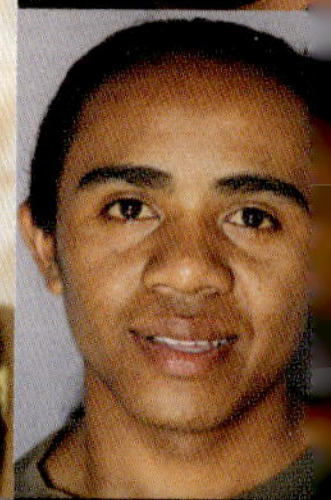

In Georgien gibt es einen gesellschaftlichen und kulturellen Druck auf die Frauen: ... Wenn von Frauen die Rede ist, gibt es Wendungen, die ihren gesellschaftlichen Status bezeichnen: unverheiratete Frau, verheiratete Frau, geschiedene Frau und alte Jungfer. Der Bezugspunkt dieser vier Ausdrücke ist die Familie, daneben gibt es im Georgischen für die Situation einer Frau, die nie verheiratet war und die nie Kinder hatte, kein Wort, das nicht erniedrigend wäre. Eine »Junggesellin« als neutrale Bezeichnung gibt es nicht, weil im Georgischen dieses Wort entweder Mitleid auslöst oder negativ eine Frau mit häufig wechselnden sexuellen Partnern meint.

**EKATERINE** — *Georgien*

↓

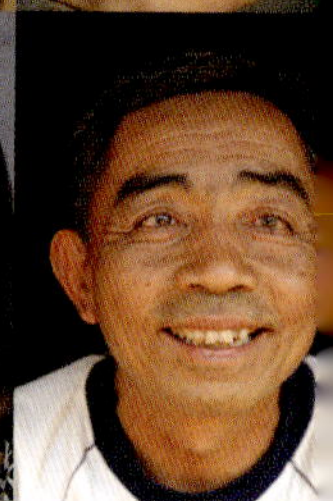

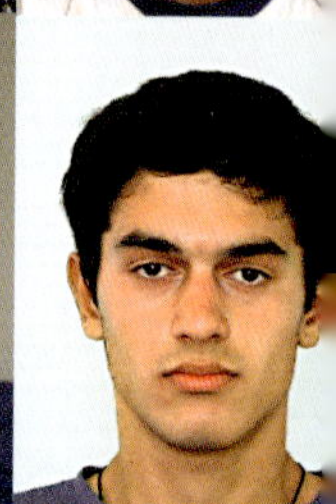

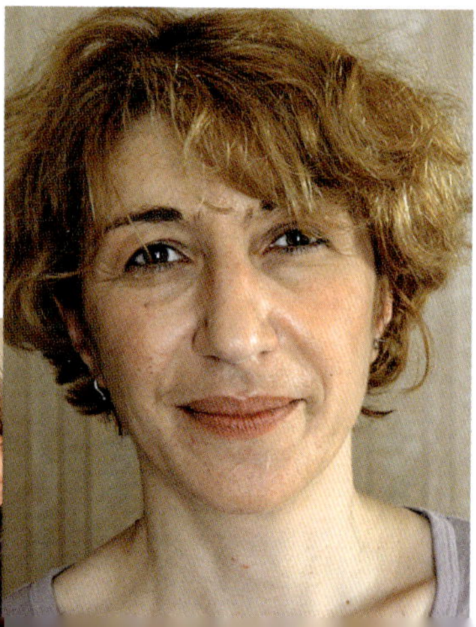

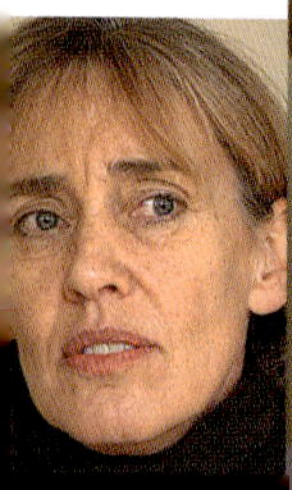

In Afghanistan ist es nicht angemessen für ein Mädchen, einen Jungen zu lieben. Das Mädchen gilt dann als problematisch. Ein Junge dagegen kann ein Mädchen lieben, aber ein Mädchen hat nicht das Recht, jemanden zu lieben. →

**ASEEYA** — *Afghanistan*

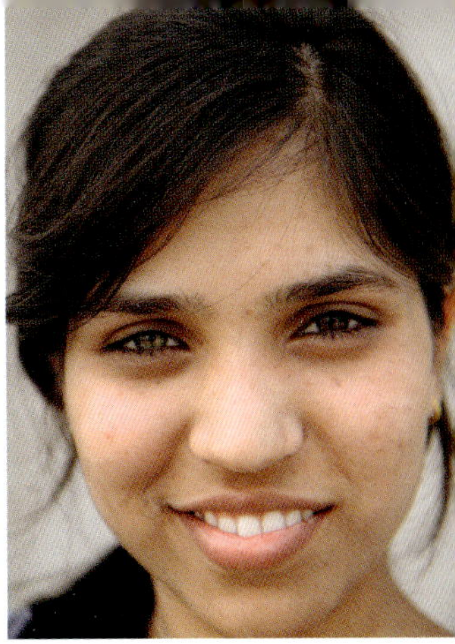

Eine verheiratete Frau, die keinen Schleier trägt, zeigt mangelnden Respekt für ihren Mann, denn sie zieht auf der Straße die Blicke der Männer auf sich. Die Männer machen sich eine Vergnügen daraus, sie von oben bis unten zu betrachten. Ich finde, ein Mann verhält sich unwürdig, wenn er ein solches Verhalten seiner Ehefrau, die keinen Schleier trägt, duldet.

← **ZOHRA** — *Marokko*

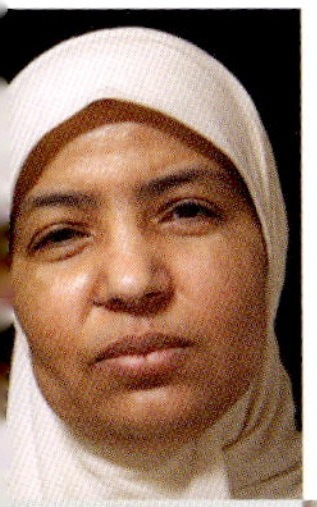

↑

Ich will eine arrangierte Ehe. Ich möchte die Autorität meiner Eltern in dieser Angelegenheit, sie sollen meinen Ehemann auswählen. Ich bin sicher, dass sie den richtigen auswählen, einen, der zu mir passt. Schließlich entscheide ich, ob ich ihn akzeptiere oder nicht.

**POOJA** — *Nordwestindien*

Ich wende mich mit einer Botschaft an ganz Indien. Lasst ab von den Kinderehen. Lasst eure Tochter das machen, was sie will, sie macht es anstelle von euch. Ihr werdet nicht in eurer Ehre gekränkt, weil eure Tochter, ein Mädchen, das Haus verlässt. Was ein Junge tun kann, kann auch ein Mädchen tun, vielleicht noch besser.

← **CHEEKU** — *Delhi, Indien*

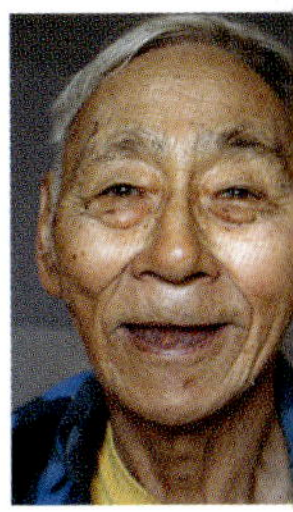

Die Lage der Frau scheint mir heute schwerer zu sein als zur Zeit unserer Eltern. Früher dachten die Männer an alles, die Frauen existierten nur durch die Autorität des Mannes. Die Männer standen der Familie vor und kontrollierten alles, die Familie folgte nach … Aber jetzt stelle ich fest, dass die Frauen auch fähige Wesen sind, die einiges zustande bringen können, sogar ohne die Männer.

← **EWESTE** — *Botswana*

Der Macho-Mann will seinen Platz behaupten. Aber die Gleichheit der Geschlechter gibt es, und allmählich glaube ich, dass wir in die richtige Richtung gehen. Wir Männer müssen uns darüber im Klaren sein, dass die Frauen die gleichen Rechte und Pflichten haben. Wir Männer wollen das manchmal nicht verstehen. Ich habe beispielsweise keine Lust, die Teller abzuwaschen, und ich will mir nicht alles gefallen lassen, aber das gehört zu den Veränderungen, die innerhalb der Familie stattfinden müssen.

← **SILVESTRE** — *Guatemala*

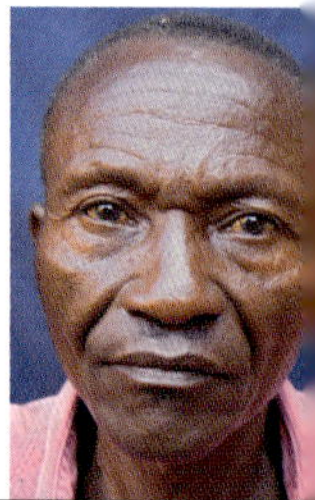

Ich kann nicht leugnen, dass ich meine Frau geschlagen habe. Sogar als wir jung waren, habe ich ihr brutale Schläge verpasst. Das war gewalttätig. Und dann habe ich mein Verhalten bedauert. Heute nennen wir uns »Papa« und »Mama« und leben einträchtig miteinander.

**BOZOMBO** — *Demokratische Republik Kongo*

↓

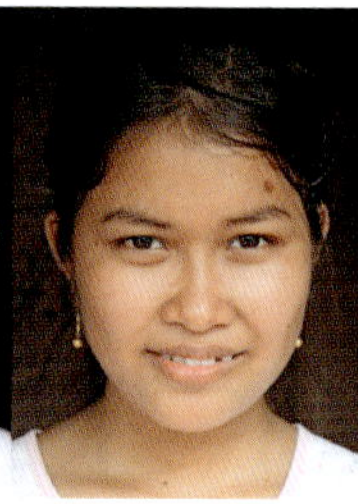

↑

← Die Situation wird unterschiedlich beurteilt, weil die Frauen in wesentlichen Dingen die Verantwortung tragen. Die Vermittlung der Kultur geschieht durch die Mutter. Die Frauen haben uns die Macho-Einstellung beigebracht … Diese neuen Verhältnisse bedingen, dass die Frauen neue Werte vermitteln, neue Verhaltensweisen, neue Einstellungen, und so erweitern sie ihre Einflusssphäre in der Familie, in den Elternhäusern, und nicht nur in der Gesellschaft. Ich finde diese Entwicklung gut. Auf jeden Fall sind wir meiner Ansicht nach Zeugen eines Prozesses, in dem die Frauen immer mehr Rechte erhalten. Auch wenn wir die völlige Gleichheit noch nicht erreicht haben, so fand in den vergangenen zehn Jahren doch ein gewaltiger Fortschritt auf diesem Gebiet statt.

**FABIAN** — *Ecuador*

Mein Mann hat mich noch nie geschlagen, nicht einmal ein Klaps habe ich bekommen. Sollte er mich schlagen, würde ich zurückschlagen, weil ich auch zwei Arme und zwei Beine habe … Männer und Frauen haben dieselben Rechte. Wenn er mich doch schlägt, zeige ich ihn an, denn wir sind Ehemann und Ehefrau. Nach den Gesetzen ist es verboten, dass sich Eheleute gegenseitig schlagen. Wirft er mir einen Teller an den Kopf, dann werfe ich ihm auch einen an den Kopf.

**PHALLA** — *Kambodscha*

← Mein Ex-Mann, der auch heute noch als einer der bedeutendsten Intellektuellen der Türkei gilt, war sehr stolz darauf, dass ich Journalistin bin. Nach unserer Heirat kam ich eines Abends spät nach Hause, etwa um 22:30 Uhr. Er fing an zu schreien: »Bist du eine Nutte, dass du dich noch um 22 Uhr auf der Straße aufhältst?« Er war eigentlich einer der höflichsten Menschen, die ich kannte ... Da habe ich dann verstanden ... Obwohl er wusste, wie wichtig für mich der Journalismus war, sagte er: »Du hast die Wahl zwischen mir und der Zeitung.« Ich antwortete: »Die Zeitung.« Millionen von Frauen entscheiden sich leider nicht für ihre Arbeit, sondern für ihren Ehemann.

**LEYLA** — *Türkei*

↑

Die Frauen können meinen Beruf als Fischer nicht ausüben. Erstens haben sie Angst vor dem Wasser; dann ist die Arbeit auf dem Meer körperlich sehr anstrengend. Und schließlich können sie ihren Sari auf dem Boot nicht tragen. Mit einem Kleid kannst du auf einem Boot nichts tun.

**RAJI** — *Südindien*

Die Frauen sollten in ihrer Arbeit nicht auf bestimmte Bereiche beschränkt sein, sondern sie müssten die gleichen Berufe wie die Männer ausüben können. Manche Männer verbieten ihrer Frau zu arbeiten: Das lehne ich ab! Die Hausfrauen haben Probleme, weil ihre Ehemänner ihnen verbieten, sich eine Arbeit zu suchen. Die Hausfrauen sollten sich eine Arbeit suchen, weil sie sonst bei ihrem Mann um Geld betteln müssen.

**YACINTHA** — *Tansania* →

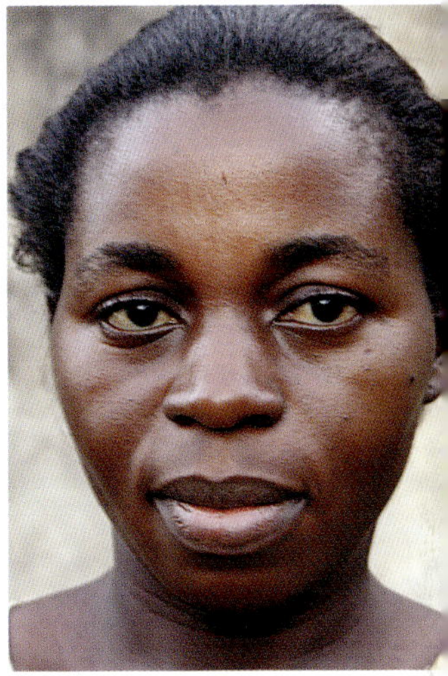

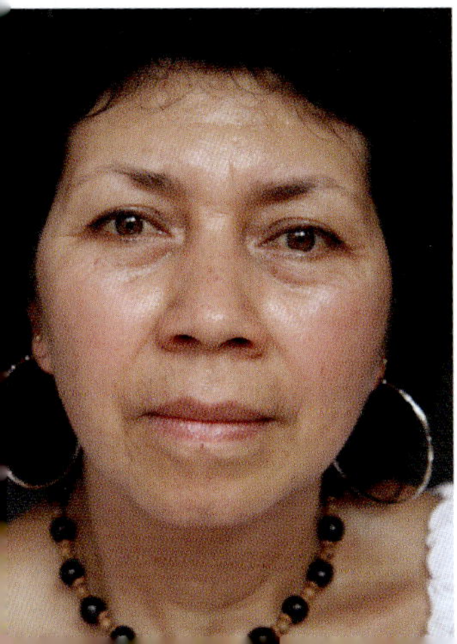

Die Frauen mögen reich oder arm sein, gebildet sein oder nicht: Sie alle sind der Gewalt ausgesetzt. Wir müssen daher unbedingt das Schweigen brechen und darüber sprechen, sprechen, sprechen! Und dann wird sich herausstellen, dass es möglich ist, die Dinge zu ändern. Wir haben die Möglichkeit, unsere Realität zu ändern, und dafür ist es ganz entscheidend, dass wir unsere Sexualität kennen, unsere sexuellen und reproduktiven Rechte und von diesen auch Gebrauch machen. Das ist ein langer Prozess, weil es nicht einfach ist, mit einer tief verwurzelten Mentalität zu brechen.

← **SILVIA** — *Guatemala*

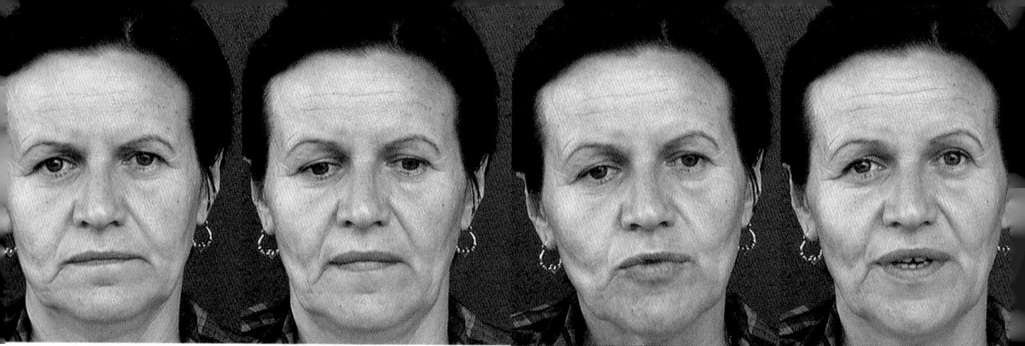

Erinnerungen aus meiner Kindheit … eigentlich könnte ich mich an sehr viel erinnern. Aber das Jahr 1995 hat fast alles ausgelöscht.

**REIHA** — *Bosnien-Herzegowina*

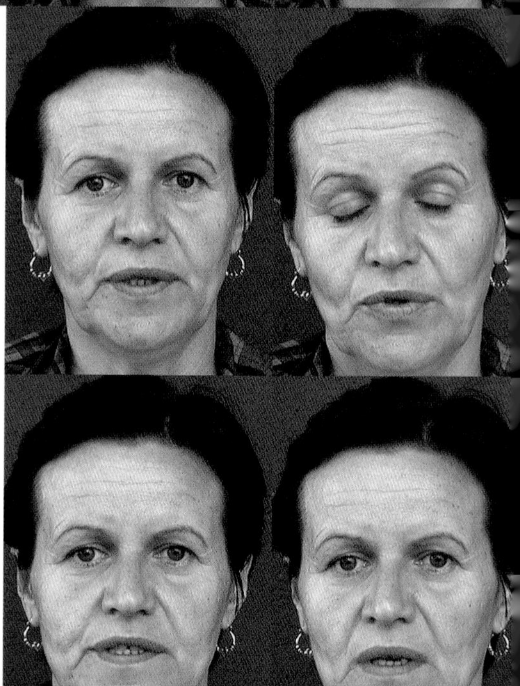

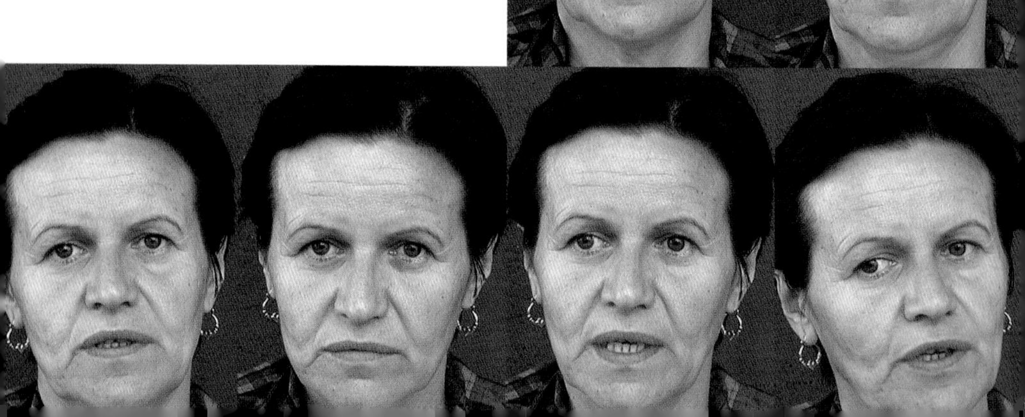

# Reiha

*Lebt in Bosnien-Herzegowina*

## Ich bin überzeugt, dass wir miteinander leben können. Wir sind übrigens verpflichtet, es zu tun.

**Porträt** / Ich heiße Reiha ... Ich bin am 4. März 1961 in Zapolje in der Nähe von Bratunac geboren. Nach meiner Heirat lebte ich mit meinem Mann und meinen Kindern in Bjelovac bis zum Jahr 1992. Dann wurden wir von dort vertrieben und gingen nach Srebrenica. Dort wohnten wir bis zum Jahr 1995. Anschließend kam ich mit meinen Kindern hier nach Tuzla. Mein Mann ist in den Wald geflohen, und ich weiß immer noch nicht, was ihm zugestoßen ist.

**Früheste Erinnerung** / Erinnerungen aus meiner Kindheit ... Eigentlich könnte ich mich an sehr vieles erinnern. Aber das Jahr 1995 hat fast alles ausgelöscht. [Beim Massaker von Srebrenica wurden ungefähr 6000 bis 8000 bosnische Jungen und Männer umgebracht, die Muslime waren. Das Verbrechen fand im Juli 1995 in der Gegend von Srebrenica während des Bosnienkriegs statt].

**Schlimmstes Erlebnis** / Es war schrecklich und entsetzlich. Srebrenica wurde plötzlich besetzt, und wir wurden in ein Lager bei Potočari eingeliefert. Der Abschied von meinem Mann war sehr schwer. Ich ging mit meinen Kindern zum Lager meines Mannes, und er sagte zu mir: »Was soll ich tun? Soll ich in den Wald oder nach Potočari flüchten?« Ich antwortete: »Ismet, ich weiß es auch nicht. Wenn ich dir sage, gehe in den Wald, und dir passiert etwas, dann würde ich mich schuldig fühlen. Zu Potočari kann ich auch nicht mehr sagen.« Er nahm seine Kinder in die Arme und küsste sie. Wir verabschiedeten uns, und er meinte: »Wir sehen uns in Tuzla wieder, so Gott will.« Aber dazu ist es nicht gekommen. Wir gingen nach Potočari und haben dort zwei Nächte verbracht. Was ich da alles gesehen habe, gehört zum Schlimmsten überhaupt, was geschehen konnte ... Als meine Tochter ihren Vater verlor, war sie fünf oder sechs Jahre alt, und sie leidet heute noch darunter, so wie meine anderen Kinder auch. Das ist schwer zu ertragen ... Sie sagen mir, dass sie niemanden haben, zu dem sie »Vater« oder »Papa« sagen könnten, und niemanden, der sie beschützt. Auch wenn ich alles tue, um für sie Mutter und Vater zu sein, so fehlt ihnen ihr Vater doch sehr. Kinder entbehren viel, wenn ein Elternteil fehlt.

**Krieg** / Der Krieg ist etwas Unmenschliches und Unnatürliches. Die schlimmsten Fanatiker würden so etwas nicht tun. Ich wünsche keinem Menschen auf der Welt, das zu erleben, was in Srebrenica geschehen ist. Möge sich das nie mehr wiederholen, für niemanden … Ich verstehe heute noch nicht, warum dieser Krieg ausgebrochen ist und weshalb wir aufeinander böse waren. Wegen welcher Schuld müssen ganz gewöhnlich Leute sterben?

**Freiheit** / Freiheit ist für mich das Wichtigste. Ich träume von ihr, glaube aber nicht, dass ich sie erleben werde. Freiheit bedeutet, dass wir uns normal bewegen können, dass die Kinder ruhig in die Schule gehen, dass wir mit allen Menschen in gutem Einvernehmen leben, ohne darauf zu achten, wer sie sind und wie sie sind. Freiheit heißt für mich, dass ich nach Bratunac gehe, mich dort aufhalte, viele Menschen begrüße, mich hinsetze, wo ich will, ohne dass ich irgendjemanden beleidige oder von jemandem beleidigt werde. Das alles gilt auch für meine Kinder.

**Träume in der Gegenwart** / Mich kann nichts trösten. Mein einziger Wunsch ist, meinen Mann in einer der Gruben zu finden und ihn würdig in Potočari zu bestatten, damit ich mit meinen Kindern das Grab aufsuchen kann. Er soll ein würdiges Begräbnis erhalten. Das ist alles, was ich will, nichts anderes. Für mich selbst gibt es gar keine Zukunft mehr. Meinen Kindern wünsche ich, dass sie ihren Schulabschluss machen, eine Arbeit finden und in Freiheit leben.

**Verzeihen** / Ich kann nicht verzeihen, weder 1992, noch 1993, noch 1995, noch denen, die den Krieg angefangen haben, die getötet, uns vertrieben und gejagt haben, die Kinder zu Waisen machten. Das kann nicht verziehen werden. [Der Krieg von 1992 bis 1995 zwischen Serben, Kroaten und Bosniern in Bosnien-Herzegowina]

**Beziehung zu anderen** / Ich lebe hier in Simin Han in einem serbischen Haus mit einer serbischen Frau auf dem gleichen Stockwerk. Die Eigentümerin und ich, wir teilen uns das Badezimmer. Ich respektiere sie und liebe sie wie eine Schwester. Wir trinken Kaffee zusammen und essen gemeinsam. Wir lassen uns gegenseitig nichts zuschulden kommen und haben ein gutes Verhältnis miteinander. Seit zwei Jahren bin ich hier schon Mieterin. Ich kann kein ganzes Volk hassen. Ein Volk kann nicht als Ganzes verurteilt werden. Kein Volk kam ohne Makel aus diesem Krieg heraus. Ich bin mir dessen bewusst. Ich kann kein ganzes Volk wegen der Ereignisse in Srebrenica hassen. Auch Angehörige meines Volkes sollen vor Gericht, auch solche, die in meinem Namen Verbrechen begangen haben, sollen verurteilt werden. Ich mache daraus kein Geheimnis, ich verurteile das. Meine Vermieterin ist derselben Meinung. Wir verstehen uns sehr gut, es gibt keine Differenzen, auch wenn sie Serbin ist und ich Muslimin.

**Miteinander leben** / Ich bin überzeugt, dass wir miteinander leben können. Wir sind übrigens verpflichtet, es zu tun. Wir haben jahrhundertelang friedlich miteinander gelebt, und es wäre auch weiterhin nötig. In meinem Geburtsort standen serbische und muslimische Häuser eins neben dem anderen, keiner grenzte sich vom anderen ab, alle kamen zu den religiösen Festen der anderen. Das war so seit Jahrhunderten, und ich verstehe nicht, wie man nebeneinander wohnen kann, ohne miteinander zu sprechen und sich zu besuchen. Ich wünsche mir, dass es wieder so wird wie früher: dass wir gegenseitig unsere religiösen Feste besuchen, Geburtstage und Tauffeiern gemeinsam begehen, dass wir uns gut verstehen und wie normale Leute leben und keine Angst voreinander haben.

**Sein Leben ändern** / Eine Änderung in meinem Leben würde ich mir wünschen: die Rückkehr in die Achtzigerjahre, als wir alle frei waren. Wir konnten gehen, wohin wir wollten, schlafen, wo wir wollten, niemand fragte nach deinem Vor- oder Nachnamen, überhaupt nicht. Ich wünsche mir, dass wir wie normale Leute miteinander leben, weil wir kein anderes Land als Bosnien haben. Wir müssen zusammenhalten und Bosnien aufbauen und dafür sorgen, dass die Kinder eine Ausbildung erhalten und Arbeit finden, denn die Welt gehört ihnen. Aber dafür müssen die Leute wieder vernünftig werden und begreifen, dass wir vorankommen müssen.

**Von seinen Eltern lernen** / Ich habe von meinen Eltern gelernt, die ganz Alten und die ganz Jungen zu respektieren. Über Religion sprachen sie nie. Mein Vater sagte immer, man dürfe die Menschen nicht nach ihrer Religion oder ihrer Nationalität beurteilen, sondern nur nach ihrem Charakter. Keinen Menschen hassen, keinem Menschen wehtun, zu allen gut sein, damit sie auch gut zu uns sind – nach diesen Grundsätzen haben mich meine Eltern erzogen.

Für mich selbst gibt es gar keine Zukunft mehr. Meinen Kindern wünsche ich, dass sie ihren Schulabschluss machen, eine Arbeit finden und in Freiheit leben.

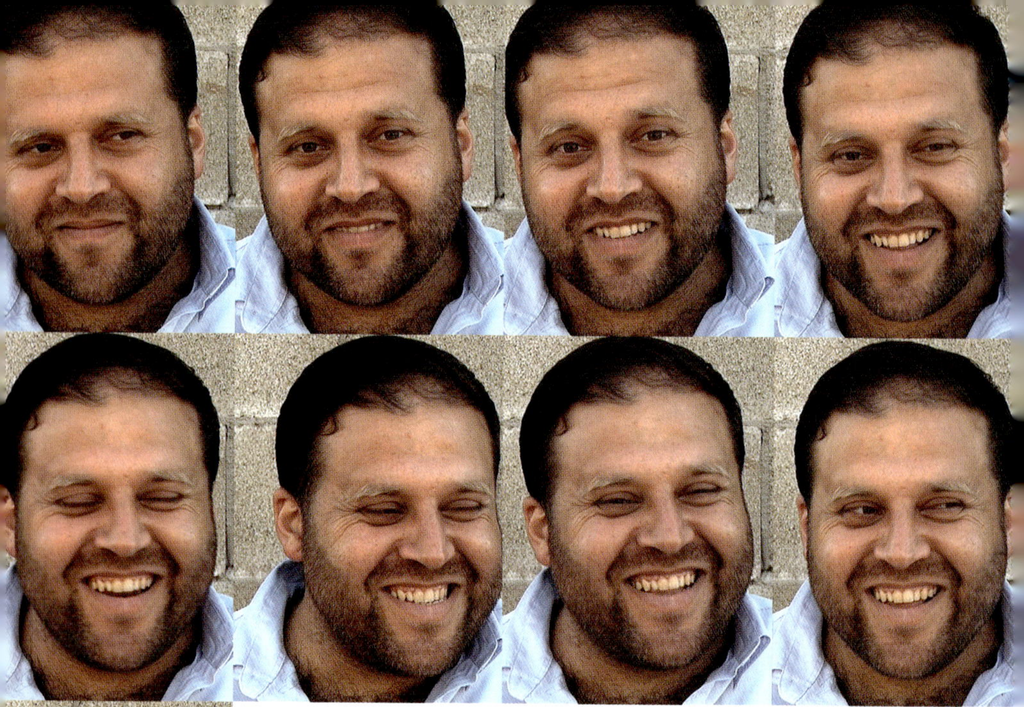

Weil wir hier nicht frei sind, habe ich in den 30 Jahren meines Lebens die Freiheit nur einen einzigen Monat lang erlebt.

**ABED** — *Palästinensische Autonomiegebiete*

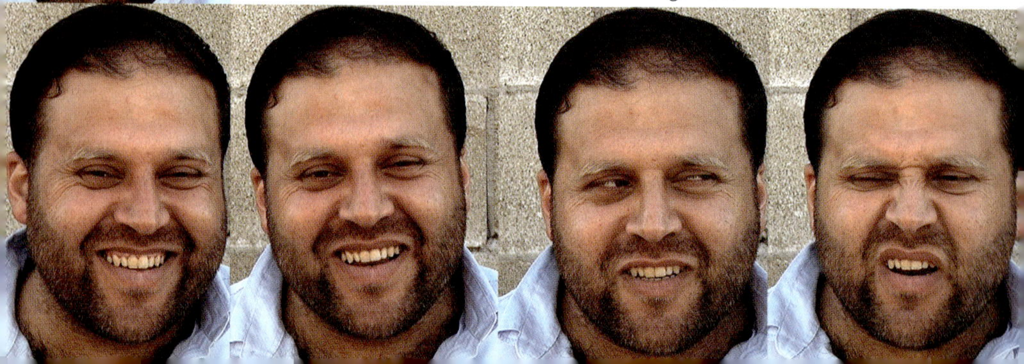

# Abed

*Lebt in den Palästinensischen Autonomiegebieten*

## Wegen der vielen Schwierigkeiten in diesem Leben vergisst du sogar, dass du deine Frau liebst.

**Porträt** / Mein Name ist Abed. Ich bin in Palästina geboren, 30 Jahre alt, verheiratet, und habe drei prächtige Kinder ... Ich arbeite für eine humanitäre Organisation.

**Mit auf den Weg geben** / Ehrlichkeit und eine gute Ausbildung möchte ich meinen Kindern mitgeben. Sie sollen ihr Leben in Geduld leben ... Wer hier keine Geduld aufbringt, für den wird es sehr kompliziert. Die Menschen können wegen der Besatzung kein richtiges Leben führen ... Wir leben wie in einem Zoo ... Wollen wir ihn verlassen, öffnen sie den Käfig: »Bleiben Sie einige Minuten draußen«, und schließen ihn dann wieder ... Es ist verständlich, dass sich solche Vorgänge auf die Kinder traumatisch auswirken und ihre Entwicklung beeinflussen.

**Krieg** / Die Zweite Intifada war eine Folge der Ersten [Aufstand gegen die israelische Armee 1987 und 2000]. Die Aufständischen der Zweiten Intifada waren Kinder zur Zeit der Ersten Intifada. Sie haben die Gewalt kennengelernt. Sie haben den Tod ihrer Eltern und die Zerstörung der Häuser erlebt ... Diese Vorgänge hinterließen tiefe Spuren, die sich jetzt auf schlimme Weise in der Zweiten Intifada zeigen.

**Schicksalsschlag** / Ich kann mich nicht an einen einzigen Monat erinnern, an dem ich mich jeden Tag wohlfühlte, keine Probleme hatte, keine leidvolle Erfahrung machte, keinen Unglücksfall erlebte. Aber die härteste Prüfung für mich war der Tod meiner beiden Kinder. Sie waren Zwillinge und meine Erstgeborenen. Es ging um die erste Schwangerschaft meiner Frau zu Beginn der Intifada im Jahr 2001. Ich war seit einem Jahr verheiratet. In unserem Gebiet gab es kein Krankenhaus. Die Fahrt zum Krankenhaus dauert normalerweise eine halbe Stunde, aber weil wir eingeschlossen sind und die »check points« passieren müssen, zieht sich die Anfahrt stundenlang hin. Als wir schließlich im Krankenhaus eintrafen, hatte meine Frau wegen der Zwillinge eine Blutvergiftung. Sie fiel ins Koma und blieb im Krankenhaus. Ich nahm die Zwillinge, zwei Mädchen, mit nach Hause. Zehn Tage später – meine Frau lag 16 Tage lang im Koma – bekam eines der Mädchen starkes Fieber. Mir wurde empfohlen, wieder in das Krankenhaus gehen, in dem meine Frau lag. Es war Mitternacht. Wir – die Schwester meiner Frau, die Zwillinge und ich – fuhren in einem Krankenwagen dorthin. Am »check points« wurden wir angehalten, einen

Krankenwagen wollten sie nicht durchlassen ... Wir mussten daher um Mitternacht drei oder vier Kilometer zu Fuß gehen. Eine Tochter starb dabei in meinen Armen, die andere einige Stunden später, kurz nach unserer Ankunft im Krankenhaus ... In dieser Nacht haben wir die beiden in kleine Kühlboxen gelegt, und ich bin mit ihnen in mein Dorf zurückgekehrt. Ich habe sie dann begraben. Wir haben neun Monate auf dieses neue Leben gewartet und mussten unsere Kinder dann auf diese Weise sterben sehen, das war sehr hart ..., und ich habe es bis heute nicht verwunden. Von Zeit zu Zeit besuche ich ihr Grab und bleibe eine Stunde, um mit ihnen zu sprechen ... Man muss lernen, geduldig zu sein und zu vergessen ... Vielleicht leide ich auch deshalb, weil ich niemanden habe, mit dem ich meinen Schmerz teilen kann. Mit meiner Frau kann ich das nicht, weil sie viele Probleme hat. Ich behalte alles in meinem Herzen.

**Eine Lektion des Lebens** / Ich habe mich beruflich vollkommen umorientiert. Ich habe die Arbeit bei der Regierung aufgegeben und arbeite seitdem im humanitären Bereich, um denen zu helfen, die wie ich keine Hilfe bekommen können ... Für mich war das eine große Veränderung in die richtige Richtung. Der Tod meiner Kinder war ein Beweggrund für meine Arbeit auf humanitärem Gebiet.

**Sein Leben ändern** / Es geht mir gut, aber glücklich bin ich nicht. Ich denke, das hängt mit dem Konflikt zwischen uns und unserem Nachbarland zusammen. Ich wünschte, ich könnte dafür eine Lösung finden. Jede Gemeinschaft, jede Nation hat das Recht zu leben, und wir sollten auch frei leben können ... Unser Problem ist nicht die Armut der Leute ..., sondern die Besatzung.

**Leidvolle Erfahrung** / Der Richter sagte mir ins Gesicht: »Wir müssen 1000 Personen verhaften, wenn wir eine Person verdächtigen.« Ich war ein Jahr in Verwaltungshaft, aber einen Grund haben sie mir nicht genannt. Sie behaupteten, es geschehe aus Sicherheitsgründen, die geheim bleiben müssten. Während meiner neunmonatigen Haft habe ich verstanden, warum ich eingesperrt war: weil ich in einer humanitären Organisation arbeitete und palästinensischen Familien, die vom Krieg gezeichnet waren, geholfen habe. Sie dachten, wir würden damit Terroristen unterstützen. Warum kamen sie auf diesen Gedanken? In den hilfsbedürftigen Familien gibt es immer eine Person, die im Gefängnis sitzt oder von den Israelis getötet wurde. Sie hatten recht und täuschten sich gleichzeitig. Eine Stichprobe unter den Palästinensern würde ergeben, dass das auf 80 oder 90 Prozent von ihnen zutrifft ... Ich sagte mir, hier liegt ein Irrtum vor, und sie entlassen mich am nächsten Morgen oder in einer Woche oder in einem Monat. Als dieser Monat vorüber war, murmelte ich unaufhörlich vor mich hin: »Das ist ein Irrtum«. Was hatte ich bloß getan, dass ich ein Jahr lang von meiner Familie getrennt wurde? Meine Tochter war zwei Monate alt – meine erste Tochter nach den Zwillingen. Als ich freigelassen wurde, erkannt sie mich nicht. Sie hatte Angst vor mir. Ich brauchte drei oder vier Wochen, um sie davon zu überzeugen, dass ich ihr Vater war. Das hat mir sehr wehgetan.

**Sein Land verändern** / Die Mauer hat Israel gebaut, um sein Gebiet von Palästina abzugrenzen. Für die Israelis geschah dies aus Sicherheitsgründen. Es gibt eine Grenzziehung, die sogenannte grüne Linie, und auf ihr wurde die Mauer errichtet … Das Problem ist nur, dass die Mauer zu einem großen Teil auf palästinensischem Land steht … Manchmal ist die Mauer aus Beton, manchmal ist sie nur eine Einzäunung … Sie behindert unsere Bewegungsfreiheit … Der Anblick der Mauer hat eine schlechte psychologische Wirkung auf die Kinder und auf die Leute ganz allgemein. Sie sehen nicht bloß Beton …, sie sehen eine Mauer. Würde diese Mauer abgerissen, dann würden sich die mangelhafte Kommunikation und unsere Beziehungen ändern. Im vergangenen Monat habe ich versucht, mit Israelis zu sprechen. Es war die reinste Katastrophe. Wie sie uns sehen, und wie wir sie sehen … Unsere Seite sieht von den Israelis nur Soldaten und eine Armee, die zerstört und tötet und uns an der Fortbewegung hindert. Ich sage mir also, alle Israelis sind wie sie. Die Israelis ihrerseits sehen Palästinenser, die sich in Tel Aviv in die Luft sprengen und sie töten. Sie sagen sich daher, alle Palästinenser sind wie sie. Das stimmt einfach nicht. Es gibt ein echtes Kommunikationsproblem zwischen uns.

**Freiheit** / Ich bin letztes Jahr für einen Monat in Frankreich gewesen. Zum ersten Mal in meinem Leben habe ich gespürt, was Freiheit ist. Weil wir hier nicht frei sind, habe ich in den 30 Jahren meines Lebens die Freiheit nur einen einzigen Monat lang erlebt. Wenn ich sage: »Ich bin frei«, dann heißt das, ich gehe, wohin ich will, wann ich will, ohne Schwierigkeiten, zu jeder Stunde, selbst um Mitternacht … Aber das kann ich nicht machen. Nicht, weil wir in unserer Freiheit eingeschränkt sind, sondern weil es überhaupt keine Freiheit gibt … Ich habe Verwandte, die ich nicht besuchen kann, weil sie in einer abgeschnittenen Stadt leben, für die ich eine Erlaubnis brauche. Vielleicht bekomme ich sie, vielleicht auch nicht.

**Liebe** / Unser Leben ist so kompliziert, dass wir nicht mehr wissen, was Liebe eigentlich ist. Vielleicht habe ich meine Frau geliebt, aber ich weiß es nicht. Als ich mich zur Heirat entschlossen hatte, dachte ich an niemand anderes. Wer ein Problem hatte, besprach es mit dem anderen. Vielleicht ist das Liebe. Nach der Heirat kannst du es spüren oder leichter Worte dafür finden … Wegen der vielen Schwierigkeiten in diesem Leben vergisst du aber, dass du deine Frau liebst. Du vergisst, ihr zu sagen, dass du sie liebst. Seit drei Jahren habe ich meiner Frau nicht mehr gesagt, dass ich sie liebe.

**Botschaft** / Behandelt einen Menschen als Menschen. Viele Probleme werden gelöst, wenn ihr die menschliche Würde achtet. Achtet die Würde und die Menschenrechte selbst in kriegerischen Auseinandersetzungen und in Konfliktsituationen. Mögen alle Menschen in Freiheit und in Frieden leben.

# Ali

*Lebt in Israel*

## Ein Lächeln bringt manchmal mehr zustande als staatliche Macht.

**Porträt** / Ich bin Ali, Araber und israelischer Staatsbürger. Ich bin in Israel geboren und lebe hier mit meiner Familie von fünf Kindern und einer wunderbaren Frau. Ich bin Diplomat im israelischen Außenministerium. Ich bin Botschafter und kümmere mich um die Friedensbemühungen mit der arabischen und muslimischen Welt. Zu diesem Zweck reise ich viel, um mit den verschiedensten Gruppierungen in der Welt Gespräche zu führen und ihnen Vorträge zu halten in der großen Hoffnung, dass sich dadurch die heutige Situation verbessert. Unwissenheit, Spannungen und Wut kennzeichnen gegenwärtig das Verhältnis zwischen den beiden Religionen. Das ist schade, denn es sind nur kleine Gruppen oder einzelne Personen, die für Unruhe sorgen und das Erscheinungsbild beider Seiten beschädigen.

**Lachen** / Wenn jemand lacht, so heißt das nicht, dass er nicht traurig sein kann. Das muss ich zugeben. Es ist wie bei den Clowns, die lachen und die Menschen glücklich machen, aber manchmal im Inneren doch traurig sein können … Ich bin ein optimistischer Mensch und lächle, weil ich das Lächeln für ein großes Geschenk Gottes halte. Wir müssen den Menschen das Lächeln beibringen. Ein Lächeln bringt manchmal mehr zustande als staatliche Macht. Das Lächeln ist stärker, Lächeln ist eine Macht.

**Krieg** / Ich bin es gewohnt, Juden und Araber zu unterrichten, und bringe sie dazu, im selben Zimmer miteinander zu leben. Wenn es nun zum Krieg kommt, so versuche ich ihnen beizubringen, dass das Leben weitergehen muss und der Krieg nicht auf die persönliche Ebene durchschlagen darf: Der Hass der Araber auf die Juden und der Hass der Juden auf die Araber sind gravierende politische Irrtümer, die uns den Krieg bescheren. Deshalb gibt es am Krieg nichts zu bewundern, er ist nur schlecht.

**Frieden** / Beide Seiten müssen Gespräche miteinander führen, denn nur so kann ein friedliches Zusammenleben zustande kommen. Das ist Gottes Wunsch für Juden und Muslime. Ich gestehe, dass ich naiv bin, aber ich bin es nicht ganz und gar. Ich weiß, dass dieser Weg schwierig ist, aber gerade weil er schwierig ist, müssen wir etwas tun. Ich sehe in die Gesichter der Imame und Rabbiner und schöpfe

Hoffnung trotz aller Unterschiede. Wir sollen zusammenleben mitsamt unseren Unterschieden. Das ist das Wichtigste. Es ist doch schön, dass wir verschieden sind. Ich pflege als Beispiel den Regenbogen heranzuziehen, der alle Farben hat, die auf dieser Erde sein sollen.

## Die Menschen sind die Bäume der Felder.

**Natur** / Wir sind Teil der Natur. Wir haben eine schöne Redensart: »Die Menschen sind die Bäume der Felder.« Das bedeutet, dass Gott uns wie Bäume geschaffen hat, als Teil der Natur. Wenn die Natur ausschließlich für Tiere und Bäume da wäre, ginge sie mich nichts an. Die Natur muss auch den Menschen umfassen. Es ist wie beim Löwenzahn oder einem Bild mit seinen Farben, Menschen, Tieren, Bäumen und Gräsern. Das alles gehört zusammen. Was wären wir daher ohne die Natur? Die Natur ist so, wie sie mein Herz schlagen lässt, die wunderbarste Schöpfung dieser Welt! ... Die Natur ist ein Teil der göttlichen Schöpfung. Wir sind ein Mosaik, wir sind ein Teil von diesem Mosaik.

**Sinn des Lebens** / Was für eine schöne Frage ... Das Schöne in diesem Leben, das ist das Leben selbst. Das Leben – das ist Liebe, ist Leidenschaft, ist Gott. Das Leben – das ist die Erde, die Natur, das sind die Kinder. Leben heißt »Guten Tag« sagen und mit den Menschen sprechen. Wie ich schon sagte, das Paradies ohne Menschen ist kein Leben. Das Leben ist Kampf gegen den von uns geschaffenen Teufel. Leben heißt, sich selbst zu kontrollieren, konstruktiv mitzuarbeiten und sich gegenseitig wohlwollend zu begegnen. Das Leben findet dort statt, wo wir mit anderen sprechen. Leben heißt, gelassen mit unseren Unterschieden umgehen. Drei, vier, fünf Religionen nebeneinander existieren lassen, das ist Leben. Zu ihm gehören Düfte und Farben. Das Leben ist ein Gemälde ... Ein modisches Kleidungsstück zu tragen, eine Dusche zu nehmen, das gehört zum Leben. Wenn Neues entsteht, wenn Kinder geboren werden, dann findet Leben statt. Der Wechsel der Jahreszeiten, der Schnee,

die Wüste, der Norden, der Süden – was für ein wunderbares Leben! Das Leben hat für mich seinen Sinn aus sich selbst heraus, in dem Wort »Leben« steckt schon das Leben selbst. Die Frage ist, was wir damit anfangen.

**Botschaft** / Meine Botschaft an die Imame, Rabbiner und religiöse Menschen lautet: »Hört bitte nicht auf mit euren Begegnungen und Gesprächen! Danke.«

## Wir sollen zusammenleben mitsamt unseren Unterschieden.

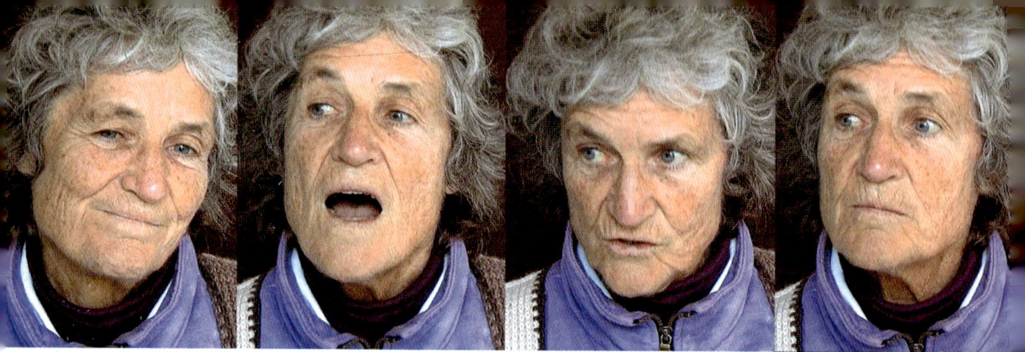

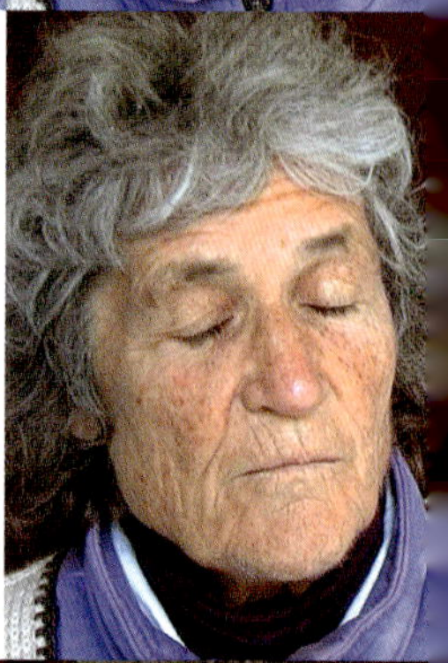

Die Mühe, etwas zu tun, lohnt immer, auch wenn die Ausführung nicht wirklich gelungen ist.

**ELEANOR** — *Kanada*

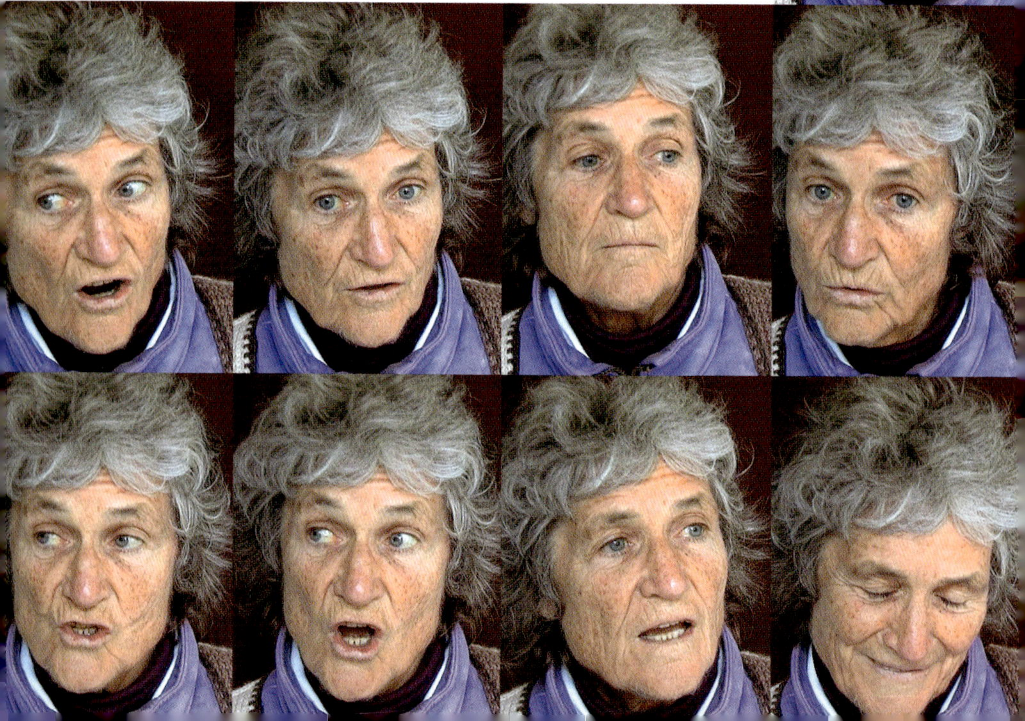

# Eleanor

*Lebt in Kanada*

## Sei es der zierliche Grünspecht, sei es der majestätische Ozean – im Kleinen wie im Großen offenbart sich uns der Reichtum, den wir besitzen und den wir verlieren.

**Porträt** / Ich heiße Eleanor. Ich bin in Montreal geboren und in Montreal und Halifax, Neuschottland, aufgewachsen.

**Von seinen Eltern lernen** / Ich habe von ihnen gelernt, an den eigenen Überzeugungen festzuhalten und zu versuchen, sie weiterzuentwickeln. Ich habe verstanden, wie wichtig es ist, sein Bestes zu geben, obwohl ich den folgenden Spruch meiner Mutter sehr schätze: »Die Mühe, etwas zu tun, lohnt immer, auch wenn die Ausführung nicht wirklich gelungen ist.« Das wirkt sehr erleichternd, weil ich in diesem Augenblick zu mir sagen kann: »Ich werde bei dieser Sache vielleicht scheitern oder sie nicht gut erledigen, aber sie muss gemacht werden, und deshalb werde ich es versuchen.« Das habe ich von meiner Mutter gelernt. Von meinem Vater habe ich anderes übernommen. Er war vielen von uns in einer bestimmten, sehr liebevollen Art zugetan, und wenn uns etwas nicht gelang, dann hatte er ein unendliches Verständnis dafür. Und das war großartig.

**Kindheitsträume** / Ich erinnere mich an einen Tag, an dem ich eine große Schachtel zeichnete, in der sich viele andere Schachteln befanden. Bei einer Seitenlänge von vier mal vier waren es insgesamt 16 Schachteln. Ich zeichnete auf jede Schachtel meinen Berufswunsch. Auf der einen war eine Grundschullehrerin zu sehen, auf einer anderen eine Gewichtheberin, dann eine Balletttänzerin, eine Geigerin, eine Chemikerin und eine Hausfrau, die an vielen Versammlungen teilnahm – genau wie meine Mutter. An diese Berufswünsche erinnere ich mich noch, an andere nicht mehr. Nach dem Zweiten Weltkrieg, zu Beginn des Kalten Krieges – ich war damals zehn oder elf Jahre alt –, war oft die Rede davon, die Sowjetunion als unseren nächsten Gegner anzugreifen. Ich erinnere mich, dass ich den Ehrgeiz hatte, eine Aktion zu starten, um die Leute davon zu überzeugen, dass die Menschen in der Sowjetunion keinen Krieg wollten, weil sie gerade einen hinter sich hatten und viel zu erschöpft waren, um einen neuen zu beginnen. Damit entfiel jeder Grund für einen Angriff von unserer Seite. Diesen Traum hatte ich mit elf Jahren, aber ich habe ihn nicht verwirklicht.

**Träume in der Gegenwart** / Als Kind nahm ich begeistert Ballettunterricht. Ich wollte Balletttänzerin werden, aber ich hatte, wie gesagt, viele Berufswünsche. So ganz genau weiß ich nicht mehr, warum ich damit aufgehört habe, aber zum Teil hing es mit dem Gedanken zusammen, dass ich dadurch die Welt nicht verbessern konnte. Ich habe daher mit 15 Jahren aufgehört und habe seit 42 oder 43 Jahren nicht mehr getanzt. Im Alter von 58 Jahren fing ich wieder mit Modern Dance, mit Ballett, Jazztanz und Afrikanischem Tanz an und konnte mit dem Tanzen gar nicht mehr aufhören! Ich tanze auch jetzt noch. Nachdem ich 43 Jahre lang nicht getanzt hatte, war ich ganz versessen darauf, wieder damit anzufangen. Ich habe hier etwas geändert, ich hätte damals nicht aufhören, sondern weitermachen sollen. Nun ist mein Traum Realität geworden, weil ich viel tanze und mich dabei sehr amüsiere.

## Für eine Sache, die von großer sozialer Bedeutung ist, könnte ich mein Leben opfern.

**Sein Leben opfern** / Für jemanden, den ich liebe und der sich in einer kritischen Lage befindet, könnte ich sterben. Für eine Sache, die von großer sozialer Bedeutung ist, könnte ich mein Leben opfern, um in sozialer Hinsicht eine Veränderung in der Welt herbeizuführen. Ich wäre lange Zeit in meinem Leben dazu nicht bereit gewesen, aber jetzt bin ich es.

**Frauen** / Ich neige zu der Auffassung, dass das Leben der Männer generell einfacher ist als das der Frauen. Selbst jetzt sind manche Türen, die Männern offen stehen, für Frauen verschlossen. Und fest steht, dass die Mehrzahl der Menschen auf der Welt, die in Armut leben, Frauen sind. In meinem eigenen Leben habe ich unter der Tatsache, dass ich eine Frau bin, nicht gelitten, von einigen Ausnahmen abgesehen, die aber nicht ins Gewicht fallen. Bei den Armen dieser Welt dagegen ist das Leben der Frauen viel härter.

**Natur** / Die Natur steht für Schönheit und Tiefe, für Vielfalt der Möglichkeiten und Ruhe, aber auch für Herausforderungen. In ihr finden sich subtile Gegensätze und Unterschiede. Sie öffnet uns die Augen, damit wir solche subtilen Unterschiede in jeder Dimension des Lebens wahrnehmen. Sei es der zierliche Grünspecht, sei es der majestätische Ozean – im Kleinen wie im Großen offenbart sich uns der Reichtum, den wir besitzen und den wir verlieren. Ich schätze die Natur ganz allgemein für das, was sie uns gibt.

**Gott** / Die Gottesvorstellung hat für mich keine Bedeutung. Meine spirituelle Seite zeigt sich bei mir darin, dass ich mich auf andere Menschen einlasse und das Beste in ihnen zu entdecken versuche. Das gilt für eine Einzelperson ebenso wie für eine Gruppe. Die Natur hilft mir bei meinem Streben nach würdigen Zielen sowohl für mich wie für die Zukunft der Menschheit. Die Musik und das Tanzen helfen mir, mich anderen Menschen anzuschließen und mir zu eigen zu machen, was mir wichtig erscheint und was wahr und gut ist bei den Menschen und in unserer gemeinsamen Welt.

**Nach dem Tod** / Ich hörte, wie meine Mutter sagte, der Tod ist der Tod. Das denke ich auch, das ist eine gute Formulierung. Ich denke, wenn wir sterben, dann sterben wir. Und doch ... ich möchte einen weiteren Gedanken anfügen: Jemand sagte, dass es für die Hinterbliebenen ein Leben nach dem Tod gibt. Für die Lebenden geht nach dem Tod von geliebten Menschen das Leben weiter. Wir gehen weiter voran und spüren in uns den Einfluss unserer lieben Toten, ihr Einfluss und ihr Wesen prägen uns. Wie dem auch sei, ich glaube nicht an ein Weiterleben.

**Sinn des Lebens** / Diese Frage habe ich mir Zeit meines Lebens gestellt. Ich erinnere mich, dass ich mit neun Jahren meine Mutter gefragt habe: »Was ist das Gute an den Menschen?« Darauf habe ich nie eine Antwort gefunden.

Für die Lebenden geht nach dem Tod von geliebten Menschen das Leben weiter. Wir gehen weiter voran und spüren in uns den Einfluss unserer lieben Toten.

# Cheikh Khaled

*Lebt in Algerien*

## Der Sinn des Lebens besteht in einer unaufhörlichen Entdeckungsreise zu sich selbst.

**Porträt** / Ich bin gebürtiger Algerier. Ich bin Oberhaupt einer weltweit bekannten Sufi-Bruderschaft. [Der Sufismus ist eine mystisch-asketische Strömung im Islam, die der inneren Erfahrung den Vorrang gibt.] Auf meinen Reisen möchte ich in der ganzen Welt die Tradition des Sufismus bekannt machen, unter anderem im Maghreb, in Afrika, in Europa, in Asien ... Ich leite mehrere Organisationen, insbesondere die Vereinigung muslimischer Pfadfinder in Frankreich, die ich gegründet habe ... Ich bin Schriftsteller und habe über ein Dutzend Bücher geschrieben. Am interreligiösen Dialog nehme ich ganz besonderen Anteil. Das gehört zur Tradition des Sufismus.

**Von seinen Eltern lernen** / Die Lehre, die ich vermittelt bekam, geht auf viele Generationen in der Familie zurück und fordert Bescheidenheit, universelle Brüderlichkeit, Aufrichtigkeit im Handeln – immer aufrichtig sein mit dem anderen Menschen, der als Partner gesehen wird – und konstruktives, nicht destruktives Verhalten gegenüber den Mitmenschen

**Vermittlung von Werten an die Kinder** / Ich bin Vater und sogar Großvater. Das ist ein gewaltiges Geschenk. Ich versuche meinen Kindern und Enkeln die Heiligkeit des Lebens zu vermitteln. Damit ist das Leben gemeint, das in ihnen und ihren Brüdern sowie in ihren Schulkameraden und Freunden ist. Dasselbe Leben gibt es im Baum, im Vogel und im Fisch!

**Kindheit** / Die Kindheit ist die fantasiereichste Zeit des Menschen. Der kindliche Traum rührt an alles. Das Kind stellt die schönsten Fragen über das Leben, den Tod, Gott, die Sterne ... Jetzt entwickelt sich die imaginäre Welt des Kindes, und die Märchen und Geschichten leiten hin zur Reflexion, zur Weisheit ... Dabei spielt der Humor eine beträchtliche Rolle. Aber heute tritt dafür eine systematische Dauerberieselung an die Stelle, eine Banalisierung und Gleichförmigkeit in der Ausbildung, die dem Kind eine genormte Existenz verordnet.

**Krieg** / Wir hatten wegen des Krieges in Algerien eine etwas unruhige Kindheit. Ich bin 1949 während des Algerienkrieges geboren. Das ist die heutige Bezeichnung, früher war die Rede von den Ereignissen in Algerien. Den Algerienkrieg haben wir so erlebt, wie die Palästinenser die Zweite Intifada erleben [Aufstand gegen die israelische Besatzung in den Jahren 1987 und 2000]. Auch wir haben Steine geworfen … Meine Jugend war zum größten Teil von diesem sieben Jahre dauernden Krieg geprägt. Ich kann mich noch gut erinnern … Trotz des Elends um uns herum lebten wir Kinder in einer Art von … ja, das war wie ein Spiel, das uns begeisterte … Wir haben nicht erlebt, wie leidvoll dieser Krieg war, das ist ziemlich paradox.

**Erinnerung** / Im Jahr 1957 wurden sieben bekannte und angesehene Personen aus der Stadt Mostaganem ermordet. Ich glaube, sie wurden von der französischen OAS [Organisation der geheimen Armee] ermordet. Während ihrer Beisetzung gab es einen sehr bewegenden Moment … Tausende junger Leute waren anwesend, und plötzlich rief einer von ihnen: »Es lebe Algerien!« Und alle Anwesenden wiederholten: »Es lebe Algerien!« Da fingen die Polizisten und Soldaten, die für die Sicherheit sorgen sollten, irgendwann zu schießen an. Eine allgemeine Panik brach aus, und ich erinnere mich, dass mehrere Personen um mich herum zu Boden fielen. Ein Friseur hat uns gerettet. Er hat mir und einigen andern geholfen, über die Friedhofsmauer zu klettern und zu fliehen. Am nächsten Tag erfuhren wir, dass er tot war. Es war, als hätte er seine ganze Hoffnung in uns gesetzt, indem er uns Jugendliche rettete und sich in gewissem Sinn für uns opferte. Dieses Ereignis hat sich mir tief eingeprägt … Es ist eine außergewöhnliche Erinnerung. Sie zeigt mir, dass es damals trotz allem Menschen gab, die sich mit ihrem ganzen Leben einsetzten, sei es, um andere zu retten und zu ernähren oder um sie zu unterrichten, damit die künftigen Generationen an einer neuen Welt bauen können, die brüderlicher, freundlicher und gerechter ist … Jedes Mal, wenn ich nach Mostaganem zurückkehre, begebe ich mich an den Ort, wo ich gerettet wurde und der für mich zu einer Pilgerstätte geworden ist.

**Schicksalsschlag** / Eine der leidvollsten Erfahrungen war der Tod meines Vaters, weil er sehr jung im Alter von 47 Jahren gestorben ist. Er saß im Gefängnis, ohne Urteilsspruch und ohne jeden Kontakt zur Außenwelt. Während des Algerienkriegs hat er sich um die Flüchtlinge gekümmert und um die »zaouïa« [Religiöses Gebäude der Muslime], die zu einer Außenstelle des Internationalen Roten Kreuzes wurde. Kinder, hilfsbedürftige Menschen und alle, die Zuflucht in den Städten suchten, fanden hier Aufnahme. Wir sahen ihn kaum. Nachdem Algerien seine Unabhängigkeit erlangt hatte, setzte er sich mit allen Kräften dafür ein, dass dieses Land nicht in die falsche Richtung abdriftete, in einen intoleranten, engherzigen und übersteigerten Nationalismus. Er versuchte, sein Land der Welt zu öffnen, aber die damaligen Machthaber haben ihn völlig fertiggemacht. Das war für mich eine schwere Belastung, denn ich hielt mich in Frankreich auf, während er in Algerien geblieben war. Und nach so vielen schmerzlichen Erlebnissen ist er mit 47 Jahren gestorben. Sein Tod warf für mich Fragen auf: Wofür ist das Leben da? Um ein egoistisches Leben zu führen? Oder um das Leben mit anderen zu teilen und zu versuchen, das Verantwortungsbewusstsein der Menschen zu wecken?

**Angst** / Wovor ich Angst habe? Vor dem Weg, der Richtung, die heute die Menschheit einschlägt. Immer mehr ist die Rede von Kriegen, von Spannungen ... Palästina, der Irak und der Iran, der Hunger in der Welt, die Entwaldung, die Klimaerwärmung, die vielen Zehntausende von Arten, die jedes Jahr verschwinden – das sind alles Alarmzeichen im globalen Maßstab. In der Welt macht sich Ernüchterung breit. Und wir wollen sie immer noch nicht sehen und zur Kenntnis nehmen. Die Welt braucht ein neues Bewusstsein, aber ich habe Angst, ob es nicht vielleicht zu spät ist. Haben wir noch die Zeit, um eingreifen zu können, oder steuern wir auf eine Katastrophe zu, die ein solches Ausmaß annimmt, dass wir möglicherweise von künftigen Generationen verflucht werden, weil wir für bestimmte Entwicklungen, Verhaltensweisen und Dummheiten keine Grenzen kannten?

**Fortschritt** / Am Fortschrittsbegriff wird deutlich, dass wir darunter eher einen technologischen, also materiellen Fortschritt verstehen und keinen Platz mehr dem Menschlichen einräumen. Deshalb spielt der Besitz, das schöne Auto, das schöne Haus, eine so große Rolle. Wir leben von einer Illusion zur anderen und geben sie auch noch an unsere Kinder weiter. Wir bringen ihnen nicht bei, mit einfachen, aber umso bereichernderen Dingen zu leben ... Die Freude liegt in uns selbst. Wir können auch ohne Gitarre singen! Es freut uns am meisten, wenn wir die Natur aufsuchen, miteinander diskutieren oder ein ganz einfaches Ziel verfolgen.

**Töten** / Gott bewahre mich davor, aber möglich ist es immer. Wir haben die Gewalttätigkeit als tierisches Erbe in uns. Wir gehören bei der Geburt der Spezies Mensch an, aber wir sind noch nicht menschlich: Das Menschliche ist etwas, das sich jeden Tag bildet! Das ist ein Kampf. Wir nennen das bei uns den Großen »Djihad« [im Islam der innere Kampf eines jeden Muslim, um sich selbst und die Gesellschaft zu verbessern]. Das ist ein ständiger Kampf gegen die eigenen Leidenschaften. Diese können uns blind machen, sodass wir zum Schlimmsten imstande sind, ich genauso gut wie jeder andere. Bis zum letzten Atemzug kann niemand wissen, wozu er fähig ist. Wir leben alle auf der Grenze von menschlicher und tierischer Natur. Wir können tatsächlich straucheln und Tiere werden oder noch Schlimmeres, weil das Tier nicht über seine Handlung nachdenkt. Wir aber denken darüber nach.

**Sinn des Lebens** / Der Sinn des Lebens besteht in einer unaufhörlichen Entdeckungsreise zu sich selbst, zu den eigenen Möglichkeiten und Unzulänglichkeiten. Es verhält sich so wie bei der Erde. Sie ist eine Kugel, die sich um sich selbst dreht. In einer Hälfte ist es Nacht, in der anderen Tag. Trotz aller schlimmen Erlebnisse, trotz aller Nächte dreht sie sich ständig. Was heute im Dunkel liegt, steht morgen im Licht. Für mich ist das Leben eine ständige Entdeckung aller Widersprüche in uns.

# Marcos

*Lebt in Brasilien*

## Wie sieht dein Beitrag zur modernen Welt aus: Steht der Profit im Vordergrund oder die Solidarität?

**Porträt** / Ich heiße Marcos und gehöre zu den brasilianischen Ureinwohnern in dem Teil des Pantanal, das an der Grenze zu Paraguay liegt. Mein Volk nannte sich ursprünglich Xané, aber die Kolonisatoren nannten uns Terena.

**Von seinen Eltern lernen** / Die Zugehörigkeit zu einem Stamm von Ureinwohnern von Geburt an, weit weg von der modernen Zivilisation, ermöglicht eine sehr enge Beziehung zur Umwelt und zum natürlichen Lebensraum. Ich lernte zum Beispiel, aufmerksam dem Vogelgesang zu lauschen und Heilpflanzen von Giftpflanzen zu unterscheiden. Auch wusste ich ein Gleichgewicht herzustellen zwischen betagten Menschen, die im Allgemeinen etwas weiser sind, und den Kindern.

**Kindheitsträume** / Meine Generation sprach in der Kindheit mindestens bis zum siebten Lebensjahr kein Wort Portugiesisch. Wir sprachen unsere eigene Sprache. Doch mit der Zeit hat mein Volk eingesehen, wie wichtig es ist, die Sprachen des weißen Mannes zu kennen. Wir wurden mit der Aufgabe betraut, über diese Brücke zwischen unserer indigenen Zivilisation und der Zivilisation des weißen Mannes zu gehen. Als die ersten katholischen und protestantischen Missionare und die Streitkräfte kamen, wurden auch die Eisenbahnen gebaut. Wir konnten daher den Kontakt gar nicht vermeiden. Ich dachte bei mir, ich könnte mich in einen »wichtigen weißen Mann« verwandeln. Als ich diese Zivilisation kennenlernte, war es mein Kindheitstraum, Arzt zu werden. Mit diesem Gedanken im Kopf besuchte ich die Schule der Weißen, um auch von diesen vielen Errungenschaften zu profitieren. Aber nicht jeder hat das Recht dazu. Als ich am Studienort eintraf, musste ich feststellen, dass nicht alle auf die Universität konnten, weil nicht alle die Möglichkeit hatten, zu studieren und angemessen in den Ballungsgebieten zu leben … Es gibt also immer noch Hindernisse.

**Sein Land ändern** / Bei seiner Ankunft erzählte der weiße Mann unseren Häuptlingen so manche Geschichte und machte viele Versprechungen. Eigentlich suchten wir zwischen der Zivilisation der Weißen und unserer einen Ausgleich, gegenseitige Hilfe und Zusammenarbeit. Aber schon nach den ersten Kontakten bemerkten wir, dass unsere Wertvorstellungen für sie bedeutungslos waren und nicht ins Gewicht fielen. Wir haben zum Beispiel nie Probleme gehabt mit dem Alkoholismus oder mit psychisch gestörten Menschen, wir haben nie gehungert oder unter Nahrungsmangel gelitten, die neuen Krankheiten kannten wir gar nicht ... Als der weiße Mann kam, mussten wir unsere Art, uns zu kleiden, ändern. Gleichzeitig bekamen wir Geschenke: große Messer, Töpfe, Zucker, verschiedene Getränke ... Auf diese Weise wollten sie uns zivilisieren und mit dem Fortschritts- und Entwicklungsgedanken vertraut machen. Schließlich haben wir festgestellt, dass alle diese materiellen Güter nicht umsonst zu haben waren. In der modernen Gesellschaft gibt es für niemanden Geschenke, der Markt und damit das Geld ist bestimmend. Fortschritt, wie ihn der weiße Mann begreift, wird durch das Währungssystem, das Geld, erreicht.

**Fortschritt** / Wir sehen heute, wie gewaltig der Erfolg dieser modernen Zivilisation ist, die Modellcharakter hat. Sie zerstört sich aber selbst, weil sie in hohem Maße Armut, Umweltverschmutzung und Elend hervorbringt. Die traditionelle einheimische Landwirtschaft war beispielsweise sehr abwechslungsreich. Jetzt aber, mit gentechnisch verändertem Saatgut, einem Saatgut, das vor der Wiederaussaat ›Selbstmord‹ begeht, geraten auch wir in den Bereich der sogenannten Monokultur und des Agrobusiness. Diese verfolgen, wie jeder weiß, nicht das Ziel, Nahrungsmittel herzustellen, um sie für den Kampf gegen den Hunger in der Welt einzusetzen. Ihr Ziel ist die Schaffung großer Wirtschaftskonzerne, welche die Technologie dieser Art von Landwirtschaft dominieren und ein Monopol darauf haben. Die Landwirtschaft gehört unserer Auffassung nach aber allen: Jeder hat ein Recht auf Boden, auf Nahrungsmittel und auf seine Lebensweise. Mit der neuen Entwicklung jedoch wird das alles unter dem Gesichtspunkt des Marktes gesehen ... Die moderne Zivilisation muss begreifen – und das ist uns wichtig –, dass dieser Weg einem Volk keinen Nutzen bringt und auch nicht dem Wohl aller dient.

**Zukunft des Landes** / Wir sind darüber gerade in einem Gedankenaustausch und diskutieren über das Recht der Indianer auf Bildung und auf Zugang zu den neuen Technologien und zum Wissen der modernen Zeit. Wenn wir von dieser Lebensform ausgeschlossen sind, werden wir als arme und hilfsbedürftige Menschen behandelt, was auf uns nicht zutrifft. Wir sind der Auffassung, dass unsere Umwelt, unsere biologische Vielfalt einen bedeutenden Beitrag zur Verbesserung der Lebensqualität der europäischen Welt und der nach Frieden strebenden Welt leisten kann ... Wir indigenen Völker glauben, dass wir vom Schöpfer den Auftrag haben, dem weißen Mann dabei zu helfen, Lösungen zu finden für Kinder, die nichts zu essen haben, für Frauen, die ohne Schutz sind, und auch für die Männer, die im Allgemeinen wie Tiere behandelt werden, weil sie nicht genügend produzieren ... Wir wollen zu diesem Markt gehören, aber nicht von ihm abhängig sein. Wir wollen aktive Teilnehmer in diesem Prozess sein, um ein Gleichgewicht in sozialer, ökonomischer und umweltpolitischer Hinsicht zu erreichen.

**Freiheit** / Seit der Begegnung mit dem weißen Mann ist unser Stamm, wie schon gesagt, nicht mehr derselbe wie zuvor. Wir haben es nicht mehr in der Hand, unsere herkömmlichen Aktivitäten nach unserem Belieben durchzuführen. Es kommt jetzt zu Überschneidungen mit dem Radio, dem Fernsehen und dem Internet. Unser Volk wird nie mehr so sein, wie es früher war: nämlich frei. Wir sind nicht mehr frei, unsere Lieder zu singen, unsere Kinder zu erziehen und für unsere natürliche Umwelt zu sorgen, weil das ganze Umfeld sich verändert hat. Die großen Sojaplantagen und Viehzuchtbetriebe haben das Gleichgewicht im Umland unseres Stammes zerstört ... Jetzt suchen auch wir nach Formen der Anpassung, die es ermöglichen, wenigstens einige Aspekte unserer Kultur zu bewahren, damit unsere Identität,was Tradition und Kultur angeht, nicht ganz zerstört wird.

Unser Volk wird nie mehr so sein, wie es früher war: nämlich frei.

**Sinn des Lebens** / Der Mensch ist zugleich stark und schwach. Es ist meine ganz persönliche Auffassung, dass jeder Mensch seinen besonderen Beitrag zum Verständnis der Komplexität des Lebens leisten könnte. Aber er hat keine Zeit dafür, und seine Lebensweise ist darauf nicht ausgerichtet. Er widmet seine Zeit lieber den Dingen, die gesellschaftlich schon vorab festgelegt sind.

**Botschaft** / Ich hätte viele Fragen zu stellen. Das ist die wichtigste meiner Ansicht nach: »Wie sieht dein Beitrag zur modernen Welt aus: Steht der Profit im Vordergrund oder die Solidarität?«

Fortschritt, wie ihn der weiße Mann begreift, wird durch das Währungssystem, das Geld, erreicht.

# Randall

*Lebt in Yukon, Kanada*

## Die Menschen haben sicherlich am meisten zur globalen Klimaerwärmung beigetragen.

**Porträt** / Ich heiße Randall. Ich bin in Old Crow im kanadischen Yukon geboren und dort aufgewachsen ... Ich bin verheiratet und habe drei Kinder, denen ich die traditionelle Lebensweise vermittle. Jetzt muss ich mir keine Sorgen mehr um sie machen, weil sie von mir das Überleben gelernt haben ... Ich bin Medizinmann ... Ich bin 1952 geboren ... Mein Leben war schön, und ich bin ein glücklicher Mensch.

**Natur** / Im Universum bahnt sich eine große Veränderung an, von der die Vorfahren seit Langem schon gesprochen haben ... Seit die Menschen den Mond betreten haben, sind die Dinge immer schlimmer geworden. Die Vorfahren sagten: »Weil die Gebärmutter, der Schoß von Mutter Erde, aufgebrochen wurde, treten nun Probleme auf, es wird wärmer werden.« Es ist wie beim Uterus: Ein Loch im Uterus führt den Tod des Babys herbei, alles stirbt ab. Zu diesem Loch kam es, als eine Rakete auf den Mond geschickt wurde. Der Uterus als Schutz von Mutter Erde ist voller Löcher, und die Sonnenhitze strömt durch sie herein ... Der Mensch hat das noch durch den Missbrauch des Feuers verstärkt ... Das geschieht durch Autos, Lastwagen und durch alles, was toxische Gase erzeugt, durch die ganze Umweltverschmutzung. Diese Phänomene haben eine beträchtliche Auswirkung auf das Leben, das uns geschenkt wurde ... Auch nehmen wir den Tieren ihren Raum weg. Das alles schafft viele Probleme für die Schöpfung.

**Gott** / Als der Schöpfer das Universum schuf, hat er jeder Rasse eine Verantwortung übertragen. Die Weißen waren verantwortlich für das Feuer. Aber sie haben aus Neid und Gier den Bogen überspannt. Sie haben solche Dinge erfunden [Er zeigt auf die Kamera]. Dafür ist Feuer [Elektrizität] nötig ... Die Asiaten sollten sich um das Wasser kümmern. Sie verbringen ihr ganzes Leben auf dem Wasser. Die Afrikaner waren verantwortlich für die Tiere ... Jede Rasse hatte ihre Verantwortung, und alles ging verloren oder wurde zerstört. Die Menschen haben daher zur Klimaerwärmung beigetragen.

**Handeln** / Die Menschen werden weiterhin zur Klimaerwärmung beitragen. Es ist jetzt zu spät. Die Hippies sagten das Richtige: »Rettet unsere Erde, rettet unsere Tiere, unser Wasser und unsere Pflanzen.« Weil sie lange Haare hatten, hörte niemand auf sie, und jetzt, 40 Jahre später, geraten alle in Panik und wollen handeln. Aber es ist zu spät.

# Christine

*Lebt in Kenia*

## Unser Ziegen und Kühe sind wegen der Trockenheit gestorben und nicht, weil sie krank waren.

**Porträt** / Ich heiße Christine. Ich bin 39 Jahre alt und kam im Jahr 2004 aus Turkana hierher.

**Leidvolle Erfahrung** / Unser Ziegen und Kühe sind wegen der Trockenheit gestorben und nicht, weil sie krank waren. Es gab kein Wasser und kein Gras, und so sind die Tiere einfach gestorben. Die Menschen sterben vor Hunger. Eine Frau starb, weil es kein Trinkwasser gab, eine andere starb während der Geburt ihres Kindes. Sie hatte schon seit Langem nichts zu essen gehabt. Wegen der Trockenheit sterben viele Menschen und Tiere.

**Sein Leben ändern** / An unserem früheren Wohnort gab es viele Probleme, deshalb sind wir weggezogen. Die Wegstrecke war sehr mühsam, weil wir zu Fuß gingen und großen Hunger hatten. Auch starben unsere Tiere. Meine Kinder waren krank, und ich wusste nicht, was ich tun sollte. Als wir hier ankamen, waren zwei meiner Kinder tot, und wir haben sie begraben. Unterwegs mussten wir in einer kleinen Stadt Halt machen, weil wir Trinkwasser brauchten, und wir haben dort eine Nacht verbracht. Wir haben auch um Nahrung gebeten. Nach und nach wurden wir alle krank, ich war so krank, dass ich fast gestorben wäre, aber Gott stand mir bei, sodass wir eine andere Stadt erreichen konnten. Wir blieben dort, um Arbeit zu finden und Geld zu verdienen, aber wir waren körperlich zu schwach dafür. Wir hatte keine Kraft mehr. In dieser Stadt konnten nur noch kräftige Personen die Energie zum Arbeiten aufbringen.

**Zukunft des Landes** / Ich denke jetzt, ein Ausweg wäre die Rückkehr zu unserer traditionellen Lebensweise. Wir werden dann sehen, ob wir Regen bekommen. Auch wäre eine andere Regierung denkbar, denn die gegenwärtige Regierung bringt nichts zustande und unterdrückt uns seit Langem. Mit der früheren Regierung hatten wir überhaupt keine Probleme. Ich glaube, eine neue Regierung kann uns helfen.

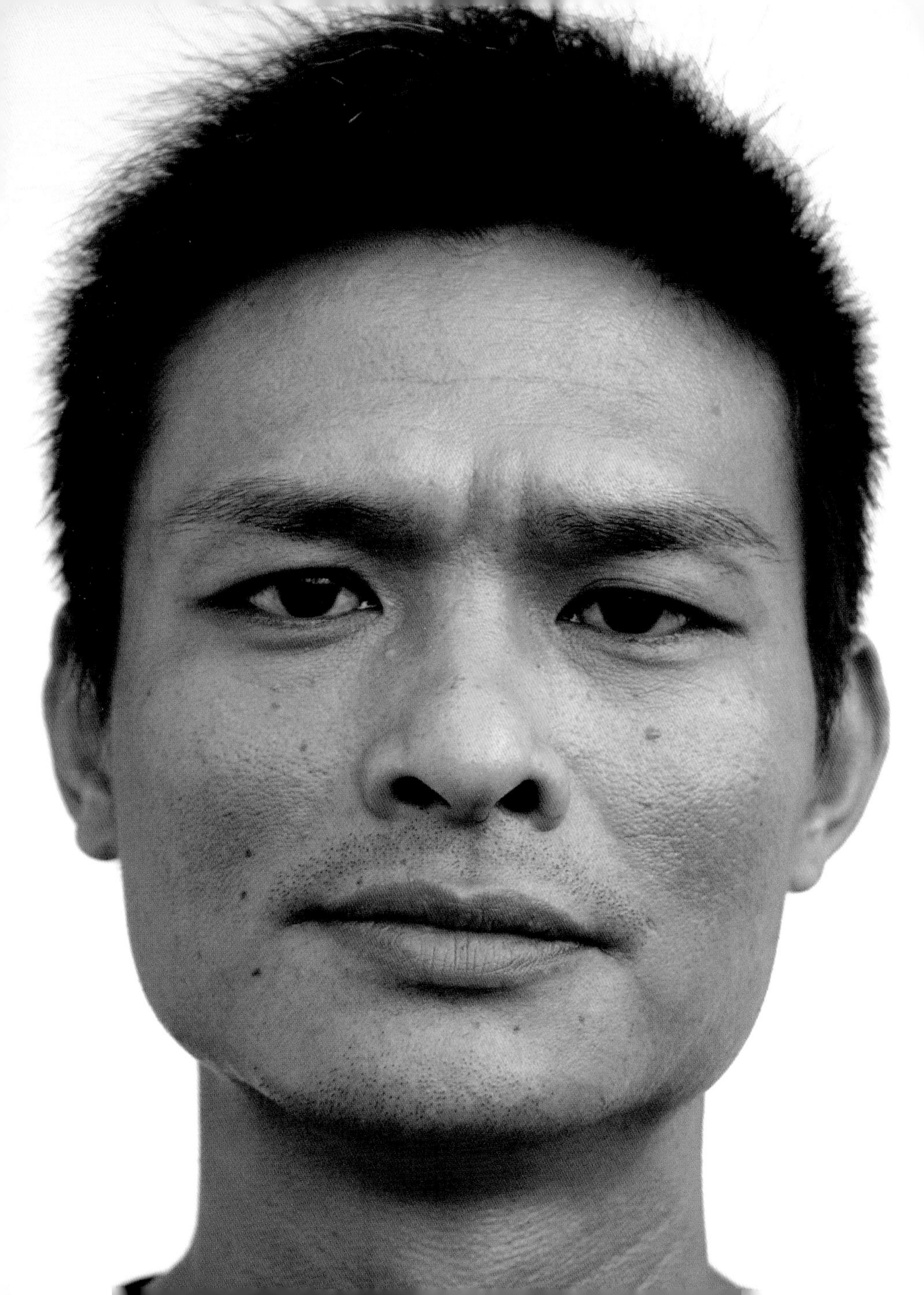

# Bao-Yin

*Lebt auf Taiwan*

**Porträt** / Ich heiße Bao-Yin, bin 36 Jahre alt und von Beruf Bauer. Ich wohne in Hsiao-Lin, wo ich mein ganzes bisheriges Leben verbracht habe.

**Schicksalsschlag** / Am 9. August frühmorgens hörten wir drei dumpfe Schläge: Bumm!Bumm!Bumm! Wir schauten nach draußen und sahen, dass das Dorf nicht mehr da war. Ein Bergsturz hatte es unter sich begraben … Die Erdlawine stürzte in den Fluss, es bildete sich ein See, und wir schätzten, dass wir noch eine halbe Stunde Zeit hatte, um zu fliehen. Wir flüchteten zu einem anderen Hügel. Eine Stunde später brach der Deich, und genau von diesem Zeitpunkt an war von dem Dorf Hsiao-Lin nichts mehr zu sehen.

**Sein Leben ändern** / Wie sollen wir uns neu eingewöhnen? Unsere Erinnerung und unsere Gefühle bleiben mit dem Dorf verbunden. Wir sind sehr traurig. Ich versuche, nicht mehr daran zu denken, aber jeder Tag bringt mir diese Erinnerungen zurück. Wir sind tief betrübt. Es geht um unsere Heimat. Unsere Eltern haben hier gelebt.

**Zukunft** / Wir brauchen keine Furcht mehr zu haben, auch für Angst ist es zu spät. Wir müssen mutig neu anfangen und unser Dorf wieder aufbauen … Ein solches Ereignis ist für ein Leben schon zu viel … Wir haben daher nicht das Recht, Angst zu haben. Wir haben nur noch die Pflicht, unser Dorf wieder aufzubauen.

**Lebensbedingungen** / Wir sehen es im Fernsehen: In den Bergen kann niemand mehr leben. Die Sicherheit in der Stadt ist für uns größer, aber wir haben weniger Raum …, und dadurch wird unsere Kultur in Frage gestellt. Die meisten Bewohner wollen nahe ihrer Heimat leben und möglichst unweit ihres Dorfes.

**Natur** / Wenn jedes Jahr ein solcher Taifun über Taiwan hinwegfegt, dann gibt es hier überhaupt keinen sicheren Ort mehr. Die Leute können dagegen nichts machen. Die Gewalt dieses Taifuns war so stark! Das könnte unser Leben gewaltig verändern. Müssten wir nach diesem ersten Umzug künftig jedes Jahr umziehen, dann hätten wir ein echtes Problem.

**Glück** / Sie sehen zwar meinen Tatendrang, aber meine Traurigkeit können sie nicht erahnen … Wir versuchen immer noch, Scherze zu machen, aber das alles ist sehr schmerzlich. Jedes Mal, wenn ich davon spreche, wird es mir schwer ums Herz. Wenn Sie mir noch weitere Fragen stellen, fange ich zu weinen an.

# Jean-Yves

*Lebt auf Madagaskar*

**Porträt** / Mein Name ist Jean-Yves. Ich wohne in Antsahampano. Ich stamme aus Nosy Comba. Seit Ende meiner Schulzeit bin ich Fischer. Meine Frau hat mir fünf Kinder geschenkt, und ich kann sie alle mit meiner Angelfischerei durchbringen. Wenn das deine Frage war, Chef, dann kann ich dir sagen, dass ich seit jeher Fischer war.

**Traditionen** / Es gibt Traditionen, die von unseren Vorfahren stammen und die einige Dinge auf dem Meer nicht erlauben. Manche Taucher respektieren diese Bräuche nicht. In den Fischfanggebieten tauchen sie mit Flaschen und töten alle Fische mit ihren Gewehren. Fremde Fischer machen das auch. Die Fische suchen nun entferntere Gewässer auf. Andere Fischer setzen Schleppnetze ein und verursachen große Schäden. Riesige Schiffe kommen von weit her. Ich habe viel darüber nachgedacht und bin überzeugt, dass es deswegen keine Fische mehr gibt.

**Arbeit** / Früher kam ich von einem Fang mit 30 oder 40 Fischen zurück. Wenn ich jetzt fünf Stachelmakrelen [Fischart im Indischen Ozean] am Tag fange, dann ist das nicht schlecht. Früher war ein fünf oder acht Meter langer Einbaum voll mit Fischen, das schaffst du heute nicht mehr. Mehr als zwei oder drei Fische sind kaum möglich.

**Lebensbedingungen** / Was meine Eltern, Großeltern und Urgroßeltern früher taten, ist mit dem, was ich jetzt tue, nicht vergleichbar. Bis zu meiner Generation hatten die Fischer ein gutes Leben. Nun ist die Umwelt zerstört. Vor drei Tagen sind wir zum Fischfang hinausgefahren. Das Meer war nach dem Durchzug eines Wirbelsturms viel zu salzig. Wir konnten nicht einmal mehr Aale und Tintenfische fangen, unsere Köder für Zackenbarsche und Großkopfschnapper. Zur Zeit meiner Großeltern gab es noch Krabben und Krebse als Köder. Sie konnten daher schnell Geld verdienen. Für sie war es leicht, uns aufzuziehen. Heute ist das viel schwieriger.

**Botschaft** / Uns Fischern fehlt noch einiges an Ausrüstung, wie zum Beispiel die Schnur der Angel. Die ist hier sehr teuer. Für 31 Kilogramm Schnur zahlen wir 75 000 Francs [6 Euro]. Das Angelblei ist ebenfalls sehr teuer. Wir brauchen mehr von diesem Material, um unsere Kinder aufziehen zu können. Das ist meine Botschaft.

# Petrica

*Lebt in Rumänien*

## Ich dachte, der Berg würde immer ein Privileg für diejenigen bleiben, die es wagen, ihn zu erobern.

**Porträt** / Ich heiße Petrica und bin in Timta am 12. Mai 1966 geboren. Ich habe 20 Jahre in einer Kohlemine gearbeitet und studiere zurzeit an der Hochschule für bildende Kunst … Ich bin verheiratet und habe zwei Kinder, eine Tochter mit elf und einen Sohn mit zwölf Jahren. Ich hoffe, dass ich nächstes Jahr mein Studium erfolgreich abschließe, damit ich meine beiden Lieblingsfächer, Zeichnen und Malerei, unterrichten kann. Ich glaube nicht, dass ich bisher ein interessantes Leben hatte, aber das wird sich künftig hoffentlich ändern. Als Motto meines Lebens würde ich den Satz von Brancusi zitieren: »Zu schnell verrichtete Dinge sind nicht gut.«

**Lebenslauf** / Als Grubenarbeiter habe ich auf meinen Schultern Balken getragen, weil ich im Stollenbau tätig war. Das war eine sehr schwierige Arbeit, die ich zehn Jahre lang getan habe, um meinen Lebensunterhalt, um Geld zu verdienen … Vor drei Jahren schließlich konnte ich nicht mehr. Die Arbeit zu Hause und die Arbeit im Bergwerk haben mich körperlich ruiniert. Ich spürte, dass ich nicht mehr weiterarbeiten konnte und wurde sogar krank, ich bekam eine Lungenentzündung. Ich musste mir etwas anderes suchen. Ein Freund in Târgu Jiu hat mich auf die Hochschule der bildenden Künste aufmerksam gemacht, und dort habe ich mich eingeschrieben. Eine Zeit lang habe ich im Bergwerk gearbeitet und gleichzeitig die Vorlesungen besucht … In der Grube habe ich sehr hart gearbeitet und verdiente zwischen 1500 und 2100 rumänische Lei [350 bis 500 Euro] im Monat für diese mühsame Arbeit. Jetzt aber habe ich den Eindruck, eine Arbeit zu machen, bei der ich nichts verdiene. In der Kohlemine musste ich schuften, aber ich verdiente wenigstens Geld und hatte das Gefühl, etwas Nützliches zu tun. Die Kunst scheint mir dagegen eine nutzlose Sache zu sein, die nicht einmal Geld einbringt.

**Erinnerung** / Das Ereignis, das den stärksten Eindruck bei mir hinterließ, geschah in der Zeit, als ich in der letzten Grundschulklasse war. Ich hatte mehrere Geldnoten im Wert von 100 Lei [etwa 30 Euro] gezeichnet, aber auf verschiedene Weise. Einige waren auf beiden Seiten, andere nur auf einer Seite beschriftet. Zum Scherz knüllte ich sie zusammen und ließ sie in einer Gasse auf den Boden fallen, damit die Leute sie finden und sich darüber freuen konnten. Eines Tages legte ich wieder eine solch hübsch zerknüllte Geldnote auf den Boden. Ein Bauer aus unserer Gegend kam auf seinem Pferd vorbei und ritt nach Hause. Er war in einer Kneipe gewesen und ärgerte sich, dass er dort sein ganzes Geld ausgegeben hatte. Kaum hatte er die 100 Lei erblickt, stieg er eilig vom Pferd, nahm sie an sich und kehrte in die Bar zurück. Als er mit dieser Geldnote bezahlen wollte, stellte er fest, dass die eine Seite weiß war, und stieß Beleidigungen aus. Damals wurde ich nicht erwischt. Dann allerdings schenkte ich solche Scheine einigen Mitschülern, und dabei erwischte mich der Direktor. Er wollte mich in eine Erziehungsanstalt schicken. Mein Vater musste ziemlich viel Käse in die Schule liefern, um mich davor zu bewahren. Die Geschichte hat bei mir Spuren hinterlassen, denn diese Drohung sollte verhindern, dass ich rückfällig wurde. Sie wollten mich doch tatsächlich ins Gefängnis stecken!

## Mein größter Traum ist es, meine Bilder verkaufen zu können.

**Kindheitsträume** / Als Kind träumte ich davon, Maler zu werden. Neben der Grundschule besuchte ich gleichzeitig die Volkshochschule für Kunst in Petroşani. Aber meine Eltern wollten nicht, dass ich weitermache. Meine Lehrerin, deren Kurse ich besuchte, kam zu uns nach Hause und beschwor unter Tränen meinen Vater, mich nach Abschluss der Gemeinschaftsschule mein Kunststudium in Craïova fortsetzen zu lassen. In meiner Familie hatte es aber einen traurigen Vorfall gegeben: Zwei Jahre vor meiner Geburt wurde mein Bruder getötet. Er war 20 Jahre alt und wurde in einer Gasse des Dorfes niedergestochen. Meine Eltern waren dagegen, weil ich jetzt ihr einziges Kind war, ich sollte auf dem Feld arbeiten. Deshalb konnten sie mich nicht gehen lassen ... Ich bin zu Hause geblieben, habe auf dem Bauernhof gearbeitet, dann in der Kohlemine, und so löste sich mein Traum in Wohlgefallen auf. In diesem Augenblick war er ausgeträumt. Aber ich fand zur Kunst zurück, ich begann wieder zu malen und mache Ausstellungen.

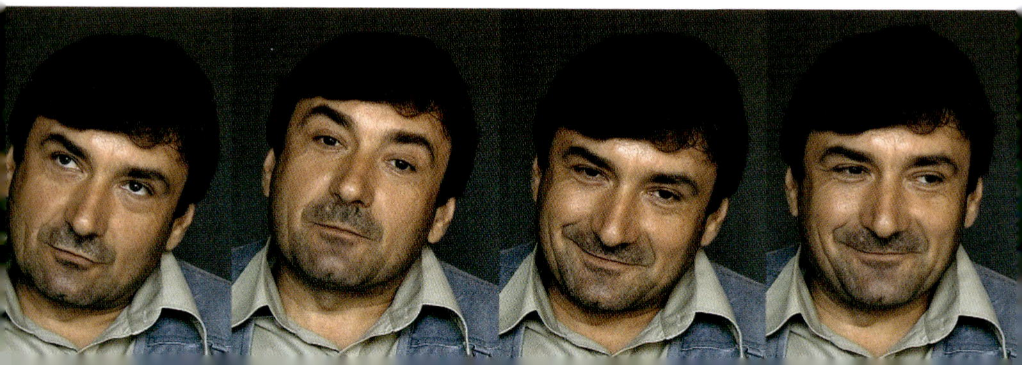

**Träume in der Gegenwart** / Mein größter Traum ist es, meine Bilder verkaufen zu können. Es geht mir hier nicht um das Geld, sondern einfach darum zu wissen, dass meine Bilder geschätzt werden und jemand dafür auch bezahlt … Ermutigende Worte, positive Kritiken und Beurteilungen habe ich schon bekommen, ich habe ganze Stöße von Zeitschriften und Zeitungen bei mir zu Hause. Aber wie ich Ihnen schon sagte, das alles ist wegen meines harten Lebens in der Kohlemine für mich noch nicht überzeugend.

**Natur** / Es gibt drüben bei Sureanu den sehr hohen Gipfel des Patru-Berges. Wir haben ihn gern bestiegen, sodass sich eine innige Vertrautheit mit dem Berg einstellte. Wir hatten das Gefühl, die Einzigen zu sein, die ihn eroberten, weil die Gegend – von den Schäfern mit ihren Herden abgesehen – menschenleer war. Vor einigen Jahren sahen wir plötzlich auf dem Berggipfel einen Jeep. Dieser Anblick war für mich ein Schock und eine Enttäuschung: Ich dachte, der Berg würde immer ein Privileg für diejenigen bleiben, die es wagen, ihn zu erobern, die ihn lieben und bis zu ihm hinaufgelangen. Ich habe dann verstanden, dass der Berg langsam zu einer banalen Angelegenheit wurde, die irgendjemand irgendwann und irgendwie mit dem Jeep erledigen konnte.

## Ich bin zu Hause geblieben, habe auf dem Bauernhof gearbeitet, dann in der Kohlemine, und so löste sich mein Traum in Wohlgefallen auf. In diesem Augenblick war er ausgeträumt.

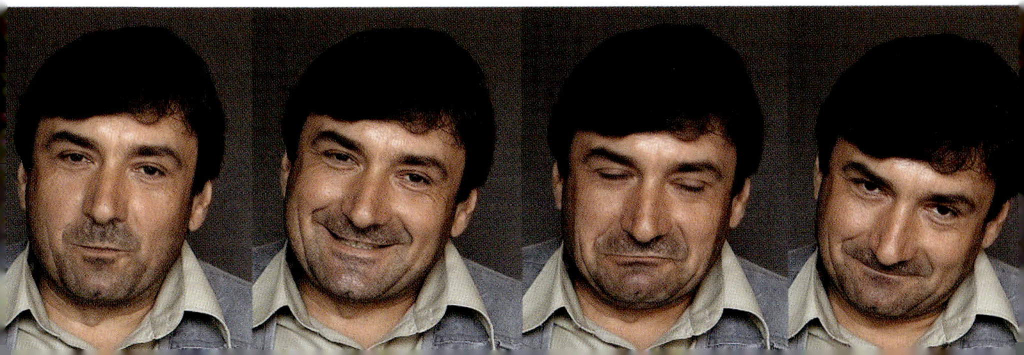

# Jincun

*Lebt in Yunnan, China*

## Es liegt nur an mir, mich anzustrengen und zu lernen.

**Porträt** / Ich heiße Jincun, bin 36 Jahre alt und in der Provinz Yunnan geboren. Ich stamme vom Lande, aus dem Dorf Chitin. Ich kam 1992 in die Hauptstadt Kunming und wohne seither dort. Ich bin verheiratet und habe hier in Kunming mein Heim.

**Arbeit** / Mein Vater starb, als ich acht Jahre alt war. Meine Mutter hat noch einmal geheiratet und ist weggezogen. Ich bin mit meinen älteren Geschwistern, einem Bruder und einer Schwester, zurückgeblieben. Wir waren sehr arm und konnten aus Geldmangel die Schule nicht besuchen. Mit 16 Jahren beschloss ich, meinem Bruder nach Kunming zu folgen, der dort Arbeit suchte. Ich war zuerst Haushaltshilfe bei einem Professor, betreute aber auch ältere Menschen ... Dann lernte ich eine Familie kennen. Ich blieb drei Jahre bei ihr und kümmerte mich um ihr Kind. Als es in die Schule kam, wollte ich etwas anderes machen. Ich begegnete dann einem deutschen Ehepaar, das ich als meine Adoptiveltern betrachte. Für sie arbeite ich jetzt schon zehn Jahre. Ich habe viel dazugelernt. Ich bin sehr glücklich. Sie haben mich überallhin mitgenommen, selbst ins Ausland. Heute habe ich ein schönes Leben. Ich betreue sie, und sie sorgen sich um mich, als wäre ich ihre eigene Tochter.

**Vom Leben erzählen** / Die Mentalität auf dem Lande ist nicht dieselbe wie in der Stadt. Sind die Kinder etwas älter geworden, dann denkt man, dass sie schon allein zurechtkommen und die Schule eigentlich nicht nötig haben. Das gilt vor allem für die kleinen Mädchen, die ihr Zuhause verlassen, wenn sie einmal verheiratet sind. Wir pflanzten Kartoffeln und Mais an. Ich habe meinen Geschwistern bei der Feldarbeit oder beim Holzsammeln geholfen. Wasser gab es im Haus nicht, wir mussten ungefähr eine halbe Stunde zu Fuß gehen, um es zu holen. Deshalb habe ich mich entschieden, in Kunming Arbeit zu suchen, um Geld zu verdienen, damit mein kleiner Bruder in die Schule gehen konnte ... Aber er war nicht gut in der Schule, und da er die Lebensbedingungen zu Hause nicht gerade toll fand, hat er mit der Schule aufgehört und kam zu mir in die Stadt.

**Armut** / Ja, die Armut ... Die Dorfbewohner haben früher nicht wirklich darüber nachgedacht, was sie dagegen machen können. Sie säten Kartoffeln aus, wenn es

Zeit war, und ernteten sie, wenn es Zeit war. Sie haben sich nie Gedanken darüber gemacht, ob es nicht andere Kartoffelsorten geben könnte, die vielleicht besser wären. Ich denke, heute ist das möglich. Selbst wenn du sehr arm bist, kannst du doch woanders schauen, wie dort die Bauern ihre Kartoffeln säen. Es tut mir leid, aber ich weiß nicht recht, wie ich es erklären oder sagen soll, was genau gegen die Armut unternommen werden soll. Wir müssen uns anstrengen, dann verbessert sich nach und nach die Situation.

**Lebensbedingungen** / Es ist schon eine Weile her, da reichte das Geld gerade so für das Essen, das aus den Grundnahrungsmitteln bestand. Ein einziges Mal im Jahr wurden Kleider gekauft: eine Hose und ein Hemd. Jetzt kann ich mir die Kleider und die Nahrungsmittel leisten, die ich mag. Ich verdiene zurzeit 1300 Yuan [120 Euro], und zusätzlich lädt mich das deutsche Ehepaar zum Essen ein und schenkt mir Kleider. Ich finde, das genügt. Eines Tages möchte ich das tun, was ich wirklich will: mich weiterhin um meine Adoptiveltern kümmern und ein kleines Restaurant eröffnen, in dem ich alle die deutschen Spezialitäten anbiete, die ich bei ihnen kennengelernt habe, wie Eis und Kaffee.

**Schule** / Heute fällt das Schulgeld weg, weil der Staat Zuschüsse gibt. Die Kinder haben wirklich Glück, sie können die Schule besuchen und sich Wissen aneignen. Das ist notwendig, sie müssen lesen und schreiben können, um möglichst viel zu lernen. Sie sind dann ein wenig klüger, wenn sie das Dorf verlassen, ganz im Gegensatz zu mir, aber ich hatte keine Wahl … Die Regierung hat uns früher nicht mit Geld unterstützt. Ich ging daher ohne Schulbildung nach Kunming, um Arbeit zu finden. Dabei stieß ich auf viele Schwierigkeiten. Ich sollte einfache Dinge schreiben, beispielsweise meinen Lebenslauf, aber das konnte ich nicht. Ich fragte mich, warum ich nie in einer Schule war. Dann fiel mir meine Kindheit ein und mir wurde klar, dass ich gar keine Wahl hatte. Aber es ist nutzlos, jetzt darüber traurig zu sein. Auch heute noch gibt es Eltern, die ihre Kinder nicht in die Schule gehen lassen, obwohl sie die Möglichkeit dazu hätten. Sie denken, ihre Kinder könnten es so machen wie ich und Arbeit in der Stadt suchen. Sie täuschen sich aber … Diese Zeit ist vorbei. Ohne Schulbildung geht nichts mehr, eine Anstellung ist aussichtslos.

**Ausbildung** / Je mehr du lernst, desto größer wird dein Verständnis der Dinge. Das fördert dich beträchtlich. Du stellst fest, dass es vieles gibt, was du vorher nicht gesehen hast, jetzt aber klar vor deinen Augen liegt. Eine Ausbildung ist etwas Schönes.

**Mit auf den Weg geben** / Mein Mann und ich können unser Kind in Kunming problemlos aufziehen. Wir gehen nicht in das Dorf zurück, sondern bleiben hier. In den Ferien nehmen wir es mit ins Dorf, damit es sieht, wie die Kinder auf dem Land leben, und damit es weiß, wie ich gelebt habe. Es wird schon den Unterschied zu Kunming feststellen. Ich werde ihm meine Lebensgeschichte erzählen. Ich bringe ihm bei, nichts zu verschwenden und auf materielle Dinge acht zu geben, weil ihr Besitz das Ergebnis harter Arbeit ist.

**Geld** / Geld an sich bedeutet nichts, aber es kann für dich sehr nützlich sein. Wer viel Geld hat, besitzt noch lange nicht alles. Ohne Geld ist das Leben sehr schwer, und mit Geld kommt es darauf an, wie man damit umgeht. Ich habe zurzeit nicht viel Geld… Hätte ich welches, würde ich nachdenken und einige Dinge anders machen. Aber da ich keines habe, denke ich nur an das, was ich wirklich tun kann.

**Stolz** / Am meisten stolz bin ich … auf mich. Ja, ich bin stolz auf mich. Da ich nicht viel weiß, kann ich nur von mir sprechen. Ich bin stolz auf mich, weil ich, ohne eine Ausbildung durch die Schule zu erhalten, vieles selbstständig gelernt habe und jetzt ein angenehmes Leben führe. Und wenn ich dann anderen Menschen, zum Beispiel den Bewohnern meines Heimatdorfes, helfen kann, dann finde ich das auch sehr gut.

**Botschaft** / Ich habe eine Botschaft für alle Menschen auf diesem Planeten. Wir müssen auf unser Leben aufpassen. Wir müssen weitere Fortschritte machen und nicht glauben, dass wir dazu nicht fähig sind. Wir müssen es immer wieder versuchen, damit wir wissen, wozu wir fähig sind. Wir dürfen nicht verzweifeln und sagen, das Leben sei sinnlos. Wir dürfen nicht in Traurigkeit verfallen und nicht mehr leben wollen. Ich hoffe, die Menschen denken wie ich. Vertrauen wir dem Leben und teilen wir alles miteinander. Ich kann auch von Ihnen lernen. Sie haben meine Lebensgeschichte gehört. Sie wissen, wie schwierig meine Lage war. Ich habe mich ständig bemüht weiterzukommen, um eines Tages ein besseres Leben zu haben. Ich hoffe, dass alle Menschen meine Auffassung teilen.

Wir müssen weitere Fortschritte machen und nicht glauben, dass wir dazu nicht fähig sind. Wir müssen es immer wieder versuchen.

# Mohammad Shoeb

*Lebt in Bangladesh*

## Ich möchte der ganzen Welt sagen, sie möge sich vorsehen, denn Bangladesh ist im Kommen!

**Porträt** / Ich heiße Mohammad Shoeb und bin 30 Jahre alt. Ich habe in den USA studiert und bin im Jahr 2005 nach Bangladesh zurückgekehrt. Dort übernahm ich das Familienunternehmen, das Kleider herstellt und zu 100 Prozent exportorientiert ist. Die Textilindustrie ist die Haupteinnahmequelle unseres Landes. Ich möchte gern Dokumentarfilmer werden, aber das geht jetzt nicht, weil ich meine ganze Kraft dem Familienunternehmen widmen muss und für anderes keine Zeit habe. Ich werde wohl noch zehn oder fünfzehn Jahre im Unternehmen arbeiten und mich dann dem Dokumentarfilm zuwenden.

**Von seinen Eltern lernen** / Von meinen Eltern habe ich die Ehrlichkeit gelernt, die ich auch meinen Kindern vermitteln möchte. Sie haben mir den Respekt vor älteren Menschen beigebracht. Ich habe gelernt, nicht abzuheben, weil ich während meines Aufenthaltes in den Vereinigten Staaten Pizzas ausgeliefert habe. Ich versorgte die großen Supermärkte. Ich habe erfahren, wie das wirkliche Leben aussieht. Ich weiß, was ein Arbeiter empfindet, weil ich selbst ein Arbeiter war. Ich verdanke diese Erfahrung meinem Vater. Er hätte mir mein Studium vollständig finanzieren können, und ich hätte nicht zu arbeiten brauchen. Aber er hat es nicht getan. Er forderte mich auf, im Ausland zu arbeiten und meinen Lebensunterhalt selbst zu verdienen. Das habe ich dann getan, und diese Erfahrung war für mich sehr lehrreich.

**Arbeit** / Bei meiner Arbeit hatte ich mehrere Vorgesetzte. Einige verhielten sich respektvoll, andere nicht. Das zeigte mir, dass die Leute sich dem Chef zuliebe bei der Arbeit mehr anstrengen, wenn er sympathisch ist. Sollte sich ein Chef mir gegenüber respektlos zeigen, dann habe ich keine Lust, morgens zur Arbeit zu gehen. Ich bin bei meiner Tätigkeit schlecht gelaunt. Wenn ich aber den Chef sehr schätze, dann stehe ich morgens früh auf und gehe motiviert zur Arbeit. Eine solche Einstellung sollten die Angestellten in meiner Firma haben. Meine Mitarbeiter müssen mich kennen und schätzen und ich sie, dann sind sie motiviert und arbeiten gern hier. Viele Vorgesetzte lassen sich gar nicht vor Ort blicken und suchen nicht das Gespräch mit ihren Angestellten, um zu erfahren, wie diese über ihre Arbeit denken.

**AUSBILDUNG** / Als Chef einer Kleiderfabrik habe ich damit begonnen, die Arbeiter über ihre verschiedenen sozialen Rechte aufzuklären. Mit einer informierten Arbeiterschaft fällt eine Zusammenarbeit leichter. Ich gebe ihnen ein Buch, und sie machen sich mit ihren Rechten vertraut. Bleiben die Arbeiter uninformiert, kennen sie ihre Rechte nicht. Ich gehe daher zu meinen Angestellten und sage ihnen: »Ihr habt das Recht, zu mir zu kommen, um Lohnverhandlungen aufzunehmen; ihr habt das Recht zu sagen: ›Nein, ich möchte in dieser Fabrik nicht arbeiten‹; ihr habt das Recht zu sagen ›Nein, ich werde nicht in Vollzeit arbeiten‹.« Das zu verstehen ist sehr schwer für sie, weil früher niemand mit ihnen über ihre Rechte gesprochen hat.

**ARBEITSBEDINGUNGEN** / Wir brauchen eine zufriedene Arbeiterschaft, damit wir zufriedenstellende Erzeugnisse herstellen. Deprimierte Arbeiter liefern deprimierende Ergebnisse. Ich kann Ihnen versichern, dass die Verhältnisse, die meine Mitarbeiter bei der Arbeit vorfinden, besser sind als die Verhältnisse bei ihnen zu Hause, wo sie vielleicht auf dem blanken Boden schlafen müssen, möglicherweise kein sauberes Wasser haben, und wo unter Umständen keine medizinische Versorgung für sie und ihre Kinder zur Verfügung steht. Ich sorge dafür, dass die Kinder meiner Arbeiter medizinisch versorgt werden. Ich habe ein Krankenhaus, und meine Arbeiter haben das Recht, den Arzt aufzusuchen. Stellt dieser fest, dass es sich um etwas Komplizierteres handelt, überweist er sie an den Arzt eines größeren Krankenhauses.

**TRÄUME IN DER GEGENWART** / Meine Träume ... Träume, die meine Person betreffen oder die Träume, die ich für mein Land habe? Ich habe viele Träume ... Mein Traum ist, dass jemand, der meine Fabrik betritt, es sich nicht zweimal überlegen muss, bevor er eine Bestellung aufgibt. Ich träume davon, dass meine Arbeiter eines Tages reich werden. Ich darf Ihnen dazu ein weiteres Beispiel erzählen. Manche Angestellten arbeiten seit 20 Jahren für mich. Sie kamen zu mir und sagten: »Herr Direktor, ich habe genügend Geld gespart, um ein Bankkonto eröffnen zu können. Aber ich weiß nicht, wie das geht.« Ich habe ihnen geholfen, ein Bankkonto zu eröffnen. Sie haben mir daraufhin Geschenke gekauft: »Vielen Dank, Herr Direktor, dafür habe ich gespart, das ist ein Geschenk für Sie.« Ich kann gar nicht sagen, wie ich das liebe ... Mein Traum ist daher, dass alle meine Angestellten Geld sparen können und mir solche Geschenke machen!

**SEIN LAND ÄNDERN** / Ich sehe, dass die Regierung in Bangladesh nur ihre eigenen Interessen verfolgt. Würde sie für die Interessen des Landes arbeiten, stünden wir besser da. Wenn ich die Chance hätte, Präsident zu werden, würde ich ihnen zeigen, wie das geht, weil es nicht schwierig ist. Als ich hier in dieser Fabrik angefangen habe, gab es nichts, keine Möglichkeit, soziale Forderungen zu erheben, selbst die Fließbandfertigung verlief nicht in gerader, sondern in gekrümmter Richtung. Ich ging zur Behörde und verlangte von ihr, Fließbänder in gerader Richtung zu installieren, Feuerlöscher aufzustellen und Bücher zu kaufen, in denen die Rechte der Arbeiter festgelegt waren. Ich habe die Mitarbeiter ermutigt, sich Neues anzueignen, Unternehmungsgeist zu zeigen und zu handeln. Innerhalb von sieben Jahren habe ich meine Fabrik so verändert, dass sie internationalen Standards entspricht. Wenn mir das in sieben Jahren gelungen ist, dann können wir dasselbe auch für unser Land zustande bringen, denn die Leute in meiner Fabrik sind die gleichen wie die auf der Straße. Was in einer Fabrik möglich ist, ist auch draußen auf der Straße möglich. Das Einzige, was wir tun müssen, ist, das Volk aufzuklären. Aber dazu brauchen wir echte Führungskräfte, und die fehlen uns.

**Glück** / Ich bin sehr glücklich, hier in Bangladesh zu sein und in der Textilindustrie zu arbeiten. Ich helfe nämlich nicht nur den 500 Arbeitern meiner Fabrik, sondern auch den Menschen, die von ihnen abhängen. Nehmen wir einmal an, eine Angestellte hat einen Ehemann und zwei Kinder sowie ihre eigenen Eltern. Schätzungsweise hängen also von jedem Arbeiter, den ich einstelle, noch fünf weitere Personen ab. Bei 400 Mitarbeitern sind das wahrscheinlich 2000 Personen, denen ich helfe. Ich denke, das ist eine gute Sache. Ich mag das. Wenn ich mehr machen könnte, würde ich es tun. Es macht mich wirklich glücklich, wenn ich diesen Menschen helfe, besser zurechtzukommen.

**Eine Lektion des Lebens** / Eine Lektion, die mir das Leben erteilt hat: Letztes Jahr habe ich einer Mitarbeiterin eine Nähmaschine geschenkt. Vom Hörensagen weiß ich, dass sie aus ihrem Haus eine kleine Kleiderfabrik gemacht hat. Sie hat jetzt vier Nähmaschinen und stellt alle Kleider für die Menschen in ihrem Gemeinwesen her. Sie hat dadurch eine weitere Einnahmequelle. Die Lektion des Lebens heißt, nie zu sagen, eine Sache sei völlig aussichtslos. Wenn es ein unscheinbarer Mensch mit ihrer Hilfe schafft, dann kann aus ihm ein ganz Großer werden.

**Botschaft** / Ich möchte der ganzen Welt sagen, sie möge sich vorsehen, denn Bangladesh ist im Kommen!

Innerhalb von sieben Jahren habe ich meine Fabrik so verändert, dass sie internationalen Standards entspricht. Wenn mir das in sieben Jahren gelungen ist, dann können wir dasselbe auch für unser Land zustande bringen, denn die Leute in meiner Fabrik sind die gleichen wie die Leute auf der Straße.

# Glück

—

Ich habe eine besondere Auffassung vom Glück. Alle Menschen, wo sie auch leben, haben ein Recht auf Glück und Unglück. Es wäre nicht schlecht, wenn es für das Glück ein Thermometer geben würde … Ich bin überzeugt, dass in einem von allen Menschen getragenen Messgerät für das Glück die Kurve ebenso schnell steigen wie fallen wird. Das gilt für jeden Teil der Welt. Ich möchte noch einmal betonen, dass jeder ein Recht auf Unglück und seine persönlichen Glücksmomente hat. Die Leute jedoch glauben, dass die eine Hälfte des Planeten unglücklich und bedauernswert ist und die andere Hälfte steinreich und überglücklich.

**MANI** — *Mali*

←

Meiner Meinung hängt das von den jeweiligen Tagen ab. Es gibt Tage, da bin ich glücklich, und solche, da bin ich es überhaupt nicht, sondern fühle mich todunglücklich. Das kommt nicht einfach so über uns oder vielleicht doch, denn manche Menschen bringen von Geburt an eine Veranlagung für das Glück mit. Es gibt Menschen, die mehr oder weniger Glückskinder sind. Ich würde sagen, das Glück lässt sich im Alltag finden, aber nicht ohne Anstrengung, denn es ist uns nicht geschuldet, und es bleibt nicht ein für alle Mal.

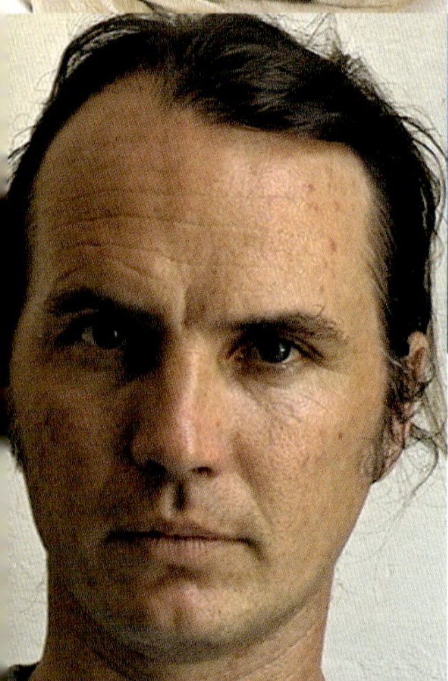

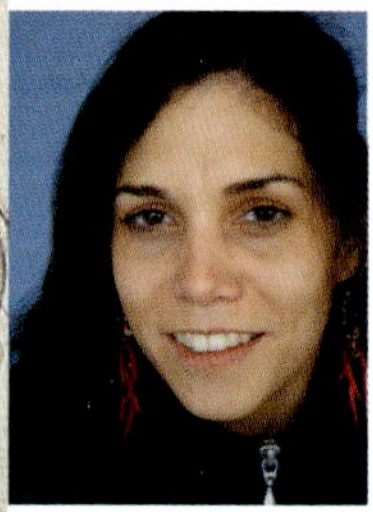

← **CÉCILE** — *Frankreich*

← Ein Schüler fragte den Meister: »Meister, was ist das Glück?« Der Meister antwortete: »Weißt du, das Glück ist wie ein kleiner Schmetterling. Wir sind immer hinter ihm her, um ihn zu fangen. Und wenn wir erschöpft das Rennen aufgeben, dann kommt der kleine Schmetterling und setzt sich auf unsere Schulter.« Das Glück stellt sich ein, wenn wir es am wenigsten erwarten.

**ROBERTO** — *Kuba*

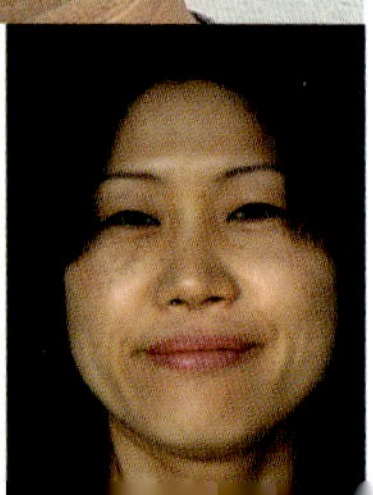

Das Glück ist ein kleiner Vogel, der hoch oben fliegt … er ist kaum erreichbar. Das Glück ist praktisch etwas Absolutes, das wir selten erreichen.

← **ILUMINADA** — *Kuba*

Was ist Glück? Es stellt sich ein, wenn wir das Neue in allem, was wir im Alltag tun, sehen können, und wir wieder beginnen, als wäre es das erste Mal.

**TOMMASO** — *Italien* →

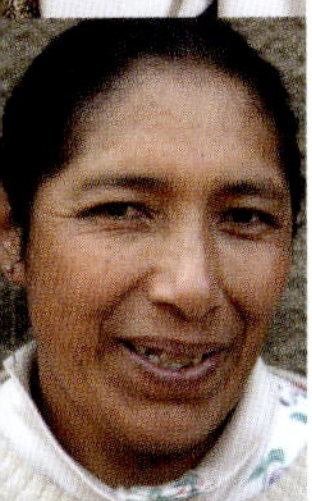

Es sind die unscheinbaren Dinge, die das Glück ausmachen. Ich baue gerade einen Stall. Manchmal steige ich auf das Baugerüst und höre den Wind, der mir durch die Haare streicht: Hui! Ich bin das Zwanzigstel einer Sekunde glücklich. Ich schaue meine Frau an, wenn sie mich nicht sieht, und betrachte ihr Gesicht: Oh! Ein Glücksmoment. In der Männerwelt gibt es für mich solches Glück nicht, ich kenne dort überhaupt kein Glück.

**CHARLES** — *Kanada* →

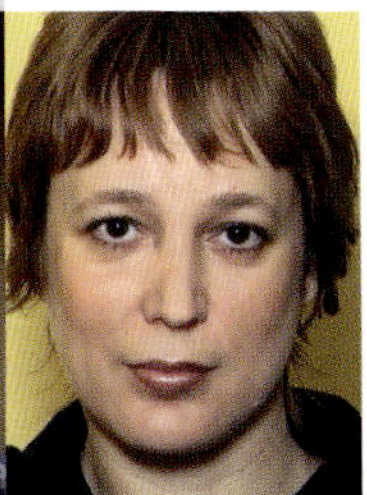

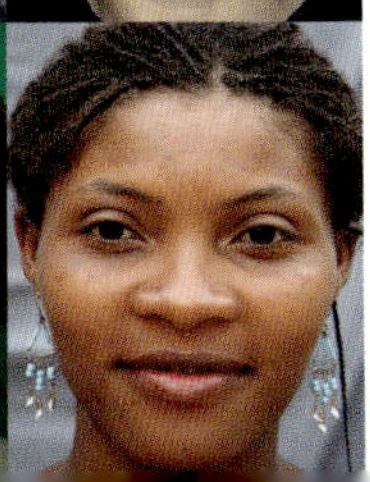

← Ich bin nicht 24 Stunden lang glücklich. Ich lebe nicht in einem immerwährenden Glückszustand. Ich würde dann erstarren. Ich bin ein Mensch, der die Aktivität liebt, die Widersprüche und die Vielfalt. Ich liebe die Begegnungen mit Menschen, die Unterschiede. An ein statisches Glück glaube ich nicht. Es käme mir so vor wie ein Erlebnis, das für immer auf einer Fotografie fixiert ist. Das Glück zeigt sich in einzelnen Momenten, nicht aber ganze 24 Stunden.

**ANGELA** — *Spanien*

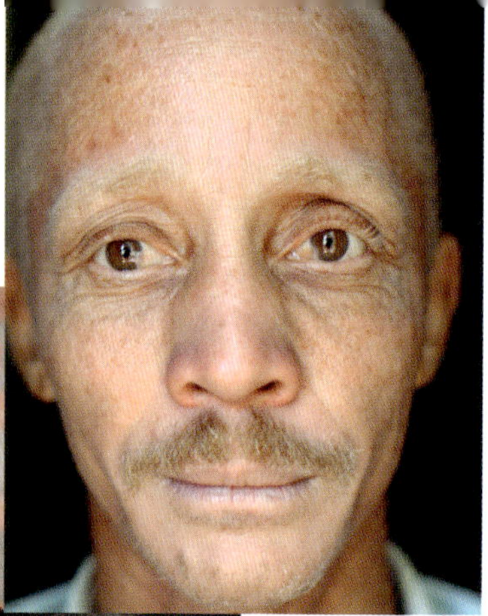

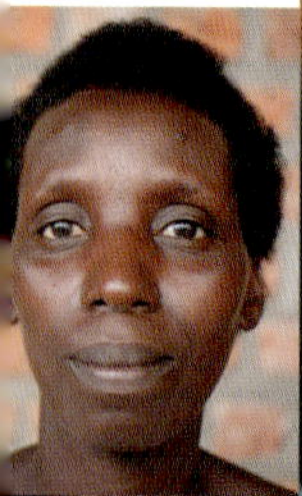

Das Glück steckt in den kurzen Momenten des Lebens ... Sie sind oft so kurz, dass du sie gar nicht bemerkst, und dann ist es schon zu spät. Nur diese wirklich kurzen, unendlich kurzen Momente des Glücks sind uns im Leben zugeteilt, weil meiner Ansicht nach kein einziger Mensch ein unbegrenztes Glück kennt.

← **JORGE LUIS** — *Kuba*

Kann ich heute sagen, dass ich glücklich bin? Nein, Glück ist etwas, das ich nicht kenne. Ich kann nur sagen, dass es mir gut geht. Ich bin mit mir im Reinen, ich tue, was ich will, und bin sehr frei ... Aber zu sagen, dass ich glücklich bin, nein, das nicht. Ich wäre glücklich, wenn die Menschen, die mir nahe stehen, das ewige Leben hätten, aber das gibt es nicht. Darum kann ich nicht von Glück sprechen.

← **FRANÇOIS** — *Korsika, Frankreich*

Ich habe so wunderbare Momente erlebt, aber die besten Momente werden nicht immer sofort als die besten erkannt. Es ist schon tragisch, du empfindest sie nicht unmittelbar ... Manchmal ist es der beste und glücklichste Moment in deinem Leben, weil du vielleicht zum ersten Mal manche Aspekte deines Lebens bewusst, aufmerksam und ehrlich zur Kenntnis nimmst. Das Leben ist kein Problem, das wir lösen müssen, sondern ein zu erforschendes Geheimnis. Ich weiß daher immer noch nicht, welches der beste Moment in meinem Leben ist, und ich bin felsenfest davon überzeugt, dass er noch kommen wird. Ich warte weiter auf ihn. →

**MARTIN** — *Los Angeles, Vereinigte Staaten*

Das Glück ist für uns so kostbar, weil wir auch unglückliche Momente erlebt haben. Wenn wir immer nur fröhlich sind, hören wir auf, Fragen zu stellen. Ich glaube, ohne Nachdenken droht uns die Dummheit. So jedenfalls verstehe ich die Freude und das Glück.

← **ZUOGI** — *Yunnan, China*

Unwissende Menschen sind wie Leute, die im Dunkel der Nacht herumlaufen. Es ist keine Nacht mit dem Schein des Mondlichts, sondern eine Nacht ohne Mond, eine pechschwarze Nacht! Wer über Wissen verfügt, dem erscheint alles in einem anderem Licht. Er gewinnt an Weitblick, alles ist einfach. Mein Wunsch ist es, dass meine Kinder es in ihrem Studium so weit wie möglich bringen. Ich gebe meine ganzen Ersparnisse für sie her, damit sie zu diesen Wissenden gehören. Wenn ich sie so anschaue, dann bin ich glücklich, selbst wenn ich eine Unwissende bin.

**DY** — *Kambodscha*

↓

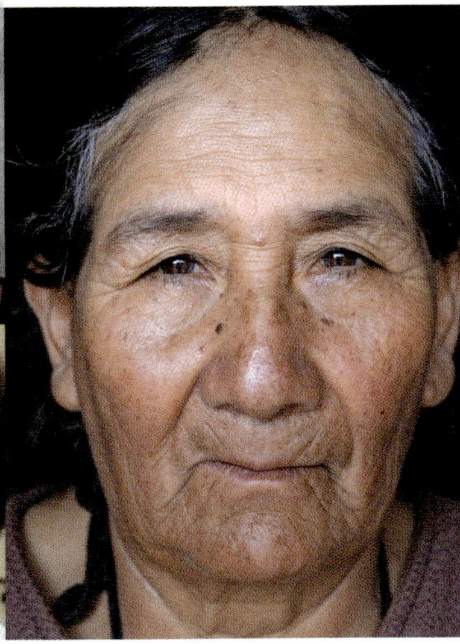

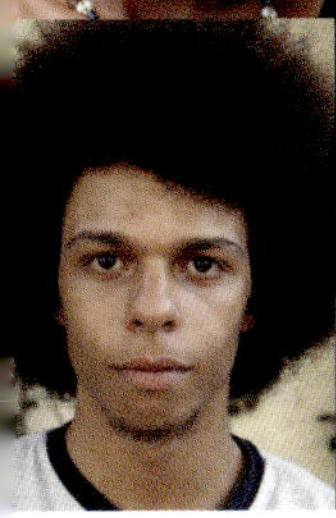

↑

Glücklich bin ich dann, wenn meine Pfirsichbäume gut gedeihen, und ich für den Verkauf meiner Pfirsiche Geld bekomme ... So sieht mein Glück aus.

**SUSANA** — *Bolivien*

Die Tatsache, dass ich über Wasser verfüge, das die Grundlage für alle menschlichen Tätigkeiten ist, macht mich glücklich. Die Leute kommen alle wegen des Wassers zu mir. Ich bin auch darüber glücklich.

← **ADELINE** — *Madagaskar*

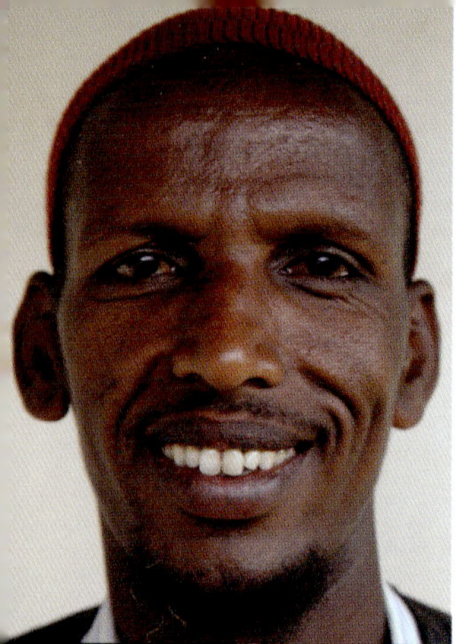

Früher haben wir in der Stadt ferngesehen. Jetzt habe ich das Fernsehen bei mir daheim! Ich schaue mir an, was draußen vor sich geht. Das geht jetzt sehr leicht. Ich besitze außerdem ein Handy und habe Satellitenfernsehen. Ich bin sehr glücklich, dass ich das alles besitze.

← **ISSE** — *Äthiopien*

↑

Ich bin glücklich, wenn ich schlafe. Beim Aufwachen geht mir vieles durch den Kopf, meine Sorgen und zusätzlich die der anderen. Diese Gedanken lösen sich beim Einschlafen auf. Dann bin ich glücklich. Ich muss aufwachen, wenn meine Frau und die Kinder zu mir kommen oder wenn ich auf den Feldern gebraucht werden. Aber mein Schlaf ist reines Glück.

**MUNIYAPPA** — *Südindien*

← Wenn es 17 Uhr ist, dann ist das mein bevorzugter Augenblick. Es ist Nacht. In meinem Dorf gibt es kein Licht mehr. Der Tag ist vergangen und mit ihm die Sorgen. Wir brauchen nur noch ans Schlafen denken.

**ELYSE** — *Demokratische Republik Kongo*

Wir waren auf dem Weg in die Frauenklinik, als bei meiner Tochter die Wehen einsetzten. Sie wurden immer stärker …, und als sie sich hinlegte, hielt ich das Baby schon in meinen Händen. Das ist das Schönste, was es auf dieser Welt gibt. Ich wiegte es sanft hin und her und dankte Gott, dass er diesem Baby das Leben geschenkt hatte … Das ist das Allerschönste … In seinen Händen ein neugeborenes Kind zu halten.

**ROSEMARIA** — *Brasilien*

→

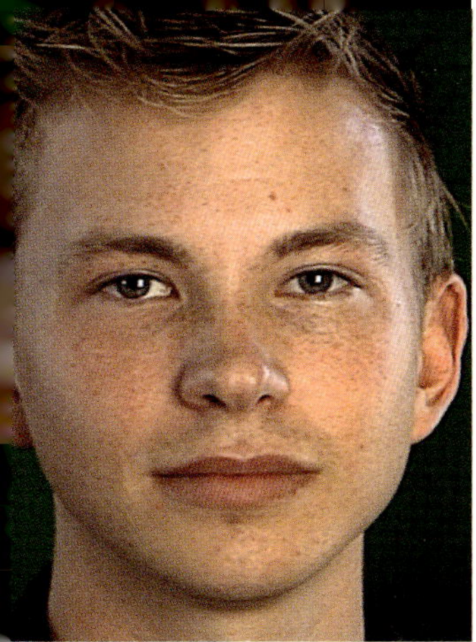

Im Irak habe ich den schönsten Moment meines Lebens erlebt. Auf dem Stützpunkt gab es Iraker, die kein Englisch sprachen. Ein irakischer Vater kam mit seinem Sohn, um Elektroreparaturen durchzuführen. Zum Mittagessen saßen wir jeden Tag zusammen und sprachen über alles Mögliche. Ich sprach Englisch, und sie antworteten auf Arabisch. Manchmal machten wir Zeichnungen, aber sonst haben wir uns gut verstanden. Ich stellte fest, dass die Sprache kein Hindernis ist, und auch verschiedene Sprachen die Kommunikation nicht behindern. Als ich das begriffen habe, hat sich mein Leben verändert.

← **RICK** — *Los Angeles, Vereinigte Staaten*

Ich war zutiefst bewegt und überglücklich, als die Mauer in Berlin fiel. Ich werde nie vergessen, als wir eng aneinander gedrängt auf der Mauer beim Checkpoint Charlie saßen und ungläubig sahen, wie die Grenze sich öffnete und die Ostberliner zu Tausenden zum Grenzübergang Friedrichstraße strömten.

← **PETER** — *Deutschland*

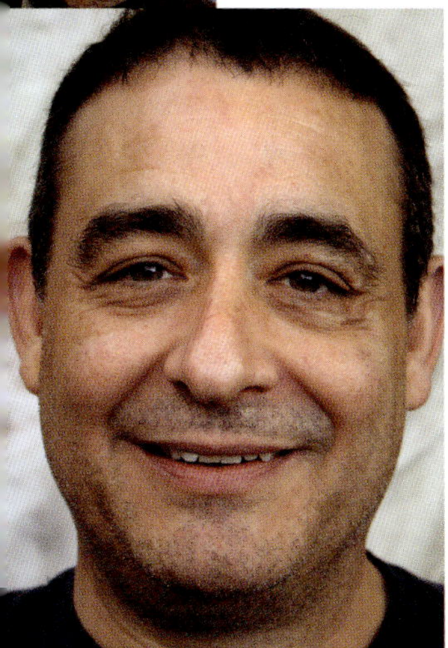

Eine Woche später, nachdem der Hurrikan Katrina New Orleans verwüstet hatte, kam ich in die Stadt zurück und stellte fest, dass mein Haus nicht betroffen war. Es war unbeschädigt und in genau dem Zustand, in dem ich es verlassen hatte. Das war der schönste Moment in meinem Leben. Als ich sah, dass alles in Ordnung war, empfand ich eine solche Erleichterung und ein solches Glücksgefühl, wie ich sie noch nie gekannt habe.

← **JAMIE** — *New Orleans, Vereinigte Staaten*

Ich bin glücklich, weil mir die Flucht nach Spanien gelungen ist und ich hier nach und nach einen Weg finden kann, um meine Träume zu verwirklichen. Aber ich habe ein Problem: es ist psychologischer Natur, weil ich getrennt von meiner Familie lebe. Ich frage mich, wie es ihr geht und wie meine Eltern und meine Freundin ohne mich auskommen. Psychologisch gesehen spüre ich in mir eine Leere, die jemand so ausgedrückt hat: »Die Abwesenheit ist das größte Übel; nur ein einziger Mensch fehlt dir, und die Welt ist leer.« Das leuchtet ein. Und darunter leide ich zurzeit.

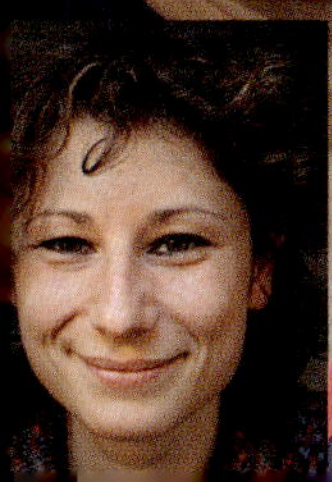

← **JOSEPH** — *Flüchtling aus Kamerun, Melilla, Spanien*

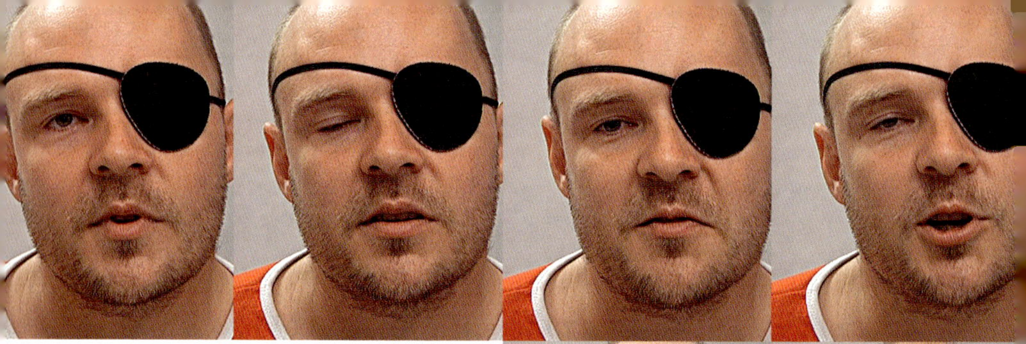

Alles ist möglich – vergesst es nicht und glaubt daran.

**BJÖRN** — *Schweden*

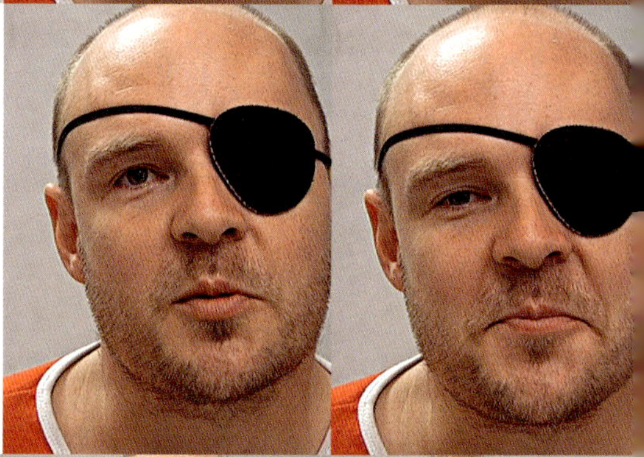

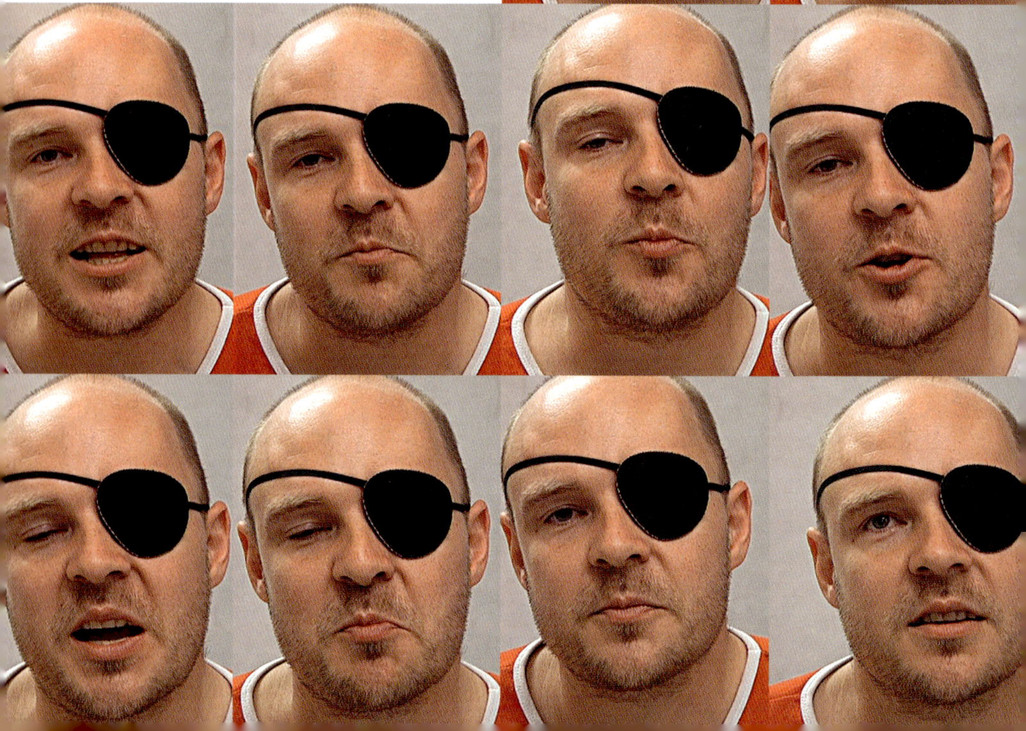

# Björn

*Lebt in Schweden*

## Ich glaube an das Leben und glaube, dass die Seele nicht stirbt, sondern umherschwebt – das ist meine Religion.

**Porträt** / Ich heiße Björn, bin Schwede und wohne in Stockholm. Ich bin 37 Jahre alt. Meine große Leidenschaft ist das Fotografieren, das ich auch als Beruf ausübe. Es ist toll, Fotograf zu sein, wenn man wie ich doppelt sehen kann. Vor ungefähr zehn Jahren hatte ich in New York, wo ich damals wohnte, einen Autounfall, und seitdem werde ich für den Rest meines Lebens doppelt sehen. Es ist einfach großartig, Fotograf zu sein und doppelt soviel Dinge zu sehen wie andere Menschen.

**Kindheitsträume** / Mein größter Traum in der Kindheit war es, Bauarbeiter oder Fahrer von großen Müllwagen zu sein. Ich wollte mit den Händen arbeiten und mich schmutzig machen. So habe ich einen großen Teil meiner Kindheit damit verbracht, Hütten und kleine Autos zu bauen. Ich glaube, in unserer Garage standen insgesamt 17 kleine Autos. Ich wollte Dinge herstellen und mich schmutzig machen.

**Träume in der Gegenwart** / Mein größter Wunsch? Ich bin Fotograf, für diesen Beruf würde ich durchs Feuer gehen. Ich möchte mithilfe der Kunst und der Fotografie die Welt ein wenig besser und das Leben möglichst schöner machen. Ich finde, das genügt. Ich glaube nicht, dass ich unrealistische Träume habe, die meine Möglichkeiten übersteigen.

**Glück** / Ich bin mit dem Leben, das ich gerade führe, überglücklich. Bei einem schweren Autounfall hatte ich einen Schädelbruch, 30 Prozent meiner Gehirnmasse waren verloren, alle Knochen waren gebrochen, und ich lag im Koma. Ich habe überlebt. Jetzt bin ich glücklich, weil sich meine berufliche Karriere gut anlässt und ich eine Partnerin habe, die sehr viel Freude und Harmonie in mein Leben bringt.

**Angst** / Mir fehlt jene Art von Angst, die andere Menschen empfinden. Manchmal wünschte ich mir, ängstlicher zu sein. Eine meiner wichtigste Unternehmungen in den vergangenen Jahren war eine Fahrradfahrt nach meinem Unfall. Ich fuhr mit meiner Augenklappe auf dem Broadway mitten im Verkehrsstau am Abend. Mir machte das Spaß. Angst dabei habe ich leider nicht.

**Schicksalsschlag** / Sie kennen ja schon den schwersten Schicksalsschlag in meinem Leben. Das war zweifellos die Zeit der Rehabilitationsmaßnahmen nach meinem Unfall. Beim Überqueren einer Straße in New York wurde ich von einem Auto überfahren und lebensgefährlich verletzt. Ich wirbelte durch die Luft, brach mir alle Knochen, die man sich nur brechen kann, und fiel für einige Wochen ins Koma. Die Zeit, die ich für eine Rückkehr ins Leben brauchte, war sehr lehrreich und wahrscheinlich das Beste, was mir in meinem Leben widerfahren ist. Natürlich bereitet mir die Motorik noch einige Probleme, und den Stockholmer Marathon werde ich wohl nicht mitlaufen können – ich bin ihn übrigens auch schon vorher nicht gelaufen –, vielleicht bin ich auch beim Bergsteigen oder Bergwandern nicht unter den Ersten, aber was ich an Weisheit und distanzierter Haltung dem Leben gegenüber dazugelernt habe, das zählt zu den besten Dingen in meinem Leben.

**Liebe** / Was mir die Liebe bedeutet? Eine schwierige Frage ... Die Liebe ist etwas sehr Wichtiges. Anja und ich, wir haben uns über das Internet kennengelernt. Wir waren zwei verlorene Seelen, die einander begegnen wollten, und das schien uns ganz natürlich zu sein. Wir haben die gleichen Interessen, und der schönste gemeinsam verbrachte Urlaub war eine Reise mit meinem Volkswagen Van auf die Insel Gotland. Wir machten Halt an einer Zementfabrik in der Nähe von Site. Zwischen Mitternacht und fünf Uhr morgens haben wir nur Fotos von dieser Zementfabrik gemacht. Es gibt nur wenige Menschen, mit denen ein solch ungewöhnlicher Ausflug möglich ist. Wir haben dieselben leidenschaftlichen Interessen und teilen unsere Neugier an den Dingen des Lebens.

**Lachen** / Ich lache sehr oft zusammen mit meiner Freundin Anja. Wir pflegen uns auch vorzusingen, wobei ich vor allem ihr vorsinge, weil ich noch schlechter singe als sie. Ich weiß nicht, wann ich zum letzten Mal gelacht habe. Ich lache oft, ich lebe im Augenblick und weiß zwei Sekunden später nicht mehr, warum ich gelacht habe.

**Wut** / Was mich wirklich ärgert ... Ich kann mich an nichts erinnern ... Doch, das geschieht, wenn ich meine Augenklappe trage. Wegen meines Unfalls werde ich von den Leuten ganz anders behandelt, als wäre ich nicht so stark, nicht so normal und so cool wie die Menschen auf dem Stureplan in Stockholm, als hätte ich eine Behinderung. Ich werde nicht ernst genommen.

**Gott** / Ich bin kein Atheist, ich glaube aber an keine Religion, ich glaube nicht an Buddha und alle diese Dinge, ich glaube an mich. Ich glaube an das Leben und glaube, dass die Seele nicht stirbt, sondern umherschwebt, aber fest an die Materie gebunden ist – das ist meine Religion. Natürlich kann der Körper nicht einfach in einen Düsenjäger springen und jede Menge Kohlendioxid produzieren, während seine Seele ihn verlässt und die nächste Person aufsucht. Aber auf die eine oder andere Weise geht die Seele irgendwohin. Es ist ein physikalisches Gesetz, dass

Energie nicht verloren geht, und sogar in der Seele gibt es Energie. Daher bleibt die Energie erhalten. Ich glaube, Newton hat das entdeckt.

**Botschaft** / Alles ist möglich – vergesst es nicht und glaubt daran! Lebt in der Liebe und erinnert euch daran, dass alles möglich ist. Ich habe schwere Kopfverletzungen erlitten, als ich in New York wohnte. Ich war immer in Eile, genoss das Leben in vollen Zügen, so wie es in allen Filmen über New York zu sehen ist, habe nichts ausgelassen und wurde von einem Auto überfahren. Ich fiel ins Koma, war bewusstlos, hatte alle Knochen gebrochen. Von allen Seiten hörte ich: »Du wirst nie mehr laufen können, grundlegende Verrichtungen kannst du nie mehr allein machen, und beim Anziehen bist du für dein ganzes Leben auf Hilfe angewiesen.« Ich habe auf diese Stimmen nicht gehört, denn ich wusste von Anfang an, dass alles möglich war. Als mir gesagt wurde: »Björn, heute lernst du die Treppe hinuntergehen, ohne dich am Geländer festzuhalten«, da hatte ich schon heimlich seit zwei oder drei Wochen geübt. Die Leute haben mir seit jeher gesagt, dass ich wegen meiner Dickköpfigkeit schwer auszuhalten sei. Ab und zu ist das von Vorteil. Glaubt an euch, glaubt an das Leben.

Ich brach mir alle Knochen, die man sich nur brechen kann, und fiel für einige Wochen ins Koma. Die Zeit, die ich für eine Rückkehr ins Leben brauchte, war sehr lehrreich und wahrscheinlich das Beste, was mir in meinem Leben widerfahren ist.

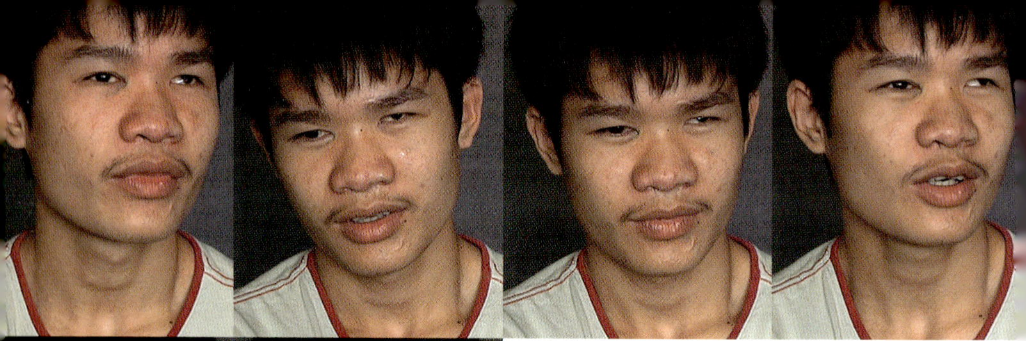

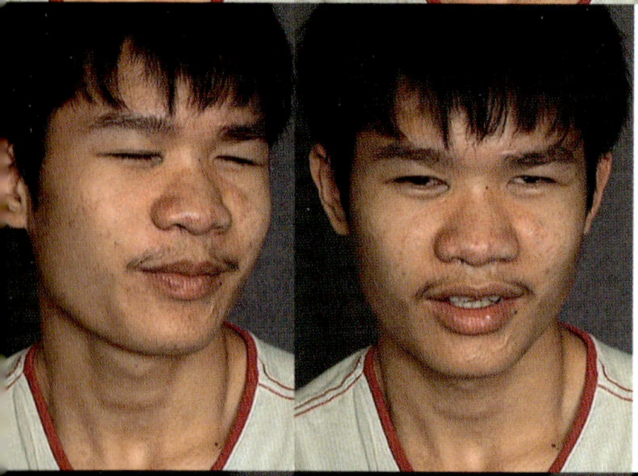

Selbst als Behinderte bleiben wir doch Menschen.

**PHONGSOVATH** — *Laos*

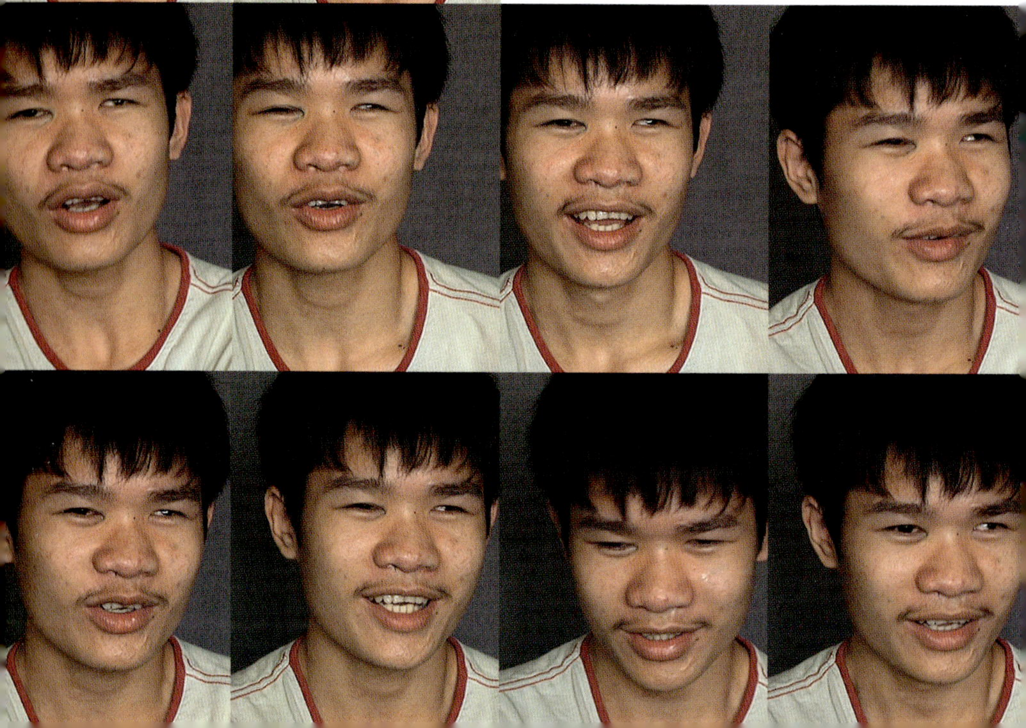

# Phongsovath

*Lebt in Laos*

## Meine Wertschätzung und meine Würde wurden durch die Explosion dieser Bombe zerstört.

**Porträt** / Guten Tag, ich heiße Phongsovath, bin 19 Jahre alt und komme aus Vientiane in Laos. Ich bin Mitglied der Organisation Handicap International, die sich für das Verbot von Streubomben einsetzt. Ich bin wegen einer solchen Bombe behindert.

**Schicksalsschlag** / Ich war in einer ehemaligen vietnamesischen Militärkaserne in der Schule. Auf dem Nachhauseweg sah ein Schulkamerad eine Bombe. Er ging zu ihr hin. Da ich zweifelte, ob es wirklich eine Bombe war, wollte ich sie sehen und nahm sie in die Hand. Ich lief meinen Freunden hinterher und schraubte den Kopf der Bombe ab, um zu sehen, was darin war. Dann kam, was kommen musste. Die Bombe ging mit ungeheurem Lärm hoch. Meine beiden Hände wurden zerfetzt, und ich konnte auf der Stelle nichts mehr sehen. Die Bombe explodierte, ohne dass mich etwas gewarnt hätte; vor der Explosion habe ich kein Geräusch vernommen. Als ich wieder zu mir kam, spürte ich einen brennenden Schmerz, ich hörte nichts mehr, ich sah nichts, wusste aber noch nicht, dass ich erblindet war. Die Menschen um mich herum sagten mir nicht, was passiert war. Meine beiden Händen waren glühend heiß, ich hatte das Gefühl, dass sie sich langsam auflösten. Das war so schmerzhaft, als würden beide Hände in einer Feuersglut liegen. Da um mich herum Dunkelheit herrschte und ich nicht gut hörte, sagte ich mir, dass ich wohl träumen würde. Ich kämpfte darum, mich aus diesem Traum zu befreien. Das war unmöglich, weil es sich – wie ich feststellen musste – um eine Realität handelte ... meine Realität.

**Lebensbedingungen** / Einen Monat später beschloss mein Vater, mich aus dem Krankenhaus zu holen. Die Ärzte waren dagegen, weil meine Arme noch furchtbar bluteten und meine Verbände feucht und blutverschmiert waren. Ich musste daher mit meinem Vater nach Hause zurückkehren und mich mehr schlecht als recht zurechtfinden. Eine Woche lang half mir meine große Schwester. Schließlich wurde ich von allen im Stich gelassen, weil sie sich vor mir ekelten. Kein einziger Mensch hat sich um mich gekümmert, ich musste alles allein machen, obwohl meine verbundenen Arme fürchterlich weh taten. Und doch musste ich mir selbst das Essen zubereiten, mich allein waschen und ankleiden, ja selbst die Wäsche selber waschen ... Ich tat, was ich konnte, aber es war ziemlich kompliziert. Bis heute habe ich es geschafft, mich zurechtzufinden und ich kann für mich selbst sorgen. Ich kann zum Beispiel telefonieren und einen CD-Spieler bedienen, um Englisch zu lernen. Ich kann vieles selber machen, aber eines kann ich nicht: einen Beruf erlernen, um meine Bedürfnisse zu befriedigen und meinen Lebensunterhalt zu verdienen. Das ist ein wirklich schwieriges Problem. Ich weiß nicht, was ich machen soll.

**Solidarität** / Ich habe viel Geld für die Behandlung ausgeben müssen. Ich kann nicht mehr schreiben und habe bei diesem Unfall das Augenlicht verloren. Ich bin ziemlich wütend und tief enttäuscht. Ich hatte schreckliche Schmerzen im Krankenhaus und war sehr mitgenommen. Die Menschen in meinem Umfeld und meine Freunde haben sich nach und nach zurückgezogen, ich ekelte sie an und stieß sie ab. Meine Wertschätzung und meine Würde wurden durch die Explosion dieser Bombe zerstört. Jedes Mal, wenn ich um Aufnahme in eine Schule gebeten habe, wurde ich zurückgewiesen, keine Schule wollte mich. Niemand dachte daran, meine weitere Ausbildung zu unterstützen. Keine Organisation wollte meine Behinderung anerkennen, da ich es in ihren Augen ja doch nicht schaffen würde. Später hat mir Handicap International ein wenig geholfen. Selbst wenn ich sehr viel Hilfe von anderen Menschen erhalte, alles bekomme ich nicht. Ich danke der Organisation, die mich unterstützt hat, und hier vor allem Kim, einer Amerikanerin, die für Handicap International arbeitet. Sie hat mir sechs Monate lang das Schulgeld in Höhe von 50 Dollar [38 Euro] für eine Behindertenschule in Thong-Pong bezahlt. Sonst hätte mich die Schule nicht aufgenommen. Danach musste Kim wieder in ihr Land zurückkehren. Da fühlte ich mich hilflos, verlassen und seelisch gebrochen. Ich musste wieder ein emotionales Tief durchmachen.

Die Bombe übt weiterhin ihre zerstörerische Wirkung aus. Ein menschliches Umfeld habe ich nicht mehr. Ich werde abgelehnt.

**Gesundheit** / Ein Arzt von No Bird [Medizinprofessoren aus Afrika, die für Handicap International arbeiten] sagte mir, dass als Folge dieser Explosion mein Skelett kein stabiles Gleichgewicht mehr hätte und mein Gesicht entstellt sei. Mein Intelligenzquotient hat sich verringert … Er ist niedriger als der eines normalen Menschen. Soweit ich mich noch erinnern kann, ging früher wirklich alles leicht und glatt vonstatten. Wenn ich jetzt sprechen will, muss ich mich ganz stark konzentrieren und richtig anstrengen. Ich kann noch mit meinen restlichen Fähigkeiten denken. Die Bombe übt weiterhin ihre zerstörerische Wirkung aus, sie zerstört mein soziales Leben, ein menschliches Umfeld habe ich nicht mehr. Ich werde abgelehnt.

**Träume in der Gegenwart** / Mein Traum wäre, dass alle die Menschen, die mir nahe standen, wieder zurückkommen und mich lieben, alles mit mir teilen und mich so wie früher schätzen. Auch wenn meine Behinderung sehr vieles schwieriger macht, sollten wir doch versuchen zu tun, was wir können, bevor es zu spät ist. Es stimmt, dass ich jetzt behindert bin, aber ich habe immer noch Lust, mich wie ein normaler Mensch zu entwickeln, auch wenn ich weiß, dass ein Erfolg sehr viel schwieriger zu erringen sein wird als früher. Viele Wege stehen mir für meine weitere Entwicklung nicht offen, aber ich lasse in meinem Kampf nicht nach, um eine Möglichkeit zu finden, mir eine Zukunft aufzubauen.

**Freude** / Ich war sehr gerührt, als Kim mir empfohlen hatte, einen Tanzsaal aufzusuchen. Die Personen dort waren sehr überrascht, als sie meinen körperlichen Zustand sahen. Wegen meiner doppelten Behinderung glaubten sie nicht, dass ich viel zustande bringen würde. Aber sie wagten es nicht, mich abzulehnen, weil Handicap International Partner dieser Tanzschule für Behinderte war. Zwei oder drei Monate lang bin ich dorthin gegangen, und dann habe ich in einer Vorstellung gezeigt, was ich gelernt hatte. Sie waren davon sehr angetan und gerührt. Sie stellten mich auf der Tanzfläche in die erste Reihe, weil ich für sie der beste Tänzer war. Das ist mit das Beste, was mir im Leben passiert ist. Ich verdiene damit zwar kein Geld, aber ich bin stolz darauf, dass ich tanzen kann. Den Zuschauern bereitet es Vergnügen, mich tanzen zu sehen. Ich freue mich sehr, wenn ich am Ende jeder Vorstellung den Applaus der Zuschauer höre. Das trifft mich ins Herz. Zu wissen, dass ich andere Menschen so motivieren kann, das bringt meinem Kopf Erleichterung, denn vor lauter Schmerzen am ganzen Körper habe ich ständig das Gefühl, mein Gehirn platzt. Der Applaus beruhigt mich. Das ist das Schönste, was ich sagen kann: Der Beifall verschafft meinem Kopf große Linderung. Dadurch kann ich weiter vorankommen, das ist wie eine Behandlung, die mir hilft, gesund zu werden.

**Botschaft** / Ich fordere alle Länder auf, die noch nicht den Landminen-Vertrag anerkannt und ratifiziert haben, sich doch bitte diesem Vertrag anzuschließen und ihre Hilfe bei der Räumung von Landminen und Streubomben anzubieten. Unterstützt die Minen- und Streubombenopfer. Hören wir auf, uns gegenseitig mit Bomben zu töten. Das ist eine Katastrophe und völlig sinnlos. Als denkende Menschen sollten wir uns zusammensetzen und bei Auseinandersetzungen andere Lösungen finden als Bomben. Die Politiker brauchen für die Entwicklung und den Fortschritt ihrer Länder keine Bomben. Die Welt wird dadurch schöner werden. Steht den Behinderten bei. Kommt ihnen mit warmherziger Hilfe entgegen und lasst in diesem Bemühen nicht nach. Wir müssen für die Opfer dieser schrecklichen Unfälle eine Lösung finden. Auch als Behinderte bleiben wir doch Menschen. Wir können genauso nachdenken und überlegen wie Nichtbehinderte. Zum Schluss danke ich dem Team, das eigens gekommen ist, um mich zu filmen und zu interviewen. Vielen Dank.

# Floris Bela Maria

*Lebt in Brasilien*

## Es tut mir sehr weh, wenn ich sehe, dass jemand ein Kleidungsstück wegwirft, denn früher besaß ich keine Kleider.

**PORTRÄT** / Mein Name ist Floris Bela Maria ... Ich bin 81 Jahre alt. Ich kümmere mich um das Haus und arbeite manchmal noch auf den Plantagen ... Ich wasche die Wäsche, und viele finden, dass ich diese Arbeit nicht mehr machen müsste, aber ich mache weiter, weil ich es sehr gern tue. Ich bin Mutter von elf Kindern. Ich bin für die Geburt nie in die Klinik gegangen. Ich war ein einziges Mal dort, und zwar, als eines meiner Kinder dauernd krank war. Tagsüber arbeitete ich auf den Plantagen. Die Kleider habe ich um 23 Uhr gewaschen. Der Tag war für die Arbeit da, und wir arbeiteten viel. Wir hackten Holz, pflanzten Mais, schwarze Bohnen und Kürbisse. Wir pflanzten alles Mögliche. Wir wohnten in Santarém.

**ERINNERUNG** / Als mein Vater meiner Mutter ein Kleid kaufte, schneiderte sie uns ein Kleidungsstück aus ihrem alten Kleid. Du weißt, was ein Jutesack ist? Das war die Bekleidung der Kinder. Die Menschen von heute könnten nur sehr schwer ertragen, was wir ertragen haben. Wenn es kalt war, sagten es mir die Kinder, und ich hatte nichts, womit ich sie warm anziehen konnte ... Die Erziehung der Kinder geschah durch ein Wunder Gottes. Es ist heute schwer vorstellbar, was wir durchgemacht haben. Jetzt besitzen die Leute alles und werfen die Sachen einfach weg. Ich sage die ganze Zeit zu meinen Kindern: »Wirf das nicht weg, es hat großen Wert für mich.« Es tut mir sehr weh, wenn ich sehe, dass jemand ein Kleidungsstück wegwirft, denn früher hatte ich keine Kleider.

**LEBENSBEDINGUNGEN** / Ich arbeitete auf den Plantagen. Ich stellte einmal ein Bündel Holz zusammen, als es mir plötzlich übel wurde. Ich hatte nicht einmal mehr die Kraft, das Holz nach Hause zu tragen. Als ich endlich daheim war, habe ich meine Tochter geboren. Ich habe die Nabelschnur durchgeschnitten und alles gereinigt. Als mein Mann nach Hause kam, trug ich mein Baby schon in den Armen. Die anderen Kinder weinten vor Hunger. Ich bin dann aufgestanden, um das Essen für sie aufzuwärmen. Wenn ein Mann heiratete, kaufte er drei Töpfe, nur um darin »banggu«, »feijao« oder Reis zu kochen, sofern davon etwas vorrätig war, denn früher hatten wir nichts zu essen. Ich habe gegessen, was ich fand. Heute können sich die Mütter einen Monat lang um ihr Kind kümmern. Früher war das nicht möglich. Am nächsten Morgen nahm ich meine Hacke wieder in die Hand und ging zur Arbeit auf die Felder.

**Gesundheit** / Meine Kinder waren Gott sei Dank bei ihrer Geburt alle gesund. Die ersten drei Tage waren hart, aber dann ging es wieder. Für die Nabelschnur hatten wir keine Instrumente zur Verfügung. Den Nabel des Babys behandelten wir mit Essig. Die Nabelschnur wurde verbrannt, das war damals so üblich. Der Nabelschnurrest fiel nach drei Tagen ab. Das war bei allen meinen Kindern so.

Wenn wir gesund sind, verhalten wir uns alle ruhig, sind wir krank, werden wir alle verrückt.

**Gewalt** / Sobald mein Mann geschrien hat, musste ich die Türen abschließen und mit meinen elf Kindern in den Wald flüchten. Wir haben oft dort geschlafen. Ich habe mich nie darüber beklagt. Beim geringsten Vorkommnis bekam ich den Ratschlag zu hören, ich solle weggehen. Aber ich habe zu ihm gehalten, er war krank, ich habe ihn nie fallen lassen. Hatte er einen lichten Augenblick, schlug er mich ... Ich musste ihn manchmal mit einem Strick ans Bett binden ... Ich band seinen Arm ziemlich fest an, damit er nicht die Kinder schlagen konnte ... Es gab eine Zeit, in der ich sechs Monate lang nicht geschlafen habe. Er hätte mich sonst getötet. Verrückte Menschen haben kein gutes Benehmen. Trotz alledem habe ich ihn nie verlassen. Mein Herz sagte mir, dass Eheleute, wenn sie schon verheiratet sind, zusammenbleiben müssten. Was hätte er getan, wenn ich ihn sich selbst überlassen hätte?

**Schicksalsschlag** / Oft lag mein Mann auf dem Bett, wenn ich von der Kirche zurückkam, und sagte, das er mich schlagen werde. Er mochte meine evangelische Religion nicht ... Mein Gott ist aber so gütig, dass er mich meinen Mann nicht allzu stark schlagen ließ ... Er gab mir Fußtritte oder warf mich auf den Boden. Einmal hat

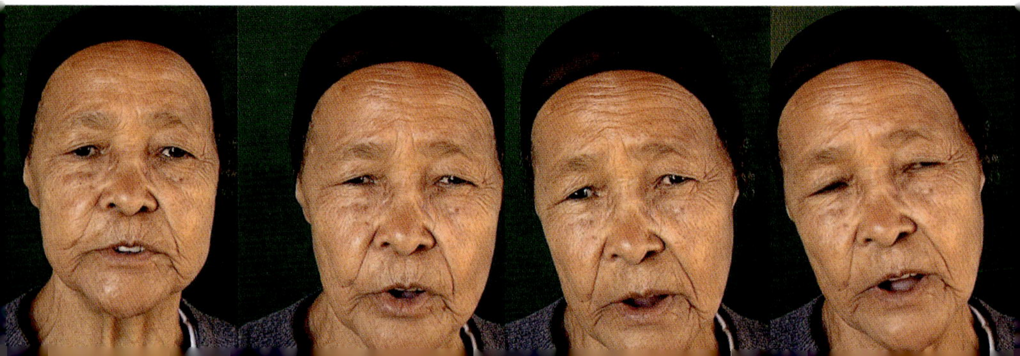

er so stark zugeschlagen, dass er mir den Fuß gebrochen hat. Ich flüchtete zu meiner Tochter, um mich behandeln zu lassen. Als mein Mann danach meine Verletzung sah, weinte er. Aber er schlug mich, wenn ich gesund war. Ich habe durchgehalten, bis Gott ihn zu sich nahm. Gott hat ihn geholt, und jetzt fehlt er mir.

**Lieder** / Wir hatten für Lieder keine Zeit, meine Liebe. Auch nicht, um mit den Kindern Lieder zu singen. Meine Mutter hat nicht gesungen, mein Vater ebenfalls nicht. Ich gehe zwar in die Kirche, singe aber nicht einmal. Was ich alles erlebt habe, hat mir nicht soviel Freude gebracht, um jetzt Lieder singen zu können. Das ist traurig, nicht wahr?

**Sein Leben ändern** / Ich habe heute ein viel besseres Leben als mein Vater und meine Mutter. Mein Leben ist besser, Gott sei Dank. Wenn ich Hunger habe, dann kann ich etwas essen, und wenn ich ausgehen will, kann ich ausgehen. Ich besitze Kleider, zwar keine besonders guten Kleider, aber ich habe etwas, womit ich mich anziehen kann. Früher hatte ich dagegen gar nichts … Das habe ich alles schon erlebt. Ich hatte kein Kleidungsstück, um mich anzuziehen, und keine Schuhe für die Füße. Und niemand pflegte sich zu beklagen …, weil unser Gott mächtig ist, und so ist es nun mal. Mein Leben sollte nach seinem Willen schwierig sein. Jeder bekommt das Leben, das Gott ihm gegeben hat … Gott sei es gedankt: Ich konnte bis auf den heutigen Tag auf diesem Bauernhof leben. Gott sei gelobt.

**Träume in der Gegenwart** / Mein größter Traum bis heute ist es, dass Gott meinen Kindern und mir Gesundheit schenke, damit wir ruhig sein können. Wenn wir gesund sind, verhalten wir uns alle ruhig, sind wir krank, werden wir alle verrückt.

Sobald mein Mann geschrien hat, musste ich die Türen abschließen und mit meinen elf Kindern in den Wald flüchten.

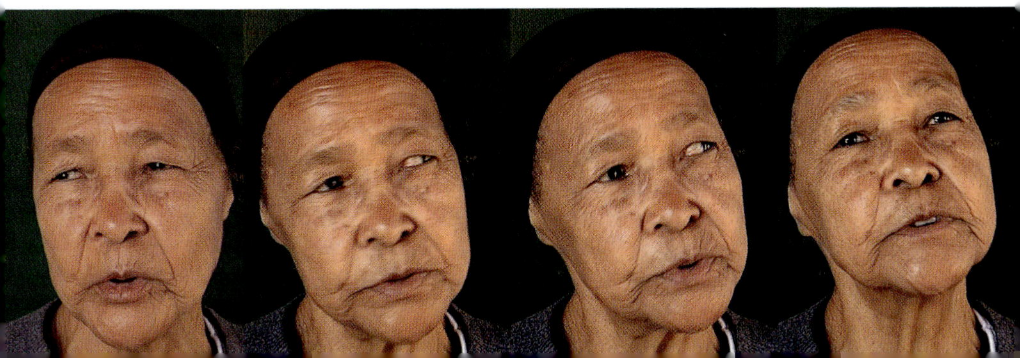

# Hadji

*Lebt im Senegal*

## Wenn wir krank sind, sehen wir, wer uns liebt und wer uns nicht liebt.

**Porträt** / Ich heiße Hadji und wohne in Tambacounda [Ost-Senegal]. Ich stamme aus Fouta [Nord-Senegal]. Ich habe mich in der Region Fouta verheiratet und mir dort – genauer gesagt im Krankenhaus von Ndioum, wo ich ein Kind zur Welt brachte – meine Krankheit zugezogen, eine Fistel [Krankheit, die zu Inkontinenz führt]. Seit 1985 leide ich an dieser Krankheit. Mein Kind starb, und ich habe es nicht einmal gesehen, weil ich nach der Geburt vollkommen erschöpft war.

**Gesundheit** / Ich wurde mit 14 Jahren verheiratet und war sofort schwanger. Mit 15 Jahren bekam ich mein erstes Kind. Im Krankenhaus von Ourossogui musste ich fünf Monate lang eine salzlose Schonkost zu mir nehmen, und so hatte ich bei der Geburt keine Kraft mehr. In diesem Krankenhaus lag ich zwei Tage in den Wehen, bevor ich im Krankenwagen nach Ndioum transportiert wurde. Dort teilten mir die Ärzte mit, dass sie für einen Kaiserschnitt nicht die notwendigen Instrumente hätten und ich nach Saint-Louis müsste. Gerade als ich von Neuem wegfahren sollte, trat der Kopf des Kindes heraus. Als sie an dem Kind zogen, um es ganz austreten zu lassen, verletzten sie mich. Nach der Geburt konnte ich acht Monate lang nicht gehen. Während dieser ganzen Zeit hat mich mein Mann nicht ein einziges Mal besucht. Mit Beginn der Krankheit hatte er sich tatsächlich eine neue Frau gesucht. Ich verdanke meine Erholung dem Krankenhaus von Dantec, denn dort bekam ich Injektionen und wurde geröntgt. Eine weitere Operation erfolgte 1993. Damals nahm mein Mann wieder Kontakt mit mir auf und fragte mich, ob ich gesund sei und wieder in die eheliche Gemeinschaft zurückkehren könne. Meine Operationen wollte er nicht bezahlen, daher musste ich die Scheidung einreichen. Dann forderte das Krankenhaus mich auf zu gehen, weil ich noch zu jung war für eine erfolgreiche Operation an der Fistel.

**Krankheit** / Einige Leute wissen Bescheid über meine Fistel. Nach dem Aufstehen mustern sie mich genau. Ich habe mit anderen in einem Haus ein Zimmer gemietet, und die Mitbewohner kommen in mein Zimmer und schauen mich an, denn sie sehen, dass ich die ganze Zeit Wäsche aufhänge, und das verstehen sie nicht. Andere kommen und wollen nur ihre Neugierde befriedigen. Bei einer solchen Krankheit ist Sauberkeit oberstes Gebot, und sie zwingt dazu, viel Weihrauch und Parfüm zu benutzen. Nach dem Waschgang lege ich Parfüm auf und streue Weihrauch im Zimmer. Wenn ich verreisen muss, treffe ich meine Vorkehrungen so, dass nichts zu sehen ist.

**Diskriminierung** / Da ich wegen der Fistel oft operiert werde, sagen manche, ich sei ins Krankenhaus verliebt, denn in ihren Augen habe ich keine echten Probleme. Andere verstehen nicht, warum ich nicht aufgebe. Einige Leute meinen sogar, dass ich nie geheilt werde. Es gibt Tage, da bin ich einfach angeekelt und entmutigt und kurz vor dem Aufgeben. Wenn ich nachgedacht habe, fasse ich mich wieder, denn ein Mensch, der nicht gesund ist, ist nichts wert.

**Medizin** / Im Dorf erhielt meine Mutter den Ratschlag, mich zu den Medizinmännern mitzunehmen. Bei einigen von ihnen musste ich Bäder nehmen, andere gaben mir Kräutertees zu trinken. Schließlich traf ich einen Zauberer, der mir sagte, dass die traditionelle Medizin meine Krankheit nicht heilen könne. Ich solle für eine Behandlung die moderne Medizin in Anspruch nehmen. Er warnte mich vor Medizinmännern, die vorgaben, mich heilen zu können. Sie wollten mich nur übers Ohr hauen. Ich vertraute mich daher einem Arzt in Tamba an. Er sagte mir, man müsse das Loch zunähen, um zu verhindern, dass der Urin durch die Vagina fließe. Da ein Medikament kein Loch stopfen kann, müsse operiert werden. Seither gehe ich nicht mehr zu den Medizinmännern, sondern bleibe bei der modernen Medizin.

**Zugang zur Behandlung** / Einige Ärzte hier behandeln sehr gut. Alles hängt jedoch von Gott ab, denn ich war mit vielen geheilten Frauen zusammen ... Die Ärzte behandeln gut, aber es kostet Geld. In den Krankenhäusern ist es dasselbe. Als ich zuletzt in Dantec war, sagten sie mir, dass die Behandlungskosten gestiegen seien. Ich erwiderte, dass ich schon einmal hier behandelt wurde und dass früher, als Abdou Diouf regierte [Präsident in Senegal 1981–2000], diese Behandlung kostenlos war ... Die letzte Operation kostete mich 65 000 CFA-Francs [100 Euro]. Da die Kosten gestiegen waren, wechselte ich das Krankenhaus und kam hierher ins Gran Yoff [weiteres Krankenhaus in Dakar] in die Sprechstunde von Professor Mgueye [bedeutender Urologe]. Er stellte den Kontakt mit Sozialarbeitern her, die mich finanziell im Umfang von 100 000 CFA-Francs [150 Euro] unterstützt haben. Der Professor steuerte weitere 100 000 CFA-Francs aus eigener Tasche bei, sodass ich wieder operiert werden konnte. Diese Krankheit geht ins Geld, das ist schwer auszuhalten. Gott sei Dank gibt es nun Menschen, die uns zu Hilfe kommen. Ein Sozialarbeiter suchte uns auf und gab uns Beutel, Geld, Binden, Mineralwasser, Milchpulver und Seife. Er war extra da, um Frauen mit dieser Fistelproblematik zu helfen.

**Eine Lektion des Lebens** / Wenn wir krank sind, sehen wir, wer uns liebt und wer uns nicht liebt. Das ist mir passiert ...

**Gewalt** / Gelegentlich denke ich sehr stark an mein Kind. Ich sage mir, wie wäre es, wenn mein Kind leben würde und ich gesund wäre ... Ich hätte vielleicht weitere Kinder bekommen. Ich denke oft darüber nach. In einem solchen Fall vertraue ich mich Gott an, denn jeder hat ein ganz besonderes Schicksal. Aber es tut weh, keine Kinder zu haben. Es gibt nämlich Menschen, die ihre Provokation ziemlich weit treiben und mir sagen, dass ich nicht weiß, wie man Kinder kriegt, und dass alle meine Kinder sterben werden. Meine Schwägerin hatte mir ihre Tochter anvertraut, sie mir aber nach einer Auseinandersetzung wieder genommen und dabei gesagt: »Wenn du ein Kind willst, musst du es eben selber tun!« Das verletzt mich tief in meinem Herzen. Es ist schon brutal, wenn ich an all das denke.

**Träume in der Gegenwart** / Ich muss mich Gott anvertrauen, weinen nützt überhaupt nichts. Alles liegt in den Händen Gottes. Wenn es mein Schicksal gewesen wäre, ein Kind zu haben, dann hätte ich eines. Ich vertraue auf Gott. Jeder hat ein ganz bestimmtes Schicksal. Zu Beginn meiner Krankheit habe ich geweint, nur geweint, aber schließlich wurde mir klar, dass Weinen nicht gesund macht. Lachen auch nicht. Nur Gott kann es tun. Wenn geschrieben steht, dass ich ein Kind haben werde, dann wird es so sein; wenn nicht, werde ich Gott danken. Es gibt Frauen, die nie ein Kind geboren haben. Selbst wenn jetzt mein Kind tot ist, so habe ich doch seine Geburt erlebt, nicht wahr? Mein einziger Wunsch ist es, gesund zu werden, selbst wenn ich kein lebendes Kind habe. Darum bitte ich Gott.

Zu Beginn meiner Krankheit habe ich geweint, nur geweint, aber schließlich wurde mir klar, dass Weinen nicht gesund macht. Lachen auch nicht.

**Glück** / Wenn ich daran denke, wie es früher war ... dann bin ich jetzt glücklich. Manchmal vergesse ich meine Krankheit ... Manchmal aber denke ich wieder daran und bin tief betrübt. Ich habe diese zwei Gesichter.

**Botschaft** / Gesundheit ist der größte Reichtum. Gesund sein und Kinder haben ist das Wertvollste, was es gibt. Geld bedeutet nichts. Die Leute können zwar sagen, dass sie gesund sind, aber nichts besitzen, aber jeder, der gesund ist, besitzt ein Vermögen. Der Musiker Baaba Maal drückte es in einem seiner Lieder so aus: »Gesundheit ist Reichtum.« Und das stimmt, die Gesundheit ist alles. Nur der Gesunde kann vieles unternehmen.

# Carlos

*Lebt in Ecuador*

## Wenn Sie mich als Schamanen fragen, welche Krankheiten es früher gab, dann würde ich antworten: Es gab keine Krankheiten. Der Zauberer war es, der die Menschen mit einem Fluch belegte.

**Porträt** / Ich lebe hier im Amazonasbecken in der Provinz Napo nahe der Hauptstadt Tena in dem Gemeinwesen Chiwayaco … Mein Vater ist hier geboren und sehr alt geworden. Er konnte nicht einmal Spanisch sprechen. Er war Analphabet. Mir gehörte ein kleines Stück Land, aber die Siedler haben es mir weggenommen.

**Lebensbedingungen** / Früher, als unsere Vorfahren noch lebten, hatten wir klares Wasser aus den Bergen und Flüssen. Heute ist das Wasser verseucht. Früher haben wir Quellwasser getrunken und führten ein gesundes Leben. Heute gibt es weniger Wasser, weil wir zu viele Menschen sind und kein gesundes Leben mehr führen. Manche Menschen verschmutzen die Umwelt, werfen die Abfälle irgendwohin und waschen die Kleider ihrer Kinder im Fluss. Früher kannten wir soetwas nicht … Wir hatten damals auch keine Mikroben im Magen, weil wir natürliche Medikamente einnahmen, um in Form zu bleiben und ein gesundes Leben zu führen. Wenn wir das nicht tun, werden wir sterben.

**Eine Lektion des Lebens** / Ich wurde zum Schamanen durch die Begegnungen mit mächtigen Naturgeistern wie Sachaguani, der Waldfrau, und Yacuwarmi, dem Wassergeist. Von ihnen habe ich gelernt, aber auch von Boa, der Delfinfrau, und von dem Geist der Winde, dessen Frau ich im Wald getroffen habe. Die Fähigkeiten und Kenntnisse eines Schamanen wurden mir auch an anderen Orten zuteil, sodass ich über zwölf Dutzend Geistesgaben verfüge … Ich durfte kein Bier trinken und kein Salz, keinen roten Paprika und keinen Maniok essen. Ich musste eine strenge Diät einhalten und beispielsweise Pilze und Palmenherzen essen. Deshalb verschreiben wir bei der Behandlung eines Kranken eine Diät, auch wenn er sie nur schwer einhalten kann. Wenn du die Diät nicht einhältst, kannst du sterben. In der Ausbildung haben wir Schamanen es genauso schwer gehabt wie die Ärzte. Die Schamanen sollen das medizinische Wissen peinlich genau befolgen, denn sonst nützen die Geistesgaben nichts. Wenn du Kontakt mit Frauen hast, nützen dir die empfangenen

Gaben, wie immer sie auch aussehen mögen, überhaupt nichts. Alte Schamanen pflegten daher zu sagen: »Es ist besser, sich als Kind mit dem Schamanentum vertraut zu machen. Du kannst dann alle Geistesgaben erlangen und dich vor stärkeren und mächtigeren Schamanen schützen.« Wir Schamanen kämpfen unter uns um die Herrschaft. Wir wollen sehen, wer der Stärkere und der Mächtigere ist. So ist eben das Leben eines Schamanen ... Ich habe meine Frau behandelt, sonst wäre sie schon lange tot, und ich würde allein leben. Das ist in kurzen Worten mein Leben.

**Medizin** / Ich habe als Schamane jedes meiner zwölf Kinder selbst behandelt, damit sie ein schönes Leben haben. Ich habe sie nie aufgegeben und musste sie nie ins Krankenhaus einliefern. Jetzt gibt es Ärzte, die sich um ihre Gesundheit kümmern, ihre Zähne anschauen und kontrollieren, ob es Mikroben in ihrem Magen gibt ... In unserem Gemeinwesen haben die Menschen sich immer an die Schamanen gewandt ... Wurde jemand von einer Natter gebissen, dann haben wir damals die Wunde ausgesaugt und zur Rettung natürliche Medikamente verabreicht. Heute retten die Krankenhäuser ... Früher kümmerte sich die Regierung nicht um die Menschen, jetzt tut sie das. Sie hilft den Armen und Kranken. Die Leute leben länger, und vielen wird im Krankenhaus geholfen.

**Krankheit** / Wenn Sie mich als Schamanen fragen, welche Krankheiten es früher gab, dann würde ich antworten: Es gab keine Krankheiten. Der Zauberer war es, der die Menschen mit einem Fluch belegte, und das nennt ihr Krankheiten ... Ganze Familien starben, weil zu ihnen Teufel geschickt wurden, die ihre Herzen aßen. Die Leute starben, weil ein solcher Teufel sie aß. Deshalb behandelt ein starker und mächtiger Schamane das, was er behandeln kann. Er behandelt und stärkt die Lebenskräfte; darüber hinaus verabreicht er Heilpflanzen verbunden mit Dämpfen und den Ritualen der natürlichen Medizin. Die Lebenskräfte kehren bei der Behandlung zurück. Jetzt gibt es Krankheiten, die in den Städten entstehen. Wir essen nun Dinge, die chemische Produkte enthalten, zum Beispiel Tomaten. So kann es zu Krebs oder anderen Krankheiten kommen. Früher gab es keine Krankheiten, nur diejenigen, die von der Zauberei ausgingen. Deshalb wollen wir nicht mehr die Nah-

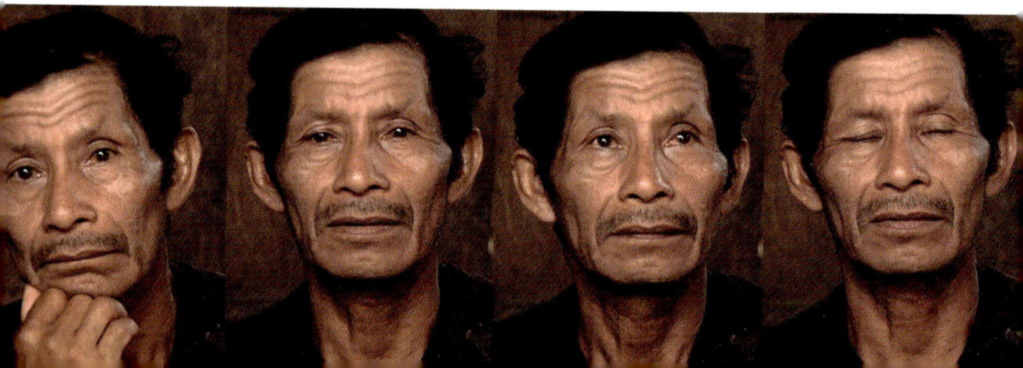

rungsmittel aus den Städten essen, sondern uns nur von den eigenen Produkten, die hier wachsen, ernähren.

**Gesundheit** / In meiner Jugend habe ich gelernt, Frauen bei der Geburt zu helfen, aber ich habe eigentlich nur zugeschaut. Die Praxis habe ich bei meiner Frau gelernt. Vor der Geburt behauchte ich meine Frau mit meinem nach Schnaps riechenden Atem. Die Geburtshelferin brachte mir bei, das Baby in die richtige Position zu bringen. Als ich ihr zusah, habe ich sie um den »Paju« gebeten – den Geist der Geburtshelferin. Um andere Leute nicht zu stören, habe ich mich bei allen Geburten um meine Frau gekümmert. Nie habe ich sie in die Klinik zur Entbindung geschickt. Ich habe daheim alle Vorbereitungen getroffen, weil ich Erfahrung hatte. Alle Kinder, bei deren Geburt ich geholfen habe, kamen gesund auf die Welt und sind nicht krank geworden. Ich habe alle meine Kinder ohne Krankheiten großgezogen. Aber kürzlich hatte einer meiner Söhne einen Unfall, und ich musste bis nach Quito gehen, um ihn behandeln zu lassen. Kleinere Krankheiten habe ich in der Familie immer selbst behandelt.

**Schicksalsschlag** / Meine Mutter habe ich nicht gekannt ... Ich glaube, sie starb wegen der Zauberei, weil mein Vater auch ein Schamane war ... Ich habe sie nie gesehen, nie kennengelernt. Ich weiß nicht, ob sie klein oder groß, dick oder schlank war. Ich bin ohne Mutter aufgewachsen, mein Vater zog mich allein groß. Ich bin mir sicher, dass meine Mutter keine Krankheit hatte, sondern an einem Zauber gestorben ist. Wir waren deshalb schon als Kleinkinder Waisen. Ich weiß nicht, in welchem Jahr das geschehen ist ... Das ist schon lange her, schon viele Jahre ... Niemand hat mit mir darüber gesprochen, bis heute nicht, aber ich erinnere mich an die Worte meines Vaters. Er sagte damals zu mir: »Deine Mutter ist jetzt tot.«

**Sinn des Lebens** / Mein Leben, unser Leben ... Ich glaube, dass ich meine Kinder aus ganzem Herzen so erzogen habe, dass sie sich um mich kümmern und mich lieben. Ich erinnere mich, dass ich mich um Land bemüht habe. Meine Kinder wollten aber keine Schamanen werden. Sollte mir etwas zustoßen, müssten sie einen Schamanen rufen, der mich behandeln soll. Wenn sie mich lieben, behandeln sie mich auf diese Weise, sonst werde ich sterben.

# Mohamed

*Lebt in Mali*

## Mein Glück besteht darin, hier zu bleiben, mich weiter zu entwickeln, dem heimatlichen Boden die Treue zu halten und am Ende meines Lebens bei meinen Vorfahren beerdigt zu werden.

**Porträt** / Ich heiße Mohamed, ich bin 1923 geboren und gehöre zum Stamm der Kel Ansar im Westen des Regierungsbezirks von Goundam, Region Timbuktu, in der Republik Mali. Ich bin ein Targi. Die Volksgruppe der Tuareg kam im 16. Jahrhundert in die Gegend von Timbuktu und herrscht seitdem in diesem Gebiet.

**Erinnerung** / Meine Erinnerungen gehen bis auf meine Schulzeit im Jahr 1933 zurück ... Damals begann für die Tuareg die Einschulung, die in dieser Zeit fast ein Verbrechen war. Seit unserer Kolonialisierung im Jahr 1894 musste für uns Muslime die Schule im Zusammenhang mit der Religion stehen. Deshalb stand unsere Volksgruppe dem Unterricht in französischer Sprache zurückhaltend gegenüber. Um die Menschen zu überzeugen, waren viele Erklärungen nötig. Wir gingen sogar soweit, im selben Gebäude parallel zum Französischunterricht eine Koranschule einzurichten, um zu beweisen, dass keine andere Religion unterrichtet wurde als der Islam und es nur darum ging, eine Sprache zu erlernen, damit wir mit den damaligen Kolonisatoren, die unsere Herren waren, sprechen konnten. Diese Tatsachen machen meine Erinnerungen aus.

**Ausbildung** / Nach meiner Schulzeit wurde ich zum Stammeschef meiner Volksgruppe gewählt, und so konnte ich mich als ehemaliger Schüler der Französischen Schule auch für die Emanzipation unserer Volksgruppe einsetzen. Schon von 1946 an, dem Datum meiner Wahl, setzte ich mich überall für die Schulpflicht ein. So kam es zur Gründung von Schulen in Mali, aber auch in Nigeria ... Anschließend habe ich mich der Politik in meinem Land zugewandt. Ich wurde Abgeordneter des Sudan und arbeitete später an verantwortlicher Stelle für die Republik Mali bis 1991, dem Jahr des Staatsstreichs und der Gründung der Dritten Republik. Wir wollten eine Lebensweise ausprobieren, die mehr an die allgemeine Entwicklung angepasst war. Es ist nicht ganz einfach, mit den Tieren von einer Weide zur anderen zu ziehen. Deshalb haben wir feste Wohnorte geschaffen, wie Gargando zum Beispiel, das zuvor eine Unterkunft bei Herdenwanderungen war. Jetzt ist es ein Dorf geworden.

Solche Niederlassungen haben sich im ganzen Nigerbogen ausgebreitet, und es gibt heute Dörfer der Tuareg, die feste Wohnsitze sind … Unsere fortschrittliche Entwicklung geht weiter.

**Identität** / Ich wünsche mir nur, dass unsere Identität nicht in Mitleidenschaft gezogen wird und wir in dieser modernen Welt Fortschritte machen. Das hängt ganz entscheidend von der Ausbildung ab. Ich möchte, dass jetzt alle Tuareg eine Schulbildung erhalten und sich zusammen mit anderen in die gleiche Richtung weiterentwickeln, dabei aber ihre eigene Würde wahren. Sie sollen sich nichts herausnehmen, was der Gesellschaft, vor allem aber unserer Ehre und unserer Würde schadet.

**Von seinen Eltern lernen** / Ich bin der geblieben, der ich bin. Ich habe nicht den Ehrgeiz, etwas anderes als das zu sein, was ich von meinen Eltern geerbt habe. Seit der Volljährigkeit im Alter von 15 oder 16 Jahren tragen wir einen Turban, der den Jugendlichen zum Mann macht … Er trägt nun den Turban, den »litham«, der ihm mit folgenden Worten überreicht wird: »Der obere Teil des Turbans weist auf deinen Respekt vor den Mitmenschen hin. Vermeide alles, was deine Ehre verletzt. Der untere Teil bedeutet: Achte dich selbst, rede nichts Böses, akzeptiere nichts, was dir Schande bringt.« Diese Ratschläge gelten für die Jungen wie für die Mädchen. An dem Tag, da ein Mädchen den Schleier trägt und ihr früheres Kleid, den Boubou, aufgibt, sagt man zu ihr: »Du bist jetzt eine Frau.« Die Zeremonie ist genau die gleiche. Wie ein Schleier sollen dich Stolz, Ehre und Ansehen dein Leben lang umgeben, und du sollst alles fernhalten, was die Ehre deiner Familie und deine Ehre beschmutzt.

**Freude** / Es war der Tag, als mein erster Junge geboren wurde … Ich habe meine innere Freude nicht gezeigt, weil das bei uns so Brauch ist. Wir können unsere Freude nicht frei äußern aus Respekt vor den Eltern, den Geschwistern und Verwandten.

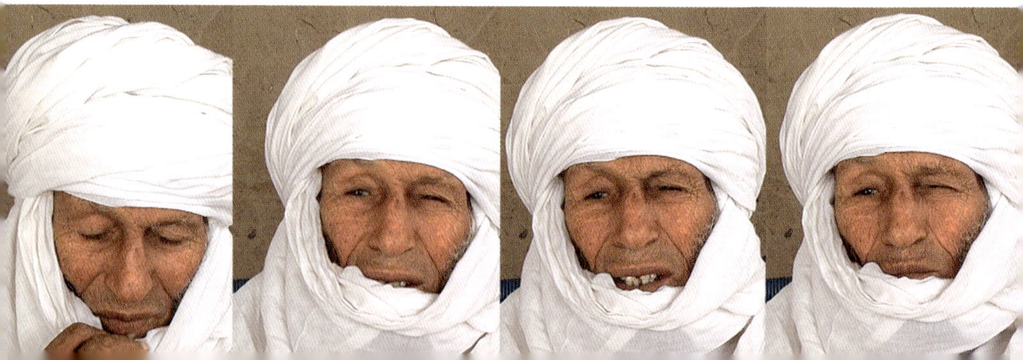

**Sein Land verlassen** / Ich bin während des Aufstands in andere Länder gegangen, aber wurde nicht glücklich dabei. Glücklich fühle ich mich zwischen diesen Sanddünen, diesen Bäumen und Grundstücken hier. Es ist eher von Nachteil, ins Ausland zu gehen. Die Araber sagen: »Wenn dein Land auch heiß ist, so ist das Land der anderen doppelt so heiß.« Ich bin weit herumgekommen, aber ich denke, mein Glück besteht darin, hier zu bleiben, mich weiterzuentwickeln, dem heimatlichen Boden die Treue zu halten und am Ende meines Lebens bei meinen Vorfahren beerdigt zu werden.

**Töten** / Töten? Ich habe nie daran gedacht, einen anderen Menschen zu töten. Meine Religion ist hier bestimmend, und wenn wir jemand verwunden – so unsere Vorstellung seit alters her –, dann erscheint am Tag der Auferstehung ein Blutfleck auf deinem Ausweis, und mit einem Blutfleck ist dir der Eintritt ins Paradies verwehrt ... Bei einem Angriff auf meine Frau oder meine Kinder werde ich das äußerste Opfer bringen und lieber mich töten lassen als sie. Sonst habe ich nie daran gedacht, für den Tod eines Menschen verantwortlich zu sein, denn ich habe selbst Kinder und möchte sie nicht unter solchen Umständen sterben sehen.

**Geld** / Geld ist ein großes Übel, ein großes Unglück. Ich besitze nur das, was ich unbedingt brauche, um meine Familie zu unterhalten. Ich habe keine übersteigerten Bedürfnisse, wofür ich Geld brauche. Ich weiß, dass mir alles genügt, was Gott mir gibt. Ich liebe das Geld nicht, ich verabscheue es. Wenn ich sehr reiche Leute sehe, dann weiß ich, dass sie auch viele Sorgen haben. Ich aber möchte mein Leben immer so einfach wie möglich gestalten.

**Sinn des Lebens** / Ich denke, ich habe das Nötigste für mein Volk getan, und meiner Auffassung nach ist es auch eine Pflicht für meine Familie und die kommenden Generationen, sich um das Schicksal unseres Volkes zu kümmern. Wenn sich die Menschen wirklich nicht lieben, wenn sie nicht solidarisch sind und sich nicht gegenseitig helfen, dann hat das Leben keinen Sinn.

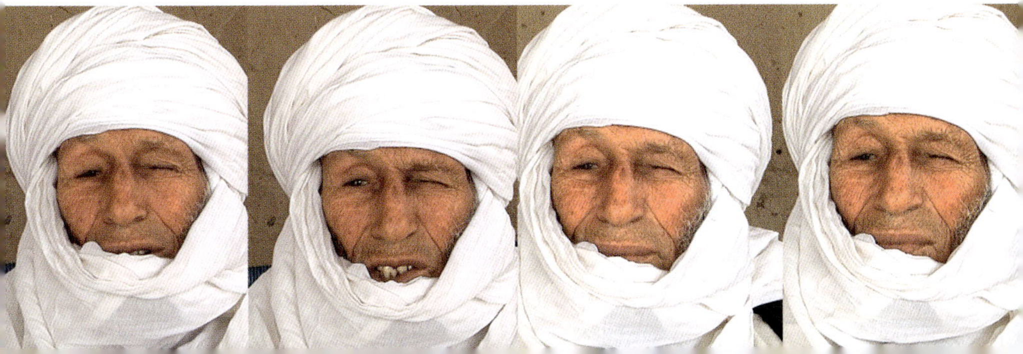

# Der »Naba«, das ist wie ein Gott für die Armen …

**MANEGA** — *Burkina Faso*

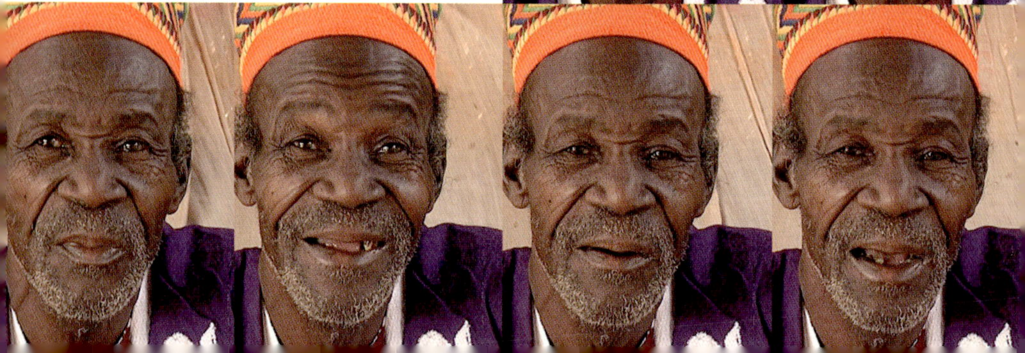

# Manega

*Lebt in Burkina Faso*

**PORTRÄT** / Ich heiße Manega Naba. Ich bin in Manega geboren und dort aufgewachsen. Mein Vater hatte die Macht als Oberhaupt. Jetzt, da er tot ist, habe ich die Macht.

**VON SEINEN ELTERN LERNEN** / Mit dem Leitungsamt eines Oberhaupts verhält es sich so, als ob jemand den Auftrag erhält, die gesamte Verwaltung eines Dorfes und seiner Bewohner zu übernehmen. Als ich Kind war, hat mir mein Vater gezeigt, wie der Anbau betrieben wird. Und das mache ich jetzt ... Wenn du anbaust, kannst du eine Frau heiraten und Hirse ernten, um damit deine Schwiegereltern zu versorgen und deiner Frau soviel zu essen geben, wie sie will. Nichts anderes als den Anbau hat mir mein Vater beigebracht.

**AUSBILDUNG** / Als die Weißen kamen, habe ich verstanden, dass die Schule eine gute Sache ist, denn dadurch haben die Weißen Autos, und wir und unsere Kinder haben keine. Ich habe keine Schule besucht, aber alle meine Kinder auf die Schule geschickt. Leider haben sie die Schule geschwänzt, also zeige ich ihnen jetzt den Anbau, so wie es mir mein Vater gezeigt hat.

**FAMILIE** / Meine Familie respektiert mich, weil ich nach Naba Oubri der »Naba« [traditionelles Oberhaupt] im obersten Leitungsamt bin. Selbst die Kinder müssen dir Respekt entgegenbringen. Es ist so, als ob man zu Gott beten würde. Jeder, der weiß, dass eine Person das Oberhaupt ist, muss sie respektieren. Wenn es ein Problem gibt, dann entscheidet der »Naba«. Der »Naba«, das ist wie ein Gott für die Armen ...

**TRADITIONEN** / Dem »Naba« sind viele Dinge verboten: Der »Naba« darf nicht auf den Markt gehen oder einer Zeremonie beiwohnen. Auf dem Markt könnten ihm schlecht erzogene Kinder begegnen, die ihn nicht respektieren. Lässt es ein Kind an Respekt gegenüber einem »Naba« fehlen, dann ist das eine Beleidigung für alle »Naba«. Auch geht der »Naba« nicht zu einer Beerdigung. Befindet er sich an einem Ort, wo es zu viele Menschen gibt, dann hält er sich abseits. Wer dem »Naba« einen Gruß ausrichten will, der muss zu ihm kommen. Ein »Naba« sein, das ist nicht schlecht, aber manchmal sehr hart! Er muss bei Streitigkeiten einen Schiedsspruch fällen. Wer mit deinem Urteil nicht zufrieden ist, kritisiert dich ... Deshalb ist es schwierig, ein Oberhaupt zu sein. Wer im Unrecht ist, möchte ein bestimmtes Urteil erzwingen. Das geht aber nicht.

**BOTSCHAFT** / Unser heutiges Gespräch freut mich. Selbst wenn ich heute sterbe, werden meine Worte und auch mein Gesicht bleiben. Ich bin glücklich, dass die Welt mich sehen kann.

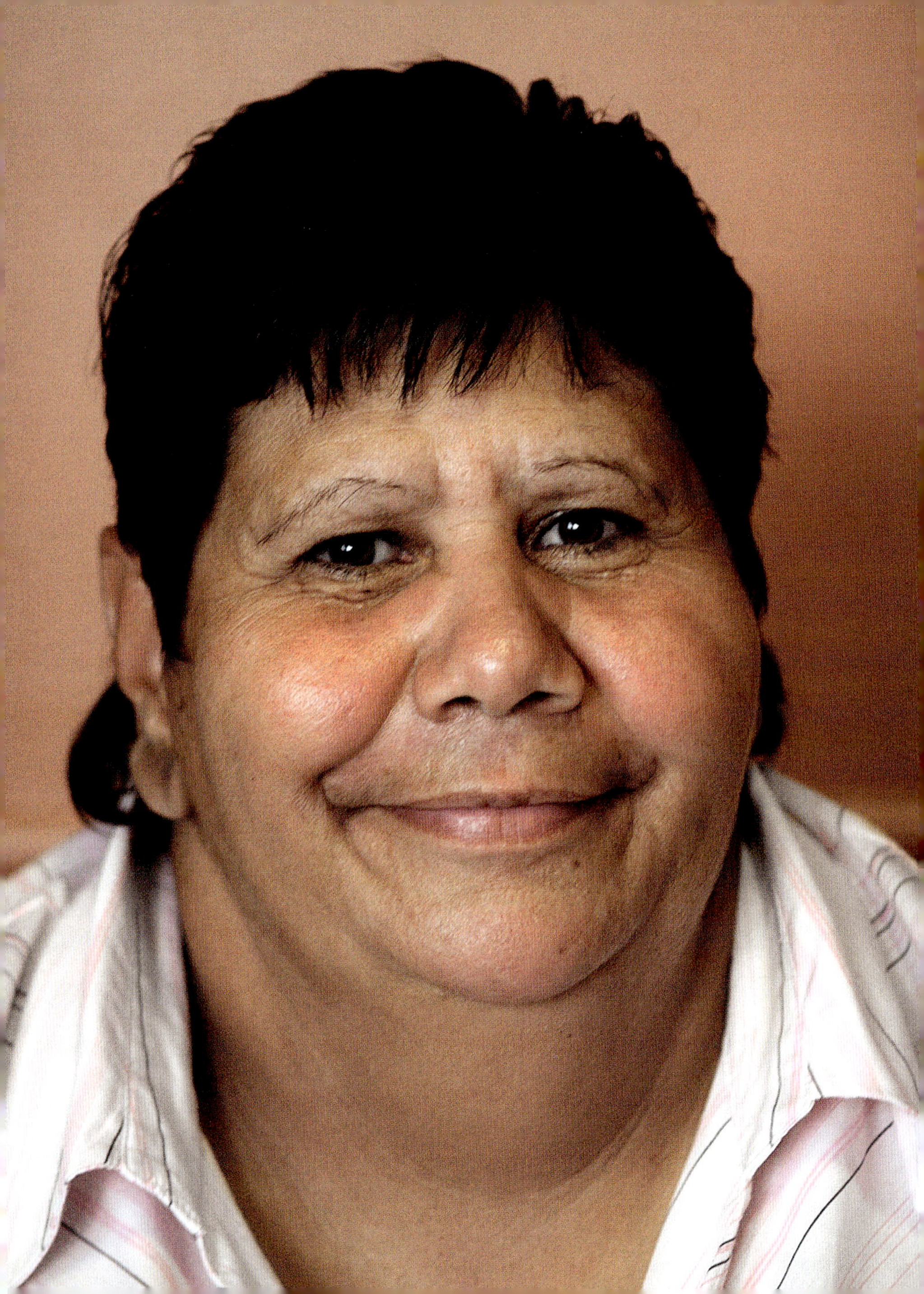

# Lynette

*Lebt in Australien*

**Porträt** / Ich heiße Lynette, Ich bin eine Kuku Yalanji Jailbu im hohen Norden von Queensland in Mossman. Ich bin 47 Jahre alt. Ich arbeite als stellvertretende Koordinatorin in einer Einrichtung für Familienhilfe als Beraterin, Sozialarbeiterin und mache noch vieles mehr, ohne wirklich in einem Beruf ausgebildet zu sein ... Ich habe zwei Kinder und bin Großmutter einer Enkelin.

**Mit auf den Weg geben** / Ich möchte meinen Kindern und Enkeln Folgendes mit auf den Weg geben: Lasst nicht nach im Kampf für eure Überzeugungen. Unsere indigene Zugehörigkeit ist nicht bloß eine Frage der Hautfarbe, sondern stellt eure Identität dar, das, was ihr seid, woher ihr kommt und welches eure Familie ist ... Ich bin dafür verantwortlich, meine Kinder mit ihrer Identität bekannt zu machen und sie zu lehren, wie sie sich sowohl in die Welt der indigenen Völker wie in die Welt ganz allgemein integrieren können.

**Eine Lektion des Lebens** / Von den Unglücksfällen im Leben möchte ich lieber nicht reden. Vielleicht haben Sie anfangs noch Interesse, aber schließlich werden Sie am Boden zerstört sein ... Meine gesamte Lebenserfahrung geht auf schreckliche Erlebnisse zurück: sexueller Missbrauch, Inzest, häusliche Gewalt, Angstzustände, Zwangsumsiedlung, Tod meiner Mutter. Ich wurde verleugnet und ließ mir meine Tochter wegnehmen ... Das sind wirklich Lektionen ... Wäre ich in der Opferrolle geblieben, hätte ich nicht überlebt. Ich möchte anderen zeigen, dass eine Veränderung im Leben möglich ist, wenn wir uns auf etwas stützen, das stärker ist als wir selbst, auf feste Wertvorstellungen, auf Überzeugungen, auf die eigene Identität und Spiritualität. Mit ihrer Hilfe können wir jedes Ziel erreichen.

**Lachen** / Was mich am meisten im Leben erstaunt, ist die Fähigkeit der Menschen, ihr Leben selbst zu zerstören. Ich habe viele Schicksalsschläge mit Lachen überwinden können, denn sonst hätte ich nur geweint.

**Wut** / Das schnelle Tempo in unserer Gesellschaft macht mich wütend. Wir haben eine Generation von leichtsinnigen jungen Leuten, die nicht denken, die sich auf der Straße herumtreiben, weil in der Familie nichts läuft und sie niemanden zu Hause haben, der sich um sie kümmert.

**Angst** / Ach du lieber Gott, ich weiß nicht, ob ich noch Angstzustände habe. Doch, eine Angst ist noch da: allein alt zu werden. Es gibt nichts Schlimmeres als die Einsamkeit.

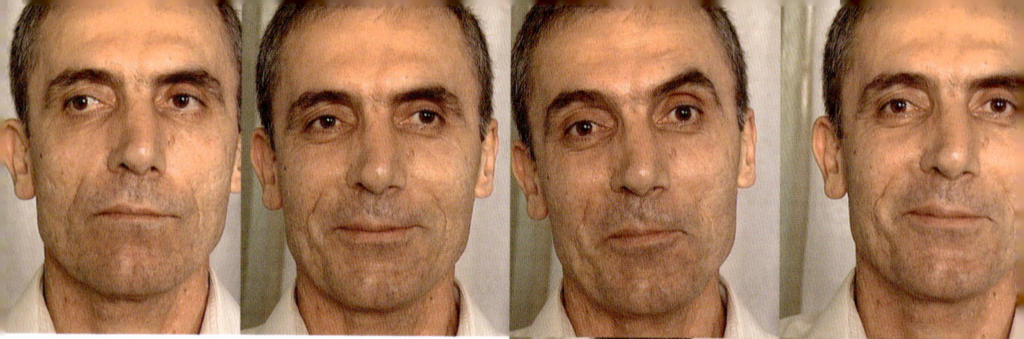

Ich habe als Erstes gelernt, einer Person zu helfen, ohne auf die Religion, die Sprache oder die Herkunft zu achten, und sie als Mensch zu akzeptieren.

**YAVUZ** — *Türkei*

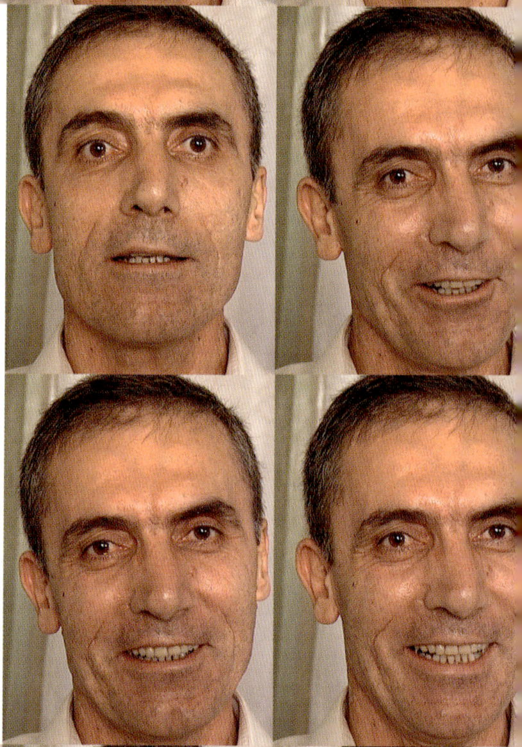

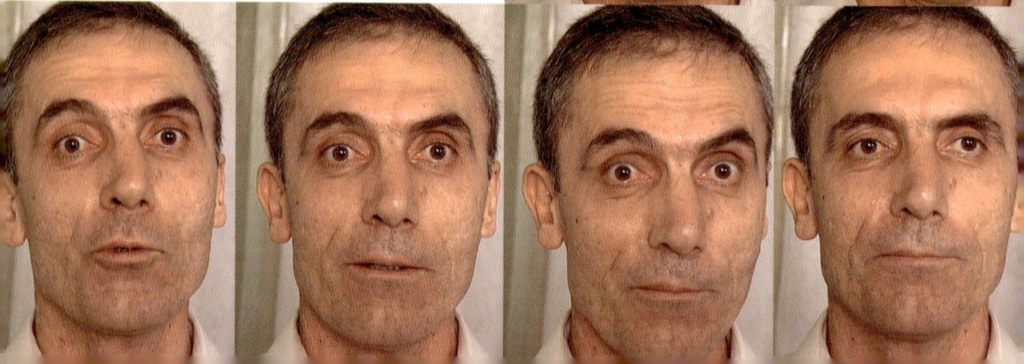

# Yavuz

*Lebt in der Türkei*

## Die Traditionen sind sehr bedeutsam für die Ausbildung einer ethnischen Identität.

**Porträt** / Mein Name ist Yavuz. Ich bin in Siirte geboren und 49 Jahre alt … Ich bin verheiratet und habe zwei Kinder. Ich habe an der Gründung und Leitung mehrerer sozialer Organisationen mitgewirkt. Die wichtigste von ihnen haben wir vor dem Staatsstreich vom 12. September 1980 geschaffen [Staatsstreich durch die türkische Armee, durch den es zu einer Militärregierung bis zum Jahr 1983 kam]. Nach sechseinhalb Jahren Gefängnis wurde ich entlassen. Ich gehörte dann zu den Gründungsmitgliedern der FIDH [Internationale Organisation für die Menschenrechte] und war bis zum Jahr 1994 deren Vizepräsident. Die Regierung überwachte mich häufig wegen meiner Äußerungen und einiger Veröffentlichungen. Es kam zu zahlreichen Prozessen gegen mich. Mehrere illegale Organisationen bedrohten mich mit dem Tode …, und es gab einige Attentate auf mich. 1994 wurde ich Opfer eines Mordanschlags … Ich wurde im dritten Stock eines Gebäudes in den Aufzugsschacht eines Fahrstuhls gestoßen. Ich brach mir ein Schulterblatt, einen Arm, einige Rippen und zog mir Nierenverletzungen zu. Nach diesem Vorfall begab ich mich auf Einladung der Schweiz im September 1994 in dieses Land, wo ich bis 1999 als politischer Flüchtling lebte. Danach bin ich wegen der Leiden meines Volkes wieder zurückgekehrt und gründete die Organisation SOHRAM [Zentrum für die Opfer von Folter und Gewalt].

**Erinnerung** / Ich habe sehr viele Erinnerungen, gute wie schlechte, aber die Erinnerungen an die unmenschlichen Folterungen unter dem Militärregime im Gefängnis Nr. 5 werde ich nie vergessen. Es war wie ein Laboratorium aller in der Geschichte der Menschheit erfundenen Foltermethoden der ganzen Welt … Ich habe hier erfahren, was Folter wirklich bedeutet und was für Schäden sie beim Menschen anrichten kann. Über sie zu reden ist schon schwierig, sie zu vergessen fast unmöglich. Sie ist das Schlimmste, was es gibt. Zu meinen schönsten Erinnerungen dagegen zählt, wie ich den Opfern der Folter helfen konnte: So war es mir zum Beispiel einmal möglich, einer Frau Nachrichten von ihrem Sohn zu bringen, von dem sie kein Lebenszeichen mehr hatte.

**Kindheitsträume** / Den größten Einfluss auf meine Kindheitsträume besaß meine Großmutter. Sie war die Tochter eines vornehmen Kurden … Sie hat mir sehr oft erklärt, worin der Dienst an anderen Menschen besteht und welche Rolle die Ausbildung spielt, die für die Zukunft eines Volkes ausschlaggebend ist. Wenn wir Kindern und Opfern von Ungerechtigkeit und Grausamkeit helfen und ihnen das Gefühl geben, nicht allein zu sein, dann tragen wir dazu bei, dass sie wieder ihren Platz in der Gesellschaft finden. Diese Überzeugungen standen am Anfang. Deshalb wurde ich immer Mitglied in Organisationen, in denen die Menschen sich zusammenschließen, sich engagieren und sich äußern können. Das ist der wichtigste Grund, warum ich heute Kinder zu einer Ausbildung verhelfe und um ihre Rechte kämpfe.

**Von seinen Eltern lernen** / Ich stamme aus einer Aristokratenfamilie, die sehr religiös war. Sehr früh und sehr schnell lernte ich die Theologie kennen. Die Gleichheit aller Religionen und Kulturen war die erste Lehre, die mir beigebracht wurde. Die Stadt Siirte zeichnete sich dadurch aus, dass jüdische, muslimische, katholische, kurdische, arabische und türkische Einwohner zusammenlebten. In der Zeit der Massaker, als die Christen, Armenier und Assyrer verjagt wurden, hat sich meine Familie sehr um die Armenier und Assyrer gekümmert. Ich habe gelernt, einer Person zu helfen, ohne auf die Religion, die Sprache oder die Herkunft zu achten, und sie einfach als Mensch zu akzeptieren. Alle Religionen sind gleich, weil sie Merkmale haben, die sie miteinander verbinden. Wir können es am besten erleben, indem wir auf andere Menschen zugehen und ihnen helfen. Diese früheste Erfahrung hat meine Entwicklung am stärksten beeinflusst.

**Identität** / Traditionen sind Erfahrungen, die sich im Laufe der Geschichte verändern und dem Menschen das Bewusstsein geben, ein Mensch zu sein. Die Traditionen sind von großer Wichtigkeit für die Ausbildung einer ethnischen Identität ... Die Sprache spielt ebenso eine große Rolle, aber die Gewohnheiten sind noch viel wichtiger, weil sie die Mentalität bestimmen. Sie legen fest, auf welche Weise ein Mensch seinen Platz in der Gesellschaft findet. Sie definieren, wie die vielfältigen Aspekte der Mentalität aussehen. Ich persönlich spreche besser Türkisch als Kurdisch, weil ich meine Ausbildung auf Türkisch erhielt, und die Sprache der Erziehung zeigt sich immer wieder, weil sie die vertrauteste ist. Aber was meine Mentalität, meine Denkweise und mein Erscheinungsbild am besten wiedergibt, das ist ein Spiegelbild meiner kurdischen und arabischen Identität. Ein Spiegelbild der guten Seiten von beiden. Ausschlaggebend für die Identität sind die Traditionen und Gepflogenheiten. Wenn sie nicht existierten, würdest du auch nicht existieren!

**Schicksalsschlag** / Was mir in meinem ganzen Leben am meisten zugesetzt hat, das ist die Folter und die Zeit im Militärgefängnis. Wir nennen die Folter ein Verbrechen gegen die Menschlichkeit. Das geht uns ziemlich leicht von den Lippen. Erst als ich die Barbarei und Unmenschlichkeit selbst erlebt habe, verstand ich sie wirklich. Ich arbeite immer noch die Verwüstungen auf, die sie mir mental und intellektuell zugefügt haben. Aber mit den Begriffen von Barbarei und Unmenschlichkeit ist das, was ich im Gefängnis von Diyarbakir durchgemacht habe, nicht einmal angemessen zu beschreiben. Dort lernte ich das Leiden kennen, die Barbarei und die Verzweiflung. Ich sah, wie weit die Barbarei der Menschen gehen kann. Ich habe die Rechtlosigkeit erfahren und die damit verbundene Grausamkeit. Ich habe wirklich erlebt, was Diktatur ist. Ich sah, wie arglose Menschen sich zu Gewalttätern machen ließen. Die Wahrheit ist, dass ich erfahren habe, wodurch Schmerz, Kummer und Gewalt entstehen können. Und als ich feststellte, wie verheerend das alles für die Menschheit sein kann.

**Sein Leben opfern** / Ich würde nicht sagen: mein Leben opfern, sondern: mein Leben widmen. Ich habe mein Leben immer einer Sache gewidmet und werde es auch weiterhin im Namen meiner Ideale tun. Sein Leben widmen verlangt viel Kraft. Damit ich diese Kraft weiter aufbringe, muss ich am Leben bleiben.

**Weinen** / Als ich am 9. September 1994 mein Land verließ und ins Exil in der Schweiz ging, da bin ich wirklich in Tränen ausgebrochen ... Ich erinnere mich an mein Gefühl, von allem abgeschnitten zu sein, als hätte man mir alle Lebensadern durchgeschnitten ... Es kann wohl nichts Schlimmeres geben als die Trennung von seinem Heimatland. Ich hatte den Eindruck, lebendig begraben zu sein und unterzugehen. Heute bringt mich vieles zum Weinen: Das Leiden der Menschen treibt mir Tränen in die Augen.

**Freiheit** / Ich kann mich unmöglich frei fühlen. Ich lebe in einem antidemokratischen Land, zumindest zur Hälfte antidemokratisch. Ich gehöre einer sehr aggressiven Gesellschaft mit einer ziemlich zurückgebliebenen Mentalität an. Das Verhalten der Menschen untereinander ist weiterhin von Gewalt geprägt, und sie sind wegen bestimmter Ansichten schnell mit Beschuldigungen zur Hand. Es gibt nur wenig individuelle Freiheit. Leider fühle ich mich in der Türkei noch nicht wirklich frei. Ich kenne den inneren Frieden nicht.

**Sein Land ändern** / Ich möchte vor allem, dass die Kurden Rechte erhalten, damit das kurdische Problem gelöst ist. Ich wünsche mir, dass ein Umfeld geschaffen wird, wo diese Menschen leben und sich entfalten können ... Nicht ändern soll sich die Tatsache, dass es in der Türkei trotz aller Provokationen unter den verschiedenen Volksgruppen nie zu einer ethnischen Konfrontation gekommen ist. Ich möchte, dass diese Liebe zwischen den Menschen bestehen bleibt ...

**Glück** / Ich habe das Leid erfahren. Einem Menschen zu helfen, der leidet oder bedürftig ist, und die Liebe mit ihm zu teilen, das macht mich glücklich.

**Botschaft** / Gewalt bedeutet das Ende der Ideale und ist ein Ausdruck von Unfähigkeit. Ideale gleichen einer jungen, noch unsicheren Liebe. Wer möchte seinen Geliebten blutüberströmt sehen? Wir wollen unsere Ideale nicht mit Blut beflecken.

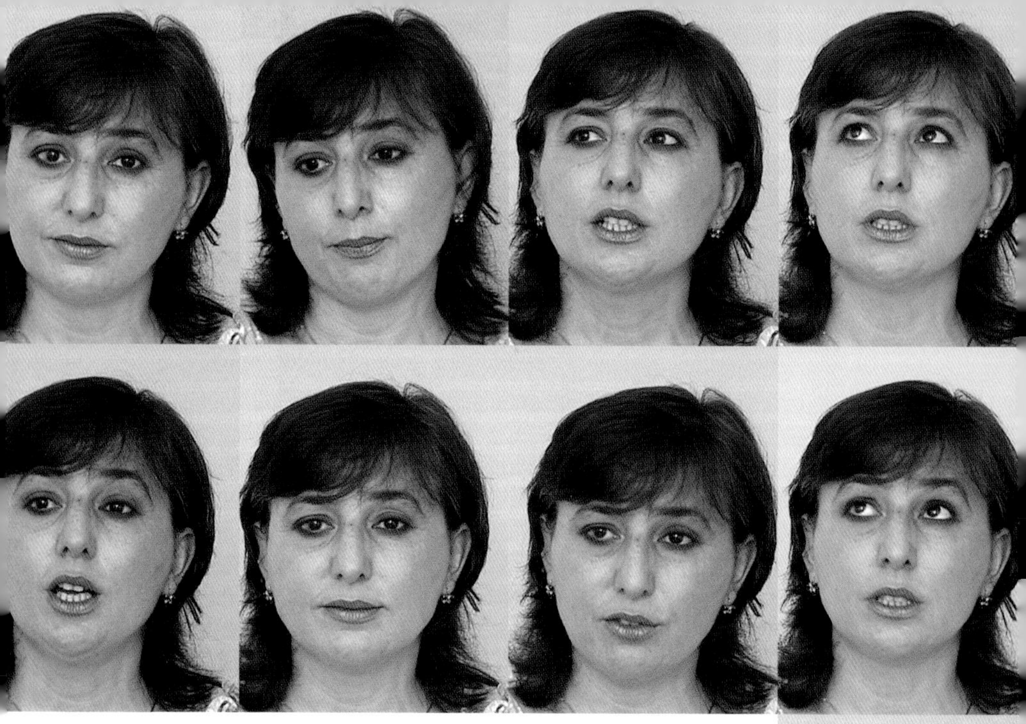

# Das Großartigste für mich ist der Anfang der Stille nach einem sehr heftigen Bombenangriff.

**TSATSITA** — *Tschetschenien*

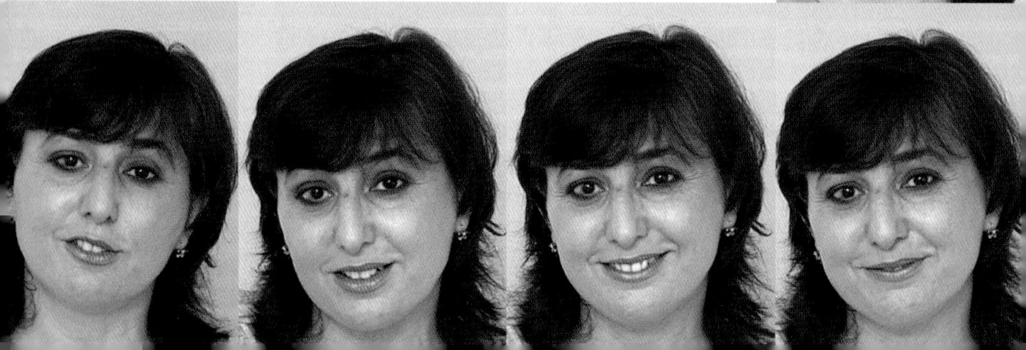

# Tsatsita

*Lebt in Tschetschenien*

## Bewahrt eure Erinnerung an mich so, wie ihr mich jetzt seht: eine ganz gewöhnliche junge tschetschenische Frau, die lächelt und euch liebt.

**Porträt** / Ich heiße Tsatsita, bin 39 Jahre alt und lebe in Grosny, der Stadt, in der ich geboren bin. Ich bin verheiratet, aber kinderlos.

**Früheste Erinnerung** / Ich war ein kleines Mädchen von drei Jahren, das ohne Vater aufwuchs. Unsere Mutter zog uns vier Kinder allein auf, was nicht gerade leicht war. Sie brachte einige der vielen Leckereien vom Markt mit: Äpfel, Birnen und Orangen. Diese Szene ist mir noch lebhaft in Erinnerung. Sie kaufte auch hübsche Kleider. Ich erinnere mich sehr genau an ein schönes rotes Kleid und an die passenden Sandalen dazu. In diesem Kleid und mit diesen Schuhen spielte ich auf der Straße. Unsere Nachbarn hatten einen riesigen Hund, der mir Angst machte. Ich rannte deshalb weg. Wahrscheinlich war er gar kein bissiger Hund, der mir etwas antun wollte, aber ich war zu klein, um das zu verstehen. Beim Weglaufen habe ich eine dieser Sandalen verloren und fing zu weinen an. Meine Mutter brachte mich daraufhin nach Hause und sagte zu mir: »Du brauchst keine Angst vor Hunden zu haben, sie beißen nicht!« Sie fügte sogar hinzu, dass die Hunde manchmal besser seien als die Menschen. Diese Worte meiner Mutter gingen mir nie aus dem Sinn, sodass ich seit meinem dritten Lebensjahr niemals mehr Angst vor Hunden gehabt habe.

**Glücklich sein** / Natürlich bin ich glücklich: zunächst einmal, weil ich in diese Welt voll Schönheit und Güte hineingeboren wurde, eine Welt mit Sonnenlicht und Mondschein. Dann habe ich eine gute Mutter, die ich über alles liebe, und Neffen, ohne die ich nicht leben könnte. Meine größte Stütze aber ist mein Mann. Ich liebe meine Arbeit und die kleinen Geheimnisse meines Lebens, über die ich aus Prinzip nicht spreche. Ja, ich bin glücklich, diese Welt gesehen zu haben trotz all ihrer Schwierigkeiten. Gott gibt mir die Möglichkeit, die Welt jeden Tag zu sehen, ob ich gesund oder krank bin. Es ist für mich ein echtes Vergnügen, jeden Morgen aufzustehen, die Sonne zu spüren und zu wissen, dass ich lebe. Ja, ich bin wirklich sehr glücklich.

**Verzichten** / Worauf ich verzichtet habe? Wahrscheinlich auf nichts, weil mir immer bewusst war, dass es Prinzipien und Normen gibt, nach denen ich mich richten sollte. Seit frühester Kindheit hat mir meine Mutter wiederholt eingeschärft, wie eine echte Frau zu erziehen sei. Beispielsweise musste die Art, sich zu kleiden, der geltenden Norm entsprechen. Ich durfte daher keine zu offenherzigen Kleider tragen, obwohl ich diesen Kleidungsstil liebte und auch gern Hosen trug. Ich musste also darauf verzichten. Ich wusste ebenfalls, dass ich mich im Umgang mit Männern in einer bestimmten Weise zu benehmen hatte. Als junge Frau wäre ich vielleicht gern in Begleitung von Männern bis zum Morgengrauen spazieren gegangen, aber das war offensichtlich unmöglich. Ich wusste, dass hier ein völliges Verbot herrschte.

**Freiheit** / Nein, ich will nicht frei sein. Zunächst einmal gibt es in der Welt, in der ich lebe, eigene Gesetze, die Gesetze der Natur. Ich bin auch deshalb nicht frei, weil ich mein Verhalten kontrollieren muss und weil ich gewisse Verpflichtungen habe. Andererseits aber bin ich doch frei, insofern ich denken und sagen kann, was ich will, und gehen kann, wohin ich möchte. Mir kommt es dennoch so vor, als sei Freiheit ein relativer Begriff, weil es keine totale Freiheit gibt. Wie sagte doch Dostojewski: »Nur Menschen, die nicht normal oder sogar verrückt sind, können von sich behaupten, sie seien frei.«

**Sein Leben ändern** / Was ich in meinem Leben zu ändern wünsche? Manchmal sage ich mir, dass ich alles ändern möchte, weil das Leben hier in unserer Republik und in unserer Stadt hart ist. Da ich aber nicht alles ändern kann, habe ich nur den einen Wunsch, sofern er sich verwirklichen lässt, nämlich einfach die Augen zu schließen. Wenn ich sie wieder öffne, wäre der Krieg vorbei, die Siegesallee wäre unzerstört und so schön wie vor dem Krieg. Alle meine Bekannten und Freunde wären zurückgekommen, und wir könnten zusammen das Leben leben, wie wir es kannten, bevor der Krieg ausbrach.

**Krieg** / Wie soll ich den Krieg je begreifen können? Ich habe ihn erlebt, den Krieg. Ich verstehe ihn nicht, aber ich kenne ihn. Krieg ist vor allem Angst. Krieg ist, wenn der Himmel brennt, die Erde in Flammen steht und die Bäume verbrennen. Krieg ist, wenn Blut fließt und du hilflos daneben stehst, wenn du aus dem Keller rennst, um gerade noch eine Kleinigkeit essen zu können. Krieg ist, wenn Verwandte sterben. Krieg, das ist das Böse, das ist Gewalt und blanke Aggression, das ist Blutvergießen, das sind Tränen. Wahrscheinlich ist Krieg das Schlimmste, was der Mensch erleben kann. Diesen Krieg habe ich hautnah erlebt, Menschen sind vor meinen Augen gestorben. Ich möchte mit ihm nichts mehr zu tun haben, aber ich weiß, vom Krieg erholt sich niemand mehr, er bleibt im Gedächtnis haften. Wir können manche Augenblicke in unserem Leben vergessen und sie unter Schmerzen wieder erinnern, aber der Krieg kann nicht einfach vergessen werden. Er wehrt sich gegen das Vergessen.

**Sein Land lieben** / Ob ich mein Land liebe? Als der Krieg auf seinem Höhepunkt war, fing ich an, mein Land zu hassen, weil es mich nicht beschützen konnte. Dieses Land war unfähig, Leute wie mich von Banditen und Terroristen zu unterscheiden. Mein Land brachte es nicht fertig, einen gewöhnlichen Menschen und einen Feind auseinanderzuhalten.

Als der Krieg auf seinem Höhepunkt war, fing ich an, mein Land zu hassen, weil es mich nicht beschützen konnte.

**Glück** / Es war ein 15. oder 16. Januar, ich erinnere mich daran, als wäre es heute geschehen. Plötzlich herrschte eine totale Stille: keine Flugzeuge mehr, keine Explosionen. Jedes Geräusch war wieder zu hören. Ich erinnere mich, wie ich den Keller verließ, auf die Straße trat und einen riesigen Mond erblickte. Es herrschte Vollmond, und mit dieser Stille zusammen war es ein wahrhaft überwältigender Moment. Ich sagte mir, sollte es je ein achtes Weltwunder geben, dann müsste es dieser Augenblick sein, wenn plötzlich die Stille ausbricht nach dem Krieg. Selbst wenn diese Art Stille nur ein, zwei oder zehn Sekunden andauert – sie ist einfach wunderschön. Ich habe während des Krieges nicht nur gelernt, auf das Schweigen zu hören, sondern auch mit ihm zu sprechen. Wenn ich allein bin, unterhalte ich mich mit dem Schweigen. Ich tue das seit sechs Jahren … Aber ich würde für verrückt gehalten, sollte ich das jemandem erzählen. Und doch führe ich ein Zwiegespräch mit dem Schweigen. Ich wiederhole es noch einmal: Das Großartigste für mich ist der Anfang der Stille nach einem sehr heftigen Bombenangriff.

**Botschaft** / Ich brauche eure Liebe. Ich möchte auch den Millionen Menschen, die mir zuschauen, sagen, dass ich euch alle liebe. Bewahrt eure Erinnerung an mich so, wie ihr mich jetzt seht: eine ganz gewöhnliche junge tschetschenische Frau, die lächelt und euch liebt.

# Maria Rosa

*Lebt in Argentinien*

## Eine Diktatur ist mit der menschlichen Existenz unvereinbar.

**Porträt** / Ich heiße Maria Rosa. Ich bin 51 Jahre alt, verheiratet, und habe fünf Kinder im Alter von 14 bis 30 Jahren. Wenn ich mich kurz charakterisieren soll, so würde ich mich als Rebellin bezeichnen. Ich trete leidenschaftlich für das Leben ein und bekenne, dass wir dafür kämpfen müssen, zusammen mit anderen, aber auch, um uns selbst zu finden. Wir sollen immer danach streben, dass es vorwärts geht und wir bessere Lebensbedingungen haben.

**Familie** / Die Familie schenkt mir so etwas wie Gleichgewicht, Harmonie und Glück. Die Familie ist ein Ort der Liebe, der Vertrautheit mit dem anderen, der Fürsorge für die Kinder, der Selbsthingabe. Sie ist die engste und tiefste Verbindung. Sie bereitet mir viel Freude, aber auch große Sorgen und Ängste, Zweifel, Ratlosigkeit … Aber sie ist auch so etwas wie ein unverzichtbarer Halt.

**Mit auf den Weg geben** / Meine Eltern haben in mir den Wunsch geweckt, ein guter Mensch zu werden und zu versuchen, in meinen Ideen und Handlungen, im Alltagsleben und in der Familie eindeutig zu sein … Ich finde es wichtig, danach zu streben und dieses Streben nach Klarheit seinen Kindern zu vermitteln.

**Glück** / Das Glück besteht für mich in einer gewissen Harmonie auf einem schlichten, alltäglichen Niveau. Ich meine damit eine Harmonie in privaten Bindungen, in Beziehungen zu anderen Menschen und die Harmonie unter Arbeitskollegen. Was mir schmerzhaft zusetzt, ist das Unglück, das ich um mich herum sehe. Ich kann nicht glücklich sein, wenn ich von so viel Ungerechtigkeit und Not umgeben bin.

**Angst** / Ich glaube, meine Angst rührt daher, dass ich viele Menschen verloren habe, vor allem in meiner Jugend. Wir können einen Verlust, der altersgemäße biologische Ursachen hat und daher auf die Natur zurückgeht, akzeptieren, aber nicht den Verlust des Lebenspartners oder von Freunden mitten in der Jugendzeit.

**Tod** / Früher habe ich viel an den Tod gedacht, weil ich glaubte, nicht lange zu leben. Jetzt habe ich den Eindruck, dass ich lange leben werde. Wenn ich an den Tod denke, dann fallen mir unsere ältesten Familienmitglieder ein. Meine Großmutter starb vor zwei Jahren. Sie war mit ihren 90 Jahren sehr alt und sie hat ein gutes Leben gelebt.

**Kindheitsträume** / Ich wollte Ärztin werden, schon mit zwölf oder dreizehn Jahren. Mein Großvater wurde krank und lebte zwei Jahre bei uns. Wir kümmerten uns alle um ihn, und ich war besonders fürsorglich, fast wie eine erwachsene Person. Ich habe drei Jahre lang Medizin studiert, musste aber wegen der Militärdiktatur in Argentinien mein Studium abbrechen. Ich arbeitete dann in der Gesundheitserziehung, in der Hämotherapie als technische Assistentin, auf Fortbildungsveranstaltungen. Ich glaube, diesen Aspekt der Medizin liebe ich am meisten, weil ich den Menschen Grundkenntnisse vermitteln kann, damit sie sich selbstständig um ihre Gesundheit und ihr Wohlbefinden kümmern können.

**Träume in der Gegenwart** / Mein Traum ist es, mit anderen mein Heimatland zu regieren und eine Regierung zu bilden, die auf Bürgernähe setzt, demokratisch ist und den Konsens sucht ...

**Schicksalsschlag** / Der schwierigste Moment in meinem Leben war die dreijährige Gefängnisstrafe im Alter von 21 bis 24 Jahren. Nach meiner Entlassung erfuhr ich, dass meine Freunde und mein Lebenspartner nicht mehr da waren. Das war das Schlimmste. Ich habe gelernt neuen Mut zu fassen und wieder mit Lust nach dem Glück zu streben.

**Verzeihen** / Den Militärs in diesem Lande habe ich nicht verziehen. Ich glaube, ich muss ihnen auch nicht verzeihen. Sie müssen vor Gericht gestellt und verurteilt werden. Viele Menschen haben sich zu Komplizen der Vorgänge in diesem Land gemacht; auch sie müssen vor Gericht.

**Krieg** / Eine Diktatur ist die willkürliche, autoritäre und ungestrafte Ausübung der Macht des Staatsapparats. Eine Gruppe von Menschen maßt sich die öffentliche Gewalt an und ruft sich selbst zur absolut herrschenden Obrigkeit aus. In Argentinien kam es in der Folge zu einer gnadenlosen Unterdrückung. Die Militärs behaupteten, sie gingen nur gegen eine kleine Gruppe von Aktivisten vor. In Wahrheit ging es dabei gegen eine Lebensart, gegen eine bestimmte Organisationsweise, gegen Vorstellungen von der Zukunft, gegen Verhältnisse, die von Gleichheit und Gerechtigkeit geprägt waren ... Eine Diktatur kann natürlich nicht vom Denken, Träumen und Wünschen abhalten, aber sie löst eine persönliche Angst um die anderen aus, um die Familie und auch um die Zukunft. Das Gefühl der Machtlosigkeit, verbunden mit dem Verlangen, zu rebellieren und sich zu organisieren, um Widerstand zu leisten: Das sind ungefähr die Empfindungen der Menschen, die unter der Diktatur leben. Eine Diktatur ist mit der menschlichen Existenz unvereinbar ... Sie versucht die Menschen im Kern, nämlich in ihren wesentlichen Merkmalen, zu vernichten ...

Die Ängste in Argentinien bestehen weiter und sie zeigen sich in der fehlenden Mitbestimmung, im Misstrauen und im Zerbrechen von Freundschaften und Organisationen, obwohl schon dreißig Jahre vergangen sind. Angst ist ein sehr schlechter Ratgeber. Angst um den Verlust des Arbeitsplatzes, Angst, eine gewisse Sicherheit zu verlieren. Die tiefste Angst ist aber, von anderen nicht als lebendige Person wahrgenommen und geliebt zu werden.

**Freiheit** / Die Freiheit? Du hast mich vorhin nach meinen Ängsten gefragt. Eine meiner größten Ängste ist es, meine Freiheit zu verlieren. Sie eröffnet uns die Möglichkeit zu sein, und das ist das Wichtigste. Wenn wir nicht in dieser Weise sein können, existieren wir nicht. Ich persönlich habe danach gestrebt, in meinem Denken und Träumen frei zu sein, auch wenn ich zu einer bestimmten Zeit meines Lebens dieser Freiheit beraubt war. Die Freiheit ist die Freiheit zu sein, aber auch die Freiheit zu handeln. Die Freiheit zu sein allein reicht nicht aus, weil es ein »Sein« auch unter schlechten Bedingungen gibt. Wir müssen handeln können. Die Freiheit verläuft ein wenig über diese beiden Auffassungen von »sein« und »handeln«.

**Eine Lektion des Lebens** / Ich musste vieles ganz neu lernen: glücklich sein, Vertrauen schöpfen, lieben und mich geliebt fühlen sowie selbstsicher, optimistisch und stark den täglichen Kampf auf mich nehmen. Das musste ich mir neu aneignen, nachdem ich in jungen Jahren viel gelitten und meinen Lebenspartner, meine Freunde und meine Träume verloren hatte. Ich lernte, dass so etwas möglich ist, wenn ich Augen und Ohren weit aufmache, mein Herz öffne und meine Wünsche wahrnehme. Ich habe mir nicht den Kopf über meine Wunschvorstellungen zerbrochen, sondern sie über meine Gefühle erlebt. Manchmal haben wir zu unserem Schutz einen solchen Panzer um uns he-rum, dass wir eingeschlossen bleiben und isoliert sind. Nur mit anderen Menschen zusammen – das ist das wichtigste Geheimnis, das zu wissen lohnt – können wir uns selbst finden, neue Bedürfnisse entwickeln, träumen, hoffen und vertrauen in dem Bewusstsein, dass wir unvollkommen, schwach, schwierig und kompliziert sind.

**Botschaft** / Sie lautet: Wenn jeder von uns sich bemüht, der bestmöglichste Mensch zu sein, und wenn wir aufhören, an unsere Bequemlichkeit zu denken, sondern uns in unserer Individualität wahrnehmen, dann wird die Welt sicher besser werden. Und wenn wir an uns die gleichen Forderungen stellen wie an die anderen, dann können wir uns untereinander besser verstehen. Ich glaube, der Zeitpunkt ist gekommen, um sich mit der Idee vertraut zu machen, dass die Menschheit glücklicher, kreativer und menschlicher sein kann, wenn wir in den anderen uns selbst sehen.

# Mario

*Lebt in Portugal*

**PORTRÄT** / Mario, 48 Jahre, Portugiese. Ich lebe in Carcavelos. Ich arbeite zurzeit als Taxifahrer. Zu Hause habe ich zwei Töchter und meinen Vater, die Mutter wohnt nicht mehr bei uns.

**KINDHEITSTRÄUME** / Mein Traum war es, Pilot zu werden. Ich weiß nicht mehr, warum. Ich wollte oben am Himmel sein, dort leben ... Vielleicht bin ich deshalb Taxifahrer geworden. Ich pflege scherzhaft zu sagen, dass ich ein Flugzeug steuere und mich um meine Passagiere kümmern muss.

**MIT AUF DEN WEG GEBEN** / Was ich meinen Töchtern mitgeben will? Alles eigentlich, alles, was ich achte, alles, was ich liebe. Nicht nur für mich, für alle. Ich möchte ihnen alles mit auf den Weg geben.

**LACHEN** / Lachen ist gut. Ich bin faul und arbeite nicht gerne. Und warum? Weil viele Muskeln arbeiten müssen, wenn ich ein ärgerliches Gesicht mache, aber zum Lachen braucht es nur wenige. Ich lache gern und lache jeden Tag. Da ich immer noch glücklich bin, lache ich mit jedem über alles Mögliche. Es gibt manches, was mich traurig stimmt, aber ich lache gern, und das tut gut.

**SCHICKSALSSCHLAG** / Was meine schwierigste und komplizierteste Situation war? Vielleicht der Tod meiner Mutter. Welche Erfahrung ich gemacht habe? Es gelang mir, ohne die Menschen, die ich geliebt habe, weiterzuleben. Ich kann weiterhin lächeln, weinen und trotz allem glücklich sein. Aber es bleibt immer eine sehr große Lücke.

**SEIN LAND LIEBEN** / Mein Land war ein bedeutendes Land und ist es immer noch. Es bekümmert mich aber, dass wir keine großen Persönlichkeiten haben. Es tut mir leid, dass sie sich nicht so um das Land kümmern, wie es das verdient. Vielleicht gehöre ich auch zu diesen Leuten. Aber es sind hauptsächlich die führenden Politiker ... So ist es eben ...

**NATUR** / Die Natur? Einen Hund, eine Katze oder eine Pflanze zu sehen, das ist immer schön! Was geschieht mit der Natur? Sie wird misshandelt! Was wird passieren? Ich denke, Mutter Natur wird einen Schlussstrich ziehen. Wir versuchen gerade, ihr ein Ende zu setzen, aber ich denke, das wird mit einem Sieg von Mutter Natur enden.

**BOTSCHAFT** / Folgende Botschaft: Hoffnung, Arbeit. Glaubt an euch, so wie ich an mich glaube. Die Liebe, ein Lächeln, das sind Alltäglichkeiten, aber ich bin eine normale Person. Ich will das, was normal ist. Ich denke, wenn ihr normale Menschen seid, dann wollt ihr auch normale Dinge.

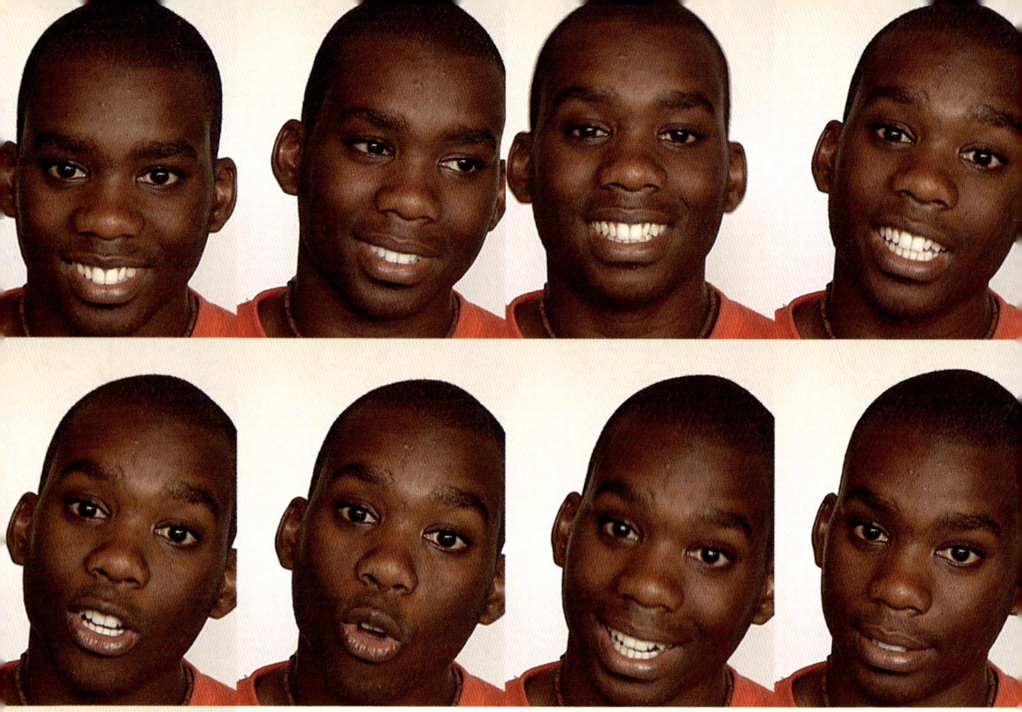

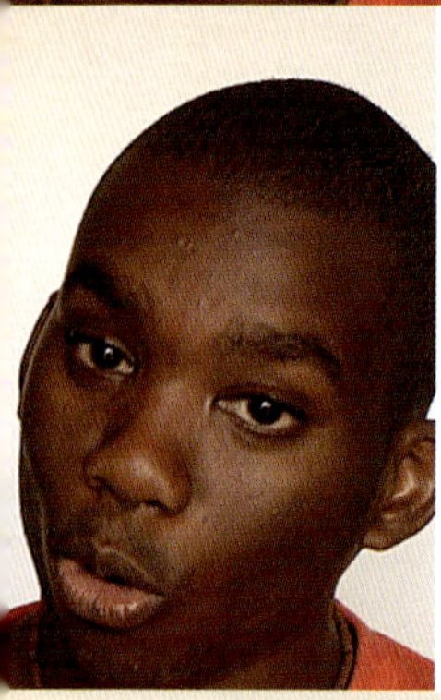

Das Leben ist eine ansteckende Krankheit, die sexuell übertragen wird.

**JORGE LUIS** — *Kuba*

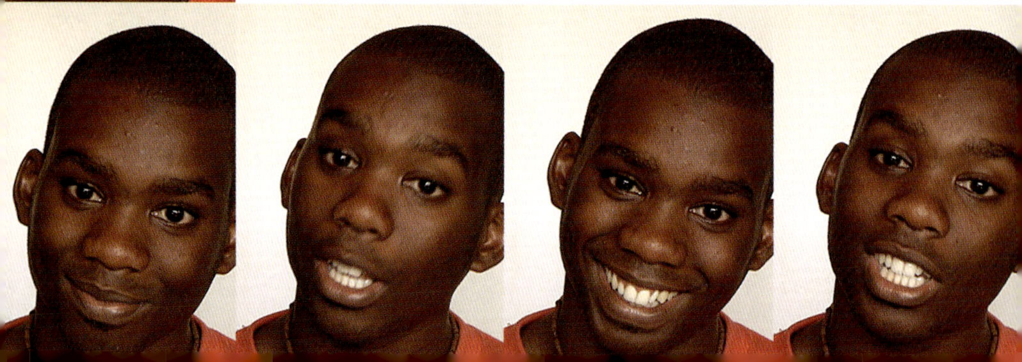

# Jorge Luis

*Lebt in Kuba*

## Liebe ist da, wo du um eine Sache kämpfst und sie dein Besitz wird.

**Porträt** / Mein Name ist Jorge Luis. Ich bin 22 Jahre alt. Ich studiere Maschinenbau am Höheren Polytechnischen Institut Santiago Echevarria hier auf Kuba. Ich bin am 27. Oktober 1984 in Guanabacoa geboren. Mein Vater kommt aus der Provinz Pinar del Río und meine Mutter aus Pinar del Río und Havanna. Ich bin aber trotz dieser väterlichen und mütterlichen Herkunft ein echter Habanero. Ich bin in der Hauptstadt geboren und habe immer hier gelebt. Meine Familie ist sehr kinderreich. Meine Großmutter hatte zehn Kinder und meine Urgroßmutter ebenfalls. Das war ein Chaos, wir waren einfach zu zahlreich. Als ich vier Monate alt war, ließ sich meine Mutter scheiden, und so bin ich ohne Papa aufgewachsen. Mein Vater hat mich immer besucht, er hielt immer Kontakt und hat sich nie distanziert, aber so richtig anwesend war er nicht.

**Familie** / Meine Mutter sagte, die Familie, das sind Menschen, an die du dich wenden kannst, wenn du Probleme hast, Menschen, die dich unterstützen und für dich sehr wichtig sind, die eine gewisse Zeit mit dir gelebt haben und von denen du sagen kannst, dass sie deine Familie sind. Nicht in dem Sinne wie deine Mutter, die dich geboren hat. Du bist gefühlsmäßig mit jedem einzelnen dieser Menschen verbunden, die deine Familie bilden.

**Früheste Erinnerung** / Meine früheste Erinnerung… Einmal kam eine Frau zu mir und rauchte. Ich wollte aber nicht, dass sie raucht. Ich habe eine Schere geholt und ihr, während sie rauchte, die Zigarette abgeschnitten! Von meiner Mutter habe ich einiges zu hören bekommen… Sie hat einen richtigen Skandal daraus gemacht.

**Erinnerung** / Meine schönste Erinnerung? Es war mein erstes Küsschen in der Grundschule. Ich brauchte zwei Stunden, bis ich das Mädchen soweit hatte. Ich war neun oder zehn Jahre alt. Ich sagte zu ihm: »Auf, nur ein Küsschen, komm!« Es hat mir dann ein ganz kleines Küsschen gegeben, und ich ging nach Hause und konnte mich vor Freude kaum fassen.

**Kindheitsträume** / Mein ganz großer Traum? Ich hatte viele solcher Träume. Erst wollte ich Astronaut werden, dann Rechtsanwalt wie mein Vater. Ja, das war eine Phase in meinem Leben, wo ich wie mein Vater werden wollte. Schließlich wollte ich wie mein Großvater sein. Und wenn die Kindheit zu Ende ist, dann will jeder ganz er selbst sein.

**Liebe** / Liebe ist da, wo du um eine Sache kämpfst und sie dein Besitz wird. Sie ist diese Anstrengung für eine Sache, dieser Kampf und diese Opfer, die für den Erfolg gebracht werden. Hier beginnt die Liebe: Ihretwegen hast du gekämpft. Du hast sie, du liebst sie und willst sie nicht verlieren. Es ist so wie mit dem ersten Buch, das du von deinem ersten Lohn gekauft hast: Es hat einen besonderen Wert für dich, du empfindest Liebe für dieses Buch. Ich kann dir dazu eine Anekdote erzählen: Für uns Kubaner ist der Eisschrank der wichtigste Bewohner des Hauses! Einmal wurden alle Eisschränke ausgewechselt. Also haben meine Mutter und ich zum Eisschrank auf Wiedersehen gesagt, weil wir ihn so lieb gewonnen hatten ... Ich hatte diesen Eisschrank seit meiner Geburt gekannt und ihn immer gesehen, seit ich meine Augen öffnen konnte. Als sie zum Auswechseln kamen und ihn wie altes Eisen behandelten und am Boden schleiften, sagte ich ihnen: »Meine Herren, ich bitte doch, wir haben so lange mit ihm zusammengelebt ...« Du kannst dich nur schwer davon trennen, du hast das Gefühl, als würde von deinem Körper etwas weggenommen. Manchmal widersetzt sich die Liebe jeder Veränderung.

**Mit auf den Weg geben** / Ich würde ihnen gerne sagen, dass sie das Leben akzeptieren sollen, wie es kommt, weil wir vom Leben nicht erwarten können, dass es uns die Dinge auf einem Tablett serviert. Manchmal kommen sie auf einem Tablett, manchmal müssen sie aus einer Mauer herausgekratzt werden, weil sie kaum zu sehen sind und sich nicht in unmittelbarer Reichweite befinden. Ich würde ihnen auch sagen, dass sie immer kämpfen müssen, weil mein Leben ein ständiger Kampf gewesen ist ... Mein Leben hat mich gelehrt, das wir um alles kämpfen müssen, dass nicht alles rosig ist und es an uns selbst liegt, das Glück herbeizuführen. Tun wir das, was wir zu tun haben, und warten wir nicht, bis unser Glückstag kommt.

**Geld** / Ein Professor an der Universität sagte mir: »Geld ist ein Unglück, aber wer kein Geld hat, ist ein Unglücklicher!«

**Krieg** / Der Krieg, das sind zwei Menschen, die sich hassen und sich kennen, aber der Krieg wird von Menschen geführt, die sich nicht hassen und nicht kennen. Ich habe ja schon gesagt, dass ich die Militärs nicht liebe. Für mich wäre dieser Beruf das Allerschlimmste.

**Natur** / Ich spreche gern mit dem Meer ... Meine Mutter zeigte mir oft das Meer im Winter ... Ich erzähle dem Meer sehr persönliche Dinge, die ich niemandem sonst erzählen kann. Das Meer ist so etwas wie meine Vertrauensperson, an die ich glaube und von der ich manchmal denke, dass sie mir hilft ... Ich liebe das Gespräch mit dem Meer und denke, dass es mich versteht ... Vom Meer her strömt eine Art Energie, und ich fühle seine Anziehungskraft. Ich habe immer noch Lust, mit dem Meer in Verbindung zu bleiben … Ein Leben in einem Land ohne Küsten kann ich mir nicht vorstellen.

**Nach dem Tod** / Nach dem Tod? Ich denke, es muss irgendetwas geben, weil … ich kann doch nicht einfach so durchs Leben gehen und dann plötzlich verschwinden … Der Glaube, dass wir nach dem Tod in der Erinnerung der anderen am Leben bleiben, genügt mir nicht. Es muss noch etwas anderes geben … etwas, das dir sagt, wer du bist, so wie ein Maßstab das misst, was du getan hast … Vielleicht gibt es noch anderes Leben, vielleicht lebst du in einer Parallelwelt weiter. Daran glaube ich am meisten: an eine Parallelwelt. Du gehst in eine andere parallele Welt, in der du eine andere Person in einer anderen, fortschrittlichen Gesellschaft bist und deine hier gemachten Erfahrungen einbringst, die dort etwas Normales wären. Ich glaube, so ist es.

**Sinn des Lebens** / Der Sinn des Lebens? Mir fällt eine witzige Bemerkung ein, von der ich aber nicht weiß, ob sie eine Antwort auf diese Frage ist. Ich habe sie oft erzählt. Das Leben ist eine sexuell übertragbare Erkrankung! … Das Leben ist eine ansteckende Krankheit, die sexuell übertragen wird, wie wir hier sagen … Es geht darum, in deiner Zeit eine Spur zu hinterlassen. Du bist doch nicht auf die Welt gekommen, um bloß ein Mensch mehr zu sein. Jeder von uns lebt, um etwas Besonderes zu leisten. Jeder von uns hat eine besondere Mission. Du musst das Leben als eine eigenständige Wesenheit ansehen, und selbst wenn wir nicht unentbehrlich sind, so sind wir doch alle notwendig. Das bedeutet, dass jeder sein Sandkorn mitbringt, um die Mauer zu bauen … Viele denken möglicherweise, dass das Leben sinnlos ist, weil sie nichts getan haben … Aber der Sinn ist da. Du hast gelebt, du hast etwas beigetragen, auch wenn du es nicht erkennen kannst. Es gibt immer einen Beitrag. Die Menschen kommen nicht zu ihrem Vergnügen auf die Erde. Der Mensch hat sich entwickelt, ist älter geworden … Es gibt einen Grund, es muss etwas geben, das eine Spur hinterlässt und das Maß abgibt für die Transzendenz, die wir in uns tragen.

**Sein Land lieben** / Ich liebe mein Land und bin stolz darauf, Kubaner zu sein. Wir Kubaner sind sehr fröhliche Leute, wir amüsieren uns viel und sind sehr lustig. Auf jeden Fall bin ich zu den Leuten sehr offenherzig. Ich denke, das ist typisch für die Kubaner. Wir feiern, wo es sich gerade trifft, wir sitzen hier oder da zusammen und finden immer einen Grund für ein Fest.

## Mein Leben hat mich gelehrt, dass wir um alles kämpfen müssen, dass nicht alles rosig ist und es an uns selbst liegt, das Glück herbeizuführen.

# Sinn des Lebens

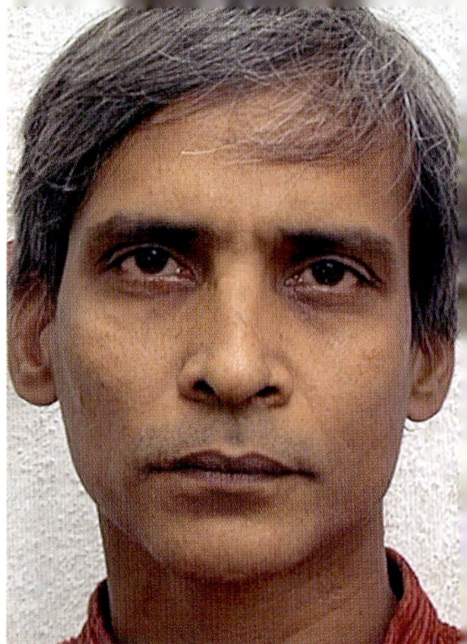

Es wäre sinnvoll, alle Menschen nach dem Sinn des Lebens zu fragen. Sollte ihn einer kennen, wäre es nützlich, ihn den anderen mitzuteilen.

**JUAN** — *Spanien*

←

↑

Der Sinn meines Lebens? Ich kenne außer Buddha niemanden, der eine völlig befriedigende Antwort gegeben hat. Den Sinn meines Lebens kenne ich überhaupt nicht.

**M.V.** — *Chennai, Indien*

Die Frage nach dem Sinn des Lebens müsste Siddhartha oder einem anderen Erleuchteten gestellt werden, aber nicht mir!

**TOMMASO** — *Italien*

→

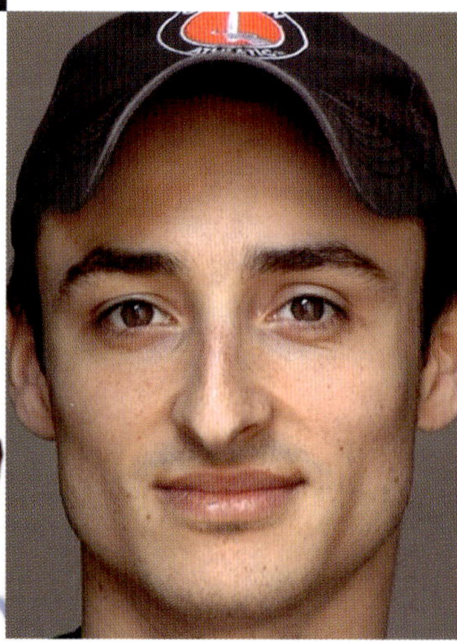

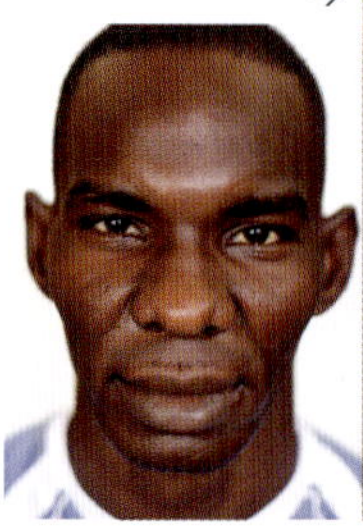

Mein Vater meint: »Wer den Sinn des Lebens gefunden hat, der stirbt.« Sobald ich den Sinn des Lebens entdeckt habe, sterbe ich innerhalb von zwei Tagen. Wir sollten vielleicht gar nicht versuchen, ihn zu finden.

**CINDY** — *Los Angeles, Vereinigte Staaten*

→

Der Sinn des Lebens? Das Leben ist unbegreiflich, darin liegt der Sinn des Lebens … Und daher hat das Leben diesen brausenden Ton, der diesen Sinn zu vermitteln versucht. Die Unbegreiflichkeit des Lebens verleiht also dem Leben einen Sinn.

← **JOSEPH** — *Flüchtling aus Kamerun, Melilla, Spanien*

↑

Die Liebe zu einer Frau … Ohne eine Frau hast du keine Kinder und damit keinen Grund, am Leben zu sein.

← **BOUREÏMA** — *Mali*

Der Sinn des Lebens besteht in erster Linie im Atmen. Dein Atmen machte deine Mutter glücklich, als du auf die Welt gekommen bist. Nun gab es einen weiteren Sohn in ihrer Familie. Es ist jetzt deine Aufgabe, an die Stelle der Eltern zu treten und das Leben weiterzugeben.

**PAUL** — *Burkina Faso*

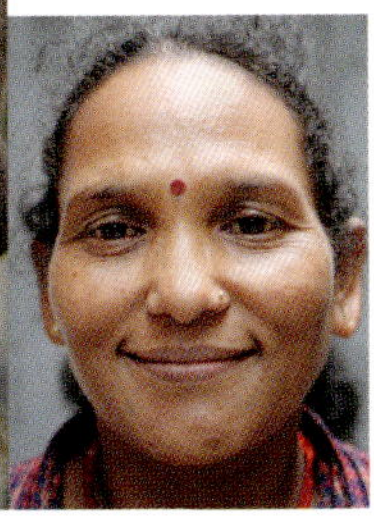

Der Sinn des Lebens? Er besteht für mich darin, eine Familie zu haben und Kinder, um ihnen bestimmte Werte zu vermitteln. Ich möchte ihnen im Alter erzählen können, was ich aus meinem Leben gemacht habe. Wer als alter Mensch niemand hat, dem er sein Leben erzählen kann, für den lohnt sich das Leben nicht.

**INGRID** — *Tahiti, Französisch-Polynesien* →

Die Liebe gibt dem Menschen Halt. Wenn der Mensch liebt, dann sieht er das Ziel seines Lebens. Sie sehen, alles hängt miteinander zusammen. Die Atmosphäre in einer Familie unterstützt den Menschen, und die Liebe gibt dem Leben einen Sinn. Ohne sie wäre der Mensch vielleicht zum Untergang verurteilt.

**VALÉRY** — *Ukraine*

↓

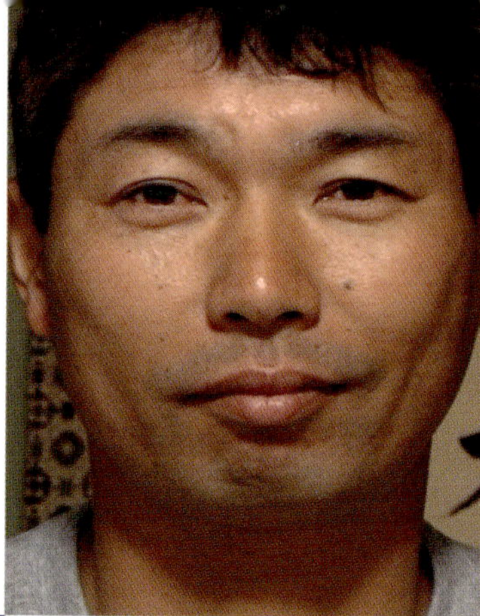

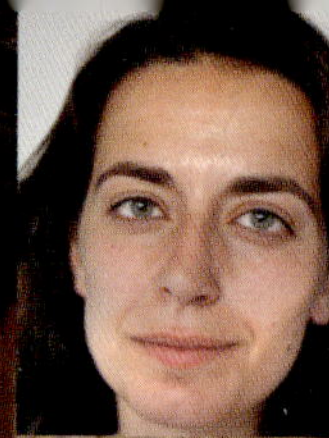

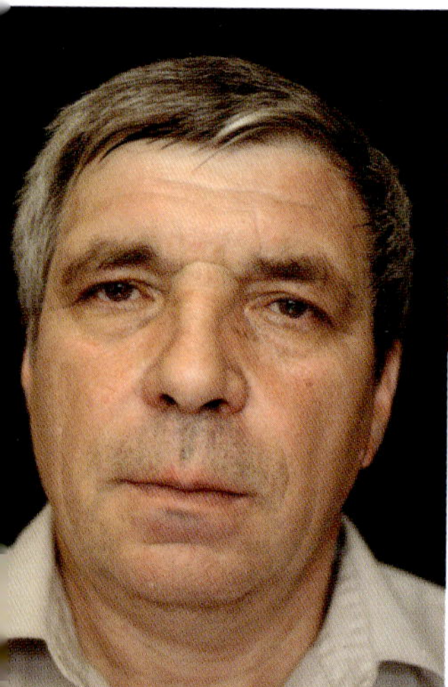

↑

Der Sinn des Lebens besteht darin, seine Seele zu reinigen, damit sie in neuem Glanz erstrahlt.

**MINORU** — *Japan*

Der Sinn meines Lebens oder des Lebens von jedem anderen Menschen besteht in einem individuellen Entwicklungsweg und einem Familienerbe, das wir unseren Nachkommen hinterlassen sollen.

**ANNE** — *Spanien* ↓

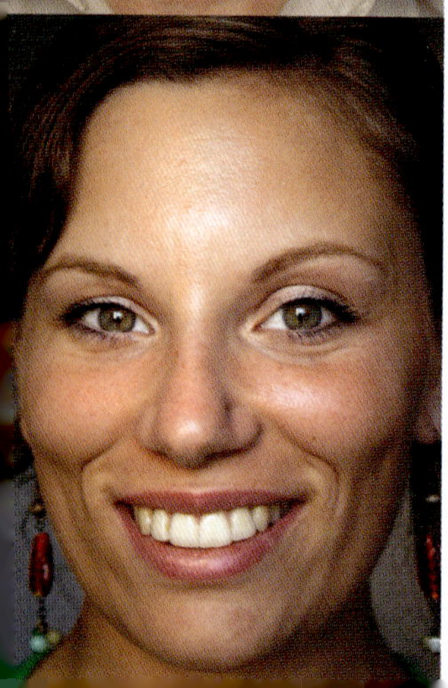

Ich bin stets auf der Suche nach Neuem: Das ist der Sinn meines Lebens. Jeder Tag hat deshalb seinen besonderen Sinn. Natürlich ist das Glück der Sinn des Lebens, aber jeder Mensch muss seinen eigenen Sinn finden und seinen eigenen Weg zum Glück.

← **ROMINA** — *Argentinien*

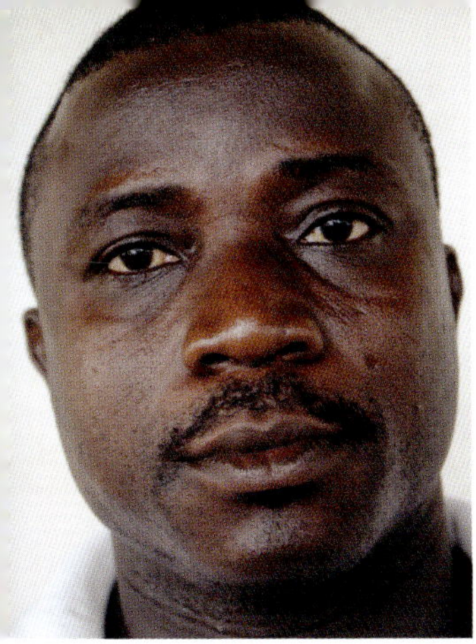

← Das hier! [Er zeigt seine Handfläche] Wir haben nicht dasselbe Schicksal. Jeder Mensch hat das in seiner Hand vorgezeichnete Schicksal und eine besondere Aufgabe. Hast du sie erfüllt, dann gehst du.
**DOMINIQUE** — *Benin*

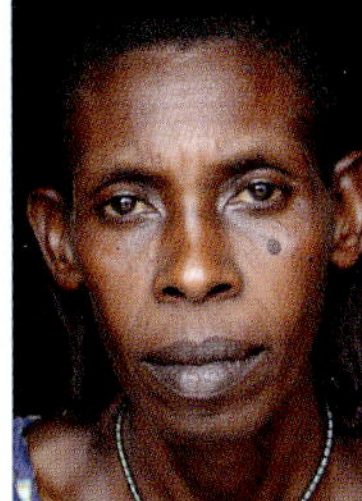

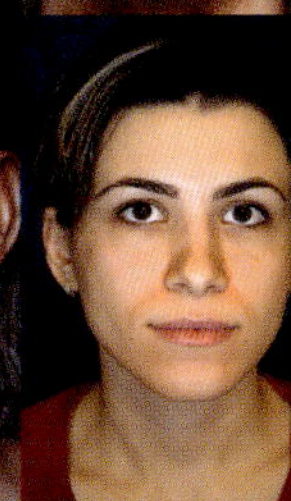

Ich denke an die Menschen, die gelitten und ihr Leben geopfert haben, und stelle fest, dass ihr von Gott bestimmtes Schicksal ein ganz unvergleichliches Schicksal war. Einige haben sich diesem Schicksal würdig erwiesen und sind ihren Weg bis zu Ende gegangen. Die Überlebenden sind von diesem idealen Verhalten weit entfernt. Wir gedenken ihrer mit Bewunderung und Anerkennung, weil das rumänische Volk so wertvolle Menschen hatte, die ihren Idealen treu blieben.
**DOINA MONICA** — *Rumänien*
↓

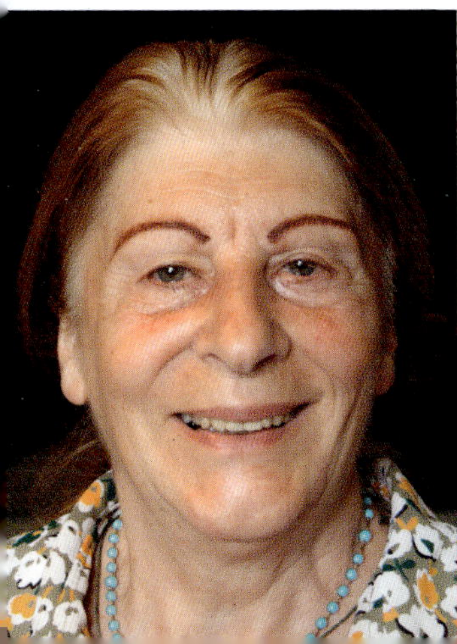

Der Sinn des Lebens ist der Kampf. Kämpfe machen das Leben aus. Wir müssen zu kämpfen verstehen. Wer in seinem Leben kämpft, versteht den Wert des Lebens. →
**LILU** — *Nepal*

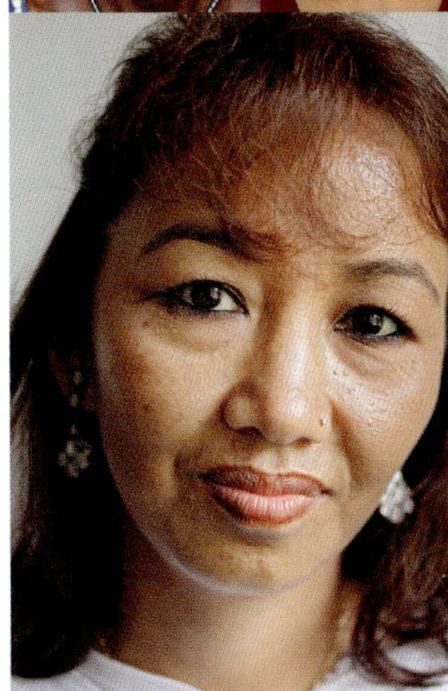

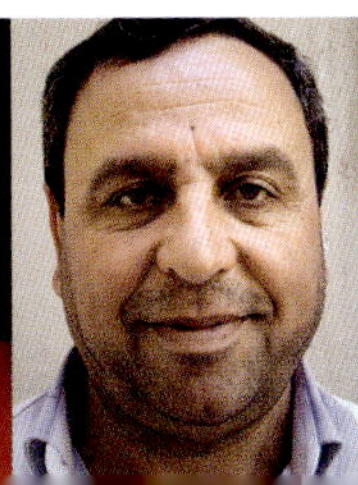

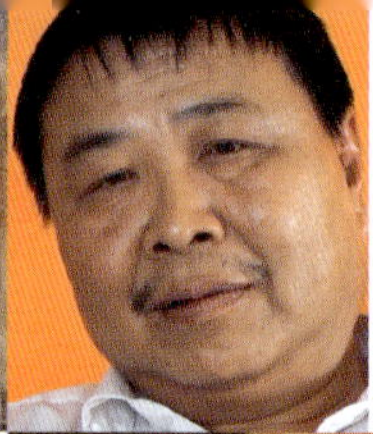

Ich lebe in einer Baracken-siedlung und verbringe mein Leben damit, anderen Menschen zu helfen ... Es ist mir in meinem Leben nicht so wichtig, was ich tue oder wie viel ich verdiene, ich muss nur mit anderen Menschen teilen, damit wir uns alle gleichberechtigt zusammensetzen können und niemand sich beklagen kann und niemand Hunger hat.

← **MAMOLISE** — *Südafrika*

Der Sinn meines Lebens ist es, soviel gute Speisen wie möglich zuzubereiten, sie meinen Gästen und anderen Kunden vorzusetzen und sie damit glücklich zu machen. Gutes Essen macht immer glücklich. Und das liebe ich.

**YONG CHAO** — *Shanghai*
↓

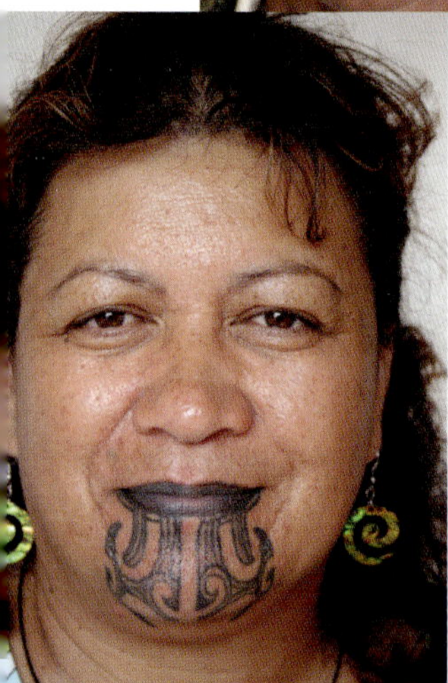

Für mich besteht der Sinn des Lebens darin, dass ich meine Aufgabe und die anderen Menschen ihre Aufgabe herausfinden, die wir auf diesem Planeten zu erfüllen haben, und dass wir daran arbeiten, eine einzige Gemeinschaft zu sein. Das wäre in meinen Augen der Sinn des Lebens.

← **WHIRIMAKO** — *Neuseeland*

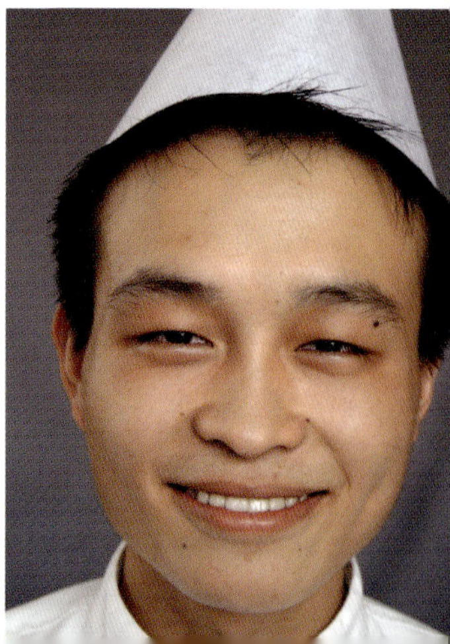

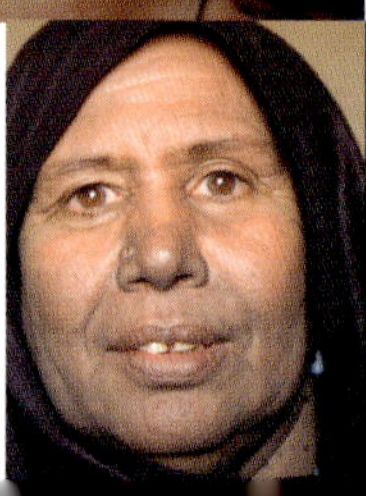

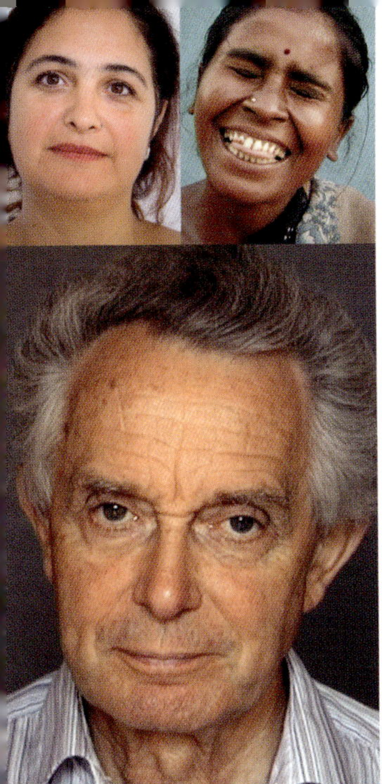

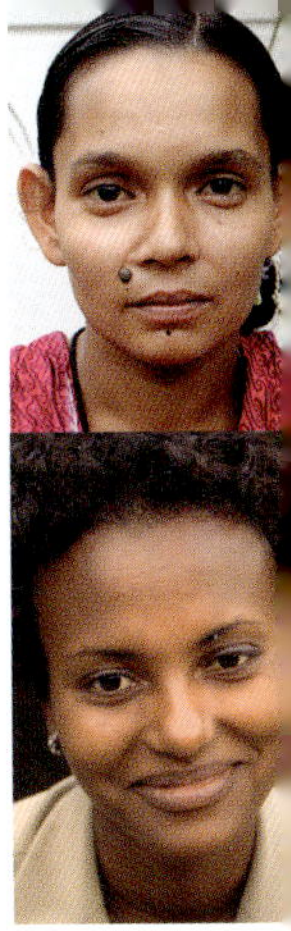

Der Sinn für Humor – und den Humor beibehalten, um sich nicht zu ernst zu nehmen und nicht wie ein Diktator aufzutreten. Das gilt in vielerlei Hinsicht, in Bezug auf deine Kinder, deine Freunde und Liebschaften, auf deine Arbeit. Eine gewisse Distanz sollte immer gewahrt bleiben. Das Engagement hört aber nie auf, auch nicht der Kampf, auch nicht die Empörung ... Nicht versuchen, von dem einmal eingeschlagenen Kurs abzuweichen ..., nicht sich zersplittern. Und sich weiterhin um seinen Körper wie um seinen Geist kümmern.

← **ALAIN** — *Frankreich*

Für mich ist der Sinn des Lebens eine ethische Herausforderung, weil sich die Menschen in den vergangenen 5000 Jahre nicht geändert haben. Sie sind nicht schlechter geworden, aber auch nicht besser. Manchmal ändert sich die äußere Situation, und jedes Individuum ist davon betroffen. Die veränderte Situation ist ein Test, weil sie eine Herausforderung darstellt. Es ist nicht immer leicht, die richtige Entscheidung zu fällen und ein anständiges Leben zu führen mit den richtigen Entschlüssen. Daher ist das Leben für mich eine Herausforderung. Wir können das Leben – wie den Tod auch – nicht ändern. Das Leben ist keine Angelegenheit, die Korrekturen zulässt.

← **NAFTALI** — *Israel*

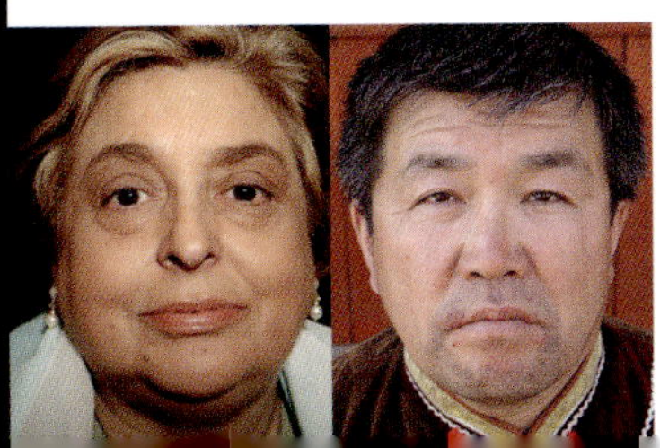

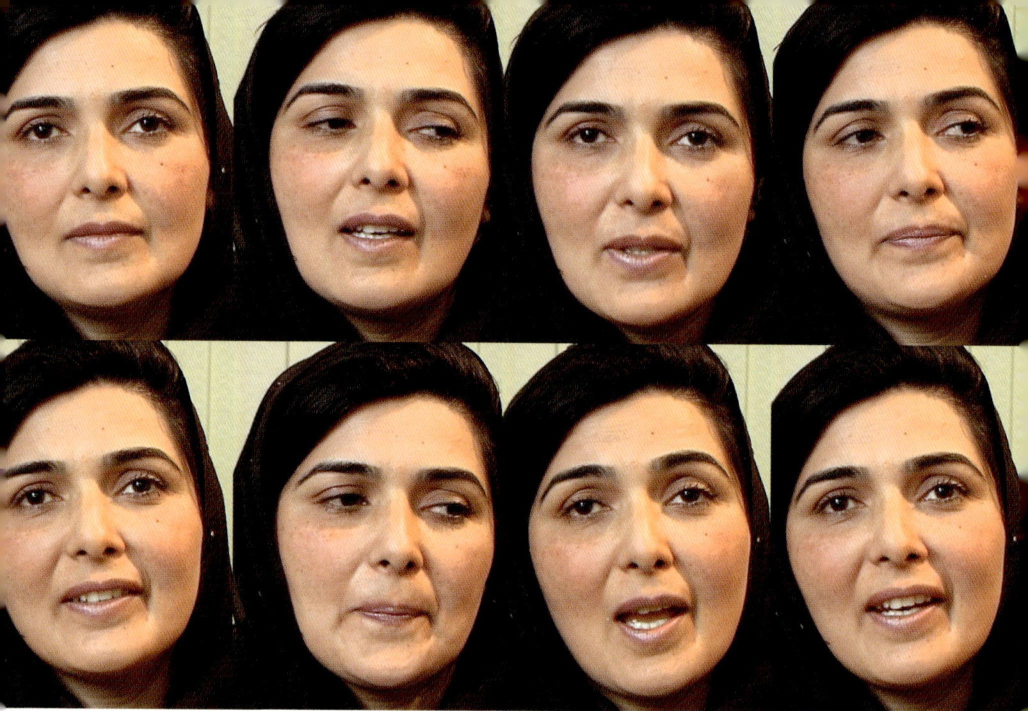

Wie ein Vogel sollte
die Frau sein und selbst
entscheiden können,
wohin sie gehen will.

**SURYA** — *Afghanistan*

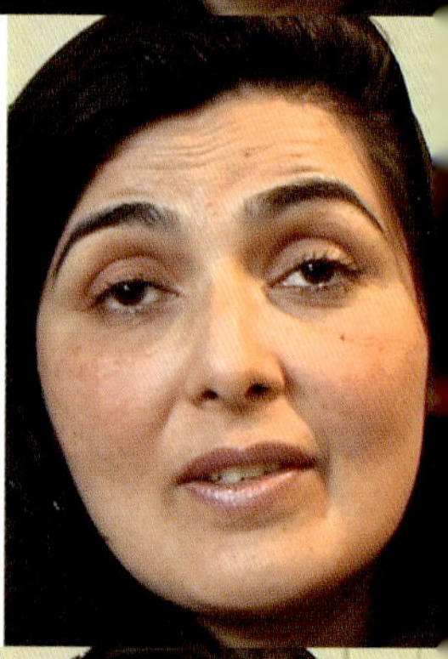

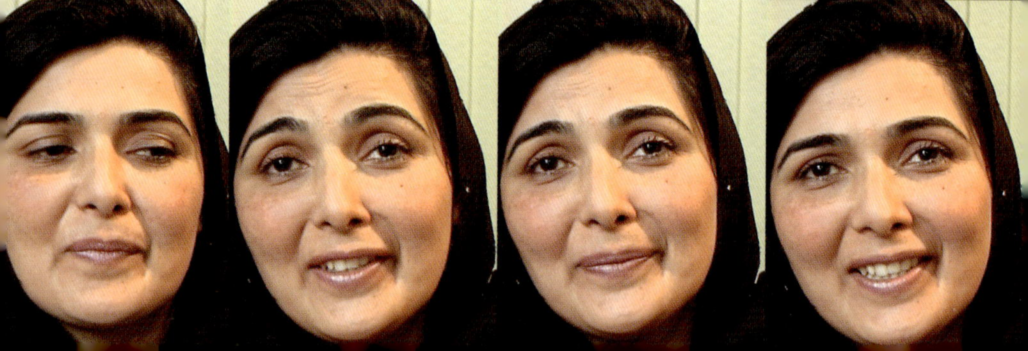

# Surya

*Lebt in Afghanistan*

## Der Krieg zerstört nicht nur Bauwerke und Wohnhäuser, sondern auch die Kultur, die Gesellschaft, alles.

**Porträt** / Ich heiße Surya, bin 35 Jahre alt und stamme aus Herat in Afghanistan. Ich arbeite bei Voices of Women [Organisation für die Rechte von Frauen]. Ich bin verheiratet und habe sechs Kinder. An der Universität in Kabul habe ich mein Diplom in Literaturwissenschaft gemacht.

**Kindheitsträume** / In meiner Jugend träumte ich davon, bei Reporter ohne Grenzen zu arbeiten ... Leider erlaubte mir meine Familie nicht, an der Universität von Kabul Journalismus zu studieren, weil ich damals noch jung war und meine Familie in Herat wohnte. Mein Traum wurde deshalb nicht Wirklichkeit.

**Heirat** / Wegen des Krieges in Afghanistan habe ich früh geheiratet. Es gab zu der Zeit viele mächtige Ortskommandanten. Für die Heirat konnten sie sich jedes Mädchen aussuchen, und es waren vor allem die schönen Mädchen. Niemand konnte sie ihnen verweigern. Deshalb verließen die meisten afghanischen Familien, vor allem die aus den Provinzen, ihr Land und waren nun Flüchtlinge. Diejenigen, die geblieben sind, haben sich entschieden, ihre Töchter zu verheiraten, selbst wenn sie sehr jung waren. Das gab Sicherheit, weil den Mädchen nach ihrer Heirat nicht noch einmal ein Antrag gemacht wurde. Ich kann nicht sagen, ob es gut oder schlecht war, dass ich mit 14 Jahren geheiratet habe, als ich noch in der zehnten Klasse war. Nach der zwölften Klasse ging ich mit meinem Mann nach Kabul und studierte dort an der Universität. Ich hatte damals drei Töchter. Im Fachbereich Unterrichtswesen beendete ich mein Studium.

**Krieg** / Krieg bedeutet die totale Zerstörung. Er hat schreckliche Auswirkungen auf das gesamte Leben, er macht viele Kinder zu Waisen und führt zu deprimierenden Ereignissen im ganzen Land, alles wird in Mitleidenschaft gezogen. Der Krieg zerstört nicht nur Bauwerke und Wohnhäuser, sondern auch die Kultur, die Gesellschaft, alles. Seit 1992 bis zum Sturz der Taliban waren wir Bomben- und Raketenangriffen, Überfällen und jeder Art von Beschießung und Luftangriffen ausgesetzt ..., alles kam zum Einsatz. Nachts schliefen wir schlecht, weil wir angespannt auf die Raketenangriffe warteten. Für diesen Fall waren wir vorbereitet, die Schuhe der

Kinder lagen bereit, die Jacken ebenfalls. Nahm der Beschuss an Heftigkeit zu, mussten wir in den Keller gehen … In dieser Situation kämpfte ich vor allem darum, die Lage der Frauen in Afghanistan zu verbessern. In diesem 14 Jahre dauernden Krieg gab es für uns keinen einzigen Moment der Freude oder der Entspannung, weil wir immer mit bewaffneten Auseinandersetzungen und Schießereien in der Stadt rechnen mussten. Ich werde mein Leben lang nicht vergessen, wie unsere Schule bombardiert wurde und vier Klassenkameraden starben. Ich war damals in der sechsten Klasse. Und später haben sie unseren Lehrer vor den Augen der Schüler getötet. Ein Jahr später wurde unsere Lehrerin auf dem Nachhauseweg auf offener Straße erschossen. Sie haben sie getötet, obwohl sie überhaupt kein Verbrechen begangen hatte, sie war einfach nur eine Lehrerin. Der Mord geschah, weil sie Mädchen unterrichtete. Solche Vorgänge machten es den Mädchen sehr schwer, eine Schule zu besuchen … Damals wusste ich noch nichts von den Menschenrechten, es gab ja keine Informationen. Für uns war alles nur sehr traurig angesichts der vielen Waisen, der getöteten Lehrer und Lehrerinnen … Warum ein solch sinnloser Mord an diesen Frauen? Nur deshalb, weil sie Mädchen unterrichteten und weil sie zur Ausbildung der Frauen in der Stadt beitrugen.

**Feind des Menschen** / Der Krieg und die Waffen sind die schlimmsten Feinde des Menschen. Mit jedem Feind kannst du sprechen und verhandeln, mit Waffen aber nicht. Leider haben die meisten der bewaffneten Kämpfer aus unserem Land überhaupt keine Schulbildung, sie kennen nur die Sprache ihrer Gewehre und können mit ihnen umgehen und sie sind unnachgiebig und antworten nur mit ihren Waffen. Der schlimmste Feind des Menschen sind daher die Waffen … und der Krieg.

**Freund des Menschen** / Für mich sind Bildung, Frieden, Bücher und ein freies Leben sehr gute Freunde des Menschen.

**Träume in der Gegenwart** / Wir wünschen uns, dass die neue Generation eine günstigere Situation vorfindet und Afghanistan künftig in Frieden lebt. Wir haben nichts Gutes erfahren, aber die neue Generation wird hoffentlich ohne Krieg sein.

**Frau** / Wie ein Vogel sollte die Frau sein und selbst entscheiden können, wohin sie gehen will, und so friedfertig wie die Vögel, die niemandem etwa zuleide tun, sondern einfach am Himmel fliegen und sich vergnügen.

**Freiheit** / Von der Freiheit habe ich eine etwas andere Vorstellung, weil ich an die Familie denken muss … Für meine Herkunftsfamilie bin ich eine verheiratete Frau, also bin ich für sie nicht mehr verantwortlich. Mein Mann ist jetzt für mich verantwortlich. In Bezug auf unsere Gesellschaft sind wir nicht frei, weil die Tradition immer noch eine bedeutende Rolle spielt. Diese Gesellschaft, insbesondere die neue Generation, ist nicht daran gewöhnt, dass Frauen in die Stadt gehen oder im

Fernsehen auftreten, das scheint nicht in Ordnung zu sein. Deshalb fühle ich mich ziemlich frei, was meine Familie angeht, aber zu sehr eingeschränkt, was die Gesellschaft betrifft. Wir müssen die Gesellschaft akzeptieren und respektieren, aber gleichzeitig auch für Veränderungen sorgen, gegen ungeliebte Traditionen ankämpfen, besonders im Hinblick auf kommende Generationen. Die neue Generation kannte bisher nur den Krieg und hat nur Frauen mit der Burka [Kleidungsstück, das den ganzen Körper verhüllt und vor allem von den Frauen in Afghanistan, Pakistan und in Indien getragen wird] gesehen. Für diese jungen Menschen steht fest, dass Frauen stets zu Hause bleiben und nicht ausgehen. Das sollten wir wissen und versuchen, ihre Einstellung zu verändern, damit sie den Frauen das Recht zuerkennen, in die Stadt zu gehen und zu arbeiten.

Diese Gesellschaft, insbesondere die neue Generation, ist nicht daran gewöhnt, dass Frauen in die Stadt gehen oder im Fernsehen auftreten, das scheint nicht in Ordnung zu sein. Deshalb fühle ich mich ziemlich frei, was meine Familie angeht, aber zu sehr eingeschränkt, was die Gesellschaft betrifft.

# Imam

*Aus dem Irak geflüchtet, lebt in Syrien*

## Die Freiheit, von der ich sprechen höre, ist vielleicht etwas Schönes, aber ich habe sie nie erlebt.

**Porträt** / Ich heiße Imam und komme aus dem Stadtviertel Saddam in Bagdad, in der Nähe von Sidiya.

**Sein Land verlassen** / Warum ich aus dem Irak geflüchtet bin? Der Irak ist ein unerträgliches Land geworden. Wegen der gegenwärtigen Situation haben viele Familien das Land verlassen: Es wird im Namen der Freiheit zerstört. Ich bin vor Raub, Vergewaltigung, Entführung und anderen verbrecherischen Taten geflohen, die vielleicht von Irakern begangen wurden, aber auch von denen, die den Irak beherrschen, es ist eine Tragödie ... Der Irak hat mir alles genommen ... Im Irak möchte jeder im Namen der Freiheit und der Demokratie regieren. Leider haben wir eine falsche Auffassung von Demokratie. Jeder möchte regieren, aber im Namen seines Familienclans. Das alles zwang mich dazu, den Irak zu verlassen. Aber auch wegen der Traditionen und Gewohnheiten, die mir meine Eigenständigkeit rauben und sich meiner Kinder bemächtigen.

**Schicksalsschlag** / Ich wohnte seit 1996 im Stadtviertel Saddam, als ich mit meinem Mann eine Wohnung bezog. Während des Krieges im Jahr 2004 wurden wir von einigen Milizionären bedroht und mussten unsere Wohnung verlassen, weil mein Mann Sunnit ist und ich Schiitin ... Wir zogen zu meiner Schwester nach Khadra, und bis zum 31. Juli 2004 ging alles gut. Mein Mann arbeitete als Elektroingenieur bei einem staatlichen Unternehmen. An jenem Tag kehrte er nicht nach Hause zurück. Wir suchten ihn überall, ohne ihn zu finden. Wir gingen in die Krankenhäuser und auf die Polizeistationen. Uns wurde gesagt, dass es in der Gegend von Mahmoudia zu Schießereien gekommen sei. In einem Krankenhaus haben wir ihn dann tot aufgefunden. Er ließ mich mit meinen Zwillingen zurück, einem Jungen und einem Mädchen. Obwohl meine Englischkenntnisse nicht sehr gut waren, musste ich in einem Unternehmen arbeiten, das geschäftlich mit Ausländern, insbesondere Amerikanern und Engländern, zu tun hatte ... Unvermittelt kam eines Tages mein Schwager, der Bruder meines Mannes, auf mich zu und bedrohte mich, so wie es gegenwärtig im Irak gang und gäbe ist. Ich sollte ihn heiraten, andernfalls würde er meine Tochter mit seinem Sohn verheiraten. Auch sollte mein Sohn zu ihm ziehen. Er wollte nicht, dass ich mich um seine Erziehung kümmerte, da ich Schiitin bin und er Sunnit ist. Er machte meiner Tochter und vor allem meinem Sohn gegenüber Andeutungen, dass ich ihren Vater getötet hätte. Ich habe seine Forderungen abgelehnt. Er betrachtete mich als Verräterin, weil ich bei den Amerikanern arbeitete, und drohte mich bei den Milizionären zu denunzieren, damit sie mich töteten ... Hätte ich nach dem Verlust meines Mannes auch noch die Kinder weggeben sollen aufgrund von überkommenen Vorstellungen, wie sie jetzt im Irak herrschten? ... Eines Tages kam mein Sohn nicht mehr nach Hause zurück. Fünf Tage lang haben wir ihn gesucht, aber ohne Erfolg. Er wurde von einer Bande entführt ... Sie haben ihn gefoltert und mit einer Pistole bedroht, sodass er danach zu stottern anfing und wieder ins Bett machte. Er erzählte mir auch, dass sie die Pistole an seine Schläfe setzten und abdrückten, um ihm Angst einzujagen. Sie war aber ungeladen. Eine Gruppe von Männern, die schon einmal entführte Menschen befreit hatten, holte auch ihn zurück, Gott sei Dank. Ich hatte Angst, vor allem wegen meines Schwagers, und musste meine Arbeit im Mai 2006 aufgeben ... Ich beschloss, mit meinen Kindern zu fliehen. Das einzige Land, wohin ich gehen konnte, war Syrien, weil die Grenze offen war und ich kein Visa brauchte. Syrien kannte ich nicht, ich ließ mich im Stadtviertel Saida Zeinab bei Damaskus nieder.

**Angst** / Den Irak fürchte ich zurzeit am meisten. Der Irak ist mein Heimatland und das meines Mannes, der dort als Martyrer starb; der Irak ist ebenfalls die Heimat meiner Kinder. Ich kann aber trotz allem das Wort Irak nicht mehr hören ... Ich verdanke dem Irak mein Leben, meinen Namen und meine Familie. Jetzt aber hat mir der Krieg meinen Mann und meine Schwester geraubt, er hat mein Leben und das meiner Kinder zerstört, meine ganze Existenz vernichtet. Wenn ich an der Haltestelle die Busse sehe, die in den Irak fahren, und das Wort Bagdad höre, dann stoße ich innerlich eine Beleidigung aus. Ich klage in Wirklichkeit das Land an, das mich als Person, mein persönliches Leben und das meiner Kinder ruiniert hat. Ich nenne mich auch nicht mehr gern eine Irakerin. Nicht aus Verlogenheit, sondern wegen allem, was mir der Irak angetan hat und was mir jetzt so zusetzt. Ich liebe das Land überhaupt nicht, leider.

**Liebe** / Eines Tages sagte mein Mann zu mir, dass er alles tun werde, damit ich ihn genauso lieben könne wie meine Eltern. Ich sagte ihm, das sei undenkbar, ich könnte ihn zwar lieben, aber nie so, wie ich meine Eltern geliebt habe. Ich habe ihm

gesagt: »Du kannst so anständig und verlässlich sein, wie du willst, aber das ist unmöglich.« Er meinte, er wolle mir Zeit lassen, damit ich mich an ihn gewöhne. Er versprach, mir völlig freie Hand zu lassen, ich könne tun und lassen, was ich will. Kurz vor der Geburt meiner Kinder teilte er mir mit, dass er in der Provinz arbeiten werde, um mehr Geld zu verdienen. Das war Ende 1990, Anfang 1991. Ich bat ihn, nicht wegzugehen. Als er mich nach dem Grund fragte, sagte ich: »Weil ich dich liebe und an dir hänge.« Er fragte: »Genauso wie deine Eltern?« Ich habe gelacht, aber er blieb hartnäckig, und so sagte ich: »Wie meine Eltern.« Er meinte darauf: »Erinnerst du dich noch an den Tag, an dem du mir gesagt hast, dass du so etwas nie sagen könntest?« Ich antwortete: »Der Grund ist einfach, ich möchte dich nicht verlieren. Ich möchte, dass du in meiner Nähe bleibst.« Er ging daher nicht in die Provinz und blieb bei mir. Er sagte mir: »Für dich gebe ich alles auf, nur um bei dir bleiben zu können.«

**Freiheit** / Was heißt schon Freiheit für mich? Ich glaube, ich kann darauf keine Antwort geben, weil ich sie nie gekannt habe. Selbst in meiner Familie im Irak war ich, offen gesagt, nicht wirklich frei. Ich kann sie mir in der Fantasie vorstellen, wenn ich die Vögel am Himmel sehe. Sie muss etwas sehr Schönes sein, und ich würde sie sehr gern erleben. Das Schöne an der Freiheit ist, das du tun kannst, was du willst. Ich habe sie nicht kennengelernt. Uns waren zu enge Grenzen gesetzt. Kam der Vater, der Onkel oder der Bruder, dann musstest du sehr auf dein Verhalten achten. Selbst außerhalb des Hauses gab es keine Freiheit. Du konntest dich nicht wirklich frei bewegen, gewisse Dinge konntest du machen, aber sie mussten in angemessenem Rahmen bleiben. Auch jetzt bin ich nicht frei. Die Sitten und Traditionen engen mich ein ... Die Freiheit, von der ich sprechen höre, ist vielleicht etwas Schönes, aber ich habe sie nie erlebt. Ich würde sie gern mit meinen Kindern erleben.

**Sinn des Lebens** / Offen gestanden habe ich kein Leben, und so kann ich nichts darüber sagen. Ich konzentriere mich zurzeit auf die gegenwärtige Situation. Sie hat die schönen Tage der Vergangenheit ausgelöscht. Sogar der Kummer über den Tod meiner Eltern ist vergessen, weil damals Friede herrschte. Seit ich meinen Mann und meine Schwester verloren habe, kenne ich in meinem Leben nur noch die Angst. Manchmal kommt es sogar vor, dass ich Gott frage, warum er mich geschaffen hat ... Um zu leiden? ... Ich fasse es so zusammen: Ich wurde geschaffen, um zu leiden.

# Pen

*Lebt in Kambodscha*

**Porträt** / Ich heiße Pen und lebe in Tuol Ngup ... Ich habe zwei Kinder und arbeite in der Fischerei. Ich verdiene am Tag ungefähr zwischen 10 000 und 20 000 Riel [1,80 und 3,60 Euro]. Es gibt Tage, an denen ich nichts fange und deshalb auch nichts verdiene ... Was ich verdiene, deckt gerade meine täglichen Ausgaben. An einem Tag mache ich Gewinn, an einem anderen Verlust. Das ist normal in diesem Geschäft.

**Glück** / Ich bin überglücklich, weil ich einen sehr guten Mann habe. Es ist so, als ob ich eine Truhe voller Gold zu Hause hätte, denn er respektiert mich und ich ihn auch. Selbst wenn er von Zeit zu Zeit Dummheiten macht, beispielsweise seine Wetten im Fußball, so macht mir das nichts aus, ich liebe ihn und bin glücklich mit ihm.

**Schwere Zeit** / Die schwierigste Zeit in meinem Leben war unter dem Regime der Roten Khmer [Politisch-militärische Bewegung, die 1975 nach einem mehrjährigen Bürgerkrieg an die Macht kam]. Wir hatten genug zu essen, aber alle Männer wurden mit Gewalt gezwungen, Soldat zu werden und an die Front zu gehen ... Waren sie einmal weg, wurden uns nur noch ihre sterblichen Überreste zurückgeschickt. Ich habe meinen Mann nicht weggehen lassen. Bei jeder Rekrutierung habe ich den Verantwortlichen Geld angeboten. Ich musste mir sogar Geld leihen und Zinsen bezahlen. Das war die schwierigste Zeit meines Lebens.

**Verzeihen** / Ich werde Pol Pot und seinen Anhängern niemals verzeihen, weil zwölf Familienmitglieder, darunter meine Eltern und mein Bruder, ermordet wurden. Sollte die Regierung die Hinterbliebenen zu einer Stellungnahme auffordern, dann würde ich verlangen, die Täter mit einem Messer zu zerstückeln. Ich würde mich nicht politisch rächen, sondern sie lieber mit einem Messer umzubringen, weil sie meinem Vater und meiner Mutter den Bauch aufgeschlitzt haben. Es ist sehr schmerzlich, ich will nicht darüber sprechen, ich habe genug von dieser Geschichte.

**Botschaft** / Wir sind mittellos, wir sind kleine Leute, unser Boot ist lang und kann sich nicht so schnell drehen wie Ihr Boot, das kürzer ist. Kaum haben Sie gedreht, sind Sie auch schon am Ziel. Ich würde die ganze Welt bitten, das Regime Pol Pot vor Gericht zu stellen, damit die Überlebenden aus dieser Zeit, die drei Jahre, acht Monate und zwanzig Tage gedauert hat, es sehen können, denn unsere Schmerzen sind unermesslich und bleiben für immer. Das Dunkel bleibt dunkel und wird nie hell werden.

# Gouram

*Lebt in Georgien*

## Ich denke, eine der Aufgaben des Schriftstellers ist es, den Menschen zur Seite zu stehen.

**Porträt** / Ich heiße Gouram. Ich bin Schriftsteller. Ich habe eine Frau und eine Tochter. Ich wohne in Tiflis. Geboren bin ich in Soukhoumi am Schwarzen Meer.

**Kindheitsträume** / Ich bin am Meer geboren und fing gleichzeitig mit dem Schwimmen und dem Laufen an. Ich habe die großen Schiffe über das Meer fahren sehen und die Flugzeuge auf den Flugplätzen landen ... Ich liebte alles, was sich fortbewegte, was fliegen und auf dem Wasser schwimmen konnte. Wie die meisten kleinen Jungen träumte ich davon, Pilot zu werden oder Schiffskapitän, zumindest aber musste ich ein Auto haben. Ich habe ein Auto gehabt und damit teilweise meinen Traum verwirklicht, aber ich bin kein Saint-Exupéry geworden. Seine Erzählung *Der kleine Prinz* habe ich schon in jungen Jahren gelesen. Da die Lektüre dieser Geschichte sehr leicht war, habe ich immer gedacht, sie zu schreiben sei auch sehr leicht gewesen. Die Zeit verging, ich wurde mit den Realitäten des Lebens konfrontiert, aber durch meinen Beruf ist mir mein Traum immer noch nahe. Ich schreibe oft über das Leben eines Schiffskapitäns, eines Piloten, über das Leben auf den Schiffen, denn ich liebe das Reisen. Mein Traum bestand vielleicht darin, den Planeten besser kennenzulernen. Wäre ich Schiffskapitän oder Pilot, müsste ich Befehle geben oder sie auch ausführen. Dagegen kann ich jetzt schwimmen gehen, wo ich will, und fliegen, wohin ich will. Meine Träume wurden zu über 100 Prozent Wirklichkeit.

**Arbeit** / Mein erstes Gedicht schrieb ich in der zweiten Grundschulklasse. Mein Vater war Soldat, und es handelte von einem Soldaten. Später wurde ich bekannt wegen meiner Artikel zum Frieden. Neben meinem literarischen Schaffen zeichnete ich, und diese Zeichnungen wurden zuerst veröffentlicht. Danach wurden meine Werke publiziert. Anfangs wurde ich als Dichter bekannt, aber nach dem Krieg, als ich nach Tiflis gezogen bin, habe ich festgestellt, dass in den Gedichten nicht alles stehen konnte, was ich zu sagen hatte. Ich habe Erzählungen verfasst, Novellen, Romane, die vom Krieg handelten, von den Schrecken des Krieges, von dem, was ein Mensch in diesen Augenblicken durchmacht. Wie sagt doch Faulkner: »Ich möchte an der Seite aller Menschen stehen, die den Krieg durchgemacht haben.« Ich denke, eine der Aufgaben des Schriftstellers ist es, den Menschen zur Seite zu stehen.

**Ausbildung** / Die Schulbildung muss allen zugänglich sein. Heute stehen wir gut da, weil wir viele Schulen haben, die kein Schuldgeld verlangen; es gibt allerdings noch viele Privatschulen, die Geld kosten und mehr Gestaltungsmöglichkeiten haben ... Zu sowjetischen Zeiten gab es modische Berufe, alle wollten Medizin studieren. Die Korruption grassierte ... Alle besaßen einen Universitätsabschluss. Wir hatten eine Menge Ärzte und Spezialisten, aber seit wir den Weg des Kapitalismus eingeschlagen haben – weit weg vom sozialistischen System –, mussten viele Leute einen anderen Beruf ergreifen. Ich kenne einen Professor, der jetzt Autos repariert, und einen Ingenieur, der sich um Telefone und Fernsehapparate kümmert. Viele sind weggezogen. Die Menschen verhalten sich sehr pragmatisch. Wer lernen und studieren will, kann das tun. Alle Informationen sind frei zugänglich. Andere möchten nicht das Auswahlverfahren für ein Universitätsstudium durchlaufen. Sie sind lieber im Einzelhandel tätig oder erlernen einen technischen Beruf, schließlich braucht das Land nicht Tausende von Ärzten oder Juristen. Heute kann jeder seinen eigenen Weg finden, und das ist gut für das Land.

**Schicksalsschlag** / Der Krieg war das schlimmste Erlebnis in meinem Leben. Der Krieg zeigte mir, wer wir wirklich waren, ich und die anderen ... Zu sowjetischen Zeiten gab es oft Filme über den Zweiten Weltkrieg. Sie zeigten den Sieg der Sowjetunion über Nazi-Deutschland. Doch dann kam der Krieg direkt zu uns. Während des Krieges im Jahr 2008 wurden von den Russen genauso viele Waffen eingesetzt wie in Afghanistan, mit dem Unterschied, dass sie hier auch von den Eisenbahnlinien aus das Feuer eröffnen konnten. Auch gab es in Afghanistan kein Meer, während uns in Abchasien die Kriegsschiffe vom Meer aus unter Beschuss nahmen. Wir wurden von allen Seiten ins Visier genommen, ich habe es selbst erlebt. Der Krieg, das sind ja nicht nur die Bombenflugzeuge und Panzer. Der Krieg, das ist die Veränderung, die mit den Menschen vor sich geht. Ich erinnere mich an friedliche und ruhige Leute, die zu mutigen Kämpfern wurden. Andere hielt ich für gute Soldaten, aber sie waren es überhaupt nicht. Als ich aus meiner Stadt flüchtete und über den Pass ging, da hatte ich das Gefühl, in ein anderes Leben zu treten ... Ich habe viele Tote gesehen, Menschen, die an der Kälte starben oder aus Verzweiflung. Sie starben wie die Fliegen. Ich habe die Größe der menschlichen Seele gesehen und in ihre tiefsten Abgründe geblickt. Ich habe gesehen, wie sich Menschen wegen Geld oder wegen Waffen gegenseitig umbrachten. Die Nachkriegszeit ist sehr wichtig. Die früheren Repräsentanten des Staates waren die ersten, die geflohen sind und uns im Stich gelassen haben, ebenso die Militärs ... Vor dem Krieg machten sie die großartigsten Versprechungen, nach ihrer Flucht kehrten sie in ihre alten Ämter zurück. Ich habe eine andere Seite der Menschheit kennengelernt. Ich habe Mitleid und ich habe Hass empfunden.

**Gewalt** / Der Krieg ist Schauplatz heldenhafter und schrecklicher Taten. Ich befand mich bei Ausbruch des Krieges in Soukhoumi. Als die Armee in die Stadt kam, plünderte sie alle Geschäfte … Das einzige Geschäft, das sie verschonten, war die Buchhandlung an der Straße, wo ich wohnte, an der Friedensallee. Die Soldaten schleppten alles weg, nur Bücher nicht. Das bedeutet: Es gibt Menschen, die keine Bücher brauchen. Am Ende einer aufgewühlten Zeit verschwindet dann das Chaos, die Disziplin kehrt zurück, und das Leben nimmt seinen gewohnten Verlauf, der Alltag fängt wieder an. Der Krieg ist eine Anomalie. In meinen ersten Jahren als Vertriebener war ich schwer depressiv, weil ich nicht in meiner Heimatstadt lebte. Ich konnte wegen des Krieges nicht mehr dorthin zurückkehren. Tiflis, die Stadt, in der ich jetzt lebe, liebe ich natürlich sehr, aber sie ist nicht meine Heimat. Ich kann nicht mehr das Grab meiner Eltern aufsuchen. Ich kenne Menschen, die älter oder jünger waren als ich oder gleichaltrig und die an einer solchen Depression gestorben sind. Mein Beruf, die Schriftstellerei, hat mich gerettet … Ich erzähle Ihnen das alles, um Ihnen zu zeigen, dass der Mensch Orientierung sucht und sie sowohl in der Literatur wie in der Kultur findet, die beide eine Oase sind für den, der seinen Durst stillen und sich geistig bereichern will, um seinen Weg fortsetzen zu können.

**Angst** / Wir sind nicht allein auf diesem Planeten. Wir Georgier sind ein kleines Volk. Der Planet hat seine ganz eigenen Probleme, die nicht die deinen sein können. Ich fürchte, der Planet wird für eine zukünftige Bevölkerungszahl von zehn Milliarden Menschen nicht genügend Nahrungsmittel haben. Können sich dann die Länder untereinander ohne Krieg verständigen? Der Kampf um Ressourcen spielt bei Konflikten, Kriegen und militärischen Drohgebärden für den Ehrgeiz der Großmächte und Politiker eine große Rolle. Eine Katastrophe ist deshalb durchaus möglich. Ich selbst pflege den Kontakt mit meinen Freunden in Abchasien und ich wünschte mir, alle Menschen auf diesem Planeten würden miteinander reden. Wir müssen uns gemeinsam um unser Haus kümmern, das nicht ganz so groß ist, wie viele glauben, und das den Namen Erde trägt.

**Fortschritt** / Fortschritt bedeutet, dass ein Land sich aus eigener Kraft weiterentwickelt, ohne andere auszubeuten … Fortschritt heißt auch, dass die angrenzenden und weit entfernten Länder dein Land lieben und es sich wirtschaftlich, kulturell und sozial entfaltet. Georgiens Entwicklung verläuft in dieser Richtung und nähert sich dem Westen an. Aber noch einmal: Diese Entwicklung darf nicht auf Kosten anderer geschehen. Alle Schritte, die Georgien unternimmt, müssen in Übereinstimmung mit anderen Völkern und Ländern gemacht werden.

**Botschaft** / Mitgefühl ist die Empfindung, die für den Menschen am typischsten ist. Diese Eigenschaft ermöglicht ihm, seine Freuden und Leiden zu teilen. Das ist sehr hilfreich für die einzelne Person. Mitgefühl rettet uns. Ich möchte meinen Mitbewohnern dieses Planeten sagen, dass wir einander lieben sollten, denn das wird unsere Rettung sein.

# Spencer

*Lebt in New Orleans, Vereinigte Staaten*

## Wer Vater wird, fühlt sich der Gattung Mensch zugehörig.

**Porträt** / Ich heiße Spencer und bin seit gestern 57 Jahre alt. Ich war mein ganzes Leben Musiker ..., Berufsmusiker seit 43 oder 44 Jahren. Wir sind hier in New Orleans in Louisiana, dem Ursprung des Jazz, eine etwas heruntergekommene, liebenswürdige und unberechenbare schöne Heimatstadt, deren verführerische Träume durch den Hurrikan Katrina vernichtet wurden.

**Von seinen Eltern lernen** / Der wichtigste Grundsatz, den mir meine Eltern vermittelt haben, ist ganz sicher das selbstverantwortliche Handeln. Es bedeutet, überall, wo es mir nur möglich ist, eigenverantwortlich zu handeln und nicht darauf zu warten, dass andere für mich einspringen. Tue, was getan werden muss, und wende dich dann anderen Dingen zu. Das war die Einstellung bei uns zu Hause.

**Mit auf den Weg geben** / Ich möchte meinen Kindern eine Haltung der Unvoreingenommenheit beibringen, sodass sie bei einer Begegnung mit einem Menschen eher die Ähnlichkeiten wahrnehmen als die Unterschiede. Es ist wichtig zu wissen, dass wir Menschen uns in vielerlei Hinsicht gleichen. In den Familien meiner Mutter und meines Vaters dagegen waren die vielen Meinungsunterschiede ein trennendes und kein einigendes Moment. Das ist ein großer Unterschied!

**Die Beziehung zu anderen** / Uns alle verbindet das Grandiose ... Das Leben bietet uns soviel Grandioses, doch wir Menschen sind zu klein dafür. Häufig ist es umgekehrt, die Menschen halten sich selbst für grandios und alles andere für klein.

**Vater werden** / Ein Mann, der Vater wird, fühlt sich der Gattung Mensch in einer Weise zugehörig, wie er es sich zuvor nicht vorstellen konnte. Wenn du noch nicht Vater bist, dann empfindest du die Kinder als Wesen, die Unordnung stiften, Lärm verbreiten und viel Platz und Zeit beanspruchen. Das ist nicht sehr attraktiv. Wirst du aber selbst Vater, nimmst du unmittelbar am Lauf der Welt teil. Diese ganze Unordnung spielt plötzlich keine Rolle mehr. Du begreifst etwas und bist natürlich nicht der Erste, dem das widerfährt, aber das ist eine jener überragenden Offenbarungen im Leben ... Dieses Erlebnis ist großartig, und ich kann es nur nachdrücklich empfehlen.

**Liebe** / Neue Liebesgefühle sind wie ein Erwachen. Es ist wunderbar, dass ich jetzt von Neuem die Liebe spüre, die ich als junger Mann empfunden habe. Vielleicht hängt das damit zusammen, dass die Kinder aus dem Haus sind. Wir haben uns auch Zeit genommen und haben andere Dinge bewusst vernachlässigt, um uns auf die Suche nach dieser Liebe zu machen, weil das einfach wichtig für uns war. Für viele Menschen ist es sehr schwierig geworden, aktiv über eine lange Zeit eine gegenseitige Liebe aufrechtzuerhalten. Die Überzeugung, dass es möglich ist, jemand lange zu lieben, ist in den meiste Medien nicht gerade verbreitet. Fernsehen, Illustrierte und die Musikszene reden uns doch ein, dass wir verrückt wären, wenn wir einen dauerhaften Lebenspartner hätten. Ich denke aber, dass die Welt verloren ist, wenn es das nicht geben würde.

**Weinen** / In New Orleans wurde in letzter Zeit viel geweint. Der Grund dafür war der Hurrikan mit seinen Verwüstungen, den vielen Toten und den schwierigen chaotischen Lebensbedingungen danach. Tränen kommen ohne Vorankündigung. Jetzt, wo ich daran denke, sind es nicht mehr diese verheerenden Auswirkungen und Schwierigkeiten, die mich zum Weinen bringen. Es ist vielmehr diese von Herzen kommende Freundlichkeit der Leute, von mir unbekannten Menschen, die etwas von sich herschenken, etwas von ihrem Besitz, von ihrem Scheckbuch oder Bankkonto. Das rührt mich immer zu Tränen und schnürt mir die Kehle zu, so bewegt bin ich.

**Wut** / Mir geht es in meinen Überlegungen mehr um den Menschen an sich, um die Menschen auf der ganzen Welt. In meinen Augen ist die Welt beschädigt, und ich möchte, dass diese Schäden behoben werden. Was mich wütend macht, ist die Blindheit der Politiker, die zu Kriegen führt. Ich bin außer mir, wenn ich sehe, wie amerikanische Politiker die Demokratie ins Gegenteil verkehren und unfähig sind, auf die Bürger zu hören oder der Realität ins Auge zu schauen. Aus welchem Grund eigentlich? Ich werde nie verstehen, warum das Geld für Menschen eine Motivation darstellt. Der Krieg macht mich wütend. In einer Welt, in der wir überall Zugang zu Informationen haben, in der das Zeitalter der Weltraumfahrt begonnen hat und in der die Sofortkommunikation möglich ist, sollte der Krieg als völlig überholt gelten!

**Frauen** / Ich gebe den Frauen unbedingt den Vorzug, sie scheinen mir viel vernünftiger zu sein. Ihr Geruch ist angenehmer. Die Frauen sind Mütter, sie tragen die Kinder aus und kennen deren wichtigsten Bedürfnisse, sie können nähren, sie sind tiefgründig und vorausschauend. Über so viele Talente wie die Frauen verfügen die Männer nicht oder fast nicht. Der Satz »Die Männer verhalten sich so, die Frauen eben anders« ist falsch. So läuft das nicht. Ich glaube, die Männer mögen kurzfristige Perspektiven und reagieren schneller, sie sind sehr engagiert bei dem, was sie tun, aber sie handeln vielleicht zu schnell. Deshalb führen die Männer Krieg. Aber wir brauchen Männer und Frauen, beide sind notwendig.

**Fortschritt** / Wir haben viel verloren, als wir den Gemeinschaftssinn aufgegeben haben. Unsere Generation ist zum Teilen weniger bereit als die Generation meiner Eltern. Als ich ein Kind war, gab es noch kein Fernsehen: Die Menschen sprachen miteinander, saßen zusammen, tranken Tee und nahmen gemeinsam das Abendessen ein. Es gab auch vielfältige Gemeinschaftsaktivitäten. Ich erinnere mich, dass der Nachbar auf der anderen Straßenseite einen Fernsehapparat hatte und wir dorthin gingen, um fernzusehen. Das ganze Viertel kam dazu. Wir brachten Essen und Trinken mit, die Männer redeten miteinander, die Kinder schauten ins Fernsehen, alle waren sie da, weil es dieses Fernsehen gab, aber es war immer noch ein gesellschaftliches Ereignis. Später hatte ein Nachbar nach dem anderen ein Fernsehapparat, und innerhalb kurzer Zeit blieb jeder zu Hause und schaute mit seiner Familie fern, sodass die Familien nicht mehr zusammenkamen. Nachdem die Familien ihren Fernsehapparat hatten, stand etwas später in jedem Zimmer ein solcher Apparat, und jedes einzelne Familienmitglied saß allein in einer Ecke und schaute sich das Programm an. Ich denke daher, dass wir ein gutes Stück unserer Menschlichkeit verloren haben, als wir unser Leben so stark auf den Bildschirm ausrichteten. Dann kam es zur Erfindung des Computers, und das ist um Dimensionen schlimmer … Die Leute haben die Fähigkeit verloren, miteinander zu reden und selbstständig zu denken. Sie hören einen Idioten im Fernsehen reden und wiederholen seine Meinung, die nicht einmal ihre eigene ist. Ich finde das abstoßend … Durch die Technologie kommt es zu einer Vereinzelung des Menschen, und so war es immer schon. Die Menschen verlieren durch sie ihre Arbeit, ihren Lebensstil und neuerdings ihre eigene Meinung und Denkfähigkeit. Das ist wirklich erschreckend.

**Sinn des Lebens** / Ich gehöre nicht zu denen, die meinen, ein bedeutendes Erbe hinterlassen zu müssen. Ich glaube aber, wir sollen unser Leben verantwortungsvoll leben und den Planeten soweit wie möglich in dem Zustand zurücklassen, in dem wir ihn vorgefunden haben, unter Umständen sogar in einem besseren. Ich bin mir nicht sicher, ob es mir zukommt zu entscheiden, was der Sinn des Lebens ist.

**Botschaft** / Meine Botschaft wäre sehr einfach: »Liebet einander.« Wir haben letzten Endes doch nur uns Menschen. Das ist alles, was wir besitzen, und wir sind nur eine kurze Zeit hier. Daher ist es wichtig, dass wir uns gegenseitig Aufmerksamkeit schenken, und zwar jetzt, nicht später.

## Ich gebe den Frauen unbedingt den Vorzug, sie scheinen mir viel vernünftiger zu sein.

# Yang

*Lebt in der Autonomen Region Tibet, China*

**Porträt** / Guten Tag! Ich heiße Yang. Ich bin Nomade und hüte Yak-Herden. Seit drei oder vier Jahren bin ich verheiratet.

**Familie** / Die Familie, das bedeutet zumeist: die Eltern und die alten Menschen im Zelt … Wir leben mit drei verschiedenen Tierherden: den Pferden, den Schafen und den Yaks.

**Arbeit** / Normalerweise stehen die Frauen mit dem ersten Tageslicht auf. Wenn es viele Yakkühe gibt, stehen sie früh auf, um zu melken. Dann kehren sie in das Zelt zurück, wo die Männer jetzt aufstehen. Wir reinigen das Zelt und räumen auf. Dann werden die Opfergaben dargebracht. Wir machen Feuer und frühstücken. Dann gehen wir den ganzen Tag in das Gebirge, um die Herde zu bewachen. So sieht unser Arbeitstag aus.

**Lebensbedingungen** / Gras ist die notwendige Voraussetzung, um Nomade zu sein. Wo Gras wächst, gibt es auch Herden. Gibt es Herden, ist alles in Ordnung. Wir hatten nicht genügend Gras und mussten Weideland anmieten. Wir zahlen aber drauf, weil wir mehr für das Land bezahlen als wir aus der Viehzucht einnehmen … Das belastet uns … In dieser Nomadenregion ist es im Sommer warm, aber im Winter sehr, sehr kalt. Das Gras wird grau, sodass es für die Herden kein frisches Gras mehr gibt. Wir müssen sie mit Körnern füttern. Es wäre besser, wenn es keinen Winter gäbe.

**Glück** / Glücksgefühle hatte ich mit ungefähr 16 Jahren. Ich war noch nicht für eine Familie verantwortlich und dank meiner Eltern besaß ich Geld und Herdentiere. Ich hatte alles, was ich brauchte. Ich konnte reiten, wann immer ich Lust hatte. Da ich noch nicht verheiratet war, musste ich mich nicht fragen, ob meine Frau und die Kinder froren oder Hunger hatten. Das waren die schönsten Augenblicke in meinem Leben.

**Religion** / Ich glaube, der Buddhismus wird sich weiterentwickeln und Fortschritte machen … Das kommt allen Lebewesen zugute … Möge der Dalai Lama und der Panchen Lama lange leben! … Ich kann mir Gebete nicht gut merken, aber ich spreche das Zufluchtsgebet und bitte um Vergebung. Die drei Gebete »Mdo Gdugs Sgrol« verrichte ich ebenfalls. Wenn du die heiligen Texte kennst, ist es vorteilhaft, sie zu beten. Beim Melken der Yaks das Mantra des Mitgefühls aufzusagen ist nützlich, weil es der Gesundheit von Mensch und Tier guttut.

# Kole

*Lebt in Äthiopien*

**Porträt** / Ich heiße Kole ... Ich bin hier [Südäthiopien] geboren und lebe hier. Meine Arbeit besteht darin, die Ziegen in das Buschland zu führen. Ich baue auch ein wenig »sorgho« [Hirseart] an. Ich folge dem Rat meines Vaters, der sagte: »Du musst das Vieh so kennen wie ich.«

**Kindheitsträume** / Ich bin ein Hamar. [Als Halbnomaden lebende Ethnie]. Als Kind träumte ich davon, so zu sein wie die Amharen [Mehrheitsvolk in Äthiopien], weil sie Kleider trugen. Ich wollte Beamter oder Arzt werden ... Mein Vater meinte: »Geh mit den Ziegen ins Buschland.« Für meine Zukunft versprach er mir eine große Herde, den Sprung über die Rinder vor der Heirat, Kinder und Honig aus den Bienenstöcken. Die vielen Ziegen würden mir den Kauf einer Kalaschnikow [Gewehr] ermöglichen. Er sagte zu mir: »Jeder wird dich lieben und möchte dir nacheifern.« Mir gefällt das, und ich wünsche mir nichts anderes.

**Familie** / Ich hatte nicht viel Geld und eine geringe Anzahl von Ziegen, deshalb habe ich viele Kinder gezeugt. Da ich viele Töchter habe, kann ich sie reichen Männern geben, die mir dafür Ziegen und Kühe schenken. Von meinen Söhnen kümmert sich der eine um das Vieh, ein anderer um den »sorgho« und wieder einer um das Holz und den Honig. Auf diese Weise kann ich gut leben, und deshalb habe ich viele Kinder.

**Geld** / Wenn ich eine Ziege schlachte, um ihr Fleisch zu essen, dann ist das so, als ob ich Geld hätte. Wir haben kein Geld, aber Ziegen, sie sind unser Geld. Sie sind unsere Nahrung.

**Nach dem Tod** / Wir Hamar glauben nicht, dass es nach dem Tod noch etwas gibt. Es kamen Leute aus der Stadt ins Dorf, um uns zu erklären, dass nach dem Tod die Seele in den Himmel kommt. Wir bleiben aber bei unserem Glauben, dass wir einfach tot sind und keinen Nutzen mehr haben.

**Fortschritt** / Wir sind zufrieden damit, dass wir nun auch Elektrizität in unseren Hütten haben. Früher haben wir mit unserem Vieh im Buschland geschlafen. Viele Dinge kannten wir gar nicht. Das Land verändert sich, das sieht jeder.

**Sinn des Lebens** / Stell dir vor, du und ich, wir schätzen uns. Du kommst aus einem anderen Land, du kennst mich nicht, ich kenne dich nicht, wir reden ganz offen miteinander, ohne zu lügen. Wenn ich dich also schätze, schenke ich dir eine Kuh und noch andere Dinge, und wir werden Freunde. Wenn jemand keine Freunde hat, wie soll er es dann ganz allein schaffen?

# Anna

*Lebt in Sibirien, Russland*

## Wir pflegten die Freundschaft, um glücklich zu leben, um einander zu lieben und die Mühseligkeit des Lebens zu teilen. So sah unsere Liebe aus!

**Porträt** / Ich heiße Anna und lebe in Bolchoï Kounaléï. Ich bin 1928 geboren. Ich habe drei Kinder, acht Enkel und drei Urenkel. Ich bin jetzt mehr als wohlhabend.

**Mit auf den Weg geben** / Ich habe meine Kinder zur Arbeit angehalten, als sie in die Schule gingen. Einer ist Chauffeur geworden, die anderen haben mit ihrer Ausbildung weiter gemacht und mir im Haushalt geholfen. Ihr Vater war behindert, aber deswegen ließen wir nie die Arme hängen oder gerieten angesichts der Schwierigkeiten in Panik. Je schwieriger etwas ist, desto besser. Und jetzt sind meine Enkel sehr fleißige und sehr intelligente Menschen und meine Urenkelinnen auch. Eine geht schon in die Schule, die andere steckt überall ihre Nase hinein und wird eine verdammt selbstbewusste Person auf dieser Welt werden. Ich habe meinen Kindern auch gesagt, sie sollen gerecht sein und nicht betrügen, die Arbeit lieben, die Menschen respektieren und mit offenen Augen durch die Welt gehen. Das habe ich ihnen mit auf den Weg gegeben.

**Kindheitsträume** / Als Kind wuchs ich allein zu Hause auf, weil meine große Schwester schon verheiratet war. Mein einziger Traum war, studieren zu können. Ich ging in die Schule und habe anschließend gearbeitet. Wir hatten nur zwei Ziele: das Studium und die Arbeit.

**Träume in der Gegenwart** / Ja, ich mache mir schon Gedanken über mein Leben und die Möglichkeit, ein aktives Leben bis in das Alter zu führen ... Wie kann ich unter den jetzigen Umständen leben und arbeiten? Ich werde älter, und meine Kräfte lassen nach. Aber ich halte mich wacker und arbeite nach meinem eigenen Rhythmus.

**Lebensbedingungen** / Was ich gerne tun möchte? Ich liebe alles, was mit der Arbeit im und um das Haus zu tun hat ... Gemüse anpflanzen, Kartoffeln ernten, Holz fällen – das mache ich alles noch selber!

**Freude** / Ich habe mich zuletzt großartig amüsiert, als mein Enkel im Februar geheiratet hat. Das war ein Fest! Viele junge Leute waren anwesend, wir haben gesungen, getanzt und uns vergnügt. Das war für mich eine unbeschreibliche Freude, die ich noch immer spüre: Ich verheiratete meinen Enkel und hatte schon Urenkel! Und dann dieses Lachen, diese fröhliche Ausgelassenheit …

**Weinen** / Als ich meinen Freund begraben habe … Mir kommen die Tränen … Das waren schwierige Augenblicke.

**Liebe** / Ich weiß nicht recht … Welche Liebe? Ich denke, für uns war es eher eine Gewohnheit zu heiraten, die Liebe kannten wir nicht. Wir gingen zusammen aus und machten Spaziergänge. Heutzutage zeigt das Fernsehen die große Liebe! Wir jedenfalls kannten sie nicht. Wir pflegten die Freundschaft, um glücklich zu leben, um einander zu lieben und die Mühseligkeit des Lebens zu teilen. So sah unsere Liebe aus.

Vielen Dank, dass Sie gekommen sind und auf mein langes Leben einen Blick geworfen haben und auch auf mich, auf eine so hässliche und schlimme Oma. Wir sind hier sehr einsam, kommen Sie doch öfter zu Besuch!

**Sein Land lieben** / Ich liebe das Leben, ich liebe die Kolchosen [Landwirtschaftliche Genossenschaften] und das Leben auf den Kolchosen. Unser Land war sehr reich, die Menschen waren tüchtig und verhielten sich solidarisch. Heute herrscht ein Durcheinander. Die Politiker sind ein wenig vom rechten Weg abgekommen und bringen so das Volk in Bedrängnis. Viele Menschen, vor allem junge Menschen, haben keine Arbeit. Warum sollten sie bei diesen mickrigen Löhnen etwas lernen? Wir haben Verhältnisse, als brause ein schrecklicher Sturm über uns hinweg. Zur Zeit der Sowjetunion hatten wir ein großartiges Leben. Wir hatten alle Arbeit, wir verdienten Geld, wir bekamen Brot im Verhältnis zur Anzahl der Arbeitstage, wir

mahlten den Weizen und backten Brot, wir planten Hochzeiten – das war unser Leben, und heute, also nein, meine Lieben .... heute ist davon nichts mehr zu sehen!

## Ich habe meinen Kindern gesagt, sie sollen gerecht sein und nicht betrügen, die Arbeit lieben, die Menschen respektieren und mit offenen Augen durch die Welt gehen. Das habe ich ihnen mit auf den Weg gegeben.

**Natur** / Die Natur ist das Leben für mich. Aber wir müssen auf sie aufpassen. Wir müssen den Ackerboden bearbeiten, ihn lieben, uns dabei glücklich fühlen und diese Arbeit schätzen. Von Kindheitsbeinen an bis ans Ende unserer Tage bleibt uns die Natur vertraut, wir hängen für immer an ihr und können nie unseren Boden im Stich lassen, wir lieben und respektieren ihn und werden so weitermachen.

**Sein Leben opfern** / Wer würde denn meinem Leben jetzt noch einen Wert beimessen? Ich könnte es für jeden Menschen opfern, aber was hätte das für einen Sinn? Nein, es gibt keinen Grund dafür, mir würde niemand mehr zuhören.

**Nach dem Tod** / Ich weiß nicht ... In diesem Buch steht davon nichts ... Die Bibel sagt nichts über das Ende des Lebens und was danach kommt ... Nirgends steht geschrieben, wie das Leben in der anderen Welt aussieht. Ich lese Bücher, ich forsche nach, aber über das Jenseits und das, was mit uns nach dem Tod geschieht, erfahre ich nichts. Auch unsere Vorfahren sagen darüber nichts aus und die Bücher auch nicht.

**Botschaft** / Was könnte ich wohl sagen? Vielen Dank, dass Sie gekommen sind und auf mein langes Leben einen Blick geworfen haben und auch auf mich, auf eine so hässliche und schlimme Oma. Wir sind hier sehr einsam, kommen Sie doch öfter zu Besuch!

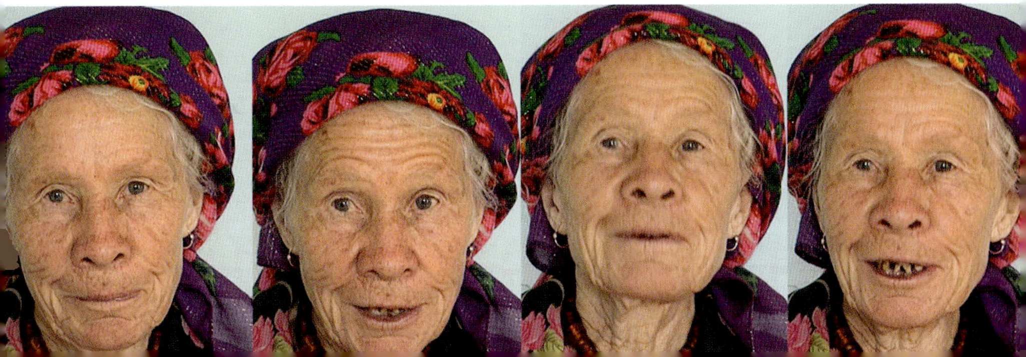

# Marie

*Lebt in der Demokratische Republik Kongo*

## Ich kochte Blätter vom Mango- und Avocadobaum ab und dank der Hilfe Gottes wurden meine Kinder wieder gesund.

**Porträt** / Ich bin eine Tochter von Kibalituli aus dem Dorf Bomeli. Ich habe vor 30 Jahren meinen Mann geheiratet. Ich bin jetzt über 80 Jahre alt und bin noch unter König Baudouin aufgewachsen. Ich habe 14 Kinder geboren; einige hat Gott schon zu sich gerufen. Mein Mann starb im Bürgerkrieg am 4. März 1996.

**Arbeit** / Eine eigentliche Arbeit habe ich nicht. Aber seit dem Tode meines Mannes muss ich die Felder bestellen, sonst haben meine Familie und ich nichts zu essen. Ich bekomme eine Rente von 10 000 Francs [7 Euro] im Monat, was soll ich denn damit anfangen? Glauben Sie, dass ich damit Schuhe, Medikamente und eine Behandlung bezahlen kann? In unserem Dorf gibt es jedenfalls kein Krankenhaus.

**Möglichkeit einer ärztlichen Behandlung** / Als im Krankenhaus festgestellt wurde, dass meine Kinder an Malaria, Typhus und Anämie erkrankt waren, gab es keine Behandlung, weil ich kein Geld hatte. Ich habe meine Kleider verkauft, um eine Vorsorgeuntersuchung meines Enkels bezahlen zu können. Aber für die Behandlung selber reichte das Geld nicht mehr aus. Ich kehrte daraufhin in das Dorf zurück und kochte Blätter des Mango- und Avocadobaumes ab. Und danke der Hilfe Gottes wurden meine Kinder wieder gesund. Einige meiner Enkel leiden unter Anämie. Warum das so ist, kann ich Ihnen nicht sagen, vielleicht liegt es an der Ernährung. Wir essen hier nur die Blätter des Maniok und der Süßkartoffel und nehmen Brühe zu uns. Daran kann es meiner Ansicht nach nicht liegen. Für mich ist es einfach der Wille Gottes.

**Familie** / Als mein Mann starb, wurde ich zum Mann. Ich trat an die Stelle meines Mannes und war Mama und Papa zugleich. Ich bin für meine Kinder verantwortlich. Wenn ich mich nicht um sie kümmere, tut es niemand. Die Nachricht vom Tod meiner Söhne war für mich sehr schmerzlich, weil ich alle meine Hoffnungen auf sie gesetzt hatte. Ich habe gehofft, dass meine Söhne mich eines Tages beerdigen würden. Aber drei meiner 14 Kinder sind im Osten des Kongo im Kampf gegen ugandische Rebellen gefallen. Das war für alle eine traurige Nachricht.

**Mit auf den Weg geben** / Ich habe meinen Töchtern immer gesagt, dass die Ehe ein Geschenk Gottes ist und sie ihren Mann respektieren sollen. Mit diesem Respekt würden Eheleute glücklich werden. Dasselbe sagte ich meinen Söhnen. Die Frau ist wie der Mann von Gott geschaffen worden. In der Ehe müssen beide gleichberechtigt sein, und es nützt nichts, sich nach anderem auszurichten. Meine Söhne müssen ihre Frau so respektieren, wie sie ihre Mutter respektieren. Deshalb reden sie ihre Frau mit »Mama« an.

**Frauen** / In der heutigen Zeit bauen Frauen Häuser und kaufen sich Autos. Sie bestellen auch die Felder. Früher konnten die Frauen nichts tun. Heute kann ein Mann im Haus seiner Frau wohnen.

**Schule** / Meine Töchter gingen in die Schule bis zum Tode meines Mannes. Allein auf mich gestellt konnte ich ihre weitere Ausbildung nicht bezahlen. Ist es denn möglich, als Kriegerwitwe mit einer Rente von 10 000 Francs [7 Euro] 14 Kinder in die Schule zu schicken? Wenn ich nach Gambela fahre und meine Rente abhole, kostet mich die Fahrt 7000 Francs [5 Euro], so dass mir nur noch 3000 Franc [2 Euro] übrigbleiben. Ich wünsche mir, dass meine Enkel eine richtige Ausbildung erhalten und ihren Beitrag in unserer Gesellschaft leisten können. Dann werden sie eines Tages genauso weiße Haare haben wie ich.

**Besser leben als die Eltern** / Unser gegenwärtiges Leben ist durchwachsen. Die Kinder respektieren nicht die Eltern. Rufe ich meinen Enkel oder meine Enkelin, dann folgen sie mir nicht. Sie sagen, ich solle sie in Ruhe lassen. Es gibt überhaupt keinen Respekt mehr. Zu unserer Zeit war das anders. Wir respektierten die älteren Menschen. Wir waren eine glückliche Familie, mein Vater konnte für uns aufkommen. Heute leben wir nicht mehr auf diese Weise.

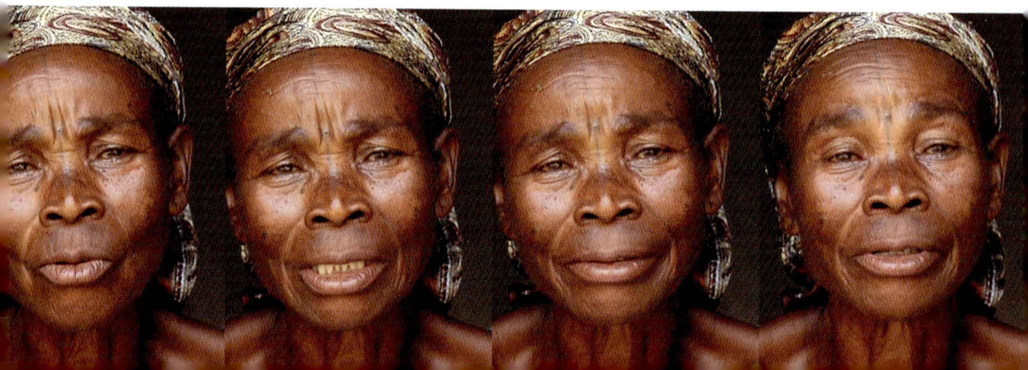

**Armut** / Ich bin nicht arm und werde nie akzeptieren können, dass ich so genannt werde, selbst wenn ich Witwe bin und kein Geld habe. Gott hat mir meine Arme und Beine gegeben, und jetzt muss ich im Schweiße meines Angesichts leben. Ich muss Gott ehren. Ich bin nicht arm.

**Sein Land ändern** / Mein Sohn, du willst wissen, was ich meinem Land wünsche? Mein Land gleicht einem Auto, das mit einem Wagenheber angehoben ist. Das Auto hat kein Gleichgewicht und kann sich auch nicht fortbewegen. Wie soll ich da Hoffnung haben? Kaum macht der Wagen einen Ruck, rollt er auch schon wieder zurück. Ein solcher Wunsch ist sinnlos.

**Botschaft** / Als Witwen sind wir in der Gesellschaft nutzlos. Niemand hört auf uns. Selbst meine Kinder hören oft nicht auf mich. Niemand schenkt den Witwen Aufmerksamkeit. Mit Ausnahme vielleicht von Ihnen. Sie sind mit einer Kamera gekommen, um meine Ansichten zu hören und zu verbreiten. Aber ich bleibe bedeutungslos, wie ein vertrockneter Baum, der weder Frucht trägt noch Schatten spendet.

Ich wünsche mir, dass meine Enkel eine richtige Ausbildung erhalten und ihren Beitrag in unserer Gesellschaft leisten können. Dann werden eines Tages ihre Haare genauso weiß sein wie meine.

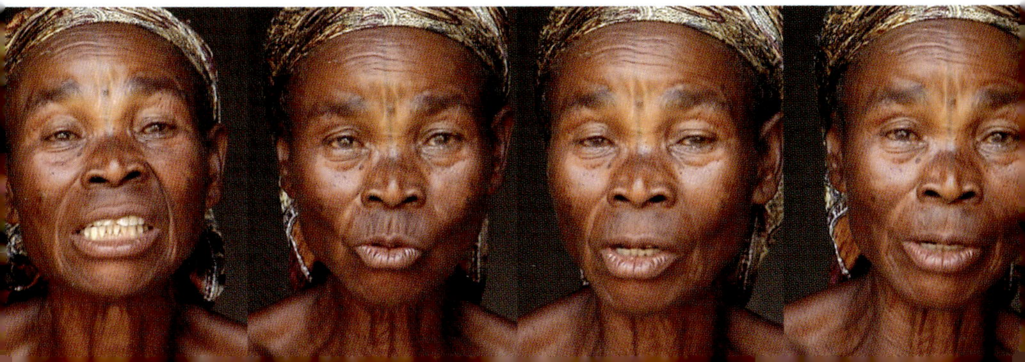

# Mohammed

*Lebt in Pakistan*

**Porträt** / Meine Name ist Mohammed ... Ich habe fünf Töchter und einen Sohn. Ich bin 1932 geboren ... Ich bin Landwirt und kümmere mich um meine Bäume und Felder. Ich bin auch Züchter ... Ich bin politisch aktiv und interessiere mich seit 1990 für ökologische Probleme. Mein ganzes Leben engagierte ich mich sozial.

**Kindheitsträume** / Ich wollte einfach nur studieren, ohne genaue Vorstellungen zu haben, was ich werden wollte, ob Arzt oder Ingenieur ... Eines Tages fragte mein Professor uns Studenten: »Was wollen Sie werden?« ... Und ich antwortete: »Vater der Nation.«

**Familie** / Die familiäre Umwelt kann nur förderlich und gerecht sein, wenn die Eheleute auf ihre gegenseitigen Ratschläge hören und in Eintracht häusliche Probleme lösen ... Meine ganzen Erfolge und Anerkennungen schulde ich den Opfern, die meine Eltern und meine Frau gebracht haben.

**Schicksalsschlag** / Am 6. Mai 1970 wurde ich im Nagar-Tal zusammen mit ungefähr 25 Kameraden von der Militärpolizei festgenommen. Wir kamen ins Gefängnis, weil wir uns für das Volk einsetzten und größere Freiheiten forderten ... Daraufhin haben unsere Kameraden zu einer große Demonstration vor den Augen der Militärpolizei aufgerufen. Die Polizei begann zu schießen, und es gab neun Tote, 50 Verletzte und etwa 100 Verhaftungen. Aber selbst in einem solchen Augenblick haben die Menschen ihr Engagement nicht aufgegeben. Ich habe daraus gelernt, dass ein Mensch, der sich für andere einsetzt, bereit ist, sein Leben zu opfern.

**Verzeihen** / Es gibt niemanden, dem ich nicht verziehen hätte. Viele wichtige Personen haben mir Unannehmlichkeiten bereitet, aber ich verzeihe auch ihnen. Da ist zum Beispiel der Gutsherr von Nagar, der mir 14 Jahre Gefängnis eingebrockt hat. Als ich nach zwei Jahren freigelassen wurde, habe ich ihn aufgesucht, bevor ich nach Hause ging. Ich hege keinerlei Groll gegen ihn. Ich hatte einen ideologischen Konflikt mit ihm und deswegen bin ich zu ihm gegangen.

**Freiheit** / Sie gleicht einer Vase mit Blumen voller Wohlgeruch.

**Botschaft** / »Wenn die Umwelt verschmutzt ist, dann wird der Tag kommen, an dem das Überleben für die Menschen nicht nur schwierig, sondern unmöglich sein wird.« Nicht ich habe dies gesagt, sondern der Imam Ja'far Sadiq – vor 1200 Jahren! Das ist ein berühmtes Zitat, und ich stimme ihm zu. Meine Botschaft an alle lautet: Verschmutzt nicht eure Umwelt, sondern haltet sie sauber. Unter Umwelt verstehe ich die ganze Welt und die Natur.

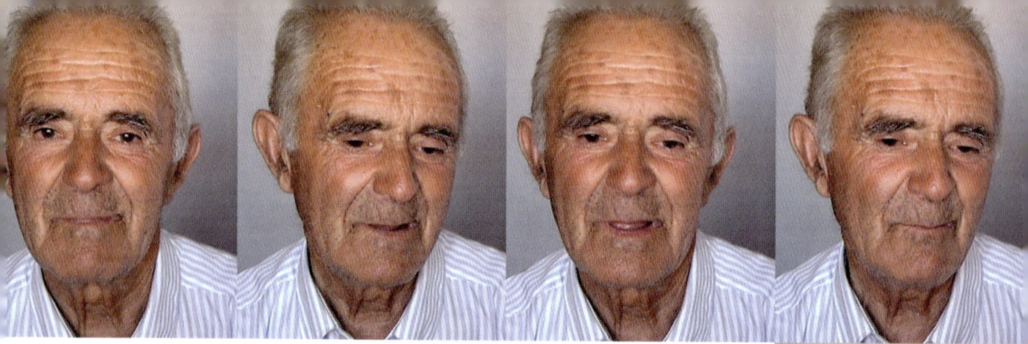

Wie könnte ich diesen Ort mit einer Stadt und ihrem rasenden Autoverkehr vergleichen?

**ANTONIO** — *Spanien*

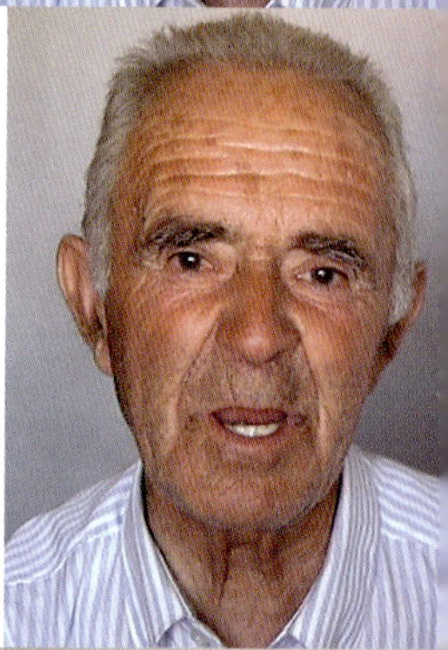

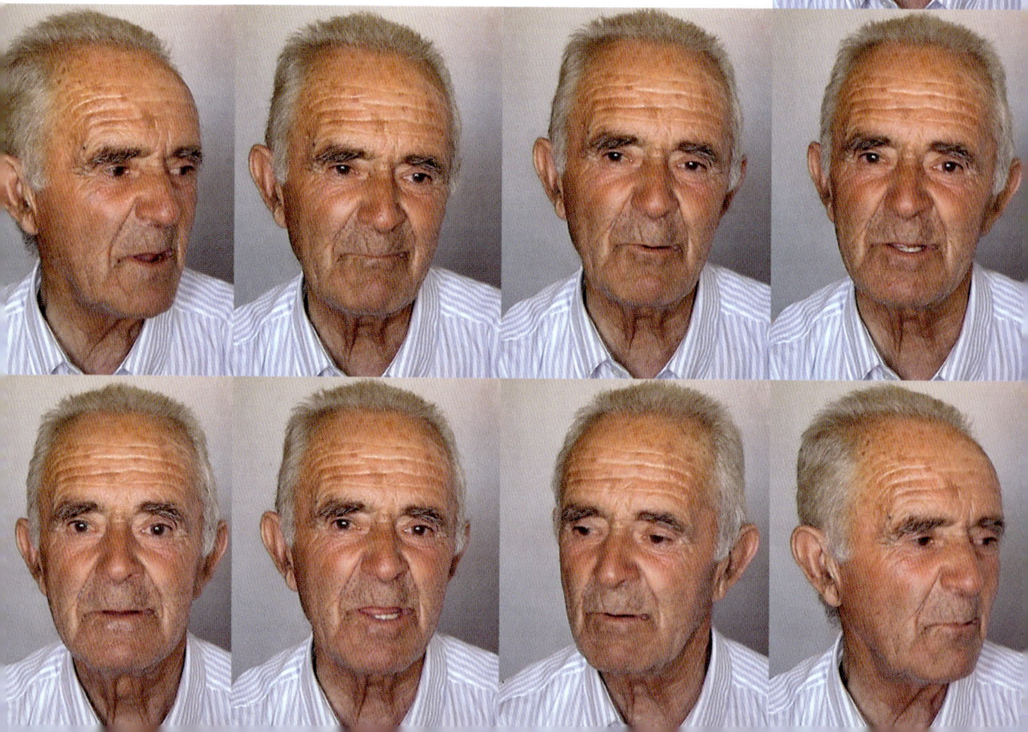

# Antonio

*Lebt in Spanien*

**Porträt** / Ich heiße Antonio, bin 74 Jahre alt und auf dem Land aufgewachsen. Ich bin Bauer. Als kleiner Junge schon habe ich das Vieh gehütet und habe seither immer gearbeitet. Ich habe mit der Aussaat des Weizens begonnen, habe ihn gemäht und dann gedroschen ... Ich bin, Gott sei Dank, mit allen Arbeiten in der Landwirtschaft vertraut.

**Zukunft des Landes** / Für die neuen Generationen sehe ich keine gute Zukunft voraus. Keiner kennt sich mit der Arbeit aus. Sie besuchen die Schule und verlassen sie mit 18 oder 20 Jahren ..., und haben keinerlei Erfahrung mit der Bodenbewirtschaftung. Dabei kommt doch alles vom Erdreich, das sollten wir nicht vergessen! ... Die Ziegelsteine? Das ist tonhaltiger Lehmboden. Der Tisch besteht aus dem Holz eines Baumes, und der Baum wächst aus der Erde ... Die Arbeit mit dem Ackerboden sollte in der Schule ein weiteres Unterrichtsfach sein. Zwei Mal in der Woche müssten die Schüler auf die Felder gehen. Die Kinder sollten die Baumpflege lernen, das Pflanzen von Bäumen und die Förderung des Wachstums. Niemand weiß darüber Bescheid, dabei hängt die Zukunft der Welt davon ab. Ich sehe das nicht gern ..., vielleicht täusche ich mich aber.

**Natur** / Die Natur bedeutet mir alles. Ich stehe um sechs Uhr morgens auf und gehe in die frische Morgenluft hinaus. Im April und Mai stehen die Sanddornsträucher mit ihrem wunderbaren Duft in voller Blüte. Diesen betörenden Duft der Natur schätze ich über alles, ich würde ihn um nichts auf der Welt eintauschen. Wenn ich auf der Spitze eines Berges stehe, sage ich mir: »Mein Gott, wie bin ich privilegiert!« Wie könnte ich diesen Ort mit einer Stadt und ihrem rasenden Autoverkehr vergleichen? ... Deshalb reise ich nicht gerne. Ich liebe mein ruhiges Leben auf dem Lande, zusammen mit den wenigen Tieren, die ich besitze. Ich kümmere mich um die Bäume, gebe ihnen Wasser. Das ist meine Aufgabe, und ich möchte nirgendwo anders hingehen.

**Fortschritt** / Auf meinen Feldern gibt es kein chemisches Produkt. Ich sage mir: »Was soll denn dieses tödliche Gift?« Das muss ja die Umwelt belasten. Mit dem Regen fließt das belastete Wasser in einen Fluss oder in einen Brunnen, und möglicherweise trinkt ein Tier oder ein Mensch daraus ..., das geht doch nicht! Was ist also zu tun? Kein chemisches Produkt verwenden! ... Wenn ein Spezialist weiß, dass es sich um ein giftiges Mittel handelt, warum wird es dann von der Firma, die es herstellt, überhaupt verkauft? Diese Firma muss verboten werden. Ein chemisches Produkt ist nicht gut ... Wir sollten es nicht für den Boden verwenden, denn das Wasser führt es uns wieder zu, wir trinken es – und trinken ein Gift!

Die Gesellschaftsform der Familie ist die Zelle, von der aus alles andere sich entwickeln kann.

**PIERRE** — *Frankreich*

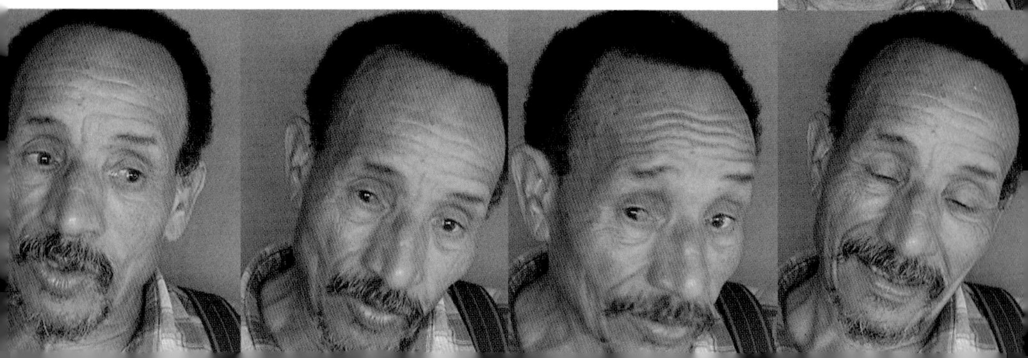

# Pierre

*Lebt in Frankreich*

## Ein Blick auf den Menschen sagt uns, dass er in ökologischer Hinsicht eine außergewöhnliche Katastrophe ist.

**Porträt** / Ich heiße Pierre und bin 1938 in Kenadsa geboren, in einer kleinen Oase im Süden von Algerien. Meine Mutter starb, als ich erst fünf Jahre alt war. Mein Vater war Schmied, Musiker und Dichter … Ich kam schon mit fünf oder sechs Jahren in die Obhut eines französischen Ehepaars, einer Lehrerin und eines Ingenieurs, um dort meine Erziehung zu erhalten. Ich bin also in zwei Kulturen zu Hause. Ich verließ die Sahara, ging in den Norden von Algerien, dann nach Paris, wo ich drei Jahre lang Hilfsarbeiter war. Ich habe mich in Philosophie und Geschichte weitergebildet, um mich kritisch mit dem herrschenden Gesellschaftsmodell auseinanderzusetzen. Das führte meine Familie und mich zu dem Entschluss, Paris zu verlassen und uns im Departement Ardèche niederzulassen, wo wir seit ungefähr 45 Jahren auf einem kleinen Bauernhof leben, den wir nach ökologischen Prinzipien führen.

**Erinnerung** / Immer, wenn ich die Terrasse betrat, um in die Wüste hinauszuschauen, hatte ich den Eindruck eines horizontalen Abgrundes … Wir verstanden den Begriff der Zeit nicht so, wie wir ihn heute auffassen …, es waren fünf Gebete, die dem Tag seinen Rhythmus vorgaben. Wir schauten immer zum Himmel, um festzustellen, wann Anfang und Ende des Ramadans und wann die Feste waren. Wir lebten in einer Zivilisation, in der die Zeit keine besondere Form, sonder eher kosmischen Charakter hatte. Doch trotz der sozialen Ungesichertheit und der Entbehrung, die wir zu erdulden hatten, hatte unser Leben einen Anstrich von Sanftheit. Es gab trotz allem eine soziale Wärme und starke gesellschaftliche Bindungen.

**Von seinen Eltern lernen** / Meine beklagenswerte Mutter konnte mir nicht viel mitgeben, weil sie jung gestorben ist. Von meinem Vater habe ich den Mut, den Unternehmungsgeist, die Pfiffigkeit, aber auch die Großherzigkeit und die Aufgeschlossenheit mitbekommen. Er hatte etwas von einem vornehmen Herrn an sich. Vielleicht beschönige ich in meiner Erinnerung , aber andere haben mir diese Eigenschaften bestätigt, und so wird es wohl wahr sein.

**Familie** / Die Gesellschaftsform der Familie ist die Zelle, von der aus alles andere sich entwickeln kann. Aber der Begriff der Familie wandelte sich für mich sehr schnell zum Begriff der Großfamilie ... Sie ist nicht einfach nur an das Blut, sondern auch an gemeinsame Werte gebunden, welche die Menschen miteinander teilen. Ich kann Ihnen sagen, dass meine Familie heute sehr, sehr groß ist.

**Schicksalsschlag** / Mein Vater war selbstständig und bearbeitete als Schmied das Eisen. Ich erblickte in ihm gewissermaßen Vulcanus, den Gott des Feuers, und bewunderte die Kraft meines Vaters, mit der er inmitten des Funkenregens das Eisen schlug. Als die Franzosen in unser Land kamen und Kohlevorräte entdeckten, konnte er diesen Beruf nicht mehr ausüben, denn die Franzosen boten allen eine bezahlte Stelle als Grubenarbeiter an. Damit fiel die Rolle weg, die mein Vater für die Menschen in seinem Gemeinwesen innehatte, denen er die Werkzeuge schmiedete und die Pferde beschlug. Es traf mich tief, als ich sah, wie dieser würdevolle Mann zu einem Maulwurf wurde, der aus der Erde das schwarze Gestein herausholte.

**Wut** / Ich bin ein Mensch voller Wut gewesen, aber ich habe begriffen, dass die Wut ein stark wirkendes psychisches Gift ist mit verheerenden Folgen. Zugleich wurde mir klar, dass sie Ausdruck eines Gefühls von Vergeblichkeit ist. Übrigens sagen die Bauern hier nicht: »Ich bin wütend«, sondern »Ich bin Wut«. Für einen kurzen Augenblick sind wir die Wut wirklich, weil sie uns ganz und gar im Griff hat ... Meine Wut wurde von Taten abgelöst ... Ich bin nicht der Mann, der die Fäuste ballt und auf die Barrikaden geht, sondern der Mann, der Tatsachen schafft, um zu beweisen, dass es auch anders geht.

**Natur** / Die Natur ist das, was mich umschließt, ich bin auch Natur ... Ein Blick auf den Menschen sagt uns, dass er in ökologischer Hinsicht eine außergewöhnliche Katastrophe ist ... Ich bin mir aber ganz sicher, dass der Mensch die Gabe besitzt, zu staunen und zu bewundern. Anscheinend würde es ohne ihn diese Reaktionen nicht geben. Wer einen Baum bewundert, verspürt in seinem Inneren eine freudige Hochstimmung ... die an das Immaterielle gebunden ist ... So gestimmt trage ich meine Empfindung in die Natur hinaus.

**Moderne Zeit** / Angeblich sollte die Moderne den Menschen befreien. Wenn ich mir aber den Weg ansehe, den der Mensch in der Moderne gegangen ist, dann stelle ich fest, dass er nur die Kerker, in die er eingesperrt ist, gewechselt hat. Schon vom Kindergarten an, über die Vorschule bis zur Universität – immer sind die Menschen eingesperrt. Später folgt die Kaserne, wenn auch im geringeren Maße als früher. Auf die Frage, wo sie schaffen, antworten viele, dass sie in diesem oder jenem ›Laden‹ arbeiten. Auf die Frage, wo sie sich amüsieren, sagen sie, dass sie in irgendeinen ›Schuppen‹ gehen. Selbst die Zerstreuung, die entlasten und befreien soll, gleicht einem Eingesperrtsein. Und zu diesen Vergnügungen fahren sie in ihrer ›Kiste‹. Und am Ende des Lebens wartet auf uns die leicht zu erratende letzte Kiste. Das bedeutet, dass sich hinter dem hochtrabenden Befreiungsversprechen der Moderne eine

Entfremdung und eine Art Inhaftierung verbergen, die einzig und allein den Zweck haben, Waren zu produzieren, damit einige reich und andere arm werden.

**Zukunft** / Ich bin weder pessimistisch noch optimistisch. Ich wäge die beiden Möglichkeiten ab. Die erste Möglichkeit ist, dass sich die Menschheit selber auslöscht, weil sie ständig die ihr gesetzten Grenzen überschreitet ... Die zweite Möglichkeit ist eine unvermutete Bewusstseinsänderung. Kurz vor dem Abgrund stehend wird sich die Menschheit plötzlich bewusst, dass es noch etwas anderes zu tun gibt als die Herstellung von Waffen ... Die Frage lautet: Wie können wir gemeinsam unsere Fähigkeiten und Mittel bündeln, um eine andere Welt zu schaffen? ... Ich bin daher weder Pessimist noch Optimist, ich bin Realist ... Ich muss auch meinen inneren Kern schützen. Ich muss mich nicht ständig quälen lassen vom Wahnwitz dieser Welt. Das wäre eine Falle, denn sonst würden wir dem Leben, das in und durch uns wirkt und das wir zu schützen haben, nicht gerecht werden. Ich denke, wenn jeder an seiner eigenen Veränderung arbeitet, dann ändert er die Gesellschaft.

**Zuhause sein** / Diese Frage war schon immer ein Problem für mich, denn wenn ich nicht dieses Stückchen Land in der Ardèche hätte, wäre ich im Exil. Ich bin kein Franzose und bin dennoch so sehr europäisiert, dass ich weder Algerier noch Afrikaner mehr bin. Ich bin eine Mischung von allen. Mein Zuhause besteht auch aus dem ganzen sozialen Kontext von Verbindungen, Freundschaften und diesem Ort hier. Dieser Ort ist mein Zuhause, denn seinen Boden habe ich oft bearbeitet, ich habe ihn geliebt und mit meinem Schweiß und meiner Arbeit fruchtbar gemacht; er ist meine Mutter, meine Geliebte, meine Tochter. Das alles gehört zusammen, und hier fühle ich mich in einer Weise zu Hause, dass ich nirgendwo anders als in dieser Erde hier begraben sein möchte. Andernfalls würde ich mich im Exil befinden.

**Sinn des Lebens** / Der Sinn meines Lebens? Ich kenne ihn nicht ... Natürlich suchen wir häufig nach diesem Sinn. Ich selbst fand mich auf einem Lebensweg wieder, der mir nicht zusagte und offensichtlich nicht mein eigener Weg war. Den Sinn bekam ich nicht geschenkt. Ich habe deshalb versucht, nach und nach einen Sinn herzustellen und Dinge zu tun, die mir sinnvoll erschienen, und insgesamt ein sinnerfülltes Leben zu führen. Ob mir das gelungen ist? Ich kann es nicht sagen ... Das zu entscheiden steht eher meinen Mitmenschen zu. Ihr Urteil lässt mich ermessen, wie nahe ich dem Sinn meines Lebens gekommen bin.

**Botschaft** / Ich kann nicht behaupten, eine Botschaft zu haben ... Ich wollte nur vollkommen aufrichtig sein. Selbst wenn meine Antworten manchmal ziemlich kategorisch klangen, so trafen sie doch zu. Ich habe natürlich auch jetzt nicht den Anspruch, die absolute Wahrheit zu besitzen. Ich glaube aber an die Liebe, an die Herzensgüte und an alles, was uns innerlich erhebt und zu jener schönen Leichtigkeit des Lebens führt, die uns das Glück spüren lässt, am Leben teilzuhaben.

# Botschaften

Wenn du die Wahl hättest, ein Stern oder ein Schwarzes Loch zu sein, wofür würdest du dich entscheiden? Sterne setzen Energie, Licht, Wärme und Leben frei …, während die Schwarzen Löcher alles verschlingen, und so recht weiß niemand, was aus der Energie wird, die sie sich einverleiben. Ich meine, wir haben die Wahl zwischen den beiden. Ich möchte die Leser fragen: »Und was bist du?« oder vielmehr: »Fiel deine Wahl auf den Stern oder auf das Schwarze Loch?«

**ANGELA** — *Spanien* →

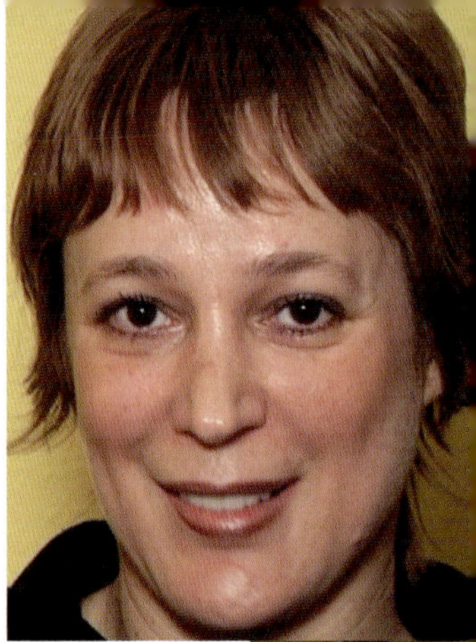

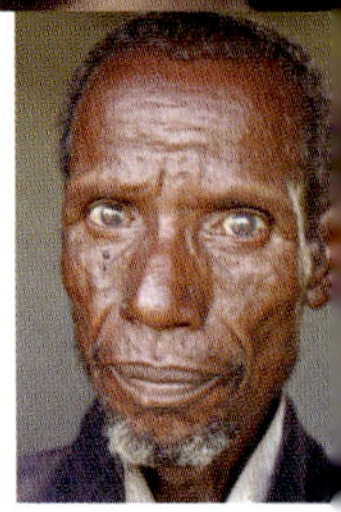

Wir müssen uns doch nur umschauen und unsere Aufmerksamkeit auf das unfassbare Geheimnis lenken, das unser Leben umgibt, und auf die großartigen Wesen, die diesen Lebensprozess fördern und sich ihm anpassen. Wenn wir uns zu dieser Haltung entschließen, wird alles gut werden.

← **JONATHAN** — *Kalifornien, Vereinigte Staaten*

Wir sind alle gleich, alle Menschen; der einzige Unterschied liegt in den Augen und der Nase, aber die Herzen sind gleich.

← **SHIGAO** — *Yunnan, China*

Die Menschheit gleicht dem Kürbisspross: es gibt viele Verzweigungen, aber sie kommen alle aus demselben Stängel. Daher müssten sich alle Menschen lieben.

**ARSÈNE** — *Madagaskar*

↓

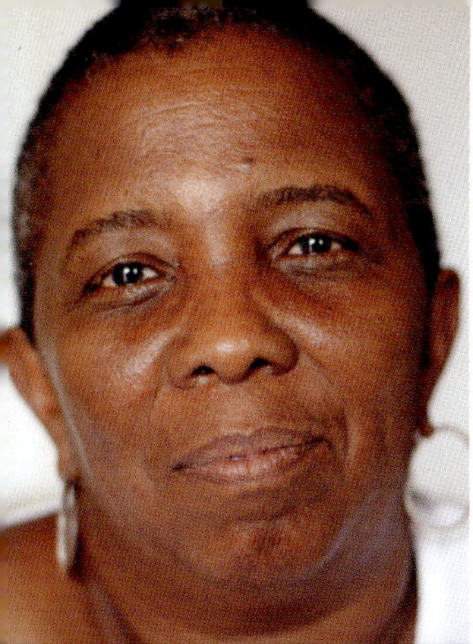

Auf der ganzen Welt ist der Respekt zwischen Mann und Frau notwendig. Deshalb brauchen wir nicht alle das Gleiche denken. Lassen wir es doch bei der Vielfalt. Wir müssen sie nur respektieren. Je mehr wir dafür Verständnis zeigen, umso besser werden wir selbst, ein bisschen wenigstens, und das Leben auf diesem Planeten wird friedlicher. Nicht unbedingt glücklicher, aber wenigstens friedlicher.

← **FATIMA** — *Kuba*

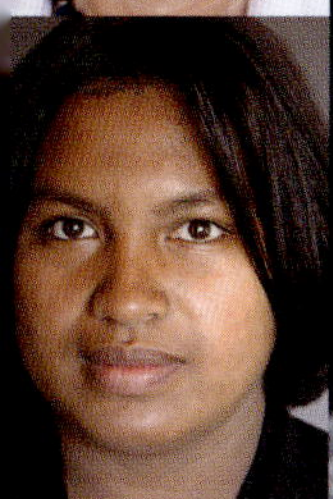

Es gibt 7 Milliarden Menschen, und jeder Mensch besitzt einen ganz besonderen Charakter. Das gilt auch für jedes Land. Es gibt ungefähr 250 Länder auf dieser Erde. Wir haben es vergleichsweise mit 250 Personen zu tun. So viele sind das auch wieder nicht, um nicht in grundlegenden Fragen – wie beispielsweise dem Frieden in der Welt – Einigung zu erzielen. Sich zu verständigen und sich zu einigen ist für mich das Wichtigste.

← **MALKHAZ** — *Georgien*

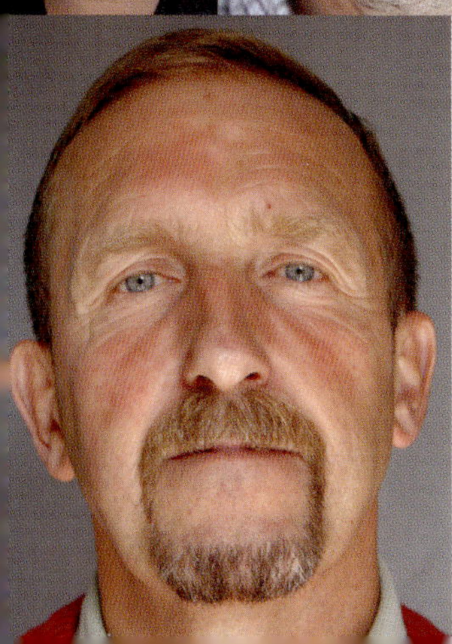

Wir leben auf einem einzigen Planeten, folglich in einem einzigen Land. Die Probleme und Ereignisse in dem einen Landesteil haben Auswirkungen auf andere Landesteile … Wir sind voneinander abhängig. Fragen und Antworten müssen gemeinsam diskutiert werden. Welche Vorstellungen haben wir von unserer gemeinsamen Zukunft? Damit wir ein zusammenhängendes Ganzes bilden, das allen Wünschen gerecht wird.

← **RAOUL** — *Frankreich*

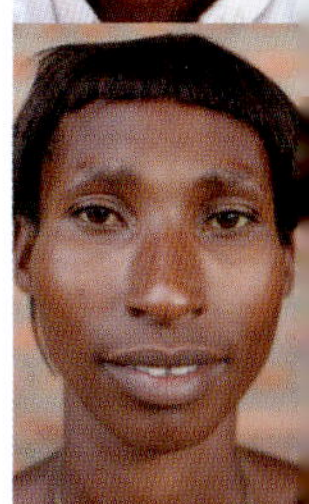

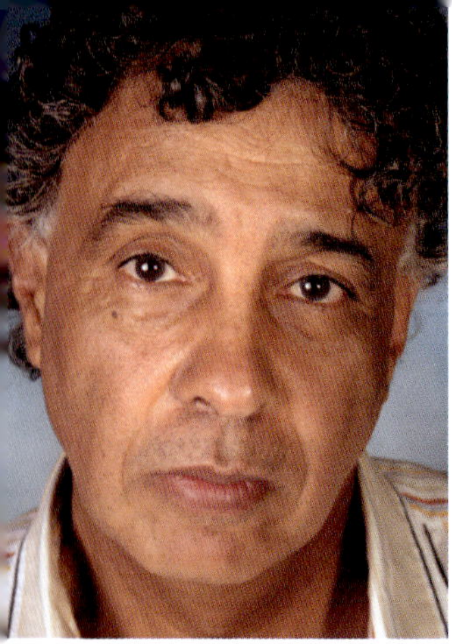

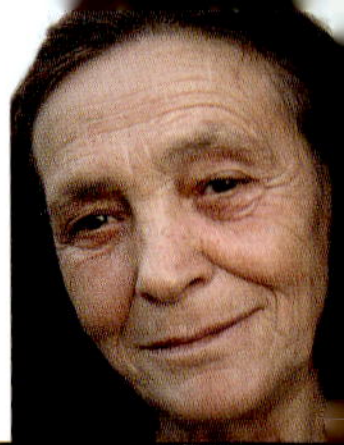

Die Zeit, die ich hier auf der Erde verbringe, ist kurz bemessen; dennoch muss ich Spuren hinterlassen, positive Spuren, nicht negative.
← **HASSAN** — *Marokko*

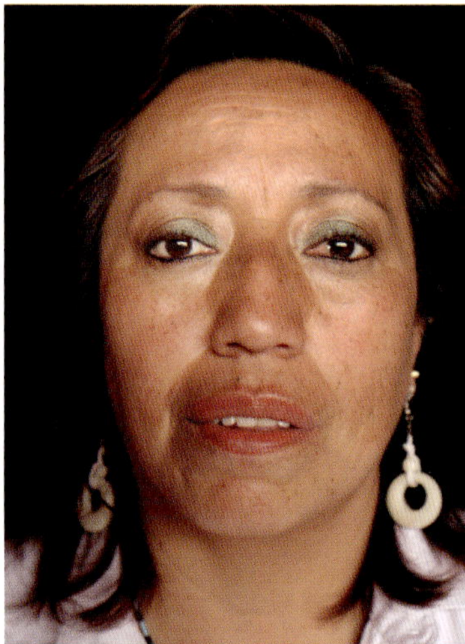

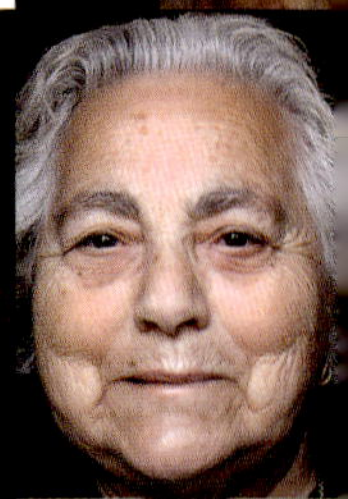

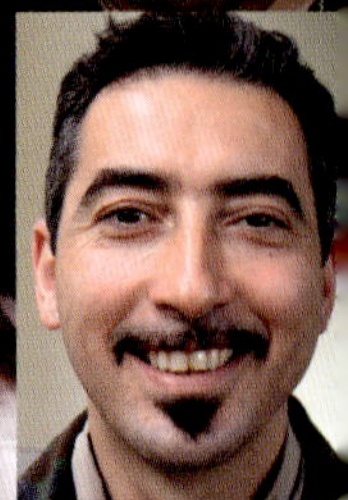

Ich möchte alle, die dieses Interview → lesen, darum bitten, aufgeschlossen für andere zu sein und nicht bloß an sich selber zu denken, an die eigene Zukunft oder die eigene Selbstverwirklichung. Die volle Selbstverwirklichung gelingt uns, wenn wir mit anderen Menschen teilen, vor allem mit den Bedürftigen. Wir müssen viel mehr geben als nehmen. Dann erst sind wir wirklich vollendete Persönlichkeiten.
**MARGOTH** — *Ecuador*

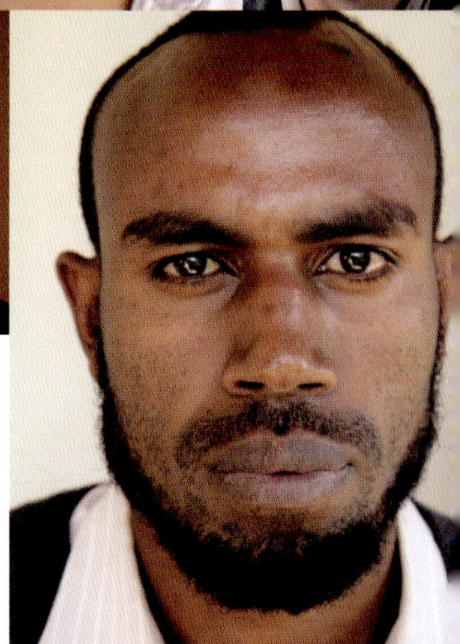

Die Weltbevölkerung darf der jeweiligen Hautfarbe → keinerlei Bedeutung zumessen... Wir müssen uns zusammenschließen, den anderen achten und ihm die Hand reichen ... Gott hat uns mit unterschiedlicher Hautfarbe und mit verschiedenen Religionen geschaffen, um uns zu stärken. Jedem sollte bewusst sein, dass es keine anderen Unterschiede zwischen den Menschen gibt. Wir sollen uns zusammenschließen, alle unsere Erfahrungen austauschen und den Frieden in den Mittelpunkt unserer Bemühungen stellen.
**SHERIF** — *Äthiopien*

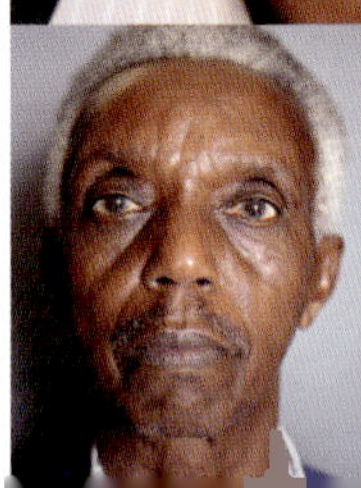

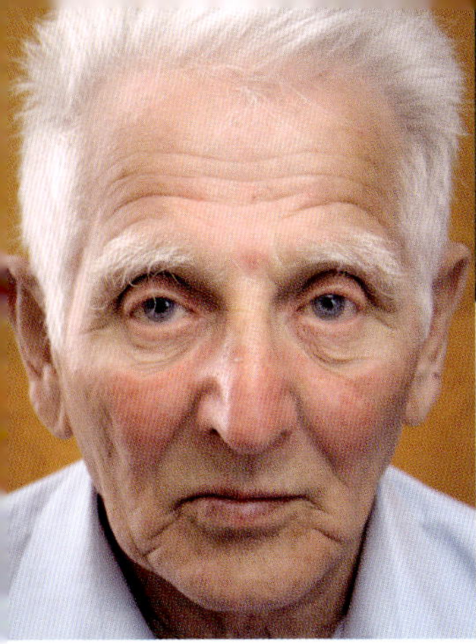

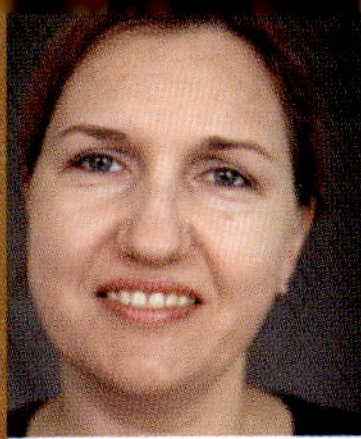

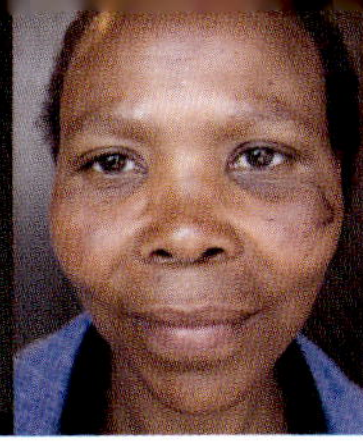

Was soll ich den Menschen sagen, damit sie nicht wieder mit Krieg anfangen? Wenn ihr nicht verhungern, nicht in Lumpen herumlaufen und nicht eure Angehörigen und Kinder verlieren wollt, dann fürchtet den Krieg.

← **IOSIF** — *Moskau, Russland*

Ich sage allen, die mich nur mit meinem lächelnden Gesicht sehen: Friede, Friede, Friede für die ganze Welt! Selbst den Israelis möchte ich sagen: »Denkt an eure Kinder! Denkt an die künftigen Generationen, die nach Israel einwandern. Mögen unsere Kinder miteinander spielen. Es muss eine gemeinsame Zukunft geben, denn meiner Ansicht nach gibt es genügend Raum für euch Israelis und für uns Palästinenser, hier in Palästina und in Israel.«

**ABOU AL WALID** — *Palästinensische Autonomiegebiete* →

Zunächst wünsche ich allen Menschen in der Welt Frieden. Ich würde empfehlen, soviel Wein wie möglich zu verkosten, natürlich nicht nur georgischen Wein. Ein guter Wein wirkt sich positiv auf Ihre Stimmung aus. Maßvoll getrunken bringt er Sie auf gute Einfälle, vor allem der georgische Wein, aber genießen Sie ihn in Maßen. Nach einer guten Weinprobe stellen sich ganz natürlich Erfolg, Wohlgefühl und Lebensfreude ein. Ich wünsche Ihnen allen Frieden, gute Laune, Gesundheit und den Genuss von gutem Wein.

← **GUIORGUI** — *Georgien*

Wir haben nur ein einziges Leben – das möchte ich jedem Menschen auf dieser Welt mitteilen. Erleben Sie es mit Freude in allen seinen Facetten. Tun Sie das, was Ihnen am Herzen liegt, und schaden Sie niemandem. Sie sollen einfach wissen, dass wir dieses Leben nur ein Mal leben. Möglicherweise gibt es kein zweites Leben, vielleicht aber doch. Leben Sie so, dass sie immer schöne Erinnerungen haben. Was uns Palästinenser angeht, so bleiben wir trotz schlimmer Erlebnisse wie beispielsweise der Besatzung ein Volk, das lächelt, das sein Leben in vollen Zügen genießt, ein Volk, das kämpft und lacht, das lernt und weint und auch glückliche Momente kennt. Ich möchte den Menschen empfehlen, das Leben voll und ganz zu leben, weil es einmalig ist, und dabei bescheiden zu bleiben.

← **AGHSAM** — *Palästinensische Autonomiegebiete*

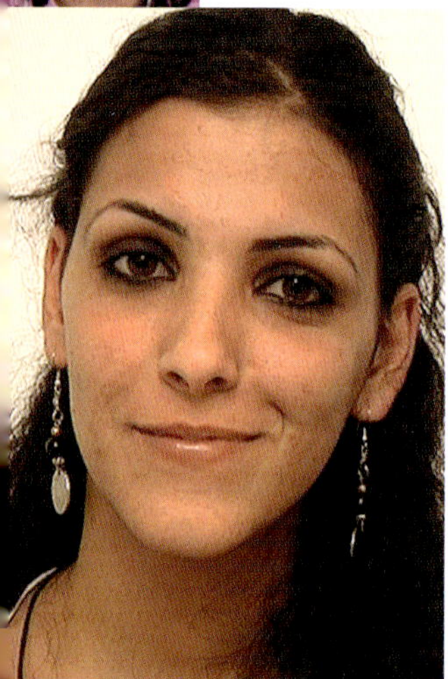

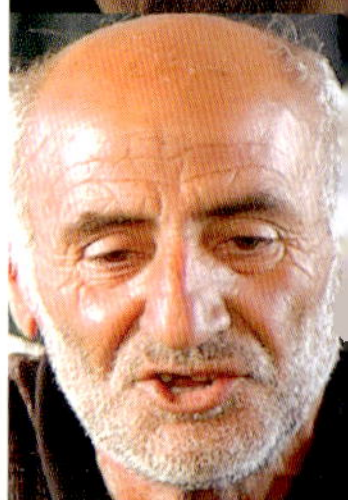

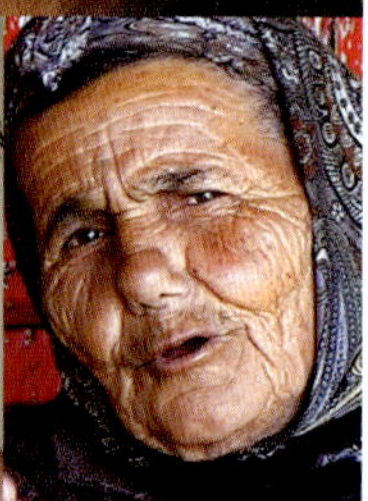

Ich würde den Menschen sagen: »Haltet inne und schaut in euch. Erforscht euch objektiv. Sucht den inneren Frieden und teilt ihn mit anderen.«

**BILAL** — *Los Angeles, Vereinigte Staaten* →

Ich denke, unsere Generation weiß, dass sie Helden am falschen Ort sucht. Ich versuche daher, die Menschen zu animieren, mehr das Gespräch mit den Personen zu suchen, die sie im Alltagsleben treffen. Eine einfache Mutter, die drei Kinder erzieht, ist eine Heldin. Jeden Tag gibt es Helden um uns herum, wir müssen uns nur daran erinnern, sie zu suchen. Ich weiß nicht, wie wir die Menschen dazu bringen können, innezuhalten und sich dafür Zeit zu nehmen. Wir sind nicht immer da … Ich möchte in gewöhnlichen Menschen Helden sehen.

**YONA** — *Kanada*

→

Ich möchte dem Universum danken, dass ich zu dieser Zeit und an diesem Ort geboren wurde, weil ich dadurch ganz spezifische Erfahrungen machen konnte. Ich hatte auch die Chance, mein Leben mit der größten Weltbevölkerung in der Geschichte der Menschheit zu teilen. Wir sind zurzeit über sieben Milliarden Menschen. Bei meiner Geburt waren wir, so meine ich, etwas weniger als drei Milliarden. Die Bevölkerung hat sich seither mehr als verdoppelt. Hat sich die Situation gebessert? Nein, es ist unglücklicherweise schlimmer geworden. Doch die Menschen lassen sich davon nicht negativ beeinflussen. Hervorragende Menschen gibt es heute viel mehr als früher. Ich möchte sie gerne alle treffen, und dieses Projekt mit Personen aus verschiedenen Ländern bestärkt mich in der Auffassung, dass alle Menschen zusammen eine Einheit bilden. Unsere Menschlichkeit vereint uns, unsere Unmenschlichkeit trennt uns. Ich spreche Ihnen ein großes Lob aus, weil sie an diesem Projekt teilgenommen haben, und sage nur: »Danke, es war großartig.«

**MARTIN** — *Los Angeles, Vereinigte Staaten*

←

# Und wie würde Ihre Antwort lauten?

1 | Stellen Sie sich vor und geben Sie Namen, Alter, Beruf, Familienstand und Nationalität an.

2 | Was ist Ihr Beruf? Mögen Sie ihn?

3 | Was bedeutet Ihnen die Familie?

4 | Was möchten Sie Ihren Kindern mitgeben?

5 | Warum sind Erziehung und lesen und schreiben können wichtig?

6 | Was haben Sie von Ihren Eltern gelernt?

7 | Haben Sie bessere Lebensbedingungen als Ihre Eltern?

8 | Worüber können Sie nur schwer mit Ihren Kindern oder Ihrer Familie sprechen?

9 | Was macht Ihnen am meisten Freude?

10 | Wovor haben Sie am meisten Angst?

11 | Worüber empfinden Sie die größte Wut?

12 | Wovon träumten Sie als Kind?

13 | Was ist heute Ihr größter Traum?

14 | Was haben Sie aufgegeben?

15 | Sind Sie glücklich?
Was bedeutet Glück für Sie?

16 | Was würden Sie in Ihrem Leben gerne verändern?

17 | Was bedeutet die Liebe für Sie?
Glauben Sie, dass Sie genug Liebe geben und bekommen?|

18 | Wann haben Sie das letzte Mal lauthals gelacht?

19 | Wann haben Sie das letzte Mal geweint?

20 | Was war der größte Schicksalsschlag in Ihrem Leben? Was haben Sie daraus gelernt?

21 | Haben Sie Feinde?

22 | Aus welchem Grund würden Sie einen Menschen töten?

23 | Aus welchem Grund würden Sie Ihr Leben opfern?

24 | Fällt Ihnen das Verzeihen leicht?
Was könnten Sie niemals verzeihen?

25 | Fühlen Sie sich frei?
Worauf könnten Sie in Ihrem Alltag nicht mehr verzichten?

26 | Welche Veränderungen haben Sie in Ihrem Heimatland festgestellt?

27 | Lieben Sie Ihr Heimatland?
Wollten Sie es schon einmal verlassen?

28 | Was bedeutet die Natur für Sie?

29 | Hat sich die Natur seit Ihrer Kindheit verändert?
Was tun Sie zum Schutz der Natur?

30 | Beeinflusst die Klimaveränderung Ihr Leben?

31 | Was bedeutet Geld für Sie?

32 | Was bedeutet Fortschritt für Sie, und was erwarten Sie von ihm?

33 | Glauben Sie, dass alle Menschen gleich sind?
Geht es in der Welt gerecht zu?

34 | Ist das Leben für Frauen und Männer dasselbe?

35 | Wer ist der größte Feind der Menschheit?

36 | Wer ist der größte Freund der Menschheit?

37 | Warum gibt es Krieg unter den Menschen?
Wie könnte die Anzahl der Kriege verringert werden?

38 | Legen Sie in Ihrem Alltag vor einem Gott Rechenschaft ab?

39 | Was, glauben Sie, kommt nach dem Tod?

40 | Kennen Sie ein Gebet?
Können Sie es aufsagen?

41 | Was ist für Sie der Sinn des Lebens?

42 | Was hätten Sie gerne den Menschen, die Ihnen später zuschauen, mitgeteilt oder sie gefragt?

43 | Haben Sie ein Lieblingslied? Singen Sie es doch ...

44 | Was halten Sie von diesem Interview und unserem Gedankenaustausch?
Welche Absicht wird Ihrer Meinung nach damit verfolgt?

45 | Möchten Sie zum Schluss noch etwas hinzufügen?

Nehmen auch Sie an diesem Projekt teil und geben Sie Ihre Antwort auf der folgenden Internetseite ein: www.7billionothers.org

# Ein Blick hinter die Kulissen

Die Begegnungen mit den Frauen und Männern, die am Projekt »Einer unter 7 Milliarden« teilnahmen, verlaufen nie nach demselben Schema. Sie werden vorbereitet von den Mitgliedern des Teams und den Übersetzern in den einzelnen Ländern, aber auch die Improvisationskünste an Ort und Stelle spielen eine Rolle dabei. Vor allem aber kommt es darauf an, Menschen zu finden, die gerne über sich Auskunft geben.

Für das Interview stellen die Mitarbeiter ihre Kamera dort auf, wo die Menschen sich wohlfühlen, in einem Straßenwinkel, in einem Zelt, einem Haus oder in der Wüste … Haben die Menschen Vertrauen gefasst, dann offenbaren sie ihre Gefühle, und wir fühlen uns beschenkt …

Das Interview dauert ungefähr eine Stunde. In dieser kurzen Zeit sollen die Personen so aufrichtig wie möglich über sich sprechen. Unsere Aufgabe ist es, die richtigen Fragen zu stellen, um die geheimsten Gedanken von jedem Einzelnen der Befragten zu erfahren, von Müttern, Lehrern, Landwirten und Studenten, von Fischern, Schamanen, Frauen und Männern, jungen und alten Menschen … Wir wollen eine intime Atmosphäre schaffen, die vertrauliche Mitteilungen ermöglicht, aber manchmal schauen 30 Personen zu, von denen jede lacht und Kommentare abgibt …

Die Schlüsselfiguren für den Erfolg des Projekts sind in jedem Land die Übersetzer. Sie sollen die Fragen peinlich genau übersetzen und sie manchmal auch neu formulieren, um jede Verwechslung und jedes Nichtverstehen zu vermeiden; dabei müssen sie von ihrer Muttersprache in eine Sprache wechseln, die auch die Mitarbeiter verstehen. Das ist eine intellektuell wie kulturell anspruchsvolle geistige Tätigkeit. Am Abend setzen sich Übersetzer und Mitarbeiter zusammen und arbeiten das Interview noch einmal Wort für Wort durch, um die beste Übersetzung zu finden. Eine wahre Geduldsarbeit.

Der Abschied fällt nach diesen einzigartigen dichten Momenten sehr schwer. Noch vor zwei Stunden kannten sich die beteiligten Personen überhaupt nicht, aber das hinderte diese Frauen und Männer nicht daran, mit Worten, Gesten und Blicken eine Großherzigkeit an den Tag zu legen, die uns jedes Mal erstaunte. Es bleiben also die gemeinsamen Gespräche und die Fotos als Erinnerung zurück. Ja, überall in der Welt kam es zu solchen echten Begegnungen!

Die Zufälle des Lebens bringen es mit sich, dass wir jemand wiedersehen, den wir schon einmal weit weg vom jetzigen Wohnort getroffen haben … Chloé hatte dieses Glück und traf, als sie nach Ruanda zurückkehrte, Ernestine, mit der sie fünf Jahre zuvor ein Interview geführt hatte. Im ersten Buch gab es sogar ein Foto von Ernestine. Was für eine schöne Überraschung!

# Die Ausstellungen

— GRAND PALAIS, PARIS

»Einer unter 7 Milliarden« ist eine Video-Ausstellung. Der Besucher soll hier den anderen entdecken und sich die Zeit nehmen, Tausende individueller Zeugnisse von Menschen aus der ganzen Welt zu hören und zu sehen.

Die Ausstellung wurde 2009 in Paris unter der Glaskuppel des Grand Palais zum ersten Mal einer größeren Öffentlichkeit gezeigt. Die Ausstellung ging danach in Frankreich und im Ausland auf Tournee. Sie fand schon in Rom, São Paulo, San Sebastian, Moskau, Brüssel, Shanghai, Rennes, Bordeaux, Marseille und Rangun statt.

Es werden mehr als 25 Stunden Film gezeigt. Sie haben entweder einen thematischen Bezug (zum Beispiel Sinn des Lebens, Ängste, Familie, Wut ... ) oder sind wie die »Botschaften« als Installationen gestaltet. Ein Blick auf das, was vor und während der Dreharbeiten geschieht, fehlt auch nicht. Als Symbol dient eine große Videoleinwand, auf der die vielen tausend Porträts und Äußerungen wie ein Mosaik angeordnet sind. Die Szenografie hängt von den jeweiligen Veranstaltungsorten ab: Jurten in Paris, São Paulo und Marseille; Container in Bordeaux und Alkoven in Rom ... Dennoch behalten die verdunkelten Räume ihren sehr intimen Charakter, was dem konzentrierten Hören zugutekommt.

Zusätzliche Installationen und Animationen sollen dem Besucher das Gefühl vermitteln, dass auch er zum Kreis der befragten Personen von »Einer unter 7 Milliarden« gehört. Er kann seine persönlichen Überzeugungen in Aufnahmestudios und interaktiven Info-Säulen äußern oder an Diskussionen unter der Leitung eines Experten teilnehmen.

Weitere Informationen zu den laufenden und kommenden Ausstellungen finden Sie auf der Internetseite www.7billionothers.org

— GRAND PALAIS, PARIS

— MUSEUM FÜR MEDIENKUNST, MOSKAU

— MUSEO SAN TELMO, SAN SEBASTIÁN

## Das Team von »Einer unter 7 Milliarden«

# Dank


An diesem Projekt haben vor allem mitgearbeitet: Intagrist Ag Mohamed Mitta, Véronique Algan, Yann Arthus-Bertrand, Nicolas Aubrun, Sabrina Auteau, Grégoire Basdevant, Véronique Beauducel, Giorgio Benazo, Laura Blanchet, Nicole Boer-Humbert, Julian Bondroit, Julie Brones, Emmanuel Cappelin, Damien Chatard, Christophe Daguet, Anny Danché, Elise Darblay, Joffrey David, Camille Dhont, Olga Eda, Willfried Fedida, Nicolas Franck, Jérémy Frey, Emmanuelle Gachet, Florian Geyer, Florent Gilard, Claire Guibert, Virgile Guihard, Anne Guillaume, Judith Haussling, Guillaume Henry, Nicolas Henry, Chloé Henry-Biabaud, Caroline Humbert, Maeva Issico, Pierre Jacquin, Romain Julien, Galitt Kenan, Hervé Kern, Carole Kohen, Jean-Luc Lammer, Antoine Laurens, Pascale Leray, Théo Lieutier, Dominique Llorens, Ulla Lohmann, Alexa Marie-Jeanne, Dorothée Martin, Emmanuel Marx, Rudy Masset, Alain Menuau, David Millet, Nicolas Millet, Aurélie Miquel, Fanny Mongrolle, Anne Nivat, Michel d'Orgeval, Anne-Laure de Pazzis, Juliette Penant, Nuno Pires, Anaïs Plancoulaine, Cécile Plantin, Estelle Revelin, Solveig Risacher, Pierrick Robert, Christophe Rochard, Solveig Rouchaud, Baptiste Rouget-Luchaire, Vanessa Rousselot, Carolina Sá, Jean-Sebastien Seguin, Mélanie De Segundo, Max Sivaslian, Thomas Sorrentino, Adèle Tayale, Lydie Turpin, Isabelle Vayron.

Wir sind unendlich dankbar all jenen, die uns bereitwillig empfangen haben. Sie nahmen sich für uns Zeit und haben für dieses Projekt ihre Lebenserfahrung mit uns geteilt. Wir danken ebenso unseren Dolmetschern und Übersetzern für ihre unentbehrliche Arbeit.

Unser Dank gilt zudem allen, die in irgendeiner Weise an diesem Abenteuer »Einer unter 7 Milliarden« beteiligt waren, sei es bei Dreharbeiten, bei Sendungen oder Ausstellungen.

Einen herzlichen Dank auch für die Unterstützung durch folgende Unternehmen:

Die Fondation GoodPlanet und die Agentur Altitude, insbesondere an Olivier Blond und Véronique Jaquet;
BNP Paribas, vor allem an Olivier Dulac, Sophie Maurice, Galdric Pons, Antoine Sire, Louis Treussard und Agnès Zevaco;
Air France, vornehmlich an Dominique Gimet / Apple / Sony / JBL / Samsung / Loca Images und insbesondere an M.Tass / LaCie / Lonely Planet / LowePro / Ärzte der Welt / die UNO / die Internationale Liga für Menschenrechte / das französische Außenministerium / das Ministerium für Ökologie, nachhaltige Entwicklung, Verkehr und Wohnungswesen sowie die Agentur für Umwelt- und Energiewirtschaft / Radio France Internationale, insbesondere an Émilie Laot-Yahou und Emmanuelle Bastide / Sanyo, besonders an Pascal Weidner / der Reiseveranstalter Voyageurs du Monde, besonders an Jean-François Rial / Upside Television, vor allem an Christophe Bochnacki.

Titel der Originalausgabe: *7 Milliards d'Autres*
Erschienen bei Éditions de La Martinière SA, Paris 2012



Editorische Verantwortung für GoodPlanet: Claire Guibert, Caroline Humbert, Maeva Issico
Herausgeberin bei Éditions de La Martinière: Stéphanie Zweifel
Grafische Gestaltung: Artworklove
Alle Bilder in diesem Buch stammen vom Team *Einer unter 7 Milliarden*
(Einige Bilder sind von Adrien Roche und Marie de Cointet)
Lithografie: IGS

Deutsche Erstausgabe



Ein Unternehmen der La Martinière Groupe

Satz: satz & repro Grieb, München
Herstellung: VerlagsService Dr. Helmut Neuberger & Karl Schaumann GmbH, Heimstetten
Druck: Toppan Leefung Ltd.
Printed in China

ISBN 978-3-86873-585-7



www.knesebeck-verlag.de

# Der Index für menschliche Entwicklung in der Welt

—

Der Index für menschliche Entwicklung (HDI) wurde 1990 im Rahmen des Entwicklungsprogramms der Vereinten Nationen (UNDP) geschaffen. Er stellt einen komplexen Indikator für die Klassifizierung der Länder auf der Grundlage von drei gleichrangigen Kriterien dar: der Wirtschaft mit dem BIP pro Einwohner (in Parität zur realen Kaufkraftskraft); der Lebenserwartung als Hinweis für die Gesundheitsfürsorge und des Bildungsgrads unter Berücksichtigung der Alphabetisierungsrate der Erwachsenen und der Schuleinschreibungsrate junger Menschen. Der Index ist als Ergänzung des BIP gedacht, das nur die wirtschaftliche Leistung misst, aber keine Aussagen über das individuelle oder kollektive Wohlbefinden macht.
Der HDI eines Landes wird in einem Wert zwischen null und eins erfasst. Bei hoch entwickelten Ländern nähert sich der HDI deutlich dem Wert eins an. Die sehr schwach entwickelten Länder haben dagegen einen niedrigen HDI.

**DER MITTELMEERRAUM**

KANADA
VEREINIGTE STAATEN
MEXIKO
KUBA
GUATEMALA
KOLUMBIEN
ECUADOR
PERU
BRASILIEN
BOLIVIEN
CHILE
ARGENTINIEN
FRANZÖSISCH-
POLYNESIEN
FIN
SCHWEDEN
GROSS-
BRITANNIEN
DÄNEMARK
IRLAND
FRANKREICH
SPANIEN
PORTUGAL
MAROKKO
MALI
BURKINA FASO
TSCHA
SENEGAL
BENIN
DEMOKRATIS
REPUBLIK
KONGO
SÜDAFR

## VERZEICHNIS